THE
OLD TESTAMENT
IN SCOTS

VOLUME ONE
THE PENTATEUCH

THE
OLD TESTAMENT
IN SCOTS

VOLUME ONE
THE PENTATEUCH

TRANSLATED BY
GAVIN FALCONER AND ROSS G. ARTHUR

First published November 2014
ISBN 978-1-78324-005-0

Printed and bound by CPI Group (UK) Ltd, Croydon, CR0 4YY

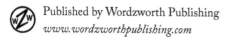
Published by Wordzworth Publishing
www.wordzworthpublishing.com

This project is supported by the
Ministerial Advisory Group (MAG)

Ulster-Scots Academy

Department of
Culture, Arts and Leisure
www.dcalni.gov.uk

ULLANS ACADEMY 1992

The translators would like to thank David
Arthur, Andy Eagle, David Johnston, John Kirk,
the late John Law, Derrick McClure, Rev. David
Ogston, Ian James Parsley, and John Tait for
help, support and constructive criticism.
Any remaining errors are our own.

Gin anely ma wirds coud be recordit! Gin thay coud be pit in writin in a beuk! An wi an airn pen an leid be sned intae the stane for aye!

JOB 19:23-24

FOREWORD

Until this time the Bible has not been completely translated into Plain Scots. In Scotland, prior to the Reformation Parliament of 1560, church services were usually conducted in Latin. The Vulgate version used was also a Latin translation, because using the vernacular languages was regarded as heresy by the Roman Catholic Church, particularly so after the attack by Martin Luther on the Papacy from 1517.

Some time before 1539, Murdoch Nisbet, from the parish of Loudoun in Ayrshire, produced a Scots translation of the New Testament. Nisbet was associated with a group of Lollards and worked from John Purvey's 1520s revision of the famous John Wycliffe version of the fourteenth century. However, because of initial fears of religious persecution, that work remained an unpublished manuscript known only to his family and Bible scholars until it was edited and printed by the Scottish Text Society in 1901-5, under the auspices of Lord Amherst of Hackney.

The Scottish Parliament briefly enacted in 1543 that people should be permitted to own a Bible in Scots or English, but that dispensation was repealed soon after. Only in 1560, when Scotland became Calvinist, did a vernacular Bible finally become legal. The new Scottish Church adopted the English Geneva Bible because it was the only full translation available that was ideologically acceptable to them, and also since it was in a language close enough to the vernacular that it could be commonly read. Nisbet's Bible would in all probability not have been acceptable to Calvinists, and that is the reason why it remained unknown outside his family. In 1579 the Scottish Parliament passed an Act that said that every householder of substance should own a Bible in the vernacular, and the Bible in English, with a preface in Scots, was reissued.

In 1601 the General Assembly of the Church of Scotland met at Burntisland, and discussion took place regarding a new version of the Bible being produced in the Lowland Scots vernacular. However, that came to nothing because in

1603 King James VI succeeded to the British throne as James I. James was keen to bring about conformity in culture, language and religion across his kingdoms, based on court practice in London. Instead of Scots, therefore, he commissioned the King James (Authorised) Version (KJV), in English. That is not to say, of course, that Scottish sermons and preaching were conducted solely in English from 1560. Indeed, there is evidence that Scottish Presbyterian ministers commonly preached in Scots well into the nineteenth century.

On occasion, there were complaints about the drawbacks of using texts in English. In the 1630s the Church of Scotland wrote to Charles I about his new Prayer Book. Objections were made to many terms unknown to the ordinary people. Later, after 1703, the Reverend James Kirkwood commented "Does not everybody know that in our English Bibles there are several hundred words and phrases not vulgarly used nor understood by a great many in Scotland, who have no other Translation?" However, because Scottish ministers often paraphrased texts, and because of the increasing impetus towards Anglo-Scottish political union, the idea of a Bible in Scots did not seem an important enough issue, especially among the aristocracy.

Indeed, by the 1750s the so-called Moderate Party, which now dominated the Scottish Church, was choosing to preach in English. Certainly, by 1800 the idea of a Bible in Scots would have seemed increasingly irrelevant to many among the upper classes. Despite that, academics and others continued to take an interest in Scots translations. For instance, Prince Louis Lucien Bonaparte (1813-91), nephew of the former French Emperor, was a keen linguist who commissioned translations of parts of the Bible into various languages, including Scots, during the 1850s and 1860s. However, those translations were made from English rather than Greek, and the largely literary translators often chose to retain many features that were not Scottish.

It was William Laughton Lorimer (1885-1967), a native of Angus and celebrated classical scholar, who finally translated the New Testament from the original *koine* Greek (and other sources) into Scots during the 1950s and 1960s (though when Satan speaks, he is quoted in Standard English). Lorimer's son completed revisions, and the result was finally published in 1983, to instant acclaim. It has justly been recognised as one of the great works of literature in

Scots in the modern era, during which time the beautiful language of the KJV has become increasingly archaic.

Most Scots Bible translations have traditionally taken English texts as their source. A translation of Old Testament texts from the original Hebrew would require a substantial investment of money, time and expertise over as long as a generation, probably involving generous state backing and the expertise of one or more university departments. It is a distinct possibility that no such translation will ever be completed, and it was to plug the resulting gap that the present project was conceived.

The source text for the current translation is the Bible in Basic English (BBE), which first became available in the 1940s. Published without any copyright notice, it immediately and irretrievably fell into the public domain and is today freely available to download from the Internet.

In this translation, the word order has in many cases been changed, and the core 1,000-word vocabulary used in the BBE greatly expanded. Circumlocutions used to reduce the number of distinct lexemes (for example, using phrasal verbs or combinations of verb and noun) have been replaced with fewer words but employing a larger vocabulary (for example, a single less common or higher-register verb). For those reasons, the text now being published bears only limited relation to the BBE and may stylistically be regarded as a translation in its own right.

The Ullans Academy was formed prior to the Ulster-Scots Language Society in July 1992, following a meeting between the linguist Professor Robert J. Gregg and myself in Vancouver, British Columbia. One of its prime objects was the undertaking of a Bible translation into Scots supportive of and appropriate to the other language development work of the Ullans Academy. I have outlined the history of this movement in three articles, viz.: "The Ullans Academy" in *Legislation, Literature and Sociolinguistics: Northern Ireland, the Republic of Ireland, and Scotland*, edited by John Kirk and Dónall P. Ó Baoill (Belfast: Cló Ollscoil na Banríona 2005); "The Ulster-Scots Movement. A Personal Account" in *Language Issues: Ireland, France, Spain*, edited by Wesley Hutchinson and Clíona Ní Ríordáin (Brussels: P.I.E. Peter Lang 2010); and "Common Identity" in *Ulster-Scots in Northern Ireland Today: Language, Culture*

Community / L'Ulster-Scots en Irlande du Nord aujourd'hui: langue, culture, communauté, by Wesley Hutchinson (Rennes: Presses Universitaires 2014).

We are highly honoured that Gavin Falconer and Ross G. Arthur have chosen us to act as publishers of their superlative and historic translation of the Bible in Plain Scots. There could be none better than they for the task of bringing to the Scottish people such an inspirational work during this time of renewed interest in cultural expression. We are grateful to the Ministerial Advisory Group on the Ulster-Scots Academy of the Department of Culture, Arts and Leisure for their financial support, to my friends and colleagues in the Ullans Academy, to Professor Wesley Hutchinson of the Université Sorbonne Nouvelle – Paris 3, and to Helen Brooker of Pretani Associates, Consultants in Common Identity, for their invaluable assistance.

DR. IAN ADAMSON OBE

INNIN

Scots as uised the day is a leid dwyned o its heich-register vocabular an mixtur-maxturt wi a fremmit staundart. Aft-times e'en thaim that drank it in wi thair mithers' milk winna bide wi the native form, flittin insteid atween the soonds an gremmar o the Lawlands an whit, if thair forebeirs kent it ava, thay kent as Beuk Inglish. That isna thair blame an, for aw the romantic fiddiltie-faws o thaim that's pens is michtier nor thair mense, haes nocht tae dae wi ony kin o structural or intellectual manks in Scots itsel or — the daftest norie o the lot o thaim — the ineluctable mairch o progress. Raither it's a reflection o the byordinar pressur exerced on oor auld Lawland tongue by a wheen come-tae-passes mair hap-nap nor predestinate at an important time in the oncome o leids aw airts: a want o native prentin presses; Ingland's Reformation bein effect 30 year afore Scotland's; a "Virgin Queen" gaun tae her lair unmairit an 'ithoot a bairn as heritor. A sicht mair coud be eikit tae a list that's mair poleetical or releegious nor linguistic.

The wirth o Scots fowk leeteratur, an its skeely uiss o aefauld wirds tae poetic effect (*The Fause True Luve*), is weel kent. Afore 1560, but, an in a wheen respects up tae 1700, oor puir Scots hodden cled in maijesty no juist the ballants an flytins o ilkaday life but keengs' stere decreets, theologues' tractates, Acts o Pairliament, poems tae Amor, paeans tae Mars, an stages athort the land, the hale o't buskit wi a fouth o lends frae Laitin an Greek, mony o thaim unkent by Inglish-speakers furth o the Tweed.

Ae element in the decline o Scots in the saxteent an seeventeent centuries wis the want o a Scots Bible. The Presbyterian reformers, wi thair thochts mair on Scotland's evangelical glore nor its warldly fame, didna juist tak the Suddron ane awreadies tae haund but brocht in a law thirlin weel-daein faimilies tae hae a copy o't in the hoose. In James Hogg's *The Three Perils of Man*, a medieval monastic speaks the Early Modren Inglish o Keeng Jamie's Bible tho the feck o chairacters speaks Scots. Hogg kent fine weel that he was myntin anachronism an, in a ploy as forrit as it wis witty, hit on makkin the monk the Suddron quintessencer Roger Bacon. Nou, at the stairt o the twenty-first century, the'r mebbe e'en mair o a tentation tae rax the status quo back intae the bygane like some kin o no vera guid televeesion drama. Lattin on that Scots wis aye a wirkin-cless or kintra dialect mairginal tae cosmopolitan cultur gets us aff the heuk whan we find we canna lift Burns, niver mynd Dunbar.

For aw that it's aft said that Scots wants a staundart, the truith is that the leid's been staundardeesed no juist the ance but twa times. Meedle Scots wis at least as codifee'd as the Inglish o thae days, an the sindry orthographic chyces tae haund is as like tae be fund athin a text by a single author as tae shaw evidents for pheelosophical or regional variance. Wi Ramsay, Fergusson an Burns, a new staundart for Modren Scots cam intae bein wi its foonds in the notion o meenimal divergence frae Inglish while aye still takkin accoont o the regional diversity o the leid at hame throu pandialectal prattics. Thon seicont staundart is whit's uised in thir translates, tho we like tae think we'v hauden tae't mair conseestent-like, seein as fowk nouadays isna aye able for producin a Scots realisation thairsels if a wird's gien in its Inglish form. Readers soud pronoonce the text in the wey thay wad say it thairsels. The'r mair nor ae Scots dialect, an the innocent-leukin digraph <ui>, that some writers haes taen tae be juist an orthographic variant o Inglish <oo>, can be said in as mony weys as the'r dialects. Ruit-an-brainch cheenges will aye hae thair subscrivers, whit wi the confuddlin hybridity common tae aw forms o Anglic, an ae affcome o ettles at giein a heft tae the leid in the twintiet century haes been a fause impression o spellin diversity. A wheen propones haes mixtur-maxturt the auld wi the new or socht tae dae awa wi the baith o thaim in ill-thocht-oot makar-uppers' club stylesheets, something satireesed by the poet Tom Leonard, a body that's made nae smaw contribution tae spellin diversity hissel. Still an on, it's wirth myndin that, tho a wheen fowk can loss the heid in thair ettles tae reform Scots, no fashin yersel wi the leid an its leeteratur — whit maist o us dis maist o the time — can mean tynin the hert.

The'r ither soorces o difference atween writers apairt frae spellin, o coorse, an nae dout the'll be a wheen fowk haes thair ain notions o whit wey tae write Scots. Tae deal wi twa o thaim: syncretic verb forms haes been aroond frae Dunbar's time, an if thay war guid eneuch for him, thay'r guid eneuch for us; the uiss o the wird *laird* tae mean 'rural landowner' while cryin the deity *Lord* haes a lang tradeetion in Scots but at the hinner end is a product o dialectalisation that the twa o us haes chuisen tae owerturn.

In the last few year mair tent haes been taen tae Scots in Ulster. Aft conseedert, e'en by Erse academics, juist anither pairt o Hiberno-Inglish, the pictur is nou bein setten tae richts, wi Ian Adamson o the Ullans Academy cryin it a purer form o Lallans nor that spoken in Scotland. Ignorance sic as Dr. Adamson haes haed tae fecht agin in Ulster is fund in Scotland an aw, but. Nae wunner, wi the feck o young Scots bein left 'ithoot a guid ken o the leid, e'en efter that mony years in the schuil. At least the UK Govrenment haes nou seen fit tae pit its name tae the European Chairter for Regional or Minority Leids. Steerers haes been fair scunnert tae see that as guid as nocht haes been duin unner't, but. 'Ithoot the poleetical action tae forder Scots hecht tae's, is leeterar darg eneuch for the leid tae jouk its weirdit end as a dwynin dialect? Mebbe no, but it's the maist dignifee'd wey tae pit it aff. Breengin intae transactional prose 'ithoot the backin o the state can be gey an undignifee'd, an leeteratur can play a role in giein fowk a guid grundin in native gremmar an spellin, sae that aw genres is gien a heft.

Tho't be but the end o an auld sang, as Seafield said o the raisin o Scotland's Pairliament, the leid can aye still muive an delyte readers. The twa authors o this beuk howps the same can be said o the text inby't an that, at a wheen ingles for a wee while yit, the wirds o the patriarchs can ring oot in the plain speak o oor faithers.

Genesis 1:3 An God said, Lat thare be licht: an the war licht.

GENESIS

Chaipter 1

I n the beginnin God made the heiven an the yird.

2 An the yird wis fouthless an 'ithoot form; an it wis mirk on the face o the deep: an the Speerit o God flittit ower the face o the watters.

3 An God said, Lat thare be licht: an the war licht.

4 An God, leukin on the licht, seen that it wis guid: an God sindert the licht an the mirk,

5 Namin the licht, Day, an the mirk, Nicht. An the war forenicht an the war forenuin, the first day.

6 An God said, Lat thare be a pouerfu airch raxin ower the watters, pairtin the watters frae the watters.

7 An God made the airch for tae sinder the watters unner the airch an thaim that wis ower it: an sae't wis.

8 An God gien the airch the name o Heiven. An the war forenicht an the war forenuin, the seicont day.

9 An God said, Lat the watters unner the heiven come thegither, an lat the dry laund be seen: an sae't wis.

10 An God gien the dry laund the name o Yird; an the watters thegither wis cried Seas: an God seen that it wis guid.

11 An God said, Lat gress breird on the yird, an plants giein seed, an fruit-trees beirin fruit, that thair seed is in, efter thair kin: an sae't wis.

12 An gress breirdit on the yird, an ilka plant giein seed o its kin, an ilka tree beirin fruit, that its seed is in, o its kin: an God seen that it wis guid.

13 An the war forenicht an the war forenuin, the third day.

14 An God said, Lat thare be lichts in the airch o heiven, for tae sinder the day an the nicht, an lat thaim be for taikens, an for merkin the saisons o the year, an for days an for years:

15 An lat thaim be for lichts in the airch o heiven tae sheen on the yird: an sae't wis.

16 An God made the twa muckle lichts: the greater licht tae be the ruler o the day, an the smawer licht tae be the ruler o the nicht: an he made the starns.

17 An God set thaim in the airch o heiven tae sheen on the yird;

18 Tae rule ower the day an the nicht, an for tae sinder the licht an the mirk: an God seen that it wis guid.

19 An the war forenicht an the war forenuin, the fowert day.

20 An God said, Lat the watters be hotchin wi leevin things, an lat birds flee ower the yird unner the airch o heiven.

21 An God made muckle sea beasts, an ilka kin o leevin an muivin thing that the watters wis fou wi, an ilka kin o weengit bird: an God seen that it wis guid.

22 An God gien thaim his sainin, sayin, Be growthy an hae eikin, makkin aw the watters o the seas fou, an lat the birds be eikit ower the yird.

23 An the war forenicht an the war forenuin, the fift day.

24 An God said, Lat the yird bring furth aw kin o leevin things, kye an aw things muivin on the yird, an beasts o the yird efter thair kin: an sae't wis.

25 An God made the beast o the yird efter its kin, an the kye efter thair kin, an awthing muivin on the face o the yird efter its kin: an God seen that it wis guid.

26 An God said, Lat us mak man in oor eemage, like us: an lat him rule ower the fish o the sea an ower the birds o the lift an ower the kye an ower aw the yird an ower ilka leevin thing that crowls on the yird.

27 An God made man in his eemage, in the eemage o God he made him: man-body an wumman-body he made thaim.

28 An God gien thaim his sainin an said tae thaim, Be growthy an hae eikin, an mak the yird fou an be maisters o't; be rulers ower the fish o the sea an ower the birds o the lift an ower ilka leevin thing muivin on the yird.

29 An God said, See, A hae gien ye ilka plant giein seed, on the face o aw the yird, an ilka tree that haes fruit giein seed: thay will be for yer meat:

30 An tae ilka beast o the yird an tae ilka bird o the lift an ilka leevin thing muivin on the face o the yird A hae gien ilka green plant for meat: an sae't wis.

31 An God seen awthing that he haed wrocht, an it wis unco guid. An the war forenicht an the war forenuin, the saxt day.

Chaipter 2

A n the heiven an the yird an aw things in thaim wis hale.

2 An on the seivent day God feenisht aw his darg; an on the seivent day he restit frae aw the wark that he haed duin.

3 An God gien his sainin tae the seivent day an made it haly: acause on that day he restit frae aw the wark that he haed made an duin.

4 Thir is the generations o the heiven an the yird whan thay war made.

5 In the day whan the Laird God made the heiven an the yird the war nae plants o the field on the yird, an nae gress haed breirdit: for the Laird God haedna sent rain on the yird an the war nae man tae wirk the laund.

6 But a rouk gaen up frae the yird, watterin aw the face o the laund.

7 An the Laird God made man frae the stour o the yird, braithin intae him the braith o life: an man come tae be a leevin saul.

8 An the Laird God made a gairden in the east, in Eden; an thare he pit the man that he haed made.

9 An oot the yird the Laird gart ilka tree come, delitin the ee an guid for meat; an in the mids o the gairden, the tree o life an the tree o the knawledge o guid an ill.

Genesis 2:21 An the Laird God sent a deep sleep on the man, an taen ane o the banes frae his side while he sleepit, jynin up the flesh again in its steid:

10 An a watter gaen oot o Eden watterin the gairden; an frae thare it wis pairtit an come tae be fower burns.

11 The name o the first is Pishon, that circumvenes aw the laund o Havilah whaur the'r gowd.

12 An the gowd o that laund is guid: the'r bdellium an the onyx stane.

13 An the name o the seicont watter is Gihon: this watter circumvenes aw the laund o Cush.

14 An the name o the third watter is Tigris, that gangs tae the east o Assyria. An the fowert watter is Euphrates.

15 An the Laird God taen the man an pit him in the gairden o Eden tae wirk it an tak care o't.

16 An the Laird God gien the man wird, sayin, Ye can freely tak o the fruit o ilka tree o the gairden:

17 But o the fruit o the tree o the knawledge o guid an ill ye canna tak; for on the day whan ye tak o't, deith will certes come tae ye.

18 An the Laird God said, It isna guid for the man tae be his lane: A will mak ane like hissel as a help tae him.

19 An frae the yird the Laird God made ilka beast o the field an ilka bird o the lift, an taen thaim tae the man tae see whit names he wad gie thaim: an whitiver name he gien tae ony leevin thing, that wis its name.

20 An the man gien names tae aw the kye an tae the birds o the lift an tae ilka beast o the field; but Adam haen naebody like hissel as a help.

21 An the Laird God sent a deep sleep on the man, an taen ane o the banes frae his side while he sleepit, jynin up the flesh again in its steid:

22 An the bane that the Laird God haed taen frae the man he made intae a wumman, an taen her tae the man.

23 An the man said, This is nou bane o ma bane an flesh o ma flesh: lat her name be Wumman acause she wis taen oot o Man.

24 For this cause a man will gang awa frae his faither an his mither an be jynt tae his guidwife; an thay will be ae flesh.

25 An the man an his guidwife wis nakit, an thay haen nae sense o shame.

Chaipter 3

Nou the serpent wis wicer nor ony beast o the field that the Laird God haed made. An he said tae the wumman, Haes God truelins said that ye canna tak o the fruit o ony tree in the gairden?

2 An the wumman said, We can tak o the fruit o the trees in the gairden:

3 But o the fruit o the tree in the mids o the gairden, God haes said, Gin ye tak o't or pit yer haunds on't, deith will come tae ye.

4 An the serpent said, Deith winna come tae ye for shuir:

5 For God sees that on the day whan ye tak o its fruit, yer een will be appen, an ye will be like gods, kennin guid an ill.

6 An whan the wumman seen that the tree wis guid for meat, an a delite tae the een, an tae be socht tae mak a body wicelike, she taen o its fruit, an gien it tae her guidman.

7 An thair een wis appen, an thay kent that thay haen nae claes, an thay made thairsels coats oot o blads steekit thegither.

*Genesis 3:24 Sae he sent the man oot; an at the east o the gairden o Eden he stelt
weengit anes an a lowin swuird turnin ilka wey tae baur the road tae the tree o life.*

8 An thare come tae thaim the soond o the Laird God walkin in the gairden in the forenicht wind: an the man an his guidwife gaen tae a hidlin steid amang the trees o the gairden, awa frae the een o the Laird God.

9 An the vyce o the Laird God come tae the man, sayin, Whaur ar ye?

10 An he said, Hearin yer vyce in the gairden A wis sair fleggit, acause A wis nakit: an A held masel frae yer een.

11 An he said, Wha gien ye the knawledge that ye war nakit? Hae ye taen o the fruit o the tree that A said ye warna tae tak?

12 An the man said, The wumman that ye gien tae be wi me, she gien me the fruit o the tree, an A taen't.

13 An the Laird God said tae the wumman, Whit hae ye duin? An the wumman said, A wis swickit by the deceivery o the serpent, an A taen't.

14 An the Laird God said tae the serpent, Acause ye hae duin this ye ar bannit mair nor aw the kye an ilka beast o the field; ye will gang flet on the yird, an stour will be yer meat aw the days o yer life:

15 An the'll be war atween yersel an the wumman an atween yer strynd an her strynd: by him yer heid will be brouselt an by ye his fit will be woundit.

16 Tae the wumman he said, Sair will be yer pyne in jizzen; in sorrae will yer bairns be born; aye yer desire will be for yer guidman, but he will be yer maister.

17 An tae Adam he said, Acause ye taen tent tae the vyce o yer guidwife an taen o the fruit o the tree that A said ye warna tae tak, the yird is bannit on yer accoont; in pyne ye will git yer meat frae't aw yer life.

18 Thorns an gurlie foggage will spring up, an the plants o the field will be yer meat;

19 Wi the haurd darg o yer haunds ye will git yer breid till ye gang back tae the yird that ye war taen frae: for stour ye ar, an tae the stour ye will gang back.

20 An the man gien his guidwife the name o Eve acause she wis the mither o aw that haes life.

21 An the Laird God made for Adam an for his guidwife coats o skins for thair claes.

22 An the Laird God said, Nou the man haes come tae be like ane o us, kennin guid an ill; an nou gin he raxes oot his haund an taks o the fruit o the tree o life, he will gang on leevin for aye.

23 Sae the Laird God sent him oot the gairden o Eden tae wirk the yird that he wis taen frae.

24 Sae he sent the man oot; an at the east o the gairden o Eden he stelt weengit anes an a lowin swuird turnin ilka wey tae baur the road tae the tree o life.

Chaipter 4

An the man gaen ben tae Eve his guidwife, an she come wi bairn an gien birth tae Cain an said, A hae gat a man frae the Laird.

2 Syne again she come wi bairn an gien birth tae Abel, his brither. An Abel wis a hauder o sheep, but Cain wis a fermer.

3 An efter a time, Cain gien tae the Laird an offerin o the fruits o the yird.

4 An Abel offert the young laums o his hirsel an thair fat. An the Laird wis pleased wi Abel's offerin;

*Genesis 4:3 An efter a time, Cain gien tae
the Laird an offerin o the fruits o the yird.*

5 But in Cain an his offerin he haen nae pleisur. An Cain wis wraith an his face come tae be dowie.

6 An the Laird said tae Cain, Whit for ar ye wraith? An whit for is yer face dowie?

7 Gin ye dae weel, will ye no hae honour? An gin ye dae wrang, sin waits at the door, seekin tae hae ye, but dinna lat it be yer maister.

8 An Cain said tae his brither, Lat us gang intae the field: an whan thay war in the field, Cain set on his brither Abel an pit him tae deith.

9 An the Laird said tae Cain, Whaur is yer brither Abel? An he said, A haena a notion: am A ma brither's hauder?

10 An he said, Whit hae ye duin? The vyce o yer brither's bluid cries tae me frae the yird.

11 An nou ye ar bannit frae the yird, that's mou is appen tae tak yer brither's bluid frae yer haund;

12 Nae mair will the yird gie ye her fruit as the rewaird o yer wark; ye will reenge in flicht ower the yird.

13 An Cain said, Ma punishment is mair nor ma strenth.

14 Ye hae sent me oot this day frae the face o the yird an frae afore yer face; A will reenge in flicht ower the yird, an whaiver sees me will pit me tae deith.

15 An the Laird said, Truelins, gin Cain is pit tae deith, seiven lifes will be taen for his. An the Laird pit a merk on Cain sae that naebody coud pit him tae deith.

16 An Cain gaen awa frae afore the face o the Laird, an dwalt in the laund o Nod on the east o Eden.

17 An Cain gaen ben tae his guidwife an she come wi bairn an gien birth tae Enoch: an he made a toun, an gien the toun the name o Enoch efter his son.

18 An Enoch haen a son Irad: an Irad come tae be the faither o Mehujael: an Mehujael come tae be the faither o Methushael: an Methushael come tae be the faither o Lamech.

19 An Lamech haen twa guidwifes; the name o the tane wis Adah, an the name o the tither Zillah.

20 An Adah gien birth tae Jabal: he wis the faither o sic as bides in tents an hauds kye.

21 An his brither's name wis Jubal: he wis the faither o aw players on instruments o muisic.

22 An Zillah gien birth tae Tubal-cain, that's the faither o ilka makker o cannelt tuils o bress an airn: an the sister o Tubal-cain wis Naamah.

23 An Lamech said tae his guidwifes, Adah an Zillah, Tak tent tae ma vyce; ye guidwifes o Lamech, gie tent tae ma wirds, for A wad pit a man tae deith for a wound, an a young man for a blaw;

24 Gin seiven lifes is tae be taen as punishment for Cain's deith, seiventy-seiven will be taen for Lamech's.

25 An Adam gaen ben tae his guidwife again, an she gien birth tae a son that she gien the name o Seth tae: for she said, God haes gien me anither seed insteid o Abel, that Cain pit tae deith.

26 An Seth haen a son, an he gien him the name o Enosh: at this time men first uised the name o the Laird in wirship.

Genesis 4:8 An Cain said tae his brither, Lat us gang intae the field: an whan thay war in the field, Cain set on his brither Abel an pit him tae deith.

Chaipter 5

T his is the beuk o the generations o Adam. In the day whan God made man, he made him in the eemage o God;

2 Man-body an wumman-body he made thaim, namin thaim Man, an giein thaim his sainin on the day whan thay war made.

3 Adam haed leeved for a hunder an thirty year whan he haen a son like hissel, efter his eemage, an gien him the name o Seth:

4 An efter the birth o Seth, Adam leeved for anither aicht hunder year, an haen sons an dochters:

5 An aw the years o Adam's life wis nine hunder an thirty: an he dee'd.

6 An Seth wis a hunder an five year auld whan he come tae be the faither o Enosh:

7 An he gaen on leevin efter the birth o Enosh for aicht hunder an seiven year, an haen sons an dochters:

8 An aw the years o Seth's life wis nine hunder an twal: an he dee'd.

9 An Enosh wis ninety year auld whan he come tae be the faither o Kenan:

10 An efter the birth o Kenan, Enosh leeved for anither aicht hunder an fifteen year, an haen sons an dochters:

11 An aw the years o Enosh wis nine hunder an five: an he dee'd.

12 An Kenan wis seiventy year auld whan he come tae be the faither o Mahalalel:

13 An efter the birth o Mahalalel, Kenan leeved for anither aicht hunder an fowerty year, an haen sons an dochters:

14 An aw the years o Kenan's life wis nine hunder an ten; an he dee'd.

15 An Mahalalel wis saxty-five year auld whan he come tae be the faither o Jared:

16 An efter the birth o Jared, Mahalalel leeved for anither aicht hunder an thirty year, an haen sons an dochters:

17 An aw the years o Mahalalel's life wis aicht hunder an ninety-five: an he dee'd.

18 An Jared wis a hunder an saxty-twa year auld whan he come tae be the faither o Enoch:

19 An Jared gaen on leevin efter the birth o Enoch for aicht hunder year, an haen sons an dochters:

20 An aw the years o Jared's life wis nine hunder an saxty-twa: an he dee'd.

21 An Enoch wis saxty-five year auld whan he come tae be the faither o Methuselah:

22 An efter the birth o Methuselah, Enoch gaen on in God's weys for three hunder year, an haen sons an dochters:

23 An aw the years o Enoch's life wis three hunder an saxty-five:

24 An Enoch gaen on in God's weys: an he wisna seen again, for God taen him.

25 An Methuselah wis a hunder an aichty-seiven year auld whan he come tae be the faither o Lamech:

26 An efter the birth o Lamech, Methuselah leeved for anither seiven hunder an aichty-twa year, an haen sons an dochters:

27 An aw the years o Methuselah's life wis nine hunder an saxty-nine: an he dee'd.

28 An Lamech wis a hunder an aichty-twa year auld whan he haen a son:

29 An he gien him the name o Noah, sayin, Truelins, he will gie us rest frae oor tribble an the haurd darg o oor haunds, acause o the yird that wis bannit by God.

30 An efter the birth o Noah, Lamech leeved for anither five hunder an ninety-five year, an haen sons an dochters:

31 An aw the years o Lamech's life wis seiven hunder an seiventy-seiven: an he dee'd.

32 An whan Noah wis five hunder year auld, he come tae be the faither o Shem, Ham, an Japheth.

Chaipter 6

An efter a time, whan men wis eikin on the yird, an haen dochters,

2 The sons o God seen that the dochters o men wis bonny; an thay taen guidwifes for thairsels frae thaim that pleased thaim.

3 An the Laird said, Ma speerit winna bide in man for aye, for he is but flesh; sae the days o his life will be a hunder an twinty year.

4 The war men o great strenth an size on the yird in thae days; an efter that, whan the sons o God gaen ben tae the dochters o men, thay gien birth tae bairns: thir wis the great men o the auld days, the namely chiels.

5 An the Laird seen that the sin o man wis great on the yird, an that aw the thochts o his hert wis ill.

6 An the Laird wis dowie acause he haed made man on the yird, an dule wis in his hert.

7 An the Laird said, A will tak awa man, that A hae made, frae the face o the yird, e'en man an beast an whit gangs on the yird an ilka bird o the lift; for it gars me grue tae hae made thaim.

8 But Noah haen grace in the een o God.

9 Thir is the generations o Noah. Noah wis a richtous man an 'ithoot sin in his generation: he gaen in the weys o God.

10 An Noah haen three sons, Shem, Ham, an Japheth.

11 An the yird wis ill in God's een an fou o royet weys.

12 An God, leukin on the yird, seen that it wis ill: for the wey o aw flesh haed come tae be ill on the yird.

13 An God said tae Noah, The end o aw flesh haes come; the yird is fou o thair royet daeins, an nou A will pit an end tae thaim wi the yird.

14 Big yersel an airk o gopher wid wi rooms in't, an mak it watterfast inby an ootby.

15 An this is the wey ye'r tae mak it: it's tae be three hunder cubits lang, fifty cubits braid, an thirty cubits heich.

16 Ye'r tae pit a winnock in the airk, a cubit frae the ruif, an a door in the side o't, an ye'r tae mak it wi a laicher an seicont an third fluirs.

17 For truelins, A will send a fluid ower the yird, for the ruinage frae unner the heiven o aw flesh that the braith o life is in; awthing on the yird will come tae an end.

18 But wi yersel A will mak a greement; an ye will come intae the airk, yersel an yer sons an yer guidwife an yer sons' guidwifes wi ye.

19 An ye will tak wi ye intae the airk twa o ilka kin o leevin thing, an haud

11

thaim sauf wi ye; thay will be man-body an wumman-body.

20 Twa o ilka kin o bird an kye an ilka kin o leevin thing that gangs on the yird ye will tak wi ye tae haud thaim frae ruinage.

21 An gaither thegither a huird o ilka kin o meat for yersel an thaim.

22 An aw thir things Noah did; as God said, sae he did.

Chaipter 7

An the Laird said tae Noah, Tak aw yer faimily an gang intae the airk, for ye yer lane in this generation hae A seen tae be richtous.

2 O ilka clean beast ye will tak seiven males an seiven females, an o the beasts as isna clean, twa, the male an his female;

3 An o the birds o the lift, seiven males an seiven females, sae that thair strynd bides tae the fore on the face o the yird.

4 For efter a sennicht A will send rain on the yird for fowerty days an fowerty nichts, for the ruinage o ilka leevin thing that A hae made on the face o the yird.

5 An Noah did awthing that the Laird said he wis tae dae.

6 An Noah wis sax hunder year auld whan the watters owergaen aw the yird.

7 An Noah, wi his sons an his guidwife an his sons' guidwifes, gaen intae the airk acause o the fleetin o the watters.

8 O clean beasts, an o beasts as isna clean, an o birds, an o awthing that gangs on the yird,

9 In twas, male an female, thay gaen intae the airk wi Noah, as God haed said.

10 An efter a sennicht, the watters owergaen aw the yird.

11 In the sax hundert year o Noah's life, in the seicont month, on the seiventeent day o the month, aw the funtains o the muckle deep come birstin throu, an the winnocks o heiven wis appen;

12 An rain come doun on the yird for fowerty days an fowerty nichts.

13 On the same day Noah, wi Shem, Ham, an Japheth, his sons, an his guidwife an his sons' guidwifes, gaen intae the airk;

14 An wi thaim, ilka kin o beast an kye, an ilka kin o thing that gangs on the yird, an ilka kin o bird.

15 Thay gaen wi Noah intae the airk, twa an twa o aw flesh that the braith o life is in.

16 Male an female o aw flesh gaen in, as God haed said, an the airk wis steekit by the Laird.

17 An for fowerty days the watters happit aw the yird; an the watters wis eikit sae that the airk wis liftit up heich ower the yird.

18 An the watters owercome awthing an wis eikit muckle on the yird, an the airk restit on the face o the watters.

19 An the watters owercome awthing on the yird; an aw the knowes unner heiven wis happit.

20 The watters gaen fifteen cubits heicher, till aw the knowes wis happit.

21 An ruinage come upo ilka leevin thing muivin on the yird, birds an kye an beasts an awthing that gaen on the yird, an ilka man.

22 Awthing on the dry laund, that the braith o life wis in, come tae its end.

Genesis 7:24 An the watters wis ower the yird a hunder an fifty days.

23 Ilka leevin thing on the face o aw the yird, man an kye an things muivin on the face o the yird, an birds o the lift, dee'd: but Noah an thaim that wis wi him in the airk wis held frae deith.

24 An the watters wis ower the yird a hunder an fifty days.

Chaipter 8

An God held Noah in mynd, an aw the leevin things an the kye wi him in the airk: an God lowst a wind ower the yird, an the watters gaen doun.

2 An the funtains o the deep an the winnocks o heiven wis steekit, an the rain frae heiven wis stappit.

3 An the watters gaen back slaw frae the yird, an at the end o a hunder an fifty days the watters wis laicher.

4 An on the seiventeent day o the seivent month the airk come tae rest on the knowes o Ararat.

5 An aye the watters gaen on fawin, till on the first day o the tent month the taps o the knowes wis seen.

6 Syne, efter fowerty days, throu the appen winnock o the airk that he haed made,

7 Noah sent oot a corbie, that gaen this wey an that till the watters wis gaen frae the yird.

8 An he sent oot a dou tae see gin the watters haed gaen frae the face o the yird;

9 But the dou seen nae grund for her fit, an come back tae the airk, for the watters wis aye ower aw the yird; an he raxt oot his haund, an taen her intae the airk.

10 An, efter waitin anither a sennicht, he sent the dou oot again;

11 An the dou come back at forenicht, an in her mou wis an olive blad broke aff: sae Noah wis shuir that the watters haed gaen doun on the yird.

12 An efter a sennicht mair, he sent the dou oot again, but she didna come back tae him.

13 An in the sax hunder an first year, on the first day o the first month, the watters wis dry on the yird: an Noah taen the kiver aff the airk an seen that the face o the yird wis dry.

14 An on the twinty-seivent day o the seicont month the yird wis dry.

15 An God said tae Noah,

16 Gang oot the airk, yersel an yer guidwife an yer sons an yer sons' guidwifes.

17 Tak oot wi ye ilka leevin thing that's wi ye, birds an kye an awthing that gangs on the yird, sae that thay can hae affspring an be growthy an be eikit on the yird.

18 An Noah gaen oot wi his sons an his guidwife an his sons' guidwifes;

19 An ilka beast an bird an ilka leevin thing o ilka kin that gangs on the yird gaen oot the airk.

20 An Noah biggit an altar tae the Laird, an frae ilka clean beast an bird he made brunt offerins on the altar.

21 An whan the sweet waff come up tae the Laird, he said in his hert, Niver again will A pit a ban on the yird acause o man, for the thochts o man's hert is ill frae his earliest days; niver again will A send ruinage on aw leevin things as A hae duin.

22 While the yird gangs on, sawin an hairstin, cauld an heat, simmer an winter, day an nicht winna come tae an end.

Genesis 8:3 An the watters gaen back slaw frae the yird, an at the end o a hunder an fifty days the watters wis laicher.

Genesis 8:11 An the dou come back at forenicht, an in her mou wis an olive blad broke aff: sae Noah wis shuir that the watters haed gaen doun on the yird.

Chaipter 9

An God gien his sainin tae Noah an his sons an said, Be growthy, an hae eikin, an mak the yird fou.

2 An the fear o ye will be strang in ilka beast o the yird an ilka bird o the lift; awthing that gangs on the laund, an aw the fish o the sea, is gien intae yer haunds.

3 Ilka leevin an muivin thing will be meat for ye; A gie thaim aw tae ye as A gien ye aw green things afore.

4 But flesh wi the life-bluid in't ye canna tak for meat.

5 An for yer bluid, that's yer life, A will tak peyment; frae ilka beast A will tak it, an frae ilka man A will tak peyment for the bluid o his brither-man.

6 Whaiver taks a man's life, by man will his life be taen; acause God made man in his eemage.

7 An nou, be growthy an hae eikin; hae affspring on the yird an come tae be mony in nummer.

8 An God said tae Noah an his sons,

9 Truelins, A will mak ma greement wi ye an wi yer strynd efter ye,

10 An wi ilka leevin thing wi ye, aw the birds an the kye an ilka beast o the yird that comes oot the airk wi ye.

11 An A will mak ma greement wi ye; niver again will aw flesh be sned aff by the watters; niver again will the watters owergae aw the yird for its ruinage.

12 An God said, This is the sign o the greement that A mak atween the pair o us an ilka leevin thing wi ye, for aw thaim tae come:

13 A will set ma bowe in the clud, an it will be for a sign o the greement atween me an the yird.

14 An whaniver A gar a clud come ower the yird, the bowe will be seen in the clud,

15 An A will mynd the greement atween the pair o us an ilka leevin thing; an niver again will thare be a fluid causin ruinage tae aw flesh.

16 An the bowe will be in the clud, an leukin on't, A will mynd the aye-bidin greement atween God an ilka leevin thing on the yird.

17 An God said tae Noah, This is the sign o the greement that A hae made atween me an aw flesh on the yird.

18 An the sons o Noah as gaen oot the airk wis Shem, Ham, an Japheth; an Ham is the faither o Canaan.

19 Thir three wis the sons o Noah, an frae thaim aw the yird wis populate.

20 In thae days Noah come tae be a fermer, an he made a wine-yaird.

21 An he taen o the wine o't an wis fou wi the drink; an he wis unhappit in his tent.

22 An Ham, the faither o Canaan, seen his faither uncled, an gien newins o't tae his twa brithers ootby.

23 An Shem an Japheth taen a robe, an pittin it on thair backs gaen ben wi thair faces turnt awa, an pit it ower thair faither sae that thay wadna see him nakit.

24 An, waukenin frae his wine, Noah seen whit his youngest son haed duin tae him, an he said,

25 Bannit be Canaan; lat him be a servand o servands tae his brithers.

26 An he said, Ruise tae the Laird, the God o Shem; lat Canaan be his servand.

27 Lat God mak Japheth great, an lat him dwall in the tents o Shem, an lat Canaan be his servand.

28 An Noah gaen on leevin three hunder an fifty year efter the fluid;

29 Aw the years o his life wis nine hunder an fifty: an he dee'd.

Chaipter 10

Nou thir is the generations o the sons o Noah, Shem, Ham, an Japheth: thir is the sons thay haen efter the fluid.

2 The sons o Japheth: Gomer an Magog an Madai an Javan an Tubal an Meshech an Tiras.

3 An the sons o Gomer: Ashkenaz an Riphath an Togarmah.

4 An the sons o Javan: Elishah an Tarshish, the Kittim an the Dodanim.

5 Frae thir comes the nations o the sea launds, wi thair sindry faimilies an tongues.

6 An the sons o Ham: Cush an Mizraim an Put an Canaan.

7 An the sons o Cush: Seba an Havilah an Sabtah an Raamah an Sabteca; an the sons o Raamah: Sheba an Dedan.

8 An Cush wis the faither o Nimrod, that wis the first o the great men o the yird.

9 He wis an unco skeely boweman, sae that the'r a sayin, Like Nimrod, an unco muckle boweman.

10 An in the beginnin, his kinrick wis Babel an Erech an Accad an Calneh, in the laund o Shinar.

11 Frae that laund he gaen oot intae Assyria, biggin Nineveh wi its braid gates an Calah,

12 An Resen atween Nineveh an Calah, that's an unco muckle toun.

13 An Mizraim wis the faither o the Ludim an Anamim an Lehabim an Naphtuhim;

14 An Pathrusim an Casluhim an Caphtorim, as the Philistines come frae.

15 An Canaan wis the faither o Zidon, that wis his auldest son, an Heth,

16 An the Jebusite an the Amorite an the Girgashite,

17 An the Hivite an the Arkite an the Sinite,

18 An the Arvadite an the Zemarite an the Hamathite; efter that the faimilies o the Canaanites gaen faur an braid in aw airts;

19 Thair kintra streekin frae Zidon tae Gaza, in the airt o Gerar; an tae Lasha, in the airt o Sodom an Gomorrah an Admah an Zeboiim.

20 Aw thir, wi thair sindry faimilies, tongues, launds, an nations, is the affspring o Ham.

21 An Shem, the aulder brither o Japheth, the faither o the bairns o Eber, haen ither sons forby.

22 Thir is the sons o Shem: Elam an Asshur an Arpachshad an Lud an Aram.

23 An the sons o Aram: Uz an Hul an Gether an Mash.

24 An Arpachshad come tae be the faither o Shelah; an Shelah come tae be the faither o Eber.

25 An Eber haen twa sons: the name o the tane wis Peleg, acause in his time the peoples o the yird wis sindert frae ither; an his brither's name wis Joktan.

26 An Joktan wis the faither o Almodad an Sheleph an Hazarmaveth an Jerah,

Genesis 9:24 An, waukenin frae his wine, Noah seen whit his youngest
son haed duin tae him, an he said,

27 An Hadoram an Uzal an Diklah,

28 An Obal an Abimael an Sheba,

29 An Ophir an Havilah an Jobab; aw thir wis the sons o Joktan.

30 An thair kintra wis frae Mesha, in the airt o Sephar, the knowe o the east.

31 Thir, wi thair faimilies an thair tongues an thair launds an thair nations, is the affspring o Shem.

32 Thir is the faimilies o the sons o Noah, in the order o thair generations an thair nations: frae thir comes aw the nations o the yird efter the fluid.

Chaipter 11

An aw the yird haen ae langage an ae tongue.

2 An it come aboot that, stravaigin frae the east, thay come tae a streek o flet kintra in the laund o Shinar, an thare thay dwalt.

3 An thay said tae ither, Come, lat us mak bricks, birnin thaim weel. An thay haen bricks for stane, formin thaim frae the claggie yird.

4 An thay said, Come, lat us mak a toun, an a touer that's tap will gang up as heich's heiven; an lat us mak a muckle name for oorsels, sae that we dinna reenge ower the face o the yird.

5 An the Laird come doun for tae see the toun an the touer the bairns o men wis biggin.

6 An the Laird said, See, thay ar aw ae fowk an hae aw ae langage; an this is juist the stairt o whit thay coud dae: an nou it winna be possible tae haud thaim frae ony ettle o thairs.

7 Come, lat us gang doun an tak awa the sense o thair langage, sae that thay canna mak thairsels clear tae ither.

8 Sae the Laird God sent thaim awa intae ilka pairt o the yird: an thay gien up biggin thair toun.

9 Sae it wis cried Babel, acause thare the Laird taen awa the sense o aw leids an frae thare the Laird sent thaim awa ower aw the face o the yird.

10 Thir is the generations o Shem. Shem wis a hunder year auld whan he come tae be the faither o Arpachshad, twa year efter the fluid;

11 An efter the birth o Arpachshad, Shem leeved for anither five hunder year, an haen sons an dochters:

12 An Arpachshad wis thirty-five year auld whan he come tae be the faither o Shelah:

13 An efter the birth o Shelah, Arpachshad leeved for anither fower hunder an three year, an haen sons an dochters:

14 An Shelah wis thirty year auld whan he come tae be the faither o Eber:

15 An efter the birth o Eber, Shelah leeved for anither fower hunder an three year, an haen sons an dochters:

16 An Eber wis thirty-fower year auld whan he come tae be the faither o Peleg:

17 An efter the birth o Peleg, Eber leeved for anither fower hunder an thirty year, an haen sons an dochters:

18 An Peleg wis thirty year auld whan he come tae be the faither o Reu:

19 An efter the birth o Reu, Peleg leeved for anither twa hunder an nine year, an haen sons an dochters:

Genesis 11:6 An the Laird said, See, thay ar aw ae fowk an hae aw ae langage; an
this is juist the stairt o whit thay coud dae: an nou it winna be possible
tae haud thaim frae ony ettle o thairs.

20 An Reu wis thirty-twa year auld whan he come tae be the faither o Serug:

21 An efter the birth o Serug, Reu leeved for anither twa hunder an seiven year, an haen sons an dochters:

22 An Serug wis thirty year auld whan he come tae be the faither o Nahor:

23 An efter the birth o Nahor, Serug leeved for anither twa hunder year, an haen sons an dochters:

24 An Nahor wis twinty-nine year auld whan he come tae be the faither o Terah:

25 An efter the birth o Terah, Nahor leeved for anither hunder an nineteen year, an haen sons an dochters:

26 An Terah wis seiventy year auld whan he come tae be the faither o Aubram, Nahor, an Haran.

27 Thir is the generations o Terah: Terah wis the faither o Aubram, Nahor, an Haran; an Haran wis the faither o Lot.

28 An deith fund Haran whan he wis wi his faither Terah in the laund o his birth, Ur o the Chaldees.

29 An Aubram an Nahor taen guidwifes for thairsels: the name o Aubram's guidwife wis Sarai, an the name o Nahor's guidwife wis Milcah, the dochter o Haran, the faither o Milcah an Iscah.

30 An Sarai wis 'ithoot a bairn.

31 An Terah taen Aubram, his son, an Lot, the son o Haran, an Sarai, his guid-dochter, the guidwife o his son Aubram, an thay gaen furth frae Ur o the Chaldees tae gang tae the laund o Canaan; an thay come tae Haran, an wis thare a guid while.

32 An aw the years o Terah's life wis twa hunder an five: an Terah dee'd in Haran.

Chaipter 12

Nou the Laird said tae Aubram, Gang oot frae yer kintra an frae yer faimily an frae yer faither's hoose, intae the laund that A will airt ye tae:

2 An A will mak o ye a great nation, sainin ye an makkin yer name great; an ye will be a sainin:

3 Tae thaim that's guid tae ye A will gie a sainin, an on him that wrangs ye A will pit ma ban: an ye will come tae be a name o sainin tae aw the faimilies o the yird.

4 Sae Aubram gaen as the Laird haed said tae him, an Lot gaen wi him: Aubram wis seiventy-five year auld whan he gaen awa frae Haran.

5 An Aubram taen Sarai, his guidwife, an Lot, his brither's son, an aw thair guids an gear an the servands thay haed gat in Haran, an thay gaen oot for tae gang tae the laund o Canaan.

6 An Aubram gaen throu the laund till he come tae Shechem tae the haly tree o Moreh. At that time, the Canaanites aye bade in the laund.

7 An the Laird come tae Aubram an said, A will gie aw this laund tae yer strynd; syne Aubram biggit an altar thare tae the Laird, that haed lat hissel be seen by him.

8 An muivin on frae thare tae the knowe on the east o Beth-el, he stelt his tent, haein Beth-el on the wast an Ai on the east: an thare he biggit an altar an gien wirship tae the name o the Laird.

9 An he gaen on, traivelin aye tae the sooth.

22

Genesis 12:1 Nou the Laird said tae Aubram, Gang oot frae yer kintra an frae yer faimily an frae yer faither's hoose, intae the laund that A will airt ye tae:

10 An acause the warna muckle meat tae be haen in that laund, he gaen doun intae Egypt.

11 Nou whan he come nearhaund Egypt, he said tae Sarai, his guidwife, Truelins, ye ar a bonny wumman an bonny tae the ee;

12 An A'm siccar that whan the men o Egypt see ye, thay will say, This is his guidwife: an thay will pit me tae deith an haud ye.

13 Say, than, that ye ar ma sister, an sae it will be weel wi me acause o ye, an ma life will be held sauf on yer accoont.

14 An sae't wis that whan Aubram come intae Egypt, the men o Egypt, leukin on the wumman, seen that she wis bonny.

15 An Pharaoh's great men, haein seen her, said wirds in ruise o her tae Pharaoh, an she wis taen intae Pharaoh's hoose.

16 An acause o her, he wis guid tae Aubram, an he haen sheep an owsen an cuddies, an men servands an weemen servands, an caumels.

17 An the Laird sent sair tribbles on Pharaoh's hoose acause o Sarai, Aubram's guidwife.

18 Syne Pharaoh sent for Aubram an said, Whit hae ye duin tae me? Whit for did ye no say that she wis yer guidwife?

19 Whit for did ye say that she wis yer sister? Sae that A taen her for ma guidwife: nou, tak yer guidwife an gang on yer wey.

20 An Pharaoh gien wird tae his men, an thay sent him on his wey, wi his guidwife an aw he haen.

Chaipter 13

An Aubram gaen up oot o Egypt wi his guidwife an aw he haen, an Lot wi him, an thay come intae the sooth.

2 Nou Aubram haen great walth o kye an siller an gowd.

3 An traivelin on frae the sooth, he come tae Beth-el tae the steid whaur his tent haed been afore, atween Beth-el an Ai;

4 Tae the steid whaur he haed biggit his first altar, an thare Aubram gien wirship tae the name o the Laird.

5 An Lot, that gaen wi him, haen hirsels an hirds an tents;

6 Sae that the laund wisna braid eneuch for the pair o thaim: thair guids an gear wis that muckle that the warna room for thaim thegither.

7 An the war an argiment atween the hauders o Aubram's kye an the hauders o Lot's kye: at that time the Canaanites an Perizzites aye bade in the laund.

8 Syne Aubram said tae Lot, Lat thare be nae argiment atween the pair o us, an atween ma hirds an yer hirds, for we ar brithers.

9 Isna aw the laund afore ye? Than lat us gang oor sindert weys: gin ye gang tae the left, A will gang tae the richt; or gin ye tak the richt, A will gang tae the left.

10 An Lot, liftin up his een an leukin at the glen o Jordan, seen that it wis weel wattert awgate, afore the Laird haed sent ruinage on Sodom an Gomorrah; it wis like the gairden o the Laird, like the laund o Egypt, on the wey tae Zoar.

11 Sae Lot taen for hissel aw the glen o Jordan, an gaen tae the east, an thay war pairtit frae ither.

12 Aubram gaen on bidin in the laund o Canaan, an Lot gaen tae the lawland touns, muivin his tent sae faur's Sodom.

13 Nou the men o Sodom wis ill, an great sinners afore the Laird.

14 An the Laird haed said tae Aubram, efter Lot wis pairtit frae him, Frae this place whaur ye ar, tak a leuk tae the north an tae the sooth tae the east an tae the wast:

15 For aw the laund that ye see A will gie yersel an yer strynd for aye.

16 An A will mak yer bairns like the stour o the yird, sae that, gin the stour o the yird can be rackont, than will yer bairns be rackont.

17 Come, gang throu aw the laund frae ae end tae the tither, for A will gie't ye.

18 An Aubram, muivin his tent, come an dwalt by the haly tree o Mamre, that's in Hebron, an biggit an altar thare tae the Laird.

Chaipter 14

Nou in the days o Amraphel, keeng o Shinar, Arioch, keeng o Ellasar, Chedorlaomer, keeng o Elam, an Tidal, keeng o Goiim,

2 Thay made war wi Bera, keeng o Sodom, an wi Birsha, keeng o Gomorrah, Shinab, keeng o Admah, an Shemeber, keeng o Zeboiim, an the keeng o Bela (that's Zoar).

3 Aw thir comes thegither in the glen o Siddim (that's the Saut Sea).

4 For twal year thay war unner the rule o Chedorlaomer, but in the thirteent year thay cuist aff his owerins.

5 An in the fowerteent year, Chedorlaomer an the keengs on his side owercome the Rephaim in Ashteroth-karnaim, an the Zuzim in Ham, an the Emim in Shaveh-kiriathaim,

6 An the Horites in thair munt Seir, drivin thaim sae faur's El-paran, that's nearhaund the wilderness.

7 Syne thay come back tae En-mishpat (that's Kadesh), spulyiein aw the kintra o the Amalekites an the Amorites bidin in Hazazon-tamar.

8 An the keeng o Sodom wi the keeng o Gomorrah an the keeng o Admah an the keeng o Zeboiim an the keeng o Bela (that's Zoar), gaen oot, an pit thair forces in poseetion in the glen o Siddim,

9 Agin Chedorlaomer, keeng o Elam, an Tidal, keeng o Goiim, an Amraphel, keeng o Shinar, an Arioch, keeng o Ellasar: fower keengs agin the five.

10 Nou the glen o Siddim wis fou o holes o claggie yird; an the keengs o Sodom an Gomorrah wis pit tae flicht

an come tae thair end thare, but the lave won awa tae the knowe.

11 An the fower keengs taen aw the guids an gear an meat frae Sodom an Gomorrah an gaen on thair wey.

12 An forby that thay taen Lot, Aubram's brither's son, that bade in Sodom, an aw his guids an gear.

13 An ane that haed won awa frae the fecht come an gien wird o't tae Aubram the Hebrew, that bade by the haly tree o Mamre, the Amorite, the brither o Eshcol an Aner, that wis freends tae Aubram.

14 An Aubram, hearin that his brither's son haed been made a preesoner, taen a baund o his trained men, three hunder an aichteen o thaim, sons o his hoose, an gaen efter thaim sae faur's Dan.

15 An, sinderin his forces by nicht, he owercome thaim, pittin thaim tae flicht an gaun efter thaim sae faur's Hobah, that's on the north side o Damascus.

16 An he gat back aw the guids an gear, an Lot, his brither's son, wi his guids an gear an the weemen an the people.

17 An whan he wis comin back efter pittin tae flicht Chedorlaomer an the ither keengs, he forgaithert wi the keeng o Sodom in the glen o Shaveh, that is, the Keeng's Glen.

18 An Melchizedek, keeng o Salem, the priest o the Maist Heich God, taen breid an wine,

19 An, sainin him, said, Lat the sainin o the Maist Heich God, makker o heiven an yird, be on Aubram:

20 An lat the Maist Heich God be ruised, that haes gien intae yer haunds thaim that wis agin ye. Syne Aubram gien him a tent o aw the guids an gear he haed taen.

21 An the keeng o Sodom said tae Aubram, Gie me the preesoners an tak the guids an gear for yersel.

22 But Aubram said tae the keeng o Sodom, A hae sworn an aith tae the Laird, the Maist Heich God, makker o heiven an yird,

23 That A winna tak as muckle's a threid or the whang o a shae o yours; sae that ye canna say, A hae gien walth tae Aubram:

24 Gie me nocht but the meat that the fechtin men as gaen wi me haes haen; but lat Aner an Eshcol an Mamre hae thair pairt o the guids an gear.

Chaipter 15

Efter thir things, the wird o the Laird come tae Aubram in a veesion, sayin, Binna fleyed, Aubram: A will haud ye sauf, an great will be yer rewaird.

2 An Aubram said, Whit will ye gie me? For A am bairnless, an thon Eliezer o Damascus will hae aw ma walth efter me.

3 An Aubram said, Ye hae gien me nae bairn, an a servand in ma hoose will git the heirskip.

4 Syne said the Laird, This man winna git the heirskip, but a son o yer bouk will hae yer guids an gear efter ye.

5 An he taen him ootby an said tae him, Lat yer een be liftit tae heiven, an see gin the starns can be rackont; e'en sae will yer strynd be.

6 An he lippent on the Laird, an it wis pit tae his accoont as richtousness.

7 An he said tae him, A am the Laird, that taen ye frae Ur o the Chaldees tae gie ye this laund for yer heirskip.

8 An he said, O Laird God, whit wey can A be siccar that it will be mines?

9 An he said, Tak a young cou o three year auld, an a she-gait o three year auld, an a sheep o three year auld, an a dou an a young puddy dou.

10 Aw thir he taen, cuttin thaim in twa an pittin ae hauf forenent the tither, but no cuttin the birds in twa.

11 An ill birds lit on the corps, but Aubram sent thaim awa.

12 Nou whan the sun wis gaun doun, a deep sleep come ower Aubram, an a mirk clud o fear.

13 An he said tae Aubram, Truelins, yer strynd will bide in a laund that isna thairs, as servands tae a people that will be ill-kyndit tae thaim for fower hunder year;

14 But A will be the juidge o that nation that's servands thay ar, an thay will come oot frae amang thaim wi great walth.

15 As for ye, ye will gang tae yer faithers in peace; at the end o a lang life ye will be laired.

16 An in the fowert generation thay will come back here; for e'en nou the sin o the Amorite isna fou.

17 Syne whan the sun gaen doun, an it wis mirk, he seen a reekin fire an a lowin licht that gaen atween the pairts o the bouks.

18 In that day the Laird made a greement wi Aubram an said, Tae yer strynd A hae gien this laund frae the watter o Egypt tae the muckle watter, the Euphrates Watter:

19 The Kenite, the Kenizzite, an the Kadmonite,

20 An the Hittite, an the Perizzite, an the Rephaim,

21 An the Amorite, an the Canaanite, an the Girgashite, an the Jebusite.

Chaipter 16

Nou Sarai, Aubram's guidwife, haed gien him nae bairns; an she haen a servand, a wumman o Egypt that's name wis Hagar.

2 An Sarai said tae Aubram, See, the Laird haesna lat me hae bairns; gang ben tae ma servand, for A can git a faimily throu her. An Aubram did as Sarai said.

3 Sae efter Aubram haed bade for ten year in the laund o Canaan, Sarai taen Hagar, her Egyptian servand, an gien her tae Aubram for his guidwife.

4 An he gaen ben tae Hagar, an she come wi bairn, an whan she seen that she wis biggen, she tint aw regaird for her maister's guidwife.

5 An Sarai said tae Aubram, Lat ma wrang be on ye: A gien ye ma servand for yer guidwife, an whan she seen that she wis biggen, she tint aw regaird for me: the Laird be juidge atween the pair o us.

6 An Aubram said, The wumman is in yer pouer; dae wi her whitiver seems guid tae ye. An Sarai wis ill-kyndit tae her, sae that she gaen rinnin awa frae her.

7 An an angel o the Laird come tae her by a funtain o watter in the wilderness, by the funtain on the wey tae Shur.

8 An he said, Hagar, Sarai's servand, whaur hae ye come frae, an whaur ye gaun? An she said, A'm rinnin awa frae Sarai, ma maister's guidwife.

9 An the angel said tae her, Gang back, an pit yersel unner her authority.

10 An the angel o the Laird said, Yer strynd will be unco eikit sae that its nummer is undeemous.

11 An the angel o the Laird said, See, ye ar biggen an will gie birth tae a son, that ye will gie the name Ishmael tae, acause the lugs o the Laird wis appen tae yer sorrae.

12 An he will be like a muntain cuddy amang men; his haund will be agin ilka man an ilka man's haund agin him, an he will haud his grund agin aw his brithers.

13 An tae the Laird that wis talkin tae her she gien this name, Ye ar a God that's seen; for she said, Hae A no e'en here in the wilderness haen a veesion o God an me aye tae the fore?

14 Sae that funtain wis cried Funtain o Life an Veesion: it is atween Kadesh an Bered.

15 An Hagar gien birth tae a bairn, the son o Aubram, that Aubram gien the name o Ishmael tae.

16 Aubram wis aichty-sax year auld whan Hagar gien birth tae Ishmael.

Chaipter 17

Whan Aubram wis ninety-nine year auld, the Laird come tae him an said, A am God, Ruler o aw; gang in ma weys an be richtous in aw things,

2 An A will mak a greement atween the pair o us, an yer affspring will be unco eikit.

3 An Aubram cuist hissel doun on the yird, an the Laird God gaen on talkin tae him an said,

4 As for me, ma greement is made wi ye, an ye will be the faither o nations 'ithoot end.

5 Nae mair will yer name be Aubram, but Aubraham, for A hae made ye the faither o a wheen nations.

6 A will mak ye unco growthy, sae that nations will come frae ye an keengs will be yer affspring.

7 An A will mak atween the pair o us an yer strynd efter ye throu aw generations an aye-bidin greement tae be a God tae yersel an yer strynd efter ye.

8 An tae yersel an yer strynd efter ye A will gie the laund that ye bide in, aw the laund o Canaan for an aye-bidin heirskip; an A will be thair God.

9 An God said tae Aubraham, On yer side, ye'r tae haud the greement, yersel an yer strynd efter ye throu aw generations.

10 An this is the greement that ye'r tae haud wi me, yersel an yer strynd efter ye: ilka man-body amang ye is tae dree circumceesion.

11 In the flesh o yer doun-aboots ye'r tae dree it, as a merk o the greement atween the pair o us.

12 Ilka man-body amang ye, frae ae generation tae anither, is tae dree circumceesion whan he's aicht days auld, wi ilka servand born in yer hoose, or that ye gien siller tae somebody o anither kintra for, an no o yer strynd.

13 Him that comes tae birth in yer hoose, an him that's bocht, aw is tae dree circumceesion; sae that ma greement can be merkit in yer flesh, a greement for aw time.

14 An ony man-body that disna dree circumceesion will be flemit frae his fowk: ma greement haes been broke by him.

15 An God said, As for Sarai, yer guidwife, frae nou her name winna be Sarai, but Sarah.

16 An A will gie her a sainin sae that ye will hae a son by her: truelins ma sainin will be on her, an she will be the mither o nations: keengs o peoples will be her affspring.

17 Syne Aubraham cuist hissel doun an, lauchin, said in his hert, Can a man a hunder year auld hae a bairn? Will Sarah, at ninety year auld, gie birth?

18 An Aubraham said tae God, Gin Ishmael's life wis juist yer care!

19 An God said, No sae; but Sarah, yer guidwife, will hae a son, an ye will gie him the name Isaac, an A will mak ma greement wi him for aye an wi his strynd efter him.

20 As for Ishmael, A hae taen tent tae yer prayer: truelins A hae gien him ma sainin, an A will mak him growthy an gie him great eikin; he will be the faither o twal heidsmen, an A will mak him a great nation.

21 But ma greement will be wi Isaac, that Sarah will gie birth tae a year frae nou.

22 An, haein said thir wirds, God gaen up frae Aubraham.

23 An Aubraham taen Ishmael, his son, an aw that's birth haed come aboot in his hoose, an aw his servands he haed coft, ilka man-body o his hoose, an the same day he gien thaim circumceesion in the flesh o thair doun-aboots as God haed said tae him.

24 Aubraham wis ninety-nine year auld whan he dree'd circumceesion.

25 An Ishmael, his son, wis thirteen year auld whan he dree'd circumceesion.

Genesis 18:9 An thay said tae him, Whaur is Sarah yer guidwife?
An he said, She is in the tent.

26 Aubraham an Ishmael, his son, dree'd circumceesion the same day.

27 An aw the men o his hoose, thaim born in the hoose an thaim that he haed coft frae men o ither launds, dree'd circumceesion wi him.

Chaipter 18

Nou the Laird come tae him by the haly tree o Mamre, whan he wis seatit at the mou o his tent in the mids o the day;

2 An, liftin up his een, he seen three men afore him; an, seein thaim, he gaen swith tae thaim frae the slap o the tent, an cuist hissel doun on the yird;

3 An said, Ma Laird, gin nou A hae grace in yer een, dinna forleet yer servand:

4 Lat me fesh watter tae wash yer feet, an rest unner the tree:

5 An lat me git a bit breid tae haud up yer strenth, an efter that ye can gang on yer wey: for this is whit for ye hae come tae yer servand. An thay said, Lat it be sae.

6 Syne Aubraham gaen swith intae the tent an said tae Sarah, Git three meisurs o meal straucht awa an bak cakes.

7 An, rinnin tae the hird, he taen a cauf, saft an fat, an gien it tae the servand, an he swith made it ready;

8 An he taen butter an milk an the cauf that he haed redd an pit it afore thaim, waitin by thaim unner the tree while thay taen meat.

9 An thay said tae him, Whaur is Sarah yer guidwife? An he said, She is in the tent.

10 An he said, A will certes come back tae ye in the spring, an Sarah yer guidwife will hae a son. An his wirds come tae the lugs o Sarah that wis at the back o the tent-door.

11 Nou Aubraham an Sarah wis unco auld, an Sarah wis past the time for giein birth.

12 An Sarah, lauchin tae hersel, said, Nou that A'm wared oot, am A aye tae hae pleisur, ma guidman hissel bein auld?

13 An the Laird said, Whit for wis Sarah lauchin an sayin, Is it possible for me, bein auld, tae gie birth tae a bairn?

14 Ar the ony wunner that the Laird isna able for? At the time A said, in the spring, A will come back tae ye, an Sarah will hae a bairn.

15 Syne Sarah said, A wisna lauchin; for she wis sair fleggit. An he said, Nae, but ye war lauchin.

16 An the men gaen on frae thare in the airt o Sodom; an Aubraham gaen wi thaim on thair wey.

17 An the Laird said, Am A tae haud back frae Aubraham the knawledge o whit A dae;

18 Seein that Aubraham will certes come tae be a great an strang nation, an his name will be uised by aw the nations o the yird as a sainin?

19 For A hae made him mines sae that he can gie wird tae his bairns an thaim o his line efter him tae haud the weys o the Laird tae dae whit is guid an richt: sae that the Laird can dae tae Aubraham as he haes said.

20 An the Laird said, Acause the dirdum agin Sodom an Gomorrah is unco great, an thair sin is unco ill,

21 A will gang doun nou, an see gin thair acts is as ill's thay seem frae the dirdum that haes come tae me; an gin thay arna, A will see.

22 An the men, turnin frae that steid, gaen on tae Sodom: but Aubraham wis aye waitin afore the Laird.

23 An Aubraham come nearhaund an said, Will ye lat ruinage come upo the richtous wi the sinners?

24 Gin by chance the'r fifty richtous men in the toun, will ye gie the steid tae ruinage an no hae mercy on't acause o the fifty richtous men?

25 Lat sicna thing be faur frae ye, tae pit the richtous tae deith wi the sinner: winna the juidge o aw the yird dae richt?

26 An the Laird said, Gin the'r fifty richtous men in the toun, A will hae mercy on't acause o thaim.

27 An Aubraham, answerin, said, Truelins, A, that's but stour, haes hecht tae pit ma thochts afore the Laird:

28 Gin by chance the'r five less nor fifty richtous men, will ye gie up aw the toun tae ruinage acause o thir five? An he said, A winna gie't tae ruinage gin the'r fowerty-five.

29 An again he said tae him, By chance the'll mebbe be fowerty thare. An he said, A winna dae't gin the'r fowerty.

30 An he said, Latna the Laird be wraith wi me gin A say, Whit gin the'r thirty thare? An he said, A winna dae't gin the'r thirty.

31 An he said, See nou, A hae hecht tae pit ma thochts afore the Laird: whit gin the'r twinty thare? An he said, A will hae mercy acause o the twinty.

32 An he said, O latna the Laird be wraith, an A will say juist the ae wird mair: by chance the'll mebbe be ten thare. An he said, A will hae mercy acause o the ten.

33 An the Laird gaen on his wey whan his talk wi Aubraham wis throu, an Aubraham gaen back tae his place.

Chaipter 19

An at dayligaun the twa angels come tae Sodom; an Lot wis seatit at the wey intae the toun: an whan he seen thaim he gat up an come afore thaim, fawin doun on his face tae the yird.

2 An he said, Ma maisters, come nou intae yer servand's hoose an rest thare for the nicht, an lat yer feet be wuish; an at day-daw ye can gang on yer wey. An thay said, No sae, but we will tak oor nicht's rest in the gate.

3 But he made his seekin mair strang, sae thay gaen wi him ben his hoose; an he gat meat ready for thaim, an made unleavent breid, that thay taen o.

4 But afore thay haed gaen tae bed, the men o the toun, aw the men o Sodom, come roond the hoose, young an auld, frae aw airts an pairts o the toun;

5 An, golderin oot tae Lot, thay said, Whaur's the men come tae yer hoose this nicht? Send thaim oot tae us, till we tak oor pleisur wi thaim.

6 An Lot gaen oot tae thaim in the door-cheek, steekin the door efter him.

7 An he said, Ma brithers, dinna dae this ill.

8 See nou, A hae twa unmairit dochters; A will send thaim oot tae ye sae that ye can dae tae thaim whitiver seems guid tae ye: dae nocht tae thir men, but, for this is whit thay come unner the bield o ma ruif for.

9 An thay said, Gie wey thare. This ae man, thay said, come here frae a fremmit kintra, an will he be oor juidge nou? Nou we will dae waur tae ye nor tae thaim; an, pushin fiercelins agin Lot, thay come nearhaund for tae git the door broke in.

10 But the men raxt oot thair haunds an taen Lot ben the hoose tae thaim, steekin the door again.

11 But the men ootby the door thay blindit, aw o thaim, smaw an great, sae that thay war trauchelt leukin for the door.

12 Syne the men said tae Lot, Ar the ony ithers o yer faimily here? Guidsons or sons or dochters, tak thaim aw oot this place;

13 For we'r aboot tae send ruinage on this place, acause a muckle dirdum agin thaim haes come tae the lugs o the Laird; an the Laird haes sent us tae spulyie the toun.

14 An Lot gaen oot an said tae his guidsons, as wis mairit on his dochters, Come, lat us gang oot this place, for the Laird is aboot tae send ruinage on the toun. But his guidsons didna tak him sairious.

15 An whan forenuin come, the angels did aw in thair pouer tae gar Lot gang, sayin, Git up swith an tak yer guidwife an yer twa dochters here, an gang, for fear that ye come tae ruinage in the paikin o the toun.

16 But while he wis waitin, the men taen him an his guidwife an his dochters by the haund, for the Laird haen mercy on thaim, an pit thaim ootby the toun.

17 An whan thay haed pit thaim oot, he said, Gang for yer life, 'ithoot leukin back or waitin in the lawland; gang swith tae the knowe or ye will dee.

18 An Lot said tae thaim, No sae, O ma Laird;

19 See nou, yer servand haes haen grace in yer een, an great is yer mercy in haudin ma life frae ruinage, but A'm no able for gittin sae faur's the knowe afore ill owertaks me an deith;

20 This toun, nou, is nearhaund, an it's a wee ane: O, lat me gang thare (is't no a wee ane?) sae that ma life is sauf.

21 An he said, See, A hae gien ye yer seekin in this ae thing mair: A winna send ruinage on this toun.

22 Gang thare swith, for A winna be able for ocht till ye hae come thare. Thon's whit wey the toun wis cried Zoar.

23 The sun wis up whan Lot come tae Zoar.

24 Syne the Laird sent fire an lowin reek rainin doun frae heiven on Sodom an Gomorrah.

25 An he sent ruinage on thae touns, wi aw the lawland an awbody o thae touns an ilka green thing in the laund.

26 But Lot's guidwife, leukin back, come tae be a pillar o saut.

27 An Aubraham gat up at day-daw an gaen tae the steid whaur he haed been talkin tae the Laird:

28 An, leukin in the airt o Sodom an Gomorrah an the lawland, he seen the reek o the laund gaun up like the reek o an uin.

29 Sae it come aboot that whan God sent ruinage on the touns o the lawland, he held his wird tae Aubraham, an sent

Genesis 19:24 Syne the Laird sent fire an lowin reek rainin doun frae heiven on Sodom an Gomorrah.

Lot sauf awa whan he spulyied the touns whaur he bade.

30 Syne Lot gaen up oot o Zoar tae the knowe, an bade thare wi his twa dochters, for fear held him frae bidin in Zoar: an him an his dochters dwalt in a cove o the craig.

31 An the aulder dochter said tae her sister, Oor faither is auld, an the'r nae man tae be a guidman tae us in the naitral wey:

32 Come, lat us gie oor faither a fouth o wine, an we will gang intae his bed, till we hae bairns tae oor faither,

33 An that nicht thay gart thair faither tak a fouth o wine; an the aulder dochter gaen intae his bed; an he kent na whan she gaen ben or whan she gaen awa.

34 An the day efter, the aulder dochter said tae the younger, Yestreen A wis wi ma faither; lat us gar him tak a fouth o wine this nicht again, an gang ye tae him, till we hae bairns tae oor faither.

35 An that nicht again thay gart thair faither tak a fouth o wine; an the younger dochter gaen intae his bed; an he kent na whan she gaen ben or whan she gaen awa.

36 An sae the twa dochters o Lot wis biggen by thair faither.

37 An the aulder dochter haen a son, an she gien him the name Moab: he is the faither o the Moabites tae this day.

38 An the younger haen a son an gien him the name Ben-ammi: frae him come the bairns o Ammon tae this day.

Chaipter 20

An Aubraham gaen on his wey frae thare tae the laund o the sooth, an bade atween Kadesh an Shur, in Gerar.

2 An Aubraham said o Sarah, his guidwife, She is ma sister: an Abimelech, keeng o Gerar, sent an taen Sarah.

3 But God come tae Abimelech in a dream in the nicht an said tae him, Truelins ye ar a deid man acause o the wumman that ye hae taen; for she is a man's guidwife.

4 Nou Abimelech haedna come nearhaund her; an he said, Laird, will ye pit tae deith a richtous nation?

5 Did he no say tae me hissel, She is ma sister? An she hersel said, He is ma brither: wi an aefauld hert an clean haunds A hae duin this.

6 An God said tae him in the dream, A see that ye hae duin this wi an aefauld hert, an A hae held ye frae sinnin agin me: for this raison A didna lat ye come nearhaund her.

7 Sae nou, gie the man back his guidwife, for he is a spaeman, an lat him say a prayer for ye, sae yer life is sauf: but gin ye dinna gie her back, be siccar that deith will come tae ye an aw yer hoose.

8 Sae Abimelech gat up at day-daw an sent for aw his servands an gien thaim wird o thir things, an thay war sair fleggit.

9 Syne Abimelech sent for Aubraham an said, Whit hae ye duin tae us? Whit wrang hae A duin ye that ye hae pit on me an on ma kinrick that muckle a sin? Ye hae duin tae me things as isna tae be duin.

10 An Abimelech said tae Aubraham, Whit for did ye dae this?

11 An Aubraham said, Acause it seemed tae me that the war nae fear o God in this place, an that thay coud pit me tae deith acause o ma guidwife.

12 An, atweel, she is ma sister, the dochter o ma faither, but no the dochter o ma mither; an she come tae be ma guidwife:

13 An whan God sent me stravaigin frae ma faither's hoose, A said tae her, Lat this be the sign o yer luve for me; whauriver we gang, say o me, He is ma brither.

14 Syne Abimelech gien tae Aubraham sheep an owsen an men servands an weemen servands, an gien him back his guidwife Sarah.

15 An Abimelech said, See, aw ma laund is afore ye; tak whitiver steid seems guid tae ye.

16 An he said tae Sarah, See, A hae gien yer brither a thoosand siller merks sae that yer wrang can be pit richt; nou yer honour is clear in the een o aw.

17 Syne Aubraham prayed tae God, an God made Abimelech weel again, an his guidwife an his weemen servands, sae that thay haen bairns.

18 For the Laird haed held aw the weemen o the hoose o Abimelech frae haein bairns, acause o Sarah, Aubraham's guidwife.

Chaipter 21

An the Laird come tae Sarah as he haed said an did tae her as he haed hecht.

2 An Sarah come wi bairn, an gien Aubraham a son whan he wis auld, at the time nominate by God.

3 An Aubraham gien tae his son, that Sarah haed gien birth tae, the name Isaac.

4 An whan his son Isaac wis aicht days auld, Aubraham gart him dree circumceesion, as God haed said tae him.

5 Nou Aubraham wis a hunder year auld whan the birth o Isaac come aboot.

6 An Sarah said, God haes gien me cause for lauchin, an awbody that haes newins o't will lauch wi me.

7 An she said, Wha wad hae said tae Aubraham that Sarah wad hae a bairn at her breest? For see, A hae gien him a son nou whan he's auld.

8 An whan the bairn wis auld eneuch tae be taen frae the breest, Aubraham made a feast.

9 An Sarah seen the son o Hagar the Egyptian playin wi Isaac.

10 Sae she said tae Aubraham, Send awa that wumman an her son: for the son o that wumman isna tae hae a pairt in the heirskip wi ma son Isaac.

11 An this wis a great dule tae Aubraham acause o his son.

12 But God said, Lat it na be a dule tae ye acause o the laddie an Hagar his mither; tak tent tae whitiver Sarah says tae ye, acause it is frae Isaac that yer strynd will tak its name.

13 An A will mak a nation o the son o yer servand wumman, acause he is yer strynd.

14 An at day-daw Aubraham gat up, an gien Hagar some breid an a watter-skin, an pit the laddie on her back, an

*Genesis 21:14 An at day-daw Aubraham gat up, an gien Hagar some breid an a
watter-skin, an pit the laddie on her back, an sent her awa: an she gaen,
reengin the wilderness o Beer-sheba.*

sent her awa: an she gaen, reengin the wilderness o Beer-sheba.

15 An whan aw the watter in the skin wis wared oot, she set the bairn doun unner a tree.

16 An she gaen a fair lenth awa, aboot an arrae's flicht, an, seatin hersel on the yird, she gien wey tae soor greetin, sayin, Lat me na see the deith o ma bairn.

17 An the lad's cry come tae the lugs o God; an the angel o God said tae Hagar frae heiven, Hagar, whit ye greetin for? Binna fleyed, for the bairn's cry haes come tae the lugs o God.

18 Come, tak yer bairn in yer airms, for A will mak o him a great nation.

19 Syne God gart her een appen, an she seen a wall, an she fuish watter in the skin an gien the laddie a drink.

20 An God wis wi the laddie, an he come tae be lang an strang, an he come tae be a boweman, bidin in the wilderness.

21 An while he wis in the wilderness o Paran, his mither gat him a guidwife frae the laund o Egypt.

22 Nou at that time, Abimelech an Phicol, the caiptain o his airmy, said tae Aubraham, A see that God is wi ye in aw ye dae.

23 Nou, than, gie me yer aith, in the name o God, that ye winna be fause tae me or tae ma sons efter me, but that as A hae been guid tae ye, sae ye will be tae me an tae this laund whaur ye hae bade.

24 An Aubraham said, A will gie ye ma aith.

25 But Aubraham made a plaint tae Abimelech acause o a wall that Abimelech's servands haed taen by force.

26 But Abimelech said, A haena a notion wha's duin this; ye niver gien me wird o't, an A didna ken o't till this day.

27 An Aubraham taen sheep an owsen an gien thaim tae Abimelech, an the pair o thaim made a greement thegither.

28 An Aubraham pit seiven young laums o the hirsel tae ae side thair lane.

29 Syne Abimelech said, Whit's thir seiven laums ye hae pit tae ae side?

30 An he said, Tak thir seiven laums frae me as a witness that A hae made this wall.

31 Sae he gien that steid the name Beer-sheba, acause thare the pair o thaim haed gien thair aiths.

32 Sae thay made a greement at Beer-sheba, an Abimelech an Phicol, the caiptain o his airmy, gaen back tae the laund o the Philistines.

33 An Aubraham, efter plantin a haly tree in Beer-sheba, gien wirship tae the name o the Laird, the Aye-bidin God.

34 An Aubraham gaen on bidin in the laund o the Philistines as in a fremmit kintra.

Chaipter 22

Nou efter thir things, God pit Aubraham tae the test an said tae him, Aubraham; an he said, Here A am.

2 An he said tae him, Tak yer son, yer sair-luved ae son Isaac, an gang tae the laund o Moriah an gie him as a brunt offerin on ane o the knowes that A will tell ye o.

3 An Aubraham gat up at day-daw, an redd his cuddy, an taen wi him twa o his young men an Isaac, his son, an efter

Genesis 21:17 An the lad's cry come tae the lugs o God; an the angel o God said tae Hagar frae heiven, Hagar, whit ye greetin for? Binna fleyed, for the bairn's cry haes come tae the lugs o God.

the wid for the brunt offerin haed been cuttit, he gaen on his wey tae the steid that God haed gien him wird o.

4 An on the third day, Aubraham, liftin up his een, seen the steid hyne awa.

5 Syne he said tae his young men, Bide here wi the cuddy; an the laddie an me will gang on an gie wirship an come back again tae ye.

6 An Aubraham pit the wid for the brunt offerin on his son's back, an he hissel taen the fire an the knife in his haund, an the pair o thaim gaen on thegither.

7 Syne Isaac said tae Aubraham, Ma faither; an he said, Here A am, son. An he said, We hae wid an fire here, but whaur is the laum for the brunt offerin?

8 An Aubraham said, God hissel will gie the laum for the brunt offerin: sae thay gaen on thegither.

9 An thay come tae the steid that God haed tauld him o; an thare Aubraham made the altar an laid the wid in place on't, an, haein made ticht the baunds roond Isaac his son, he pit him on the wid on the altar.

10 An, raxin oot his haund, Aubraham taen the knife for tae pit his son tae deith.

11 But the vyce o the angel o the Laird come frae heiven, sayin, Aubraham, Aubraham: an he said, Here A am.

12 An he said, Dinna lat yer haund be raxt oot agin the laddie tae dae ocht tae him; for nou A'm siccar that the fear o God is in yer hert, acause ye haena held back yer son, yer ae son, frae me.

13 An, liftin up his een, Aubraham seen a sheep wi its horns fankelt in the scrogs: an Aubraham taen the sheep an made a brunt offerin o't insteid o his son.

14 An Aubraham gien that steid the name Yahweh-yireh: as it's said tae this day, In the knowe the Laird is seen.

15 An the vyce o the angel o the Laird come tae Aubraham a seicont time frae heiven,

16 Sayin, A hae sworn an aith by ma name, says the Laird, acause ye hae duin this an haena held back frae me yer sair-luved ae son,

17 That A will certes gie ye ma sainin, an yer strynd will be eikit like the starns o heiven an the saund on the strand; yer strynd will tak the laund o thair unfreends;

18 An yer strynd will be a sainin tae aw the nations o the yird, acause ye hae duin whit A chairged ye tae dae.

19 Syne Aubraham gaen back tae his young men, an thay gaen thegither tae Beer-sheba, the steid whaur Aubraham bade.

20 Efter thir things, Aubraham gat newins that Milcah, the guidwife o his brither Nahor, haed gien birth tae bairns;

21 Uz the auldest, an Buz his brither, an Kemuel, the faither o Aram,

22 An Chesed an Hazo an Pildash an Jidlaph an Bethuel.

23 Bethuel wis the faither o Rebekah: thir aicht wis the bairns o Milcah an Nahor, Aubraham's brither.

24 An his servand Reumah gien birth tae Tebah an Gaham an Tahash an Maacah.

Genesis 22:10 An, raxin oot his haund,
Aubraham taen the knife for tae pit his son tae deith.

Chaipter 23

N ou the years o Sarah's life wis a hunder an twinty-seiven.

2 An Sarah's deith come aboot in Kiriath-arba, that is, Hebron, in the laund o Canaan: an Aubraham gaen ben his hoose, greetin an sorraein for Sarah.

3 An Aubraham come frae his deid an said tae the bairns o Heth,

4 A bide amang ye as an ootlin: gie me some laund here as ma guids an gear, till A pit ma deid tae rest.

5 An in repone the bairns o Heth said tae Aubraham,

6 Ma laird, truelins ye ar a great heidsman amang us; tak the wale o oor lairs for yer deid; no ane o us will haud back frae ye a steid whaur ye can pit yer deid tae rest.

7 An Aubraham gat up an honourt the bairns o Heth, the indwallers o that laund.

8 An he said tae thaim, Gin ye will lat me lear ma deid here, mak a seekin for me tae Ephron, the son o Zohar,

9 That he will gie me the cove o the craig cried Machpelah, that's his guids an gear at the end o his field; lat him gie't me for its fou cost as a lear for ma deid amang ye.

10 Nou Ephron wis seatit amang the bairns o Heth: an Ephron the Hittite gien Aubraham his repone in the hearin o the bairns o Heth, an thaim that come intae his toun, sayin,

11 Nae, ma laird, A will gie ye the field wi the cove o the craig; afore aw the bairns o ma fowk A will gie't ye for a lear for yer deid.

12 An Aubraham cuist hissel doun afore the indwallers o the laund.

13 An Aubraham said tae Ephron, in the hearin o the indwallers o the laund, Gin ye will juist tak tent tae me, A will gie ye the cost o the field; tak it, an lat me pit ma deid tae rest thare.

14 Sae Ephron said tae Aubraham,

15 Ma laird, tak tent tae me: the wirth o the laund is fower hunder shekels; whit's that atween the pair o us? Sae pit yer deid tae rest thare.

16 An Aubraham taen tent tae the cost set by Ephron in the hearin o the bairns o Heth, an gien him fower hunder shekels in current siller.

17 Sae Ephron's field at Machpelah nearhaund Mamre, wi the cove o the craig an aw the trees in the field an roond it,

18 Come tae be the guids an gear o Aubraham afore the een o the bairns o Heth an thaim that come intae the toun.

19 Syne Aubraham pit Sarah his guidwife tae rest in the howe craig in the field o Machpelah nearhaund Mamre, that is, Hebron in the laund o Canaan.

20 An the field an the howe craig wis gien ower tae Aubraham as his guids an gear by the bairns o Heth.

Chaipter 24

N ou Aubraham wis auld an faur on in years: an the Laird haed gien him awthing in fou meisur.

2 An Aubraham said tae his heid servand, the factor o aw his guids an gear, Come nou, pit yer haund unner ma hoch:

3 An sweir an aith by the Laird, the God o heiven an the God o the yird,

Genesis 23:19 Syne Aubraham pit Sarah his guidwife tae rest in the howe craig in the field o Machpelah nearhaund Mamre, that is, Hebron in the laund o Canaan.

that ye winna git a guidwife for ma son Isaac frae the dochters o the Canaanites A bide amang;

4 But that ye will gang intae ma kintra an tae ma ain fowk an git a guidwife thare for ma son Isaac.

5 An the servand said, Gin by chance the wumman winna come wi me intae this laund, am A tae tak yer son back again tae the laund that ye come frae?

6 An Aubraham said, Mynd that ye dinna lat ma son gang back tae that laund.

7 The Laird God o heiven, that taen me frae ma faither's hoose an frae the laund o ma birth, an swuir an aith tae me, sayin, Tae yer strynd A will gie this laund: he will send his angel afore ye an gie ye a guidwife for ma son in that laund.

8 An gin the wumman winna come wi ye, than ye ar free frae this aith; but dinna tak ma son back thare.

9 An the servand pit his haund unner Aubraham's hoch, an gien him his aith aboot this.

10 An the servand taen ten o his maister's caumels, an aw kin o guid things o his maister's, an gaen tae Mesopotamia, tae the toun o Nahor.

11 An he gart the caumels rest ootby the toun by the wall in the forenicht, at the time whan the weemen come tae fesh watter.

12 An he said, O Laird, the God o ma maister Aubraham, lat me dae weel in whit A hae hecht this day, an gie yer mercy tae ma maister Aubraham.

13 See, A'm waitin here by the wall; an the dochters o the toun is comin oot for tae fesh watter:

14 Nou, lat the lassie that A say tae, Lat doun yer veshel an gie us a drink, an that says in repone, Here is a drink for ye, an lat me gie watter tae yer caumels: lat her be the ane merkit by ye for yer servand Isaac: that wey A can be siccar that ye hae been guid tae ma maister Aubraham.

15 An e'en afore his wirds wis throu, Rebekah, the dochter o Bethuel, the son o Milcah, that wis the guidwife o Nahor, Aubraham's brither, come oot wi her watter veshel on her airm.

16 She wis an unco bonny lassie, a maid, that haed niver been titcht by a man: an she gaen doun tae the wall-ee tae fesh watter in her veshel.

17 An the servand come rinnin tae her an said, Gie us a drap watter frae yer veshel.

18 An she said, Drink, ma laird: an, swith lattin doun her veshel ontae her haund, she gien him a drink.

19 An, haein duin thon, she said, A will fesh watter for yer caumels till thay hae haen eneuch.

20 An, efter pittin the watter frae her veshel intae the beasts' troch, she gaen swith back tae the wall-ee an fuish watter for aw the caumels.

21 An the man, leukin at her, said nocht, waitin tae see gin the Laird haed gien his gate a guid affcome.

22 An whan the caumels haed haen eneuch, the man taen a gowd neb-ring, hauf a shekel in wecht, an twa variorums for her airms o ten shekels' wecht o gowd;

23 An said tae her, Whase dochter ar ye? Ar the room in yer faither's hoose for us?

Genesis 24:16 She wis an unco bonny lassie, a maid, that haed niver been titcht by a man: an she gaen doun tae the wall-ee tae fesh watter in her veshel.

24 An she said tae him, A am the dochter o Bethuel, the son o Milcah, Nahor's guidwife.

25 An she said, We hae a muckle huird o strae an dry keep, an the'r room for ye.

26 An wi boued heid the man gien wirship tae the Laird;

27 An said, Ruise be tae the Laird, the God o ma maister Aubraham, that haes gien a sign that he's guid an richt tae ma maister, by airtin me straucht tae the hoose o ma maister's faimily.

28 Sae the lassie gaen rinnin an taen the newins o thir things tae her mither's hoose.

29 Nou Rebekah haen a brither cried Laban, an he come oot swith tae the man at the wall.

30 An whan he seen the neb-ring an the variorums on his sister's haunds, an whan she gien him wird o whit the man haed said tae her, than he gaen oot tae the man that wis waitin wi the caumels by the wall.

31 An he said tae him, Come in, ye that the sainin o the Laird is on; whit for ar ye waitin ootby? For A hae redd the hoose for ye, an a steid for the caumels.

32 Syne the man come ben the hoose, an Laban taen thair herness aff the caumels an gien thaim strae an meat, an he gien him an the men wi him watter for washin thair feet.

33 An flesh wis set doun afore him, but he said, A winna eat till A hae made ma haundlin clear tae ye. An thay said, Dae thon.

34 An he said, A am Aubraham's servand.

35 The Laird haes gien ma maister ilka sainin, an he haes come tae be great: he haes gien him hirsels an hirds an siller an gowd, an men servands an weemen servands an caumels an cuddies.

36 An whan Sarah, ma maister's guidwife, wis auld, she gien birth tae a son, that he haes gien aw he haes tae.

37 An ma maister gart me sweir an aith, sayin, Dinna git a guidwife for ma son frae the dochters o the Canaanites A bide amang;

38 But gang tae ma faither's hoose an tae ma ain fowk for a guidwife for ma son.

39 An A said tae ma maister, Whit gin the wumman winna come wi me?

40 An he said, The Laird, that A hae aye held afore me, will send his angel wi ye, that will mak it possible for ye tae git a guidwife for ma son frae ma ain fowk an ma faither's hoose;

41 An ye will be free frae yer aith tae me whan ye come tae ma fowk; an gin thay winna gie her tae ye, ye will be free frae yer aith.

42 An A come the day tae the wall, an A said, O Laird, the God o ma maister Aubraham, gin it's yer ettle tae gie a guid affcome tae ma gate,

43 Lat it come aboot that, while A wait here by the wall, gin a lassie comes tae fesh watter, an A say tae her, Gie us a drap watter frae yer veshel, an she says,

44 Drink, an A will fesh watter for yer caumels; lat her be the wumman merkit by the Laird for ma maister's son.

45 An e'en while A wis sayin this tae masel, Rebekah come oot wi her veshel on her airm; an she gaen doun tae the wall-ee tae fesh watter; an A said tae her, Gie us a drink.

46 An straucht awa she taen doun her veshel frae her airm an said, Drink, an A will fesh watter for yer caumels.

47 An, speirin at her, A said, Whase dochter ar ye? An she said, The dochter o Bethuel, the son o Nahor, an Milcah his guidwife. Syne A pit the ring on her neb an the variorums on her haunds.

48 An wi boued heid A gien wirship an ruise tae the Laird, the God o ma maister Aubraham, that A haed been airtit in the richt wey by tae git the dochter o ma maister's brither for his son.

49 An nou, say gin ye will dae whit is guid an richt for ma maister or no, sae that it can be clear tae me whit A hae tae dae.

50 Syne Laban an Bethuel answert, This is the Laird's daein: it isna for us tae say Ay or Nae tae ye.

51 See, here is Rebekah: tak her an gang, an lat her be yer maister's son's guidwife, as the Laird haes said.

52 An at thir wirds Aubraham's servand cuist hissel doun an ruised the Laird.

53 Syne he taen jewels o siller an jewels o gowd an bonny robes an gien thaim tae Rebekah: an he gien things o wirth tae her mither an her brither.

54 Syne him an the men wi him haen meat an drink, an restit thare that nicht; an in the forenuin he gat up an said, Lat me nou gang back tae ma maister.

55 But her brither an her mither said, Lat the lassie be wi us a week or ten days, an than she can gang.

56 An he said, Dinna haud me; the Laird haes gien a guid affcome tae ma gate; lat me nou gang back tae ma maister.

57 An thay said, We will send for the lassie, an lat her mak the juidgment.

58 An thay sent for Rebekah an said tae her, Ar ye ready tae gang wi this man? An she said, A'm ready.

59 Sae thay sent thair sister Rebekah an her servand wi Aubraham's servand an his men.

60 An thay gien Rebekah thair sainin, sayin, O sister, lat ye be the mither o thoosands an ten thoosands; an lat yer strynd supplant thaim that maks war agin thaim.

61 Sae Rebekah an her servand weemen gaen wi the man, seatit on the caumels; an sae the servand taen Rebekah an gaen on his wey.

62 Nou Isaac haed come throu the wilderness tae Beer-lahai-roi; for he bade in the sooth.

63 An whan the forenicht wis nearhaund, he gaen stravaigin oot intae the fields, an, liftin up his een, he seen caumels comin.

64 An whan Rebekah, leukin up, seen Isaac, she gat doun frae her caumel,

65 An said tae the servand, Wha's that man comin tae us throu the field? An the servand said, It's ma maister: syne she taen her wimple, happin her face wi't.

66 Syne the servand gien Isaac the story o aw he haed duin.

67 An Isaac taen Rebekah intae his tent, an she come tae be his guidwife; an, in his luve for her, Isaac wis comfortit efter his mither's deith.

Genesis 24:65 An said tae the servand, Wha's that man comin tae us throu the field?
An the servand said, It's ma maister: syne she taen her wimple, happin her face wi't.

Chaipter 25

An Aubraham taen anither guidwife cried Keturah.

2 She come tae be the mither o Zimran an Jokshan an Medan an Midian an Ishbak an Shuah.

3 An Jokshan come tae be the faither o Sheba an Dedan. An frae Dedan come the Asshurim an Letushim an Leummim.

4 An frae Midian come Ephah an Epher an Hanoch an Abida an Eldaah. Aw thir wis the affspring o Keturah.

5 Nou Aubraham gien aw his guids an gear tae Isaac;

6 But tae the sons o his ither weemen he gien offerins, an sent thaim awa, an him aye tae the fore, intae the east kintra.

7 Nou the years o Aubraham's life wis a hunder an seiventy-five.

8 An Aubraham dee'd, an auld man, fou o years; an he wis yirdit wi his fowk.

9 An Isaac an Ishmael, his sons, yirdit him in the howe craig o Machpelah, in the field o Ephron, the son o Zohar the Hittite, nearhaund Mamre;

10 The same field that Aubraham gat frae the bairns o Heth: thare Aubraham wis yirdit wi Sarah, his guidwife.

11 Nou efter the deith o Aubraham, the sainin o God wis wi Isaac, his son.

12 Nou thir is the generations o Ishmael, the son o Aubraham, that's mither wis Hagar the Egyptian, the servand o Sarah:

13 Thir is the names o the sons o Ishmael by thair generations: Ishmael's first son wis Nebaioth; syne Kedar an Adbeel an Mibsam,

14 An Mishma an Dumah an Massa,

15 Hadad an Tema, Jetur, Naphish, an Kedemah:

16 Thir is the sons o Ishmael, an thir is thair names in thair touns an thair tent-rings; twal heidsmen wi thair peoples.

17 An the years o Ishmael's life wis a hunder an thirty-seiven: an he dee'd, an wis yirdit wi his fowk.

18 An thair kintra wis frae Havilah tae Shur that's east o Egypt: thay taen thair steid tae the east o aw thair brithers.

19 Nou thir is the generations o Aubraham's son Isaac:

20 Isaac wis fowerty year auld whan he taen Rebekah, the dochter o Bethuel the Aramaean o Paddan-aram, an the sister o Laban the Aramaean tae be his guidwife.

21 Isaac prayed tae the Laird for his guidwife acause she haen nae bairns; an the Laird taen tent tae his prayer, an Rebekah come wi bairn.

22 An the bairns focht ither in her wame, an she said, Gin it's tae be sae, whit for am A like this? Sae she gaen tae speir at the Laird.

23 An the Laird said tae her, Twa nations is in yer bouk, an twa peoples will be born frae ye: the tane will be stranger nor the tither, an the aulder will be the servand o the younger.

24 An whan the time come for her tae gie birth, the war twa bairns in her wame.

25 An the first come oot reid frae heid tae fit like a robe o hair, an thay gien him the name o Esau.

26 An efter him his brither come oot, grippin Esau's fit; an he wis named Jaucob: Isaac wis saxty year auld whan she gien birth tae thaim.

27 An the laddies won tae fou growthe; an Esau come tae be a man o the appen kintra, a skeely boweman; but Jaucob wis a lown chiel, bidin in tents.

28 Nou Isaac's luve wis for Esau, acause Esau's flesh wis fair tae his gust: but Rebekah haen mair luve for Jaucob.

29 An ae day Jaucob wis keukin some kail whan Esau come in frae the fields in sair need o meat;

30 An Esau said tae Jaucob, Gie us a furthie plate o that reid kail, for A'm like tae swelt wi want o meat: thon's whit wey he wis named Edom.

31 An Jaucob said, First o aw gie me yer birthricht.

32 An Esau said, Truelins, A'm near deid: whit guid's the birthricht tae us?

33 An Jaucob said, First o aw gie me yer aith; an he gien him his aith, haundin ower his birthricht tae Jaucob.

34 Syne Jaucob gien him breid an kail; an he taen meat an drink an gaen awa, no carin muckle for his birthricht.

Chaipter 26

Syne come a time o great need in the laund, like whit haed been afore in the days o Aubraham. An Isaac gaen tae Abimelech, keeng o the Philistines, at Gerar.

2 An the Laird come tae him in a veesion an said, Dinna gang doun tae Egypt; bide in the laund that A will tell ye o:

3 Bide in this laund, an A will be wi ye an gie ye ma sainin; for tae yersel an yer strynd A will gie aw thir launds, giein ootcome tae the aith that A made yer faither Aubraham;

4 A will mak yer strynd like the starns o heiven in nummer, an will gie thaim aw thir launds, an yer strynd will be a sainin tae aw the nations o the yird;

5 Acause Aubraham taen tent tae ma vyce an held ma wirds, ma rules, ma commaunds, an ma laws.

6 Sae Isaac gaen on bidin in Gerar;

7 An whan he wis quaistent by the men o the steid aboot his guidwife, he said, She is ma sister; fearin tae say, She is ma guidwife; for, he said, the men o the steid can pit me tae deith on accoont o Rebekah; acause she is unco bonny.

8 An whan he haed been thare a guid while, Abimelech, keeng o the Philistines, leukin throu a winnock, seen Isaac playin wi Rebekah his guidwife.

9 An he said tae Isaac, It is clear that she is yer guidwife: whit for, than, did ye say, She is ma sister? An Isaac said, For fear that A wad be pit tae deith acause o her.

10 Syne Abimelech said, Whit hae ye duin tae us? Ane o the people coud weel hae gaen ben tae yer guidwife, an the sin wad hae been oors.

11 An Abimelech gien orders tae his fowk that onybody titchin Isaac or his guidwife wis tae be pit tae deith.

12 Nou Isaac, sawin seed in that laund, ingaithert the same year fruit a hunder times as muckle, for the sainin o the Laird wis on him.

13 An his walth come tae be unco great, eikin mair an mair;

14 For he haen great walth o hirsels an hirds an an unco nummer servands; sae that the Philistines wis sair chawed at the thocht.

15 Nou aw the walls his faither's servants haed howkit in the days o Aubraham haed been stappit fou wi yird by the Philistines.

16 An Abimelech said tae Isaac, Gang awa frae us, for ye'r stranger nor us.

17 Sae Isaac gaen awa frae thare, an stelt his tents in the glen o Gerar, makkin his dwallin thare.

18 An he howkit again the walls made in the days o Aubraham his faither, as haed been stappit fou by the Philistines; an he gien thaim the names his faither haed gien thaim.

19 Nou Isaac's servands howkit holes in the glen, an come tae a spring o fleetin watter.

20 But the hirds o Gerar focht wi Isaac's hirds, for thay said, The wall-ee is oors: sae he gien the spring the name o Esek, acause the war a fecht aboot it.

21 Syne thay made anither wall, an the war a fecht aboot that, sae he gien it the name o Sitnah.

22 Syne he gaen awa frae thare, an made anither wall, that the war nae fechtin aboot: sae he gien it the name o Rehoboth, for he said, Nou the Laird haes made room for us, an we will hae fruit in this laund.

23 An frae thare he gaen on tae Beer-sheba.

24 That nicht the Laird come tae him in a veesion an said, A'm the God o yer faither Aubraham: binna fleyed, for A'm wi ye, sainin ye, an yer strynd will be eikit acause o ma servand Aubraham.

25 Syne he biggit an altar thare, an gien wirship tae the name o the Laird, an he stelt his tents thare, an thare his servands made a wall.

26 An Abimelech haed come tae him frae Gerar, wi Ahuzzath his freend an Phicol, the caiptain o his airmy.

27 An Isaac said tae thaim, Whit for hae ye come tae me, seein that in yer ill will for me ye sent me awa frae ye?

28 An thay said, We seen clear eneuch that the Laird wis wi ye: sae we said, Lat thare be an aith atween us, an lat us mak a paction wi ye;

29 That ye will dae us nae skaith, e'en as we pit nae haund on ye, an did ye nocht but guid, an sent ye awa in peace: an nou the sainin o the Laird is on ye.

30 Syne he held a mealtith for thaim, an thay aw haen meat an drink.

31 An at day-daw thay swuir an aith tae ither: syne Isaac sent thaim awa, an thay gaen on thair wey in peace.

32 An that day Isaac's servands come tae him an gien him wird o the wall that thay haed howkit an said tae him, We hae come tae watter.

33 An he gien it the name o Shibah: sae the name o that toun is Beer-sheba tae this day.

34 An whan Esau wis fowerty year auld, he taen as his guidwifes Judith, the dochter o Beeri the Hittite, an Basemath, the dochter o Elon the Hittite:

35 An Isaac an Rebekah wis dowie acause o thaim.

Chaipter 27

Nou whan Isaac wis auld an his een haed come tae be cluddit sae that he coudna see, he sent for Esau, his first son, an said tae him, Son: an he said, Here A am.

2 An he said, See nou, A'm auld, an ma deith coud happen at ony time:

3 Sae tak yer arraes an yer bowe an gang oot tae the field an git flesh for me;

4 An mak me meat, guid tae the gust, sic as pleases me, an pit it afore me, till A hae a mealtith an gie ye ma sainin afore deith finds me.

5 Nou Isaac's wirds tae his son wis said in Rebekah's hearin. Syne Esau gaen oot for tae git the flesh.

6 An Rebekah said tae Jaucob, her son, Yer faither said tae yer brither Esau in ma hearin,

7 Gang an git some rae's flesh an mak me a guid meal, till A'm fou, an gie ye ma sainin afore the Laird afore ma deith.

8 Nou, son, dae whit A say.

9 Gang tae the hirsel an git me twa fat young gaits; an A will mak o thaim a mealtith tae yer faither's gust:

10 An ye will tak it tae him, sae that he can hae a guid meal an gie ye his sainin afore his deith.

11 An Jaucob said tae Rebekah, his mither, But Esau ma brither is happit wi hair, while A am snod:

12 Gin by chance ma faither pits his haund on me, it will seem tae him that A'm swickin him, an he will pit a ban on me insteid o a sainin.

13 An his mither said, Lat the ban be on me, son: juist dae as A say, an gang an git thaim for me.

14 Sae he gaen an gat thaim an taen thaim tae his mither: an she made a mealtith tae his faither's gust.

15 An Rebekah taen the bonny robes o her auldest son, that wis wi her in the hoose, an pit thaim on Jaucob, her younger son:

16 An she pit the skins o the young gaits on his haunds an on the snod pairt o his craig:

17 An she gien intae the haund o Jaucob, her son, the flesh an the breid that she haed redd.

18 An he come tae his faither an said, Ma faither: an he said, Here A am: wha ar ye, son?

19 An Jaucob said, A am Esau, yer auldest son; A hae duin as ye said: come nou, be seatit an tak o ma flesh, sae that ye can gie me a sainin.

20 An Isaac said, Whit wey is't that ye hae gat it that swith, son? An he said, Acause the Laird yer God gart it come ma wey.

21 An Isaac said, Come nearhaund till A pit ma haund on ye, son, an see gin ye'r truelins ma son Esau or no.

22 An Jaucob gaen nearhaund his faither Isaac: an he pit his haunds on him; an he said, The vyce is Jaucob's vyce, but the haunds is the haunds o Esau.

23 An he didna mak oot wha he wis, acause his haunds wis happit wi hair like his brither Esau's haunds: sae he gien him a sainin.

24 An he said, Ar ye truelins ma son Esau? An he said, A am.

25 An he said, Pit it afore me, an A will tak o ma son's flesh, till A gie ye a sainin. An he pit it afore him, an he taen it; an he gien him wine, an he haen a drink.

26 An his faither Isaac said tae him, Come nearhaund nou, son, an gie me a kiss.

27 An he come nearhaund an gien him
a kiss; an, smellin the waff o his claes, he
gien him a sainin an said, See, the waff o
ma son is like the waff o a field that the
sainin o the Laird haes come on:

28 Lat God gie ye the weet o heiven,
an the guid things o the yird, an corn an
wine in fou meisur:

29 Lat peoples be yer servands, an
nations gang doun afore ye: be laird
ower yer brithers, an lat yer mither's
sons gang doun afore ye: a ban be on
awbody that ye ar bannit by, an a sainin
on thaim that sains ye.

30 An whan Isaac haed feenisht sainin
Jaucob, an Jaucob haedna lang gaen awa
frae Isaac his faither, Esau come in frae
the field.

31 An he redd a meal, guid tae the gust,
an taen it tae his faither an said tae him,
Lat ma faither git up an tak o his son's
flesh, sae that ye can gie me a sainin.

32 An Isaac his faither said tae him,
Wha ar ye? An he said, A am yer
auldest son, Esau.

33 An, sair fleggit, Isaac said, Wha,
than, is him that gat flesh an pit it afore
me, an A taen it aw afore ye come, an
gien him a sainin, an his it will be?

34 An, hearin the wirds o his faither,
Esau gien a great an soor screich an said
tae his faither, Gie a sainin tae me, e'en
tae me, O ma faither!

35 An he said, Yer brither come wi
deceivery, an taen awa yer sainin.

36 An he said, Is't acause he is cried
Jaucob that he haes twice taen ma
steid? For he taen awa ma birthricht,
an nou he haes taen awa ma sainin. An
he said, Hae ye no held a sainin for
me?

37 An Isaac, answerin, said, But A hae
made him yer maister, an gien him aw
his brithers for servands; A hae made
him strang wi corn an wine: whit than
am A tae dae for ye, son?

38 An Esau said tae his faither, Is that
the ae sainin ye hae, ma faither? Gie
a sainin tae me, e'en me! An Esau wis
owergaen wi greetin.

39 Syne Isaac his faither answert an
said tae him, Faur frae the growthy
steids o the yird, an faur frae the weet o
heiven abuin will yer dwallin be:

40 By yer swuird ye will git yer leevin,
an ye will be yer brither's servand; but
whan yer pouer haes eikit, his yoke will
be broke frae aff yer craig.

41 Sae Esau wis fou o ill will at Jaucob
acause o his faither's sainin; an he said
in his hert, The days o greetin for ma
faither is nearhaund; syne A will pit ma
brither Jaucob tae deith.

42 Syne Rebekah, hearin whit Esau
haed said, sent for Jaucob, her younger
son, an said tae him, It seems that yer
brither Esau is ettlin at pittin ye tae
deith.

43 Sae nou, son, dae whit A say: gang
swith tae Haran, tae ma brither Laban;

44 An bide thare wi him for a wee
while, till yer brither's wraith is
suspendit;

45 Till the myndin o whit ye hae duin
tae him is past an by, an he is wraith nae
mair: syne A will send wird for ye tae
come back; is the pair o ye tae be taen
frae me in ae day?

46 Syne Rebekah said tae Isaac, Ma
life's a sair fecht tae me acause o the
dochters o Heth: gin Jaucob taks a
guidwife frae amang the dochters o

Genesis 27:29 Lat peoples be yer servands, an nations gang doun afore ye: be laird ower yer brithers, an lat yer mither's sons gang doun afore ye: a ban be on awbody that ye ar bannit by, an a sainin on thaim that sains ye.

Heth, sic as thir, the weemen o this laund, whit uiss will ma life be tae me?

Chaipter 28

S yne Isaac sent for Jaucob, an, sainin him, said, Dinna tak a guidwife frae amang the weemen o Canaan;

2 But gang tae Paddan-aram tae the hoose o Bethuel, yer mither's faither, an thare git yersel a guidwife frae the dochters o Laban, yer mither's brither.

3 An lat God, the Ruler o aw, gie ye his sainin, giein ye fruit an eikin, sae that ye can come tae be an airmy o peoples.

4 An lat God gie ye the sainin o Aubraham tae yersel an yer strynd, sae that the laund o yer wanderins, that God gien tae Aubraham, is yer heirskip.

5 Sae Isaac sent Jaucob awa: an he gaen tae Paddan-aram, tae Laban, son o Bethuel the Aramaean, the brither o Rebekah, the mither o Jaucob an Esau.

6 Sae whan Esau seen that Isaac haed gien Jaucob his sainin, an sent him awa tae Paddan-aram tae git a guidwife for hissel thare, sainin him an sayin tae him, Dinna tak a guidwife frae amang the weemen o Canaan;

7 An that Jaucob haed duin as his faither an mither said an haed gaen tae Paddan-aram;

8 It wis clear tae Esau that his faither haen nae luve for the weemen o Canaan,

9 Sae Esau gaen tae Ishmael an taen Mahalath, the dochter o Aubraham's son Ishmael, the sister o Nebaioth, tae be his guidwife forby the guidwifes he haen.

10 Sae Jaucob gaen furth frae Beer-sheba tae gang tae Haran.

11 An, comin tae ae steid, he made it his restin steid for the nicht, for the sun haed gaen doun; an he taen ane o the stanes thare, an, pittin it unner his heid, he gaen tae sleep in that steid.

12 An he haen a dream, an in his dream he seen staps raxin frae yird tae heiven, an the angels o God gaen up an doun on thaim.

13 An he seen the Laird by his side, sayin, A am the Laird, the God o Aubraham yer faither, an the God o Isaac: A will gie yersel an yer strynd this laund that ye ar sleepin on.

14 Yer seed will be like the stour o the yird, happin aw the laund tae the wast an tae the east, tae the north an tae the sooth: yersel an yer strynd will be a name o sainin tae aw the faimilies o the yird.

15 An truelins, A will be wi ye, an will haud ye whauriver ye gang, airtin ye back again tae this laund; an A winna gie ye up till A hae duin whit A hae said tae ye.

16 An Jaucob, waukenin frae his sleep, said, Truelins, the Laird is in this place, an A wisna awaur o't.

17 An fear come ower him, an he said, This is a haly place; this is nocht less nor the hoose o God an the door-cheek o heiven.

18 An at day-daw Jaucob taen the stane that haed been unner his heid, an pit it up as a stoup an slaired ile on it.

19 An he gien that steid the name o Beth-el, but afore that time the toun wis cried Luz.

20 Syne Jaucob swuir an aith an said, Gin God will be wi me, an haud me sauf on ma gate, an gie me meat an claes tae pit on,

Genesis 28:12 An he haen a dream, an in his dream he seen staps raxin frae yird tae heiven, an the angels o God gaen up an doun on thaim.

21 Sae that A come again tae ma faither's hoose in peace, than A will tak the Laird tae be ma God,

22 An this stane that A hae pit up for a stoup will be God's hoose: an o awthing ye gie me A will gie a tent pairt tae ye.

Chaipter 29

Syne Jaucob gaen on his gate till he come tae the laund o the bairns o the East.

2 An thare he seen a wall in a field, an by the side o't three hirsels o sheep, for thare thay fuish watter for the sheep: an on the tap o the wall the war a muckle stane.

3 An aw the hirsels wad come thegither thare, an whan the stane haed been rowed awa, thay wad gie the sheep watter, an pit the stane back again in its steid on the tap o the wall.

4 Syne Jaucob said tae the hirds, Ma brithers, whaur dae ye come frae? An thay said, Frae Haran.

5 An he said tae thaim, Hae ye ony knawledge o Laban, the son o Nahor? An thay said, We hae.

6 An he said tae thaim, Is he weel? An thay said, He is weel, an here is Rachel his dochter comin wi the sheep.

7 Syne Jaucob said, The sun is aye heich, an it isna time tae git the kye thegither: fesh watter for the sheep an gang an gie thaim thair meat.

8 An thay said, We canna dae that till aw the hirsels haes come thegither an the stane haes been rowed awa frae the tap o the wall; syne we will fesh watter for the sheep.

9 An him aye talkin tae thaim, Rachel come wi her faither's sheep, for she taen care o thaim.

10 Syne whan Jaucob seen Rachel, the dochter o Laban, his mither's brither, comin wi Laban's sheep, he come nearhaund, an, rowin the stane awa frae the mou o the hole, he fuish watter for Laban's hirsel.

11 An, greetin for joy, Jaucob gien Rachel a kiss.

12 An Rachel, hearin frae Jaucob that he wis her faither's bluid-freend an that he wis the son o Rebekah, gaen rinnin tae gie her faither newins o't.

13 An Laban, hearin newins o Jaucob, his sister's son, come rinnin an taen Jaucob in his airms an, kissin him, gart him come ben his hoose. An Jaucob gien him newins o awthing.

14 An Laban said tae him, Truelins, ye ar ma bane an ma flesh. An he held Jaucob wi him for the lenth o a month.

15 Syne Laban said tae Jaucob, Acause ye ar ma brither, ar ye tae be ma servand for nocht? Say nou, whit is yer peyment tae be?

16 Nou Laban haen twa dochters: the name o the aulder ane wis Leah, an the name o the younger ane wis Rachel.

17 An Leah's een wis cluddit, but Rachel wis bonny in face an form.

18 An Jaucob wis in luve wi Rachel; an he said, A will be yer servand seiven year for Rachel, yer younger dochter.

19 An Laban said, It's better for ye tae hae her nor anither man: gang on leevin here wi me.

20 An Jaucob did seiven year o darg for Rachel; an acause o his luve for her it seemed tae him but a gey wee while.

*Genesis 29:20 An Jaucob did seiven year o darg for Rachel; an acause o his luve
for her it seemed tae him but a gey wee while.*

21 Syne Jaucob said tae Laban, Gie me ma guidwife till A hae her, for the days is throu.

22 An Laban gaithert thegither aw the men o the steid an held a mealtith.

23 An in the forenicht he taen Leah, his dochter, an gien her tae him, an he gaen ben tae her.

24 An Laban gien Zilpah, his servand lass, tae Leah tae be her waitin wumman.

25 An in the forenuin Jaucob seen that it wis Leah: an he said tae Laban, Whit hae ye duin tae me? Wis A no wirkin for ye sae that A coud hae Rachel? Whit for hae ye been fause tae me?

26 An Laban said, In oor kintra we dinna lat the younger dochter be mairit afore the aulder.

27 Lat the brithal sennicht come tae its end, an than we will gie ye the tither forby, gin ye will be ma servand for anither seiven year.

28 An Jaucob did the like; an whan the week wis past, Laban gien him his dochter Rachel for his guidwife.

29 An Laban gien Rachel his servand lass Bilhah tae be her waitin wumman.

30 Syne Jaucob taen Rachel as his guidwife, an his luve for her wis mair nor his luve for Leah; an he gaen on wirkin for Laban for anither seiven year.

31 Nou the Laird, seein that Leah wisna luved, gien her a bairn; while Rachel haen nae bairns.

32 An Leah wis biggen, an gien birth tae a son that she gien the name Reuben tae: for she said, The Laird haes seen ma sorrae; nou ma guidman will luve me.

33 Syne she come wi bairn again, an gien birth tae a son; an said, Acause it haes come tae the Laird's lugs that A'm no luved, he haes gien me this son forby: an she gien him the name Simeon.

34 An she wis biggen again, an gien birth tae a son; an said, Nou at last ma guidman will be unitit tae me, acause A hae gien him three sons: sae he wis cried Levi.

35 An she wis biggen again, an gien birth tae a son: an she said, This time A will ruise the Laird: sae he wis cried Judah; efter this she haen nae mair bairns for a time.

Chaipter 30

Nou Rachel, acause she haen nae bairns, wis sair chawed at her sister; an she said tae Jaucob, Gin ye dinna gie me bairns, A'll dee.

2 But Jaucob wis wraith wi Rachel an said, Am A in the steid o God, that haes held yer wame frae beirin fruit?

3 Syne she said, Here is ma servand Bilhah, gang ben tae her, sae that she can hae a bairn on ma knees, an A can hae a faimily by her.

4 Sae she gien him her servand Bilhah as a guidwife, an Jaucob gaen ben tae her.

5 An Bilhah come wi bairn, an gien birth tae a son.

6 Syne Rachel said, God haes been ma juidge, an haes taen tent tae ma vyce, an haes gien me a son; sae he wis cried Dan.

7 An again Bilhah, Rachel's servand, wis biggen, an gien birth tae a seicont son.

8 An Rachel said, A hae haen a muckle fecht wi ma sister, an A hae owercome her: an she gien the bairn the name Naphtali.

9 Whan it wis clear tae Leah that she wad hae nae mair bairns for a time, she gien Zilpah, her servand, tae Jaucob as a guidwife.

10 An Zilpah, Leah's servand, gien birth tae a son.

11 An Leah said, It haes gaen weel for me: an she gien him the name Gad.

12 An Zilpah, Leah's servand, gien birth tae a seicont son.

13 An Leah said, Blythe am A! An aw weemen will beir witness tae ma joy: an she gien him the name Asher.

14 Nou at the time o the hairst, Reuben seen a wheen luve-fruits in the field an taen thaim tae his mither Leah. An Rachel said tae her, Lat me hae twa-three o yer son's luve-fruits.

15 But Leah said tae her, Is it a smaw thing that ye hae taen ma guidman frae me? An nou wad ye tak ma son's luve-fruits? Syne Rachel said, Ye can niffer him the nicht for yer son's luve-fruits.

16 In the forenicht, whan Jaucob come in frae the field, Leah gaen oot tae him an said, The nicht ye'r tae come tae me, for A hae gien ma son's luve-fruits for ye. An he gaen ben tae her that nicht.

17 An God taen tent tae her, an she come wi bairn an gien Jaucob a fift son.

18 Syne Leah said, God haes peyed me for giein ma servand lass tae ma guidman: sae she gien her son the name Issachar.

19 An again Leah come wi bairn, an she gien Jaucob a saxt son.

20 An she said, God haes gien me a guid tochar; nou at last A will hae ma guidman bidin wi me, for A hae gien him sax sons: an she gien him the name Zebulun.

21 Efter that she haen a dochter, that she gien the name Dinah tae.

22 Syne God thocht on Rachel an, hearin her prayer, made her growthy.

23 An she wis biggen, an gien birth tae a son: an she said, God haes dichtit awa ma shame.

24 An she gien him the name Joseph, sayin, Lat the Laird gie me anither son.

25 Nou efter the birth o Joseph, Jaucob said tae Laban, Lat me gang awa tae ma steid an ma kintra.

26 Gie me ma guidwifes an ma bairns, as A hae been yer servand for, an lat me gang: for ye ken aw the wark A hae duin for ye.

27 An Laban said, Gin ye will lat me say it, dinna gang awa; for A hae seen by the signs that the Laird haes been guid tae me acause o ye.

28 Say, than, whit yer peyment is tae be, an A will gie't.

29 Syne Jaucob said, Ye hae seen whit A hae duin for ye, an whit wey yer kye haes thriven unner ma care.

30 For afore A come ye haedna muckle, an it's been unco eikit; an the Laird haes gien ye a sainin in awthing A hae duin; but whan am A tae dae something for ma faimily?

31 An Laban said, Whit am A tae gie ye? An Jaucob said, Dinna gie me ocht; but A will again tak up the care o yer hirsel gin ye will juist dae this for me:

32 Lat me gang throu aw yer hirsel the day, takkin oot frae amang thaim aw the sheep spreckelt or colourt or black, an aw the spreckelt or colourt gaits: thir will be ma peyment.

33 An sae ye'll can pit ma honour tae the test in time tae come; gin ye see amang ma hirsels ony gaits no spreckelt or colourt, or ony sheep no black, ye can tak me for a thief.

34 An Laban said, Lat it be as ye say.

35 Sae that day he taen aw the he-gaits as wis brockit or colourt, an aw the she-gaits as wis spreckelt or colourt or haen white merks, an aw the black sheep, an gien thaim intae the care o his sons;

36 An sent thaim three days' gate awa: an Jaucob taen care o the lave o Laban's hirsel.

37 Syne Jaucob taen ryss, cuttin aff the skin sae that the white wid wis seen in baunds.

38 An he pit the baundit steeks in the trochs whaur the hirsel come tae drink; an thay come wi young whan thay come tae the watter.

39 An acause o this, the hirsel gien birth tae young merkit wi baunds o colour.

40 Thir laums Jaucob held sinder; an he pit his hirsel in a steid thair lane an no wi Laban's hirsel.

41 An whaniver the stranger anes o the hirsel come wi young, Jaucob pit the steeks forenent thaim in the trochs, sae that thay coud come wi young whan thay seen the steeks.

42 But whan the hirsels wis fushionless, he didna pit the steeks afore thaim; sae that the dwaibly hirsels wis Laban's an the stranger anes wis Jaucob's.

43 Sae Jaucob's walth wis fair eikit; he haen great hirsels an weemen servands an men servands an caumels an cuddies.

Chaipter 31

Nou it come tae the lugs o Jaucob that Laban's sons wis sayin, Jaucob haes taen awa aw oor faither's guids an gear, an in this wey he haes gat aw this walth.

2 An Jaucob seen that Laban's feelin for him wisna whit it haed been afore.

3 Syne the Laird said tae Jaucob, Gang back tae the laund o yer faithers, an tae yer ain fowk, an A will be wi ye.

4 An Jaucob sent for Rachel an Leah tae come tae him in the field amang his hirsel.

5 An he said tae thaim, It is clear tae me that yer faither's feelin is nae mair whit it wis tae me; but the God o ma faither haes been wi me,

6 An ye hae seen whit wey A hae duin awthing in ma pouer for yer faither,

7 But yer faither haesna held faith wi me, an ten times he haes made cheenges tae ma peyment; but God haes held him frae daein me skaith.

8 Gin he said, Aw thaim in the hirsel wi merks is tae be yours, than aw the hirsel gien birth tae merkit young; an gin he said, Aw the baundit anes is tae be yours, than aw the hirsel haen baundit young.

9 Sae God haes taen awa yer faither's kye an haes gien me thaim.

10 An at the time whan the hirsel wis wi young, A seen in a dream that aw the he-gaits as wis jynt wi the she-gaits wis baundit an merkit an colourt.

11 An in ma dream the angel o the Laird said tae me, Jaucob: an A said, Here A am.

60

12 An he said, See whit wey aw the he-gaits is baundit an merkit an colourt: for A hae seen whit Laban haes duin tae ye.

13 A am the God o Beth-el, whaur ye slaired ile on the stoup an swuir an aith tae me: nou than, come oot this laund an gang back tae the kintra o yer birth.

14 Syne Rachel an Leah said tae him in repone, Whit pairt or heirskip ar the for us in oor faither's hoose?

15 Ar we no like ootlins tae him? For he taen siller for us, an nou it's aw wared oot.

16 For the walth that God haes taen frae him is oors an oor bairns'; sae nou, whitiver God haes said tae ye, dae.

17 Syne Jaucob set his guidwifes an his sons on caumels;

18 An, sendin on afore him aw his kye an his guids an gear as he haed gaithert thegither in Paddan-aram, he redd tae gang tae Isaac his faither in the laund o Canaan.

19 Nou Laban haed gaen tae see tae the shearin o his sheep; sae Rachel hidlins taen the eemages o the gods o her faither's hoose.

20 An Jaucob gaen awa hidlins, 'ithoot giein newins o his flicht tae Laban the Aramaean.

21 Sae he gaen awa wi aw he haen, an gaen athort the Watter in the airt o the braes o Gilead.

22 An on the third day Laban gat newins o Jaucob's flicht.

23 An, takkin the men o his faimily wi him, he gaen efter him for a sennicht an owertaen him in the braes o Gilead.

24 Syne God come tae Laban in a dream by nicht an said tae him, Mynd that ye say nocht guid or ill tae Jaucob.

25 Nou whan Laban owertaen him, Jaucob haed stelt his tent in the knowe kintra; an Laban an his brithers stelt thair tents in the braes o Gilead.

26 An Laban said tae Jaucob, Whit for did ye gang awa hidlins, takkin ma dochters awa like preesoners o war?

27 Whit for did ye mak a saicret o yer flicht, no giein me wird o't, whan A coud hae sent ye awa wi fainness an sangs, wi melody an muisic?

28 Ye didna e'en lat me gie a kiss tae ma sons an ma dochters. This wis a daftlike thing tae dae.

29 It is in ma pouer tae dae ye skaith: but the God o yer faither come tae me this nicht, sayin, Mynd that ye say nocht guid or ill tae Jaucob.

30 An nou, it seems, ye'r gaun acause yer hert's desire is for yer faither's hoose; but whit for hae ye taen ma gods?

31 An Jaucob, in repone, said tae Laban, Ma fear wis that ye wad tak yer dochters frae me by force.

32 As for yer gods, gin onybody o us haes thaim, lat him be pit tae deith: leuk afore us aw for whit is yours, an tak it. For Jaucob didna ken that Rachel haed taen thaim.

33 Sae Laban gaen intae Jaucob's tent an intae Leah's tent, an intae the tents o the twa servand weemen, but thay warna thare; an he come oot Leah's tent an gaen intae Rachel's.

34 Nou Rachel haed taen the eemages, an haed pit thaim in the caumels' creel, an wis seatit on thaim. An Laban, rakin throu the hale tent, didna come upo thaim.

35 An she said tae her faither, Latna ma laird be wraith acause A dinna git

up afore ye, for A'm in the common condeetion o weemen. An wi aw his sairchin, he didna come upo the eemages.

36 Syne Jaucob wis wraith wi Laban an said, Whit ill-daein or sin hae A duin that ye hae come efter me wi sicna passion?

37 Nou that ye hae made sairch throu aw ma guids an gear, whit hae ye seen that's yours? Mak it clear nou afore ma fowk an yer fowk, sae that thay'r juidges atween us.

38 Thir twenty year A hae been wi ye; yer sheep an yer gaits haes haen young 'ithoot loss, nane o yer he-gaits hae A taen for meat.

39 Ocht that wis woundit by beasts A didna tak tae ye, but masel made up for the loss o't; ye made me sponsal for whitiver wis taen by thiefs, by day or by nicht.

40 This wis ma condeetion, wastit by heat in the day an by the soor cauld at nicht; an sleep gaen frae ma een.

41 Thir twenty year A hae been in yer hoose; A wis yer servand for fowerteen year acause o yer dochters, an for sax year A held yer hirsel, an ten times ma peyment wis cheenged.

42 Gin the God o ma faither, the God o Aubraham an the Fear o Isaac, haedna been wi me, ye'd hae sent me awa wi nocht in ma haunds. But God haes seen ma tribbles an the darg o ma haunds, an this nicht he held ye back.

43 Syne Laban, answerin, said, Thir weemen is ma dochters an thir bairns ma bairns, the hirsels an aw ye see is mines: whit nou can A dae for ma dochters an for thair bairns?

44 Come, lat us mak a greement, the pair o us; an lat it be for a witness atween us.

45 Syne Jaucob taen a stane an pit it up as a stoup.

46 An Jaucob said tae his fowk, Gaither stanes thegither; an thay did the like; an thay haen a mealtith thare by the stanes.

47 An the name Laban gien it wis Jegar-sahadutha: but Jaucob gien it the name o Galeed.

48 An Laban said, Thir stanes is a witness atween the pair o us the day. Thon's whit wey its name wis Galeed,

49 An Mizpah, for he said, Lat the Laird wauk on us whan we canna see ane anither's daeins.

50 Gin ye'r ill-kyndit tae ma dochters, or gin ye tak ither guidwifes forby thaim, than, tho nae man is thare tae see, God will be the witness atween us.

51 An Laban said, See thir stanes an this stoup A hae set atween the pair o us;

52 Thay will witness that A winna gang ower thir stanes tae ye, an ye winna gang ower thir stanes or this stoup tae me, for ony ill ettle.

53 Lat the God o Aubraham an the God o Nahor, the God o thair faither, be oor juidge. Syne Jaucob swuir an aith by the Fear o his faither Isaac.

54 An Jaucob made an offerin on the knowe, an gien orders tae his fowk tae eat: sae thay haen a mealtith an restit that nicht on the knowe.

55 An at day-daw Laban, efter kissin an sainin his dochters, gaen on his wey back tae his kintra.

Genesis 32:11 Weir me frae the haund o Esau, ma brither: for ma fear is that he will mak an onding on me, pittin tae deith mither an bairn.

Chaipter 32

An on his wey Jaucob come breest tae breest wi the angels o God.

2 An whan he seen thaim he said, This is the airmy o God: sae he gien that steid the name o Mahanaim.

3 Nou Jaucob sent servands afore him tae Esau, his brither, in the laund o Seir, the kintra o Edom;

4 An he telt thaim tae say thir wirds tae Esau: Yer servand Jaucob says, Till nou A hae bade wi Laban:

5 An A hae owsen an cuddies an hirsels an men servands an weemen servands: an A hae sent tae gie ma laird newins o thir things till A hae grace in his een.

6 Whan the servands come back thay said, We hae seen yer brither Esau, an he is comin oot tae ye, an fower hunder men wi him.

7 Syne Jaucob wis fell afeart an in tribble o mynd: an he pit awbody an the hirsels an the hirds an the caumels intae twa curns;

8 An said, Gin Esau, gaitherin ae lot, sets on thaim, the ithers will win awa sauf.

9 Syne Jaucob said, O God o ma faither Aubraham, the God o ma faither Isaac, the Laird that said tae me, Gang back tae yer kintra an yer faimily, an A will be guid tae ye:

10 A'm less nor nocht in compear wi aw yer mercies an yer faith tae me yer servand; for wi nocht but ma steek in ma haund A gaen athort Jordan, an nou A hae come tae be twa airmies.

11 Weir me frae the haund o Esau, ma brither: for ma fear is that he will mak an onding on me, pittin tae deith mither an bairn.

12 An ye said, Truelins, A will be guid tae ye, an mak yer seed untellable like the saund o the sea.

13 Syne he stelt his tent thare for the nicht; an frae amang his guids an gear he taen, as an offerin for his brither Esau,

14 Twa hunder she-gaits an twinty he-gaits, twa hunder females an twinty males frae the sheep,

15 Thirty caumels wi thair young, fowerty kye, ten owsen, twinty cuddies, an ten young cuddies.

16 Thir he gien tae his servands, ilka hird its lane, an he said tae his servands, Gang on afore me, an lat thare be room atween ae hird an anither.

17 An he gien orders tae the first, sayin, Whan ma brither Esau comes tae ye an says, Whase servand ar ye, an whaur ye gaun, an whase aucht is thir hirds?

18 Syne say tae him, Thir is yer servand Jaucob's; thay ar an offerin for ma laird, for Esau; an the man hissel is comin efter us.

19 An he gien the same orders tae the seicont an the third an tae thaim that wis wi the hirds, sayin, This is whit ye'r tae say tae Esau whan ye see him;

20 An ye'r tae say faurder, Jaucob, yer servand, is comin efter us. For he said tae hissel, A will tak awa his wraith by the offerin that A hae sent on, an syne A will come afore him: mebbe A will hae grace in his een.

21 Sae the servands wi the offerins gaen on afore, an the man hissel restit that nicht in the tents wi his fowk.

22 An in the nicht he gat up, an, takkin wi him his twa guidwifes an the twa servand weemen an his elieven bairns, he gaen ower the River Jabbok.

Genesis 32:24 Syne Jaucob wis his lane; an a man focht wi him till daw.

23 He taen thaim an sent thaim ower the stream wi aw he haen.

24 Syne Jaucob wis his lane; an a man focht wi him till daw.

25 But whan the man seen that he coudna owercome Jaucob, he gien him a blaw in the howe pairt o his shank, sae that his shank wis skaithed.

26 An he said tae him, Lat me gang nou, for the dawin is nearhaund. But Jaucob said, A winna lat ye gang till ye hae gien me yer sainin.

27 Syne he said, Whit's yer name? An he said, Jaucob.

28 An he said, Yer name will nae mair be Jaucob, but Israel: for in yer fecht wi God an wi men ye hae owercome.

29 Syne Jaucob said, Whit's yer name? An he said, Whit's ma name tae ye? Syne he gien him a sainin.

30 An Jaucob gien that steid the name o Peniel, sayin, A hae seen God breest tae breest, an A'm aye tae the fore.

31 An while he wis gaun past Peniel, the sun come up. An he hirpelt acause o his skaithed shank.

32 For this raison the bairns o Israel, e'en the day, niver taks that brawn in the howe o the shank as meat, acause the howe o Jaucob's shank wis titcht.

Chaipter 33

S yne Jaucob, liftin up his een, seen Esau comin wi his fower hunder men. Sae he shed the bairns atween Leah an Rachel an the twa weemen servands.

2 He pit the servands an thair bairns afore, Leah an her bairns efter thaim, an Rachel an Joseph at the back.

3 An he hissel, gaun afore thaim, cuist hissel doun on the yird seiven times till he come nearhaund his brither.

4 Syne Esau come rinnin up tae him an, lappin him in his airms, gien him a kiss: an the pair o thaim wis owergaen wi greetin.

5 Syne Esau, liftin up his een, seen the weemen an the bairns an said, Wha's thir wi ye? An he said, The bairns as God in his mercy haes gien yer servand.

6 Syne the servands an thair bairns come nearhaund an gaen doun on thair faces.

7 An Leah come nearhaund wi her bairns, an syne Joseph an Rachel, an thay did the same.

8 An he said, Whit wis aw thae hirds A seen on the wey? An Jaucob said, Thay war an offerin sae that A coud hae grace in ma laird's een.

9 But Esau said, A hae eneuch; haud whit is yours, ma brither, for yersel.

10 An Jaucob said, No sae; but gin A hae grace in yer een, tak thaim as a taiken o ma luve, for A hae seen yer face as ane can see the face o God, an ye hae been pleased wi me.

11 Tak ma offerin than, wi ma sainin; for God haes been unco guid tae me, an A hae eneuch: sae, at his strang seekin, he taen't.

12 An he said, Lat us gang on oor gate thegither, an A will gang afore.

13 But Jaucob said, Ma laird can see that the bairns is but smaw, an the'r young anes in ma hirsels an hirds: ae day's ower-drivin will be the ruinage o aw the hirsel.

14 Ma laird, gang on afore yer servand; A will come on slaw, at the rate that

*Genesis 33:3 An he hissel, gaun afore thaim, cuist hissel doun on the yird
seiven times till he come nearhaund his brither.*

the kye an the bairns can gang at, till A come tae ma laird at Seir.

15 An Esau said, Syne haud some o ma men wi ye. An he said, Whit need ar the for that, gin ma laird is pleased wi me?

16 Sae Esau, turnin back that day, gaen on his wey tae Seir.

17 An Jaucob gaen on tae Succoth, whaur he biggit a hoose for hissel an stelt tents for his kye: thon's whit wey the steid wis cried Succoth.

18 Sae Jaucob come sauf frae Paddan-aram tae the toun o Shechem in the laund o Canaan an stelt his tents nearhaund the toun.

19 An for a hunder siller merks he gat frae the bairns o Hamor, the bigger o Shechem, the field that he haed stelt his tents in.

20 An thare he biggit an altar, namin it El, the God o Israel.

Chaipter 34

Nou Dinah, the dochter that Leah haen by Jaucob, gaen oot for tae see the weemen o that kintra.

2 An whan Shechem, the son o Hamor the Hivite that wis the heid o that laund, seen her, he taen her by force an gaen ben tae her.

3 Syne his hert gaen oot in luve tae Dinah, the dochter o Jaucob, an he said comfortin wirds tae her.

4 An Shechem said tae Hamor, his faither, Git me this lassie for ma guidwife.

5 Nou Jaucob haen wird o whit Shechem haed duin tae his dochter; but his sons wis in the fields wi the kye, an Jaucob said nocht till thay come.

6 Syne Hamor, the faither o Shechem, come oot for tae collogue wi Jaucob.

7 Nou the sons o Jaucob come in frae the fields whan thay gat newins o't, an thay war woundit an unco wraith acause o the shame he haed duin in Israel by liftin a leg ower Jaucob's dochter; an thay said, Sicna thing isna tae be duin.

8 But Hamor said tae thaim, Shechem, son, is alowe wi desire for yer dochter: will ye than gie her tae him for a guidwife?

9 An lat oor twa peoples be jynt thegither; gie yer dochters tae us, an tak oor dochters for yersels.

10 Gang on bidin wi us, an the kintra will be appen tae ye; troke an git guids an gear thare.

11 An Shechem said tae her faither an her brithers, Gin ye will tak tent tae ma seekin, whitiver ye say A will gie ye.

12 Houiver muckle ye mak the tochar an peyment, A will gie't; but lat me hae the lassie for ma guidwife.

13 But the sons o Jaucob gien a fause repone tae Shechem an Hamor his faither, acause o whit haed been duin tae Dinah thair sister.

14 An thay said, It isna possible for us tae gie oor sister tae a body that isna circumceesed, for that wad be a black affront tae us:

15 But on this condeetion its lane will we come tae a greement wi ye: gin ilka man-body amang ye comes tae be like us an drees circumceesion;

16 Syne we will gie oor dochters tae ye an tak yer dochters tae us an gang on bidin wi ye as ae fowk.

17 But gin ye winna dree circumceesion as we say, than we will tak oor dochter an gang.

18 An thair wirds pleased Hamor an his son Shechem.

19 An 'ithoot loss o time the young man did as thay said, acause he delitit in Jaucob's dochter, an he wis the noblest o his faither's hoose.

20 Syne Hamor an Shechem, his son, gaen tae the mercat cross o thair toun an said tae the men o the toun,

21 It is the desire o thir men tae be at peace wi us; lat thaim than gang on bidin in this kintra an treddin here, for thay hae the rin o't; lat us tak thair dochters as guidwifes an lat us gie thaim oor dochters.

22 But thir men will mak a paction wi us tae gang on bidin wi us an tae come tae be ae fowk, but on the condeetion that ilka man-body amang us drees circumceesion as thay hae duin.

23 Syne winna thair kye an thair guids an gear an aw thair beasts be oors? Sae lat us come tae a greement wi thaim sae that thay can gang on bidin wi us.

24 Syne aw the men o the toun taen tent tae the wirds o Hamor an Shechem his son; an ilka man-body in the toun dree'd circumceesion.

25 But on the third day efter, afore the wounds wis weel, twa o the sons o Jaucob, Simeon an Levi, Dinah's brithers, taen thair swuirds an come intae the toun hidlins an pit aw the males tae deith.

26 An Hamor an his son thay pit tae deith by the swuird, an thay taen Dinah frae Shechem's hoose an gaen awa.

27 An the sons o Jaucob come on thaim whan thay war woundit an spulyied the toun acause o whit haed been duin tae thair sister;

28 Thay taen thair hirsels an thair hirds an thair cuddies an awthing in thair toun an in thair fields,

29 An aw thair walth an aw thair wee anes an thair guidwifes; awthing in thair hooses thay taen an made thaim waste.

30 An Jaucob said tae Simeon an Levi, Ye hae made tribble for me an gien me an ill name amang the indwallers o this kintra, amang the Canaanites an the Perizzites: an acause we'r smaw in nummer thay will come thegither agin me an mak war on me; an it will be the end o me an aw ma fowk.

31 But thay said, War we tae lat him uise oor sister as a limmer?

Chaipter 35

An God said tae Jaucob, Gang up nou tae Beth-el an mak yer dwallin thare: an big an altar thare tae the God that come tae ye whan ye flichtit frae yer brither Esau.

2 Syne Jaucob said tae aw his fowk, pit awa the fremmit gods as is amang ye, an mak yersels clean, an pit on a cheenge o claes:

3 An lat us gang up tae Beth-el: an thare A will big an altar tae God, that gien me a repone in the day o ma tribble, an wis wi me whauriver A gaen.

4 Syne thay gien tae Jaucob aw the fremmit gods thay haen, an the rings in thair lugs; an Jaucob pit thaim awa unner the haly tree at Shechem.

5 Sae thay gaen on thair gate: an the fear o God wis on the touns roond aboot, sae that thay made nae onding on the sons o Jaucob.

69

6 An Jaucob come tae Luz in the laund o Canaan (that's the same as Beth-el), him an aw his fowk.

7 An thare he biggit an altar, namin the steid El-beth-el: acause it wis thare he haen the veesion o God whan he flichtit frae his brither.

8 An Deborah, the servand that haed taen care o Rebekah frae her birth, dee'd, an wis yirdit nearhaund Beth-el, unner the haly tree: an thay gien it the name o Allon-bacuth.

9 Nou whan Jaucob wis on his wey frae Paddan-aram, God come tae him again an, sainin him, said,

10 Jaucob is yer name, but it will be sae nae mair; frae nou yer name will be Israel; sae he wis named Israel.

11 An God said tae him, A am God, the Ruler o aw: be growthy, an hae eikin; a nation, truelins a curn o nations, will come frae ye, an keengs will be yer affspring;

12 An the laund that A gien tae Aubraham an Isaac A will gie ye; an tae yer strynd efter ye A will gie the laund.

13 Syne God gaen up frae him in the steid whaur he haed been talkin tae him.

14 An Jaucob pit up a stoup in the steid whaur he haed been talkin tae God, an pit a drink offerin on't, an ile.

15 An he gien tae the steid whaur God haed been talkin tae him the name o Beth-el.

16 Sae thay gaen on frae Beth-el; an while thay war aye a fair lenth frae Ephrath, the pynes o birth come upo Rachel, an she haen a haurd time.

17 An whan her pyne wis unco great, the wumman that wis helpin her said,

Binna fleyed; for nou ye will hae anither son.

18 An in the oor whan her life gaen frae her (for deith fund her), she gien the bairn the name Ben-oni: but his faither gien him the name o Benjamin.

19 Sae Rachel dee'd an wis yirdit on the gate tae Ephrath (that's Beth-lehem).

20 An Jaucob pit up a stoup on her lear; that's cried The Stoup o the lear o Rachel tae this day.

21 An Israel gaen traivelin on an stelt his tents on the ither side o the touer o the hirsel.

22 Nou while thay bade in that kintra, Reuben gaen ben tae Bilhah, his faither's servand wumman: an Israel gat newins o't.

23 Nou Jaucob haen twal sons: the sons o Leah: Reuben, Jaucob's first son, an Simeon an Levi an Judah an Issachar an Zebulun;

24 The sons o Rachel: Joseph an Benjamin;

25 The sons o Bilhah, Rachel's servand: Dan an Naphtali;

26 The sons o Zilpah, Leah's servand: Gad an Asher; thir is the sons Jaucob haen in Paddan-aram.

27 An Jaucob come tae his faither Isaac at Mamre, at Kiriath-arba, that is, Hebron, whaur Aubraham an Isaac haed bade.

28 An Isaac wis a hunder an aichty year auld.

29 Syne Isaac dee'd an wis yirdit wi his faither's fowk, an auld man efter a lang life: an Jaucob an Esau, his sons, pit him in his lear.

Chaipter 36

Nou thir is the generations o Esau, that's tae say, Edom.

2 Esau's guidwifes wis weemen o Canaan: Adah, the dochter o Elon the Hittite, an Oholibamah, the dochter o Anah, the dochter o Zibeon the Hivite,

3 An Basemath, Ishmael's dochter, the sister o Nebaioth.

4 Adah haen a son Eliphaz; an Basemath wis the mither o Reuel;

5 Oholibamah wis the mither o Jeush, Jalam, an Korah; thir is the sons o Esau, that's birth come aboot in the laund o Canaan.

6 Esau taen his guidwifes an his sons an his dochters, an awbody o his hoose, an his beasts an his kye an aw his guids an gear he haed gaithert thegither in the laund o Canaan, an gaen intae the laund o Seir, awa frae his brither Jaucob.

7 For thair walth wis that muckle that the laund wisna braid eneuch for the pair o thaim an aw thair kye.

8 Sae Esau dwalt in the braes o Seir (Esau is Edom).

9 An thir is the generations o Esau, the faither o the Edomites in the braes o Seir:

10 Thir is the names o Esau's sons: Eliphaz, the son o Esau's guidwife Adah, an Reuel, the son o Esau's guidwife Basemath.

11 The sons o Eliphaz wis Teman, Omar, Zepho, Gatam, an Kenaz.

12 An Eliphaz, the son o Esau, gaen ben tae a wumman cried Timna, that gien birth tae Amalek: aw thir wis the bairns o Esau's guidwife Adah.

13 An thir is the sons o Reuel: Nahath, Zerah, Shammah, an Mizzah: thay war the bairns o Esau's guidwife Basemath.

14 An thir is the sons o Esau's guidwife Oholibamah, the dochter o Anah, the dochter o Zibeon: she wis the mither o Jeush, Jalam, an Korah.

15 Thir wis the heidsmen amang the sons o Esau: the sons o Eliphaz, Esau's first son: Teman, Omar, Zepho, Kenaz,

16 Korah, Gatam, Amalek: aw thir wis heidsmen in the laund o Edom, the affspring o Eliphaz, the strynd o Adah.

17 An thir is the sons o Esau's son Reuel: Nahath, Zerah, Shammah, Mizzah: thir wis the heidsmen o Reuel in the laund o Edom, the bairns o Esau's guidwife Basemath.

18 An thir is the sons o Esau's guidwife Oholibamah: Jeush, Jalam, an Korah: thir wis the heidsmen as come frae Esau's guidwife Oholibamah, dochter o Anah.

19 Thir wis the sons o Esau (that is, Edom), an thir wis thair heidsmen.

20 Thir is the sons o Seir the Horite bidin in that kintra; Lotan, Shobal, Zibeon, Anah,

21 Dishon, Ezer, an Dishan: thir is the heidsmen o the Horites, affspring o Seir in the laund o Edom.

22 The bairns o Lotan wis Hori an Hemam; Lotan's sister wis Timna.

23 An thir is the bairns o Shobal: Alvan, Manahath, Ebal, Shepho, an Onam.

24 An thir is the bairns o Zibeon: Aiah an Anah; that same Anah that fund the walls in the wilderness, whan he wis leukin efter the cuddies o his faither Zibeon.

25 An thir is the bairns o Anah: Dishon an Oholibamah his dochter.

26 Thir is the bairns o Dishon: Hemdan, Eshban, Ithran, an Keran.

27 Thir is the bairns o Ezer: Bilhan, Zaavan, an Akan.

28 Thir is the bairns o Dishan: Uz an Aran.

29 Thir wis the Horite heidsmen: Lotan, Shobal, Zibeon, Anah,

30 Dishon, Ezer, an Dishan. Sic wis the Horite heidsmen in thair order in the laund o Seir.

31 An thir is the keengs rulin in the laund o Edom afore the war ony keeng ower the bairns o Israel.

32 Bela, son o Beor, wis keeng in Edom, an the name o his heid toun wis Dinhabah.

33 At his deith, Jobab, son o Zerah o Bozrah, come tae be keeng in his place.

34 An efter the deith o Jobab, Husham, frae the kintra o the Temanites, come tae be keeng in his place.

35 An efter the deith o Husham, Hadad, son o Bedad, that owercome the Midianites in the field o Moab, come tae be keeng; his heid toun wis cried Avith.

36 An efter the deith o Hadad, Samlah o Masrekah come tae be keeng.

37 An efter the deith o Samlah, Shaul o Rehoboth by the watter come tae be keeng in his place.

38 An efter the deith o Shaul, Baal-hanan, son o Achbor, come tae be keeng.

39 An efter the deith o Baal-hanan, Hadar come tae be keeng in his place; his heid toun wis cried Pau, an his wife's name wis Mehetabel; she wis the dochter o Matred, the dochter o Mezahab.

40 Thir is the names o the heidsmen o Esau in the order o thair faimilies an thair steids: Timna, Alvah, Jetheth,

41 Oholibamah, Elah, Pinon,

42 Kenaz, Teman, Mibzar,

43 Magdiel, Iram; thir is the Edomite heidsmen, in thair steids in thair heirskip; this is Esau, the faither o the Edomites.

Chaipter 37

Nou Jaucob bade in the laund whaur his faither haed made a dwallin for hissel, in the laund o Canaan.

2 Thir is the generations o Jaucob: Joseph, a loun seiventeen year auld, wis leukin efter the hirsel, thegither wi his brithers, the sons o Bilhah an Zilpah, his faither's guidwifes; an Joseph gien thair faither an ill accoont o thaim.

3 Nou the luve that Israel haen for Joseph wis mair nor his luve for aw his ither bairns, acause he gat him whan he wis an auld man: an he caused a lang coat mak for him.

4 An acause his brithers seen that Joseph wis dearer tae his faither nor aw the ithers, thay war fou o ill will at him, an wadna say a couthy wird tae him.

5 Nou Joseph haen a dream, an he gien his brithers an accoont o't that made thair ill will soorer nor iver.

6 An he said tae thaim, Lat me tell ye the story o ma dream.

7 We war in the field, hairstin the ickers o corn, an ma corn held upricht,

an yours come roond an gaen doun on the yird afore mines.

8 An his brithers said tae him, Ar ye tae be oor keeng? Will ye hae authority ower us? An acause o his dream an his wirds, thair ill will at him come tae be soorer nor iver.

9 Syne he haen anither dream, an gien his brithers an accoont o't, sayin, A hae haen anither dream: the sun an the muin an elieven starns honourt me.

10 An he gien wird o't tae his faither an his brithers; but his faither, protestin, said, Whit kin o a dream is this? Is me an yer mither an yer brithers tae gang doun on oor faces in the stour afore ye?

11 An his brithers wis sair chawed at the thocht; but his faither held his wirds in mynd.

12 Nou his brithers gaen tae wauk ower thair faither's hirsel in Shechem.

13 An Israel said tae Joseph, Isna yer brithers wi the hirsel in Shechem? Come, A will send ye tae thaim. An he said tae him, Here A am.

14 An he said tae him, Gang nou, an see gin yer brithers is weel an whit wey the hirsel is; than come back an gie me wird. Sae he sent him oot the glen o Hebron, an he come tae Shechem.

15 An a man seen him reengin the kintra an said tae him, Whit ye leukin for?

16 An he said, A'm leukin for ma brithers; please gie me wird o whaur thay'r haudin thair hirsel.

17 An the man said, Thay hae gaen awa frae here, for thay said in ma hearin, Lat us gang tae Dothan. Sae Joseph gaen efter thaim an owertaen thaim at Dothan.

18 But thay seen him whan he wis hyne awa, an afore he come nearhaund thaim

thay made a sleekit ploy agin him tae pit him tae deith;

19 Sayin tae ither, See, here comes this dreamer.

20 Lat us nou pit him tae deith an pit his corp intae ane o thir holes, an we will say, An ill beast haes pit him tae deith: syne we will see whit comes o his dreams.

21 But Reuben, hearin thir wirds, gat him oot o thair haunds, sayin, Lat us no tak his life.

22 Dinna pit him tae a royet deith, but lat him be placed in ane o the holes; this he said tae haud him sauf frae thair haunds, wi the ettle o takkin him back tae his faither again.

23 Sae whan Joseph come tae his brithers, thay poued aff his lang coat that he haen on;

24 An thay taen him an pit him in the hole: nou the hole haen nae watter in't.

25 Syne seatin thairsels, thay taen thair meal: an leukin up, thay seen a traivelin baund o Ishmaelites, comin frae Gilead on thair wey tae Egypt, wi spices an perfumes on thair caumels.

26 An Judah said tae his brithers, Whit guid ar the in pittin oor brither tae deith an howdlin his bluid?

27 Lat us gie him tae thir Ishmaelites for siller, an lat us no pit royet haunds on him, for he is oor brither, oor flesh. An his brithers taen tent tae him.

28 An some trokers frae Midian gaen by; sae, pouin Joseph up oot the hole, thay gien him tae the Ishmaelites for twinty siller merks, an thay taen him tae Egypt.

29 Nou whan Reuben come back tae the hole, Joseph wisna thare; an, giein signs o dule,

73

30 He gaen back tae his brithers an said, The bairn is gaen; whit am A tae dae?

31 Syne thay taen Joseph's coat, an pit on't some o the bluid frae a young gait that thay haed pit tae deith,

32 An thay taen the coat tae thair faither an said, We come upo this; is it yer son's coat or no?

33 An he seen that it wis an said, It's ma son's coat; an ill beast haes pit him tae deith; 'ithoot dout Joseph haes come tae an ill-kyndit end.

34 Syne Jaucob, giein signs o dule, pit on hairstuff, an gaen on greetin for his son day efter day.

35 An aw his sons an aw his dochters come tae gie him easement, but he wadna be comfortit, sayin wi greetin, A will gang doun tae hell tae ma son. That muckle wis his faither's sorrae for him.

36 An in Egypt the men o Midian selt him tae Potiphar, a caiptain o heich raing in Pharaoh's hoose.

Chaipter 38

Nou at that time, Judah gaen awa frae his brithers an come tae be the freend o a man o Adullam cried Hirah.

2 An thare he seen the dochter o ae man o Canaan cried Shua, an taen her as his guidwife.

3 An she gien birth tae a son, an he gien him the name Er.

4 An again she gien birth tae a son, an he gien him the name Onan.

5 Syne she haen anither son, that she gien the name Shelah tae; she wis at Chezib whan the birth come aboot.

6 An Judah taen a guidwife for his first son Er, an her name wis Tamar.

7 Nou Er, Judah's first son, did ill in the een o the Laird, sae that he pit him tae deith.

8 Syne Judah said tae Onan, Gang ben tae yer brither's guidwife an dae whit it's richt for a guidman's brither tae dae; mak her yer guidwife an git affspring for yer brither.

9 But Onan, seein that the bairns wadna be his, gaen ben tae his brither's guidwife, but lat his seed faw ontae the yird, sae that he coudna faither ony ootcome for his brither.

10 An whit he did wis ill in the een o the Laird, sae that he pit him tae deith, like his brither.

11 Syne Judah said tae Tamar, his guid-dochter, Gang back tae yer faither's hoose an haud yersel as a weedae till ma son Shelah comes tae be a man: for he haen in his mynd the thocht that deith wad mebbe come tae him as it haed come tae his brithers. Sae Tamar gaen back tae her faither's hoose.

12 An efter a time, Bath-shua, Judah's guidwife, dee'd; an efter Judah wis comfortit for her loss, he gaen tae Timnah, whaur thay war shearin his sheep, an his freend Hirah o Adullam gaen wi him.

13 An whan Tamar gat newins that her guidfaither haed gaen up tae Timnah tae the shearin,

14 She taen aff her weedae's duds, an, happin hersel wi her wimple, she taen her seat nearhaund Enaim on the gate tae Timnah; for she seen that Shelah wis nou a man, but she haedna been made his guidwife.

Genesis 37:28 An some trokers frae Midian gaen by; sae, pouin Joseph up oot the hole, thay gien him tae the Ishmaelites for twinty siller merks, an thay taen him tae Egypt.

15 Whan Judah seen her he taen her tae be a limmer o the toun, acause her face wis happit.

16 An, turnin tae her aside the gate, he said tae her, Lat me come ben tae ye; for he haen nae notion that she wis his guid-dochter. An she said, Whit will ye gie me as ma fee?

17 An he said, A will gie ye a young gait frae the hirsel. An she said, Whit will ye gie me as a taiken till ye send it?

18 An he said, Whit wad ye hae? An she said, Yer ring an its baund an the steek in yer haund. Sae he gien thaim tae her an gaen ben tae her, an she wis biggen tae him.

19 Syne she gat up an gaen awa an taen aff her wimple an pit on her weedae's duds.

20 Syne Judah sent his freend Hirah wi the young gait tae git back the things he haed gien as a taiken tae the wumman: but she wisna thare.

21 An he pit quaistens tae the men o the steid, sayin, Whaur's the limmer that wis in Enaim aside the gate? An thay said, The war nae sic wumman thare.

22 Sae he gaen back tae Judah an said, A haena seen her, an the men o the steid says that the'r nae sic wumman thare.

23 An Judah said, Lat her haud the things, sae that we arna shamed; A sent the young gait, but ye didna see the wumman.

24 Nou aboot three month efter this, wird come tae Judah that Tamar, his guid-dochter, haed been actin like a limmer an wis biggen. An Judah said, Tak her oot an lat her be brunt.

25 An while she wis bein taen oot, she sent wird tae her guidfaither, sayin, The man that's guids an gear thir things is, is the faither o ma bairn: say, than, whase aucht is this ring an this baund an this steek?

26 Syne Judah said afore aw that thay war his an said, She is mair richtous nor me, for A didna gie her tae Shelah ma son. An he haen nocht mair adae wi her.

27 An whan the time come for her tae gie birth, it wis clear that the war twa bairns in her wame.

28 An while she wis giein birth, ane o thaim raxt oot his haund; an the wumman that wis wi her bund a reid threid aboot his haund, sayin, This ane come oot first.

29 But than he taen his haund back again, an his brither come first tae birth: an the wumman said, Whit an innin ye hae made for yersel! Sae he wis named Perez.

30 An syne his brither come oot, wi the reid threid aboot his haund, an he wis named Zerah.

Chaipter 39

Nou Joseph wis taen doun tae Egypt; an Potiphar the Egyptian, a caiptain o heich raing in Pharaoh's hoose, gat him for siller frae the Ishmaelites as haed taen him thare.

2 An the Laird wis wi Joseph, an he did weel; an he bade in the hoose o his maister the Egyptian.

3 An his maister seen that the Laird wis wi him, garrin awthing he did gang weel.

4 An, haein a heich conceit o Joseph as his servand, he made him the factor o his hoose an gien him owerins ower aw he haen.

5 An frae he made him factor an gien him owerins o aw his guids an gear, the sainin o the Laird wis wi the Egyptian, acause o Joseph; the sainin o the Laird wis on aw he haen, in the hoose an in the field.

6 An he gien Joseph owerins o aw his guids an gear, haudin nae accoont o ocht but the meat that wis set doun afore him. Nou Joseph wis unco bonny in form an face.

7 An efter a time, his maister's guidwife, leukin on Joseph wi desire, said tae him, Be ma luver.

8 But he wadna an said tae her, Ye see that ma maister hauds nae accoont o whit A dae in his hoose, an haes pit aw his guids an gear unner ma owerins;

9 Sae that naebody haes mair authority in this hoose nor me; he haes held nocht back frae me but yersel, acause ye ar his guidwife; whit wey than can A dae this great wrang, sinnin agin God?

10 An day efter day she gaen on seekin Joseph tae come tae her an be her luver, but he wadna tak tent tae her.

11 Nou ae day he gaen ben the hoose tae dae his darg; an no ane o the men o the hoose wis inby.

12 An, ruggin at his coat, she said, Come tae ma bed; but, slidderin oot o't, he gaen rinnin awa.

13 An whan she seen that he haed won awa, an her haudin nocht but his coat,

14 She sent for the men o her hoose an said tae thaim, See, he haes lat a Hebrew come here an mak sport o us; he come tae ma bed, an A gien a lood screich;

15 An, hearin it, he gaen rinnin oot 'ithoot his coat.

16 An she held his coat by her, till his maister come back.

17 Syne she gien him the same story, sayin, The Hebrew servand that ye hae taen intae oor hoose come in for tae mak sport o me;

18 An whan A gien a lood screich he gaen rinnin oot 'ithoot his coat.

19 An, hearin his wife's accoont o whit his servand haed duin, he gat unco wraith.

20 An Joseph's maister taen him an pit him in preeson, in the steid whaur the keeng's preesoners wis held in cheens, an he wis thare in the preeson hoose.

21 But the Laird wis wi Joseph, an wis guid tae him, an made the jyler his freend.

22 An the jyler pit aw the preesoners unner Joseph's owerins, an he wis sponsal for whitiver wis duin thare.

23 An the jyler gien nae tent tae ocht that wis unner his care, acause the Laird wis wi him; an the Laird gart awthing he did gang weel.

Chaipter 40

Nou efter thir things the heid servand that haen the care o the wine, an the heid baxter in Pharaoh's hoose, did something agin Pharaoh's wird;

2 An Pharaoh wis wraith wi his twa servands, wi the heid wine servand an the heid baxter;

3 An he pit thaim in preeson unner the care o the caiptain o the airmy, in the same preeson whaur Joseph hissel wis steekit awa.

4 An the caiptain pit thaim in Joseph's care, an he did whit wis necessar for thaim; an thay war held in preeson a guid while.

5 An thir twa haen a dream on the same nicht; the heid wine servand an the heid baxter o the keeng o Egypt, in preeson, the pair o thaim haen dreams wi a byordinar sense.

6 An in the forenuin whan Joseph come tae thaim he seen that thay war leukin dowie.

7 An he said tae the servands o Pharaoh in preeson wi him, Whit ye leukin that dowie for?

8 Syne thay said tae him, We hae haen a dream, an naebody can gie us the sense. An Joseph said, disna the sense o dreams come frae God? Whit wis yer dream?

9 Syne the heid wine servand gien Joseph an accoont o his dream an said, In ma dream A seen a vine afore me;

10 An on the vine wis three brainches; an it seemed like it pit oot buds an flouers, an frae thaim come grapes ready for hairstin.

11 An Pharaoh's tassie wis in ma haund, an A taen the grapes an, brouslin thaim intae Pharaoh's tassie, gien the tassie intae Pharaoh's haund.

12 Syne Joseph said, This is the sense o yer dream: the three brainches is three days;

13 Efter three days Pharaoh will honour ye, an pit ye back intae yer place, an ye will gie him his tassie as ye did afore, whan ye war his wine servand.

14 But haud me in mynd whan things gangs weel for ye, an be guid tae me an say a guid wird for me tae Pharaoh an git me oot this preeson:

15 For truelins A wis taen by force frae the laund o the Hebrews; an A hae duin nocht that A coud be pit in preeson for.

16 Nou whan the heid baxter seen that the first dream haen a guid sense, he said tae Joseph, A haen a dream; an in ma dream the war three creels o white breid on ma heid;

17 An in the tap creel wis aw kin o keukit flesh for Pharaoh; an the birds wis takkin thaim oot the creels on ma heid.

18 Syne Joseph said, This is the sense o yer dream: the three creels is three days;

19 Efter three days Pharaoh will tak ye oot the preeson, hingin ye on a tree, sae that yer flesh will be meat for birds.

20 Nou the third day wis Pharaoh's birthday, an he held a mealtith for aw his servands; an he honourt the heid wine servand an the heid baxter amang the ithers.

21 An he pit the heid wine servand back in his auld steid; an he gien the tassie intae Pharaoh's haund.

22 But the heid baxter wis pit tae deith by hingin, as Joseph haed said.

23 But the wine servand didna haud Joseph in mynd or gie a thocht tae him.

Chaipter 41

Nou efter twa year haed gaen by, Pharaoh haen a dream; an in his dream he wis aside the Nile;

2 An oot the Nile come seiven kye, sonsie an fat, an thair meat wis the rashes.

3 An efter thaim seiven ither kye come oot the Nile, whaup-hauched an thin; an thay war aside the ither kye.

4 An the seiven thin kye made a mealtith o the seiven fat kye. Syne Pharaoh waukent frae his sleep.

5 But he gaen tae sleep again an haen a seicont dream, that he seen seiven ickers o corn in, fou an guid, aw on ae stem.

6 An efter thaim come up seiven ither heids, shilpit an wizzent by the east wind.

7 An the seiven thin heids made a mealtith o the guid heids. An whan Pharaoh wis waukrife he seen it wis a dream.

8 An in the forenuin his speerit wis trauchelt; an he sent for aw the wicelike men o Egypt an aw the haly men, an pit his dream afore thaim, but naebody coud gie him the sense o't.

9 Syne the heid wine servand said tae Pharaoh, The myndin o ma sin comes back tae me nou;

10 Pharaoh haed been wraith wi his servands, an haed pit me in preeson in the hoose o the caiptain o the airmy, thegither wi the heid baxter;

11 An we haen a dream on the same nicht, the pair o us, an the dreams haen a byordinar sense.

12 An the war wi us a young Hebrew, the caiptain's servand, an whan we pit oor dreams afore him, he gien us the sense o thaim.

13 An it come aboot as he said: A wis pit back in ma steid, an the baxter wis pit tae deith by hingin.

14 Syne Pharaoh sent for Joseph, an thay taen him swith oot the preeson; an whan his hair haed been cowed an his buskin cheenged, he come afore Pharaoh.

15 An Pharaoh said tae Joseph, A hae haen a dream, an naebody can gie us the sense o't; nou it haes come tae ma lugs that ye can gie the sense o a dream whan it's pit afore ye.

16 Syne Joseph said, 'ithoot God the'll be nae repone o peace for Pharaoh.

17 Syne Pharaoh said, In ma dream A wis aside the Nile:

18 An oot the Nile come seiven kye, fat an sonsie, an thair meat wis the rashes;

19 Syne efter thaim come seiven ither kye, unco thin an puir-leukin, waur nor ony A iver seen in the laund o Egypt;

20 An the thin kye made a mealtith o the seiven fat kye as come up first;

21 An e'en wi the fat kye 'ithin thaim thay seemed as bad's afore. An sae A waukent frae ma sleep.

22 An again in a dream A seen seiven ickers o corn, fou an guid, comin up on ae stem:

23 An syne A seen seiven ither heids, dry, thin, an wastit by the east wind, comin up efter thaim:

24 An the seiven thin heids made a mealtith o the seiven guid heids; an A pit this dream afore the wicelike men, but no ane o thaim coud gie us the sense o't.

25 Syne Joseph said, Thir twa dreams haes the same sense: God haes made clear tae Pharaoh whit he is aboot tae dae.

26 The seiven fat kye is seiven year, an the seiven guid ickers o corn is seiven year: the twa haes the same sense.

27 The seiven thin an puir-leukin kye as come up efter thaim is seiven year; an

the seiven ickers o corn, dry an wastit by the east wind, is seiven year whan the'll be nae meat.

28 As A said tae Pharaoh afore, God haes made clear tae him whit he is aboot tae dae.

29 Seiven year is comin wi a great walth o corn in Egypt;

30 An efter that will come seiven year whan thare winna be eneuch meat; an the myndin o the guid years will gang frae men's mynds; an the laund will be connacht by the ill years;

31 An men will hae nae myndin o the guid time acause o the want that will come efter, for it will be unco soor.

32 An this dream come tae Pharaoh twice, acause this is siccar, an God will swith gar it come aboot.

33 An nou lat Pharaoh seek oot a man o wit an mense, an pit him in authority ower the laund o Egypt.

34 Lat Pharaoh dae this, an lat him pit owersmen ower the laund o Egypt tae huird a fift pairt o the crap in the guid years.

35 An lat thaim gaither thegither aw the meat in thae guid years an mak a huird o corn unner Pharaoh's owerins for the uiss o the touns, an lat thaim haud it.

36 An lat that meat be hained for the laund till the seiven ill years tae come in Egypt; sae that the laund disna come tae ruinage throu want o meat.

37 An this seemed guid tae Pharaoh an tae aw his servands.

38 Syne Pharaoh said tae his servands, Whaur can we git sicna man as this, a man that the speerit o God is in?

39 An Pharaoh said tae Joseph, Seein that God haes made aw this clear tae ye, the'r nae ither man o sic wit an mense as yersel:

40 Ye, than, is tae be ower ma hoose, an aw ma fowk will be ruled by yer wird: but as keeng A will be abuin ye.

41 An Pharaoh said tae Joseph, See, A hae pit ye ower aw the laund o Egypt.

42 Syne Pharaoh taen aff his ring frae his haund an pit it on Joseph's haund, an he caused him clead wi the best muslin, an pit a cheen o gowd aboot his craig;

43 An he gart him tak his seat in the seicont o his cairiages; an thay gaen afore him cryin, Mak wey! Sae he made him ruler ower aw the laund o Egypt.

44 Syne Pharaoh said tae Joseph, A am Pharaoh; an 'ithoot yer order nae man can dae ocht in aw the laund o Egypt.

45 An Pharaoh gien Joseph the name o Zaphnath-paaneah; an he gien him Asenath, the dochter o Poti-phera, the priest o On, tae be his guidwife. Sae Joseph gaen throu aw the laund o Egypt.

46 Nou Joseph wis thirty year auld whan he come afore Pharaoh, keeng o Egypt. An Joseph gaen oot frae afore the face o Pharaoh an gaen throu aw the laund o Egypt.

47 Nou in the seiven guid years the yird buir a fouth o fruit.

48 An Joseph gaithert thegither aw the meat o thae seiven year, an made a huird o meat in the touns: the crap o the fields aboot ilka toun wis huirdit in the toun.

49 Sae he gaithert thegither a huird o corn like the saund o the sea; that muckle a huird that efter a time he gien up meisurin it, for it coudna be meisurt.

Genesis 41:25 Syne Joseph said, Thir twa dreams haes the same sense:
God haes made clear tae Pharaoh whit he is aboot tae dae.

50 An afore the time o want, Joseph haen twa sons, as Asenath, the dochter o Poti-phera, priest o On, gien birth tae.

51 An tae the first he gien the name Manasseh, for he said, God haes taen awa frae me aw myndin o ma haurd life an ma faither's hoose.

52 An tae the seicont he gien the name Ephraim, for he said, God haes gien me fruit in the laund o ma sorrae.

53 An sae the seiven guid years in Egypt come tae an end.

54 Syne come the first o the seiven year o want as Joseph haed said: an in ilk ither laund thay war in need o meat; but in the laund o Egypt the war breid.

55 An whan aw the laund o Egypt wis in need o meat, the people come greetin tae Pharaoh for breid; an Pharaoh said tae the people, Gang tae Joseph, an whitiver he says tae ye, dae't.

56 An awgate on the yird thay war in need o meat; syne Joseph, appenin aw his thesauries, gien the people o Egypt corn for siller; that muckle wis the want o meat in the laund o Egypt.

57 An aw launds sent tae Egypt tae Joseph tae git corn, for the need wis great ower aw the yird.

Chaipter 42

Nou Jaucob, hearin that the war corn in Egypt, said tae his sons, Whit ye leukin at ither for?

2 An he said, A hae gat newins that the'r corn in Egypt: gang doun thare an git corn for us, sae that life an no deith can be oors.

3 Sae Joseph's ten brithers gaen doun tae git corn frae Egypt.

4 But Jaucob didna send Benjamin, Joseph's brither, wi thaim, for fear, as he said, that some ill coud come tae him.

5 An the sons o Israel come wi aw the ithers tae git corn: for thay war in unco want o meat in the laund o Canaan.

6 Nou Joseph ruled aw the laund, an it wis him that gien oot the corn tae awbody in the laund; an Joseph's brithers come afore him an gaen doun on thair faces in the stour.

7 An whan Joseph seen his brithers, it wis clear tae him wha thay war, but he made hissel fremmit tae thaim an, talkin roch-like tae thaim, said, Whaur dae ye come frae? An thay said, Frae the laund o Canaan for tae git meat.

8 Nou tho Joseph seen that thir wis his brithers, thay haedna a notion wha he wis.

9 Syne the myndin o his dreams aboot thaim come back tae Joseph, an he said tae thaim, Ye hae come hidlins tae see hou puir the laund is.

10 An thay said tae him, No sae, ma laird: yer servands haes come wi siller tae git meat.

11 We'r aw ae man's sons, we ar leal men; we haena come wi ony hidlin ettle.

12 An he said tae thaim, Nae, but ye hae come tae see hou puir the laund is.

13 Syne thay said, We yer servands is twal brithers, sons o ae man in the laund o Canaan; the youngest o us is nou wi oor faither, an ane is deid.

14 An Joseph said, It is as A said; ye hae come wi some hidlin ettle;

15 But in this wey ye will be seyed: by the life o Pharaoh, ye winna gang awa frae this place till yer youngest brither comes here.

16 Send ane o yer nummer tae git yer brither, an the lave o ye will be held in preeson, sae that yer wirds can be seyed tae see gin ye'r richt; gin no, by the life o Pharaoh, yer ettle is certes hidlin.

17 Sae he pit thaim in preeson for three days.

18 An on the third day Joseph said tae thaim, Dae this, gin ye wad haud ontae yer lifes: for A'm a God-fearin man:

19 Gin ye'r leal men, lat ane o ye be held in preeson while ye gang an tak corn for the wants o yer faimilies;

20 An come back tae me wi yer youngest brither, sae that yer wirds can be seen tae be richt, an ye winna be pit tae deith. This is whit ye'r tae dae.

21 An thay said tae ither, Truelins, we wranged oor brither, for we seen his dule o mynd, an we didna tak tent tae his guid wirds; that's whit for this tribble haes come on us.

22 An Reuben said tae thaim, Did A no say tae ye, Dae the bairn nae wrang? But ye gien nae tent; sae nou, punishment haes come on us for his bluid.

23 Thay warna awaur that the sense o thair wirds wis clear tae Joseph, for he haed been talkin tae thaim throu ane that kent thair langage.

24 An, turnin awa frae thaim, he wis owergaen wi greetin; syne he gaen on talkin tae thaim again an taen Simeon an pit cheens on him afore thair een.

25 Syne Joseph gien orders for thair secks tae be made fou o corn, an for ilka man's siller tae be pit back intae his pooch, an for meat tae be gien thaim for the gate: that wis duin.

26 Syne thay heezed the bags o corn on thair cuddies an gaen awa.

27 Nou at thair nicht's restin steid ane o thaim, appenin his bag tae gie his cuddy some meat, seen his siller in the mou o the pooch.

28 An he said tae his brithers, Ma siller haes been gien back: it is in ma pooch; syne thair herts come tae be sair fleggit, an, turnin tae ither, thay said, Whit's this that God haes duin tae us?

29 Sae whan thay come tae Jaucob thair faither, in the laund o Canaan, thay gien him an accoont o aw thair experiences, sayin,

30 The man that's the ruler o the kintra wis roch wi us an pit us in preeson, sayin that we haed come wi a hidlin ill ettle.

31 An we said tae him, We ar leal men, we hae nae ill designs;

32 We ar twal brithers, sons o oor faither; ane is deid, an the youngest is nou wi oor faither in the laund o Canaan.

33 An the ruler o the laund said, In this wey A can be siccar that ye ar leal men; lat ane o ye be held here wi me while ye gang an tak corn for the wants o yer faimilies;

34 An come back tae me wi yer youngest brither: syne A will be siccar that ye ar leal men, an A will gie yer brither back tae ye an lat ye tred in the laund.

35 An whan thay taen the corn oot thair bags, it wis seen that ilka man's paircel o siller wis in his bag; an whan thair faither an thaim seen the siller, thay war sair fleggit.

36 An Jaucob thair faither said tae thaim, Ye hae taen ma bairns frae me: Joseph is gaen an Simeon is gaen, an nou ye wad tak Benjamin awa; aw thir things haes come upo me.

37 An Reuben said, Pit ma twa sons tae deith gin A dinna come back tae ye wi him; lat him be in ma care, an A will gie him back tae ye sauf.

38 An he said, A winna lat ma son gang doun wi ye; for his brither is deid, an he is aw A hae: gin ill owertaks him on the gate, than throu ye ma lyart heid will gang doun tae hell in sorrae.

Chaipter 43

Nou the laund wis in sair want o meat.

2 An whan the corn that thay haed gat in Egypt wis aw wared oot, thair faither said tae thaim, Gang again an git us a wee bit meat.

3 An Judah said tae him, The man said tae us wi an aith, Ye arna tae come afore me again 'ithoot yer brither.

4 Gin ye will lat oor brither gang wi us, we will gang doun an git meat:

5 But gin ye winna send him, we winna gang doun: for the man said tae us, Ye arna tae come afore me gin yer brither isna wi ye.

6 An Israel said, Whit for war ye sae ill-kyndit tae me as tae say tae him that ye haen a brither?

7 An thay said, The man pit a wheen quaistens tae us aboot oorsels an oor faimily, sayin, Is yer faither aye tae the fore? Hae ye anither brither? An we haed tae answer; whit wey war we tae hae ony notion that he wad say, Come back wi yer brither?

8 Syne Judah said tae Israel, his faither, Send the laddie wi me, An lat us be up an gaun, sae that us an ye an oor wee anes disna dee.

9 Pit him intae ma care an mak me sponsal for him: gin A dinna gie him back tae ye sauf, lat the sin be mines for aye.

10 Truelins, gin we haedna lat the time gang by, we coud hae come back again or nou.

11 Syne thair faither Israel said tae thaim, Gin it haes tae be sae, than dae this: tak o the best fruits o the laund in yer veshels tae gie the man, perfumes an hinny an spices an nits:

12 An tak twice as muckle siller wi ye; that's tae say, tak back the siller that wis pit in yer bags, for it wis mebbe a mistak;

13 An tak yer brither an gang back tae the man:

14 An lat God, the Ruler o aw, gie ye mercy afore the man, sae that he gies ye back yer ither brither an Benjamin. Gin ma bairns is tae be taen frae me; the'r nae help for't.

15 Sae thay taen whit thair faither said for the man, an twice as muckle siller in thair haunds, an Benjamin, an gaen on thair gate tae Egypt, an come afore Joseph.

16 An whan Joseph seen Benjamin, he said tae his heid servand, Tak thir men ben ma hoose, an mak ready a meal, for thay will eat wi me in the mids o the day.

17 An the servand did as Joseph said, an taen the men intae Joseph's hoose.

18 Nou the men wis sair fleggit acause thay haed been taen intae Joseph's hoose, an thay said, It is acause o the siller that wis pit back in oor bags the first time; he's leukin for something agin us, sae that he can come doun on us an tak oorsels an oor cuddies for his uiss.

19 Sae thay gaen up tae Joseph's heid servand at the door o the hoose,

20 An said, O ma laird, we juist come doun the first time tae git meat;

21 An whan we come tae oor nicht's restin steid, efter appenin oor bags we seen that ilka man's siller wis in the mou o his pooch, aw oor siller in fou wecht: an we hae't wi us tae gie't back;

22 As weel's mair siller tae git meat wi: we haena a notion wha pit oor siller in oor bags.

23 Syne the servand said, Peace be wi ye: binna fleyed: yer God, e'en the God o yer faither, haes pit walth in yer bags for ye: A haen yer siller. Syne he lat Simeon come oot tae thaim.

24 An the servand brocht thaim intae Joseph's hoose, an gien thaim watter for washin thair feet; an he gien thair cuddies meat.

25 An thay gat ready the things for Joseph afore he come in the mids o the day: for wird wis gien thaim that thay war tae hae a mealtith thare.

26 An whan Joseph come in, thay gien him the things thay haen for him, an gaen doun tae the yird afore him.

27 An he said, Whit like ar ye? Is yer faither weel, the auld man that ye tauld me o? Is he aye tae the fore?

28 An thay said, Yer servand, oor faither, is weel; he is aye tae the fore. An thay gaen doun on thair faces afore him.

29 Syne, liftin up his een, he seen Benjamin, his brither, his mither's son, an he said, Is this yer youngest brither that ye gien me wird o? An he said, God be guid tae ye, son.

30 Syne Joseph's hert gaen oot tae his brither, an he gaen swith ben his chaumer, for he wis owergaen wi greetin.

31 Syne, efter washin his face, he come oot an, maunin his feelins, said, Pit meat afore us.

32 An thay pit a mealtith ready for him his lane, an for thaim thair lane, an for the Egyptians wi him thair lane; acause the Egyptians canna eat wi the Hebrews, for that wad mak thaim unclean.

33 An thay war aw gien thair seats afore him in order o birth, frae the auldest tae the youngest: sae that thay leukit at ither in wunner.

34 An Joseph sent meat tae thaim frae his buird, but he sent five times as muckle tae Benjamin as tae ony o the ithers. An thay taen wine freely wi him.

Chaipter 44

Syne he gien orders tae the servand that wis ower his hoose, sayin, pit as muckle meat intae the men's bags as will gang intae thaim, an pit ilka man's siller in the mou o his pooch;

2 An pit ma tassie, ma siller tassie, in the youngest body's bag, wi his siller. Sae he did as Joseph said.

3 An at the screich o day the men, wi thair cuddies, wis sent awa.

4 An whan thay haed gaen juist a wee bit ootby the toun, Joseph said tae the servand that wis ower his hoose, Gang efter thaim; an whan ye owertak thaim, say tae thaim, Whit for hae ye duin ill in rewaird for guid?

5 Isna this the tassie that ma laird taks wine frae an that he spaes the futur by? Truelins, ye hae duin ill.

6 Sae he owertaen thaim an said thir wirds tae thaim.

7 An thay said tae him, Whit for dis ma laird say sic wirds as thir? Faur be't frae yer servands tae dae sicna thing:

8 See, the siller that wis in the mou o oor pooches we gien back tae ye whan we come again frae Canaan: whit wey than coud we tak siller or gowd frae yer laird's hoose?

9 Gin it comes tae licht that ony o yer servands haes duin this, lat him be pit tae deith, an we will be yer laird's servands.

10 An he said, Lat it be as ye say: him that's bag it's seen in will come tae be ma servand; an it winna be yer blame.

11 Syne ilka man swith taen his bag doun an lowsent it.

12 An he socht, stairtin wi the auldest an endin wi the youngest; an the tassie wis in Benjamin's bag.

13 Syne in soor dule thay heezed the bags on the cuddies again an gaen back tae the toun.

14 Sae Judah an his brithers come tae Joseph's hoose; an he wis aye thare: an thay gaen doun on thair faces afore him.

15 An Joseph said, Whit's this that ye hae duin? Did ye no think that sicna man as me wad hae the pouer tae spae whit is hidlin?

16 An Judah said, Whit ar we tae say tae ma laird? Whit wey can we pit oorsels richt in his een? God haes made clear the sin o yer servands: nou we'r in yer haunds, us an the man that's bag yer tassie wis fund in.

17 Syne he said, Faur be't frae me tae dae thon: but the man that haen ma tassie will be ma servand; an ye can gang back tae yer faither in peace.

18 Syne Judah come forenent him an said, Lat yer servand say a wird in ma laird's lugs, an dinna lat yer wraith birn agin yer servand: for ye'r Pharaoh's depute afore us.

19 Ma laird said tae his servands, Hae ye a faither or a brither?

20 An we said tae ma laird, We hae an auld faither an a young bairn, that he haen whan he wis auld; his brither is deid, an he is the ae son o his mither, an is unco dear tae his faither.

21 An ye said tae yer servands, Lat him come doun tae me wi ye, till A see him.

22 An we said tae ma laird, His faither winna lat him gang; for gin he gaen awa, his faither wad dee.

23 But ye said tae yer servands, Gin yer youngest brither disna come wi ye, ye winna see ma face again.

24 An whan we gaen back tae yer servand, oor faither, we gien him an accoont o ma laird's wirds.

25 An oor faither said, Gang again an git us a wee bit meat.

26 An we said, Alane gin oor youngest brither gangs wi us will we gang doun; for we canna see the man's face again gin oor youngest brither isna wi us.

27 An oor faither said tae us, Ye ken that ma guidwife gien me twa sons;

28 The tane gaen awa frae me, an A said, Truelins he haes come tae a royet deith; an frae that time A haena seen him,

29 Gin nou ye tak this ane frae me, an some ill comes tae him, ye will gar ma lyart heid gang doun in sorrae tae hell.

30 Gin than A gang back tae yer servand, ma faither, 'ithoot the laddie, acause his life an the lad's life is ane,

31 Whan he sees that the laddie isna wi us, he will dee, an oor faither's lyart heid will gang doun in sorrae tae hell.

32 For A made masel sponsal for the laddie tae ma faither, sayin, Gin A dinna gie him back tae ye sauf, lat the sin be mines for aye.

33 Sae nou lat me be ma laird's servand here insteid o the laddie, an lat him gang back wi his brithers.

34 For whit wey can A gang back tae ma faither 'ithoot the laddie, an see the ill that will come upo ma faither?

Chaipter 45

Syne Joseph, no able for haudin back his feelins afore thaim that wis wi him, gien orders for awbody tae be sent awa, an naebody wis praisent whan he shawed his brithers wha he wis.

2 An his greetin wis that lood that it come tae the lugs o the Egyptians an aw Pharaoh's hoose.

3 An Joseph said tae his brithers, A am Joseph: is ma faither aye tae the fore? But his brithers coudna answer him, for thay war trauchelt afore him.

4 Syne Joseph said tae his brithers, Come forenent me. An thay come nearhaund, an he said, A am Joseph yer brither, that ye sent intae Egypt.

5 Nou dinna be trauchelt or wraith wi yersels for sendin me awa, acause God sent me afore ye tae sauf yer lifes.

6 For thir twa year haes been years o want, an the'r aye five mair years tae come 'ithoot plouin or hairstin.

7 God sent me afore ye tae haud yersels an yer fowk tae the fore on the yird sae that ye coud come tae be a great nation.

8 Sae nou it wisna yersels that sent me here, but God: an he haes made me as a faither tae Pharaoh, an laird o aw his hoose, an ruler ower aw the laund o Egypt.

9 Nou gang swith tae ma faither an say tae him, Yer son Joseph says, God haes made me ruler ower aw the laund o Egypt: come doun tae me straucht awa:

10 The laund o Goshen will be yer hame, an ye will be nearhaund me; yersel an yer bairns an yer bairns' bairns, an yer hirsels an hirds an aw ye hae:

11 An thare A will tak care o ye, sae that yersel an yer faimily isna in need, for the'r aye five ill years tae come.

12 Nou truelins, yer een sees, an the een o ma brither Benjamin sees, that it's ma mou that says thir things tae ye.

13 Gie ma faither wird o aw ma glore in Egypt an aw ye hae seen; an come back swith wi ma faither.

14 Syne, greetin, he taen Benjamin in his airms, an Benjamin hissel grat on Joseph's craig.

15 Syne he gien a kiss tae aw his brithers, greetin ower thaim; an efter that his brithers haen nae fear o talkin tae him.

16 An newins o thir things gaen throu Pharaoh's hoose, an it wis said that Joseph's brithers haed come; an it seemed guid tae Pharaoh an his servands.

17 An Pharaoh said tae Joseph, Say tae yer brithers, heeze yer guids an gear on yer beasts an gang back tae the laund o Canaan;

18 An git yer faither an yer faimilies an come back tae me: an A will gie ye aw the guid things o Egypt, an the fat o the laund will be yer meat.

19 An say tae thaim, This ye'r tae dae: tak cairts frae the laund o Egypt for yer wee anes an for yer guidwifes, an git yer faither an come back.

20 An hae nae thocht for yer guids an gear, for the wale o aw the laund o Egypt is yours.

21 An the bairns o Israel did as he said; an Joseph gien thaim cairts as chairged by Pharaoh, an meat for thair gate.

22 Tae ilkane o thaim he gien three cheenges o claes; but tae Benjamin he gien three hunder siller merks an five cheenges o claes.

23 An tae his faither he sent ten cuddies wi guid things frae Egypt on thair backs, an ten she-cuddies wi corn an breid an meat for his faither on the gate.

24 An he sent his brithers on thair wey an said tae thaim, See that ye hae nae argiment on the gate.

25 Sae thay gaen up frae Egypt an come tae the laund o Canaan tae thair faither Jaucob.

26 An thay said tae him, Joseph is tae the fore, an rules ower aw the laund o Egypt. An at this wird Jaucob wis awthegither owercome, for he haen nae faith in't.

27 An thay gien him an accoont o awthing Joseph haed said tae thaim; an whan he seen the cairts Joseph haed sent for thaim, his speerit come back tae him:

28 An Israel said, It is eneuch: Joseph ma son is aye tae the fore; A will gang an see him afore ma deith.

Chaipter 46

An Israel gaen on his gate wi aw he haen, an come tae Beer-sheba, whaur he made offerins tae the God o his faither Isaac.

2 An God said tae Israel in a nicht veesion, Jaucob, Jaucob. An he said, Here A am.

3 An he said, A am God, the God o yer faither: gang doun tae Egypt 'ithoot fear, for A will mak a great nation o ye thare:

4 A will gang doun wi ye tae Egypt, an A will see that ye come back again, an at yer deith Joseph will pit his haunds on yer een.

5 Syne Jaucob gaen on frae Beer-sheba; an the sons o Jaucob taen thair faither an thair wee anes an thair guidwifes in the cairts Pharaoh haed sent for thaim.

6 An thay taen thair kye an aw the guids an gear thay haed gaithert thegither in the laund o Canaan, an come tae Egypt, e'en Jaucob an aw his strynd:

7 His sons an his sons' sons, his dochters an his dochters' sons an aw his faimily he taen wi him intae Egypt.

8 An thir is the names o the bairns o Israel as come intae Egypt, e'en Jaucob an aw his sons: Reuben, Jaucob's auldest son;

9 An the sons o Reuben: Hanoch an Pallu an Hezron an Carmi;

10 An the sons o Simeon: Jemuel an Jamin an Ohad an Jachin an Zohar an Shaul, the son o a wumman o Canaan;

11 An the sons o Levi: Gershon, Kohath, an Merari;

12 An the sons o Judah: Er an Onan an Shelah an Perez an Zerah: but Er an

Genesis 45:1 Syne Joseph, no able for haudin back his feelins afore thaim that wis wi him, gien orders for awbody tae be sent awa, an naebody wis praisent whan he shawed his brithers wha he wis.

Onan haed come tae thair deith in the laund o Canaan; an the sons o Perez wis Hezron an Hamul.

13 An the sons o Issachar: Tola an Puah an Job an Shimron;

14 An the sons o Zebulun: Sered an Elon an Jahleel;

15 Aw thir, thegither wi his dochter Dinah, wis the bairns o Leah, that Jaucob haen by her in Paddan-aram; thay war thirty-three in nummer.

16 An the sons o Gad: Ziphion an Haggi, Shuni an Ezbon, Eri an Arodi an Areli;

17 An the sons o Asher: Jimnah an Ishvah an Ishvi an Beriah, an Sarah, thair sister; an the sons o Beriah: Heber an Malchiel.

18 Thir is the bairns o Zilpah, that Laban gien tae his dochter Leah, an Jaucob haen thir saxteen bairns tae her.

19 The sons o Jaucob's guidwife Rachel: Joseph an Benjamin.

20 An Joseph haen Manasseh an Ephraim in the laund o Egypt, by Asenath, the dochter o Poti-phera, priest o On.

21 An the sons o Benjamin wis Belah an Becher an Ashbel, Gera an Naaman, Ehi an Rosh, Muppim an Huppim an Ard.

22 Aw thir wis the bairns o Rachel as Jaucob haen tae her, fowerteen bodies.

23 An the son o Dan wis Hushim.

24 An the sons o Naphtali: Jahzeel an Guni an Jezer an Shillem.

25 Thir wis the bairns o Bilhah, that Laban gien his dochter Rachel, seiven bodies.

26 Aw the bodies as come wi Jaucob intae Egypt, the affspring o his bouk, wis saxty-sax, 'ithoot takkin intae accoont the guidwifes o Jaucob's sons.

27 An the sons o Joseph as he haen in Egypt wis twa. Seiventy bodies o the faimily o Jaucob come intae Egypt.

28 Nou he haed sent Judah afore him tae Goshen tae git wird frae Joseph; an sae thay come tae the laund o Goshen.

29 An Joseph gat his cairiage ready an gaen tae Goshen for the tryst wi his faither; an whan he come afore him, he pit his airms aboot his craig, greetin.

30 An Israel said tae Joseph, Nou that A hae seen ye leevin again, A'm ready for deith.

31 An Joseph said tae his brithers an his faither's fowk, A will gang an gie the newins tae Pharaoh an say tae him, Ma brithers an ma faither's fowk, frae the laund o Canaan, haes come tae me;

32 An thir men is hirds an awners o kye, an haes wi thaim thair hirsels an thair hirds an aw thay hae.

33 Nou whan Pharaoh sends for ye an says, Whit's yer haundlin?

34 Ye'r tae say, Yer servands haes been hauders o kye frae oor early days up tae nou, like oor faithers; in this wey ye'll can hae the laund o Goshen for yersels; acause hirds is unclean in the een o the Egyptians.

Chaipter 47

Syne Joseph gaen tae Pharaoh an said, Ma faither an ma brithers wi thair hirsels an thair hirds an aw thay hae, haes come frae Canaan, an is nou in the laund o Goshen.

2 An he taen five o his brithers tae Pharaoh.

Genesis 46:5 Syne Jaucob gaen on frae Beer-sheba; an the sons o Jaucob taen thair faither an thair wee anes an thair guidwifes in the cairts Pharaoh haed sent for thaim.

3 An Pharaoh said tae thaim, Whit's yer haundlin? An thay said, Yer servands is hirds, as oor faithers wis afore us.

4 An thay said tae Pharaoh, We hae come tae mak a leevin in this laund, acause we hae nae gress for oor hirsels in the laund o Canaan; sae nou lat yer servands mak a dwallin for thairsels in the laund o Goshen.

5 An Pharaoh said tae Joseph, Lat thaim hae the laund o Goshen; an gin the'r ony able men amang thaim, pit thaim ower ma kye.

6 An Jaucob an his sons come tae Joseph in Egypt, an whan wird o't come tae the lugs o Pharaoh, keeng o Egypt, he said tae Joseph, Yer faither an brithers haes come tae ye; aw the laund o Egypt is afore ye; lat yer faither an yer brithers hae the wale o the laund for thair bield.

7 Syne Joseph made his faither Jaucob come afore Pharaoh, an Jaucob gien him his sainin.

8 An Pharaoh said tae him, Whit age ar ye?

9 An Jaucob said, The years o ma wanderins haes been a hunder an thirty; smaw in nummer an fou o sorrae haes been the years o ma life, an less nor the years o the wanderins o ma faithers.

10 An Jaucob gien Pharaoh his sainin, an gaen oot frae afore him.

11 An Joseph made a dwallin for his faither an his brithers, an gien thaim a heirskip in the laund o Egypt, in the wale o the laund, the laund o Rameses, as Pharaoh haed gien orders.

12 An Joseph taen care o his faither an his brithers an aw his faither's fowk, giein thaim meat for the wants o thair faimilies.

13 Nou the war nae meat tae be haen in aw the laund, sae that aw Egypt an Canaan wis wastit frae want o meat.

14 An aw the siller in Egypt an in the laund o Canaan that haed been gien for corn come intae the haunds o Joseph: an he pit it in Pharaoh's hoose.

15 An whan aw the siller in Egypt an Canaan wis gaen, the Egyptians come tae Joseph an said, Gie us breid; wad ye hae us dee afore yer een? For we hae nae mair siller.

16 An Joseph said, Gie me yer kye; A will niffer ye corn for yer kye gin yer siller's aw gaen.

17 Sae thay taen thair kye tae Joseph, an he gien thaim breid in excheenge for thair horse an hirsels an hirds an cuddies, sae aw that year he niffert thaim meat for thair kye.

18 An whan that year wis throu, thay come tae him in the seicont year an said, We canna haud it frae oor laird's knawledge that aw oor siller is gaen, an aw the hirds o kye is ma laird's; the'r nocht mair tae gie ma laird but oor bouks an oor laund;

19 Ar we tae dee afore yer een, us an oor laund? Tak us an oor laund an gie us breid; an us an oor laund will be servands tae Pharaoh; an gie us seed till we hae life an the laund disna come tae be fouthless.

20 Sae Joseph gat aw the laund in Egypt for Pharaoh; for ilk Egyptian gien up his laund in excheenge for meat, acause o thair hert-hunger; sae aw the laund come tae be Pharaoh's.

21 An, as for the people, he made servands o thaim, toun by toun, frae ae end o Egypt tae the tither.

22 He didna tak the laund o the priests, but, for the priests haen thair meat gien thaim by Pharaoh, an, haein whit Pharaoh gien thaim, thay haen nae need tae gie up thair laund.

23 Syne Joseph said tae the people, A hae made yersel an yer laund this day the guids an gear o Pharaoh; here is seed for ye tae saw in yer fields.

24 An whan the corn is hairstit, ye'r tae gie a fift pairt tae Pharaoh, an fower pairts will be yours for seed an meat, an for yer faimilies an yer wee anes.

25 An thay said tae him, Truelins ye hae held us frae deith; lat us hae grace in yer een, an we will be Pharaoh's servands.

26 Syne Joseph made a law that hauds tae this day, that Pharaoh wis tae hae the fift pairt; but the laund o the priests didna come tae be his.

27 An sae Israel bade amang the Egyptians in the laund o Goshen; an thay gat guids an gear thare, an come tae be unco mony in nummers an in walth.

28 An Jaucob bade in the laund o Goshen for seiventeen year; sae the years o his life wis a hunder an fowerty-seiven.

29 An the oor o his deith come nearhaund, an he sent for his son Joseph an said tae him, Gin nou A'm dear tae ye, pit yer haund unner ma hoch an sweir an aith that ye winna yird me in Egypt;

30 But whan A gang tae ma faithers, ye'r tae tak me oot o Egypt an yird me in thair lear. An he said, A will dae thon.

31 An he said, Sweir an aith tae me; an he swuir an aith tae him: an Israel gien wirship on the bed's heid.

Chaipter 48

Nou efter thir things, wird come tae Joseph that his faither wis seek: an he taen wi him his sons Manasseh an Ephraim.

2 An whan thay said tae Jaucob, Yer son Joseph is comin tae see ye: syne Israel, gittin aw his strenth thegither, caused hissel lift up in his bed.

3 An Jaucob said tae Joseph, God, the Ruler o aw, come tae me in a veesion at Luz in the laund o Canaan, an gien me his sainin,

4 An said tae me, Truelins, A will mak ye growthy an gie ye eikin an will mak o ye a muckle faimily o nations: an A will gie this laund tae yer strynd efter ye tae be thair heirskip for aye.

5 An nou yer twa sons as wis born in Egypt afore A come tae ye here is mines; Ephraim an Manasseh will be mines, in the same wey as Reuben an Simeon is.

6 An ony ither affspring that ye hae efter thaim will be yours, an will be named for thair brithers in thair heirskip.

7 An, as for me, whan A come frae Paddan, deith owertaen Rachel on the wey, whan we war aye a fair lenth frae Ephrath; an A pit her tae rest thare on the gate tae Ephrath, that's Beth-lehem.

8 Syne Israel, leukin at Joseph's sons, said, Wha's thir?

9 An Joseph said tae his faither, Thay ar ma sons, as God haes gien me in this laund. An he said, Lat thaim come forenent me, an A will sain thaim.

10 Nou acause Israel wis auld, his een wis cluddit, an he coudna see. Sae he gart thaim come forenent him, an he gien thaim a kiss, lappin thaim in his airms.

11 An Israel said tae Joseph, A haen nae howp o seein yer face again, but God in his mercy haes lat me see yersel an yer bairns.

12 Syne Joseph taen thaim frae atween his knees, an cuist hissel doun on the yird.

13 Than, takkin Ephraim wi his richt haund, Joseph pit him at Israel's left side, an wi his left haund he pit Manasseh at Israel's richt side, pittin thaim nearhaund him.

14 An Israel, raxin oot his richt haund, pit it on the heid o Ephraim, the younger, an his left haund on the heid o Manasseh, crossin his haunds wilfu-like, for Manasseh wis the aulder.

15 An he gien Joseph a sainin, sayin, Lat the God that ma faithers, Aubraham an Isaac, gien wirship tae, the God that haes taen care o me aw ma life till this day,

16 The angel that's been ma sauviour frae aw ill, send his sainin on thir bairns: an lat ma name an the name o ma faithers, Aubraham an Isaac, be gien thaim; an lat thaim come tae be a great nation on the yird.

17 Nou whan Joseph seen that his faither haed pit his richt haund on the heid o Ephraim, it didna seem richt tae him; an, liftin his faither's haund, he wad hae pit it on the heid o Manasseh.

18 An Joseph said tae his faither, No sae, ma faither, for this is the aulder; pit yer richt haund on his heid.

19 But his faither wadna dae't, sayin, A'm daein it wilfu-like, son; he will certes come tae be a nation an a great

ane; but his younger brither will be abuin him, an his strynd will come tae be a muckle, hotchin faimily o nations.

20 Sae he gien thaim his sainin that day, sayin, Ye will be the sign o sainin in Israel, for thay will say, Lat God mak ye like Ephraim an Manasseh; an he pit Ephraim afore Manasseh.

21 Syne Israel said tae Joseph, Nou ma deith is nearhaund; but God will be wi ye, airtin ye back tae the laund o yer faithers.

22 An A hae gien ye mair nor yer brithers, e'en Shechem, as yer heirskip, that A taen frae the Amorites wi ma swuird an ma bowe.

Chaipter 49

An Jaucob sent for his sons an said, Come thegither, aw o ye, till A gie ye newins o yer weird in time tae come.

2 Come nearhaund, O sons o Jaucob, an tak tent tae the wirds o Israel yer faither.

3 Reuben, ye ar ma auldest son, the first fruit o ma strenth, first in pride an first in pouer:

4 But acause ye warna maunt, the first steid winna be yours; for ye gaen up tae yer faither's bed, e'en his bride-bed, an fyled it.

5 Simeon an Levi is brithers; deceivery an force is thair sleekit ploys.

6 Tak nae pairt in thair saicret, O ma saul; bide hyne awa, O ma hert, frae thair gaitherins; for in thair wraith thay pit men tae deith, an for thair pleisur e'en owsen wis woundit.

7 A ban on thair ire, for it wis soor; an on thair wraith, for it wis ill-kyndit.

A will lat thair heirskip in Jaucob be broke up, drivin thaim frae thair steids in Israel.

8 Tae ye, Judah, yer brithers will gie ruise: yer haund will be on the hause o yer ill-willers; yer faither's sons will gang doun tae the yird afore ye.

9 Judah is a young lion; like a lion fou o flesh ye hae come tae be great, son; nou he dovers like a lion streekit oot an like an auld lion; wha will his sleep be broke by?

10 The staff o authority winna be taen frae Judah, an he winna be 'ithoot a law-gier, till the body comes that haes the richt tae't, an the peoples will pit thairsels unner his rule.

11 Bindin his cuddy's towe tae the vine, an his young cuddy tae the best vine; washin his robe in wine, an his claes in the bree o grapes:

12 His een will be mirk wi wine, an his teeth white wi milk.

13 The restin steid o Zebulun will be by the sea, an he will be a herbour for ships; the mairch o his laund will be by Zidon.

14 Issachar is a strang cuddy streekit oot amang the hirsels:

15 An he seen that rest wis guid an the laund wis pleasin; sae he lat thaim pit wechts on his back an come tae be a servand.

16 Dan will be the juidge o his fowk, as ane o the clans o Israel.

17 Lat Dan be a serpent in the wey, a horned serpent by the gate, bitin the horse's fit sae that the horseman faws.

18 A hae waitit on yer salvation, O Laird.

19 Gad, an airmy will come agin him, but he will come doun on thaim in thair flicht.

20 Asher's breid is fat; he gies delicate meat for keengs.

21 Naphtali is a rae lat lowse, beirin bonny young anes.

22 Joseph is a cauf, that's staps is turnt tae the funtain;

23 He wis trauchelt by the airchers; thay sent oot thair arraes agin him, woundin him sair:

24 But thair bowes wis broke by a strang ane, an the towes o thair airms wis reft by the Strenth o Jaucob, by the name o the Fundament o Israel:

25 E'en by the God o yer faither, that will be yer help, an by the Ruler o aw, that will shouer ye wi sainins frae heiven abuin, sainins o the deep streekit oot unner the yird, sainins o the breests an the growthy bouk:

26 Sainins o sons, auld an young tae the faither: sainins o the auldest muntains an the fruit o the aye-bidin knowes: lat thaim come on the heid o Joseph, on the croun o him that wis sindert frae his brithers.

27 Benjamin is a wouf, seekin flesh: in the forenuin he taks his meat, an in the forenicht he pairts whit he haes taen.

28 Thir is the twal clans o Israel: an thir is the wirds thair faither said tae thaim, sainin thaim; tae ilkane he gien his sainin.

29 An he gien orders tae thaim, sayin, Yird me wi ma fowk an wi ma faithers, in the cove o the craig in the field o Ephron the Hittite,

30 In the craig in the field o Machpelah, nearhaund Mamre in the

laund o Canaan, that Aubraham gat frae Ephron the Hittite tae be his lear.

31 Thare Aubraham an Sarah his guidwife wis yirdit, an thare thay pit Isaac an Rebekah his guidwife, an thare A pit Leah tae rest.

32 In the craig in the field that wis bocht frae the people o Heth.

33 An whan Jaucob haed feenisht thir wirds tae his sons, streekin hissel on his bed, he gien up the ghaist, an gaen the wey o his fowk.

Chaipter 50

An Joseph pit his heid doun on his faither's face, greetin an kissin him.

2 An Joseph gien orders tae his servands wi the necessar knawledge tae mak his faither's bouk ready, fauldin it in linens wi spices, an thay did thon.

3 An the fowerty days needit for makkin the corp ready gaen by: an the war dule for him amang the Egyptians for seiventy days.

4 An whan the days o greetin for him wis past an by, Joseph said tae the servands o Pharaoh, Gin nou ye luve me, say thir wirds tae Pharaoh:

5 Ma faither gart me sweir an aith, sayin, Whan A'm deid, yird me in the lear A hae redd for masel in the laund o Canaan. Sae nou lat me gang an pit ma faither in his lear, an A will come back again.

6 An Pharaoh said, Gang up an pit yer faither tae rest, as ye gien yer aith tae him.

7 Sae Joseph gaen up tae pit his faither in his lear; an wi him gaen aw the servands o Pharaoh, an the heid men o his hoose an aw the heidsmen o the laund o Egypt,

8 An aw the faimily o Joseph, an his brithers an his faither's fowk: but thair wee anes an thair hirsels an hirds thay didna tak wi thaim frae the laund o Goshen.

9 An cairiages gaen up wi him, an horsemen, a muckle airmy.

10 An thay come tae the threshin fluir o Atad on the ither side o Jordan, an thare thay gien the last honours tae Jaucob, wi muckle an soor sorrae, greetin for thair faither for a sennicht.

11 An whan the indwallers o the laund, the people o Canaan, at the threshin fluir o Atad, seen thair dule, thay said, Great is the dule o the Egyptians: sae the steid wis cried Abel-mizraim, on the ither side o Jordan.

12 Sae his sons did as he haed telt thaim tae dae:

13 For thay taen him intae the laund o Canaan an yirdit him in the howe craig in the field o Machpelah, that Aubraham gat wi the field, for a lear, frae Ephron the Hittite at Mamre.

14 An whan his faither haed been yirdit, Joseph an his brithers an thaim that haed gaen wi him gaen back tae Egypt.

15 Nou efter the deith o thair faither, Joseph's brithers said tae thairsels, Mebbe Joseph's hert will be turnt agin us, an he will gie us punishment for aw the ill that we did tae him.

16 Sae thay sent wird tae Joseph, sayin, Yer faither, afore his deith, gien us orders, sayin,

17 Ye'r tae say tae Joseph, Lat the wrangdaein o yer brithers be owerleukit, an the ill thay did tae ye: nou, gin it's yer pleisur, lat the sin o the servands o yer faither's God be forgien. An at thir wirds, Joseph wis owergaen wi greetin.

18 Syne his brithers gaen an, fawin at his feet, said, Truelins, we ar yer servands.

19 An Joseph said, Binna fleyed: am A in the steid o God?

20 As for ye, it wis in yer mynd tae dae me ill, but God haes gien a blythe affcome, the salvation o a wheen fowk, as ye see the day.

21 Sae nou, binna fleyed: for A will tak care o yersel an yer wee anes. Sae he gien thaim easement wi couthy wirds.

22 Nou Joseph an aw his faither's faimily gaen on bidin in Egypt: an the years o Joseph's life wis a hunder an ten.

23 An Joseph seen Ephraim's bairns o the third generation: an the bairns o Machir, the son o Manasseh, wis born on Joseph's knees.

24 Syne Joseph said tae his brithers, The oor o ma deith haes come; but God will haud ye in mynd an tak ye oot this laund intae the laund that he gien in his aith tae Aubraham an Isaac an Jaucob.

25 Syne Joseph gart the bairns o Israel sweir an aith, sayin, God will certes gie ootcome tae his wird, an ye'r tae tak ma banes awa frae here.

26 Sae Joseph dee'd, bein a hunder an ten year auld: an thay made his corp ready, an he wis yirdit in Egypt.

EXODUS

Chaipter 1

Nou thir is the names o the sons
o Israel as come intae Egypt;
ilka man an his faimily come wi
Jaucob.

2 Reuben, Simeon, Levi, an Judah;

3 Issachar, Zebulun, an Benjamin;

4 Dan an Naphtali, Gad an Asher.

5 Aw the affspring o Jaucob wis
seiventy bodies: an Joseph haed come
tae Egypt afore thaim.

6 Syne Joseph dee'd, an aw his brithers,
an aw that generation.

7 An the bairns o Israel wis growthy,
eikin unco mony in nummer an in pouer;
an the laund wis fou o thaim.

8 Nou a new keeng come tae pouer in
Egypt, that didna ken Joseph.

9 An he said tae his fowk, See, the
people o Israel is mair in nummer an in
pouer nor we ar:

10 Lat us tak tent for fear that thair
nummers comes tae be e'en mair, an gin
the'r a war, thay'll mebbe be jynt wi oor
faes, an mak an onding on us, an gang
up oot the laund.

11 Sae thay pit owersmen o forced darg
ower thaim, for tae mak thair strenth
less by the wecht o thair wark. An thay
made treisur touns for Pharaoh, Pithom
an Raamses.

12 But the mair ill-kyndit thay war tae
thaim, the mair thair nummer eikit, till aw
the laund wis fou o thaim. An the bairns o
Israel wis ill-willed by the Egyptians.

13 An thay gien the bairns o Israel e'en
haurder wark tae dae:

14 An made thair lifes soor wi haurd
wark, makkin lime an bricks, an daein
aw kin o wark in the fields unner the
haurdest condeetions.

15 An the keeng o Egypt said tae the
Hebrew weemen as gien help at the
time o jizzen (the name o the tane wis
Shiphrah, an the name o the tither
Puah),

16 Whan ye'r leukin efter the Hebrew
weemen in jizzen, gin it's a son ye'r tae
pit him tae deith; but gin it's a dochter,
she can gang on leevin.

17 But the weemen haen the fear o God,
an didna dae as the keeng o Egypt said,
but lat the male bairns gang on leevin.

18 An the keeng o Egypt sent for the
weemen an said tae thaim, Whit for hae
ye duin this, an lat the male bairns gang
on leevin?

19 An thay said tae Pharaoh, Acause the
Hebrew weemen isna like the Egyptian
weemen, for thay'r strang, an the birth
happens afore we come tae thaim.

20 An the sainin o God wis on thir
weemen: an the people wis eikit in
nummer an come tae be unco strang.

Exodus 2:3 An whan she coudna haud him steekit awa ony mair, she made him a creel oot the stems o rashes, batterin claggie yird ower it for tae haud the watter oot; an, pittin the babby in't, she pit it amang the plants by the baunk o the Nile.

21 An acause the weemen as taen care o the Hebrew mithers haen the fear o God, he gien thaim faimilies.

22 An Pharaoh gien orders tae aw his fowk, sayin, Ilka son that comes tae birth is tae be pit intae the watter, but ilka dochter can gang on leevin.

Chaipter 2

Nou a man o the hoose o Levi taen as his guidwife a dochter o Levi.

2 An she come wi bairn an gien birth tae a son; an whan she seen that he wis a bonny bairn, she held him hidlin for three month.

3 An whan she coudna haud him steekit awa ony mair, she made him a creel oot the stems o rashes, batterin claggie yird ower it for tae haud the watter oot; an, pittin the babby in't, she pit it amang the plants by the baunk o the Nile.

4 An his sister stuid at a lenth tae see whit wad come o him.

5 Nou Pharaoh's dochter come doun tae the Nile tae douk while her weemen wis walkin by the watterside; an she seen the creel amang the river plants, an sent her servand lass tae git it.

6 An, appenin it, she seen the bairn, an he wis greetin. An she taen peety on him an said, This is ane o the Hebrews' bairns.

7 Syne his sister said tae Pharaoh's dochter, Can A gang an git ye ane o the Hebrew weemen tae gie him the breest?

8 An Pharaoh's dochter said tae her, Gang. An the lassie gaen an gat the bairn's mither.

9 An Pharaoh's dochter said tae her, Tak the bairn awa an gie't milk for me, an A will pey ye. An the wumman taen the bairn an gien it milk at her breest.

10 An whan the bairn wis aulder, she taen him tae Pharaoh's dochter, an he come tae be her son, an she gien him the name Moses, Acause, she said, A taen him oot the watter.

11 Nou whan Moses haed come tae be a man, ae day he gaen oot tae his fowk an seen hou haurd thair wark wis; an he seen an Egyptian giein blaws tae a Hebrew, ane o his fowk.

12 An, turnin this wey an that, an seein naebody, he pit the Egyptian tae deith, howdlin his corp wi saund.

13 An he gaen oot the day efter an seen twa o the Hebrews fechtin: an he said tae him that wis in the wrang, Whit ye fechtin yer brither for?

14 An he said, Wha made ye a ruler an a juidge ower us? Ar ye gaun tae pit me tae deith as ye did the Egyptian? An Moses wis feart an said, It is clear that the thing haes come tae licht.

15 Nou whan Pharaoh gat newins o this, he wad hae pit Moses tae deith. But Moses flichtit frae Pharaoh intae the laund o Midian: an he sat by a wall.

16 Nou the priest o Midian haen seiven dochters: an thay come tae fesh watter for thair faither's hirsel.

17 An the hauders o the sheep come up an wis drivin thaim awa; but Moses gat up an come tae thair help, watterin thair hirsel for thaim.

18 An whan thay come tae Reuel thair faither, he said, Whit wey is't that ye hae come back that swith the day?

19 An thay said, An Egyptian come tae oor help agin the hirds an fuish watter for us an gien it tae the hirsel.

20 An he said tae his dochters, Whaur is he? Whit for hae ye lat the man gang? Gar him come in an gie him a mealtith.

21 An Moses wis blythe tae gang on bidin wi the man; an he gien his dochter Zipporah tae Moses.

22 An she gien birth tae a son, that he gien the name Gershom tae: for he said, A hae bade in a fremmit laund.

23 Nou efter a lang time the keeng o Egypt dee'd: an the bairns o Israel grat in thair dule unner the wecht o thair darg, an thair cry for help come tae the lugs o God.

24 An at the soond o thair greetin the greement that God haed made wi Aubraham an Isaac an Jaucob come tae his mynd.

25 An God's een turnt tae the bairns o Israel, an he gien thaim the knawledge o hissel.

Exodus 2:6 An, appenin it, she seen the bairn, an he wis greetin.
An she taen peety on him an said, This is ane o the Hebrews' bairns.

Chaipter 3

Nou Moses wis leukin efter the hirsel o Jethro, his guidfaither, the priest o Midian: an he taen the hirsel tae the back o the wilderness an come tae Horeb, the knowe o God.

2 An the angel o the Laird wis seen by him in a flame o fire comin oot a buss: an he seen that the tree wis alowe, but it wisna brunt up.

3 An Moses said, A will gang an see this wunnerfu thing, whit for the buss isna brunt up,

4 An whan the Laird seen him turnin tae ae side for tae see, God said his name oot the tree, greetin, Moses, Moses. An he said, Here A am.

5 An he said, Dinna come nearhaund: tak aff yer shuin frae yer feet, for the steid whaur ye ar is haly.

6 An he said, A am the God o yer faithers, the God o Aubraham, the God o Isaac, an the God o Jaucob. An Moses held his face happit for fear o leukin on God.

7 An God said, Truelins, A hae seen the dule o ma fowk in Egypt, an thair cry acause o thair ill-kyndit maisters haes come tae ma lugs; for A ken thair sorraes;

8 An A hae come doun for tae tak thaim oot the haunds o the Egyptians, airtin thaim oot that laund intae a guid laund an braid, intae a laund fleetin wi milk an hinny; intae the steid o the Canaanite an the Hittite an the Amorite an the Perizzite an the Hivite an the Jebusite.

9 For nou, truelins, the cry o the bairns o Israel haes come tae me, an A hae seen the ill-kyndit fashions o the Egyptians tae thaim.

10 Come, than, an A will send ye tae Pharaoh, sae that ye can tak ma fowk, the bairns o Israel, oot o Egypt.

11 An Moses said tae God, wha am A tae gang tae Pharaoh an tak the bairns o Israel oot o Egypt?

12 An he said, Truelins A will be wi ye; an this will be the sign tae ye that A hae sent ye: whan ye hae taen the bairns o Israel oot o Egypt, ye will wirship God on this muntain.

13 An Moses said tae God, Whan A come tae the bairns o Israel an say tae thaim, The God o yer faithers haes sent me tae ye: an thay say tae me, Whit's his name? Whit am A tae say tae thaim?

14 An God said tae him, A AM WHIT A AM: an he said, Say tae the bairns o Israel, A AM haes sent me tae ye.

15 An God gaen on tae say tae Moses, Say tae the bairns o Israel, The Laird, the God o yer faithers, the God o Aubraham, o Isaac, an o Jaucob, haes sent me tae ye: this is ma name for aye, an this is ma sign tae aw generations.

16 Gang an gaither thegither the heidsmen o the bairns o Israel an say tae thaim, The Laird, the God o yer faithers, the God o Aubraham, o Isaac, an o Jaucob, haes been seen by me, an haes said, Truelins A hae taen up yer cause, acause o whit is duin tae ye in Egypt;

17 An A hae said, A will tak ye up oot the sorraes o Egypt intae the laund o the Canaanite an the Hittite an the Amorite an the Perizzite an the Hivite an the Jebusite, intae a laund fleetin wi milk an hinny.

18 An thay will tak tent tae yer vyce: an ye, wi the heidsmen o Israel, will gang tae Pharaoh, the keeng o Egypt,

an say tae him, The Laird, the God o the Hebrews, haes come tae us: lat us than gang three days' gate intae the wilderness for tae mak an offerin tae the Laird oor God.

19 An A'm siccar that the keeng o Egypt winna lat ye gang 'ithoot bein dwanged.

20 But A will pit oot ma haund an owercome Egypt wi aw the ferlies A will dae amang thaim: an efter that he will lat ye gang.

21 An A will gie thir fowk grace in the een o the Egyptians, sae that whan ye gang oot ye will gang oot wi yer haunds fou.

22 For ilka wumman will git frae her neebour an frae the wumman bidin in her hoose variorums o siller an gowd, an claes; an ye will pit thaim on yer sons an yer dochters; ye will tak the wale o thair guids an gear frae the Egyptians.

Chaipter 4

An Moses, answerin, said, It is siccar that thay winna lippen on me or tak tent tae ma vyce; for thay will say, Ye haena seen the Laird.

2 An the Laird said tae him, Whit's that in yer haund? An he said, A staff.

3 An he said, Pit it doun on the yird. An he pit it doun on the yird, an it come tae be a serpent; an Moses gaen rinnin frae it.

4 An the Laird said tae Moses, Pit oot yer haund an tak it by the tail: (an he raxt oot his haund an taen a grip o't, an it come tae be a staff in his haund:),

5 Sae that thay'r siccar that the Laird, the God o thair faithers, the God o Aubraham, o Isaac, an o Jaucob, haes been seen by ye.

6 Syne the Laird said tae him again, Pit yer haund 'ithin yer claes. An he pit his haund 'ithin his robe: an whan he taen it oot it wis like the haund o a lipper, as white's snaw.

7 An he said, Pit yer haund 'ithin yer robe again. (An he pit his haund intae his robe again, an whan he taen it oot he seen that it haed come tae be like his ither flesh.),

8 An gin thay dinna lippen on ye or tak tent tae the vyce o the first sign, thay will hae faith in the seicont sign.

9 An gin thay hae nae faith e'en in thir twa signs an winna tak tent tae yer vyce, than ye'r tae tak the watter o the Nile an pit it on the dry laund: an the watter ye tak oot the river will come tae be bluid on the dry laund.

10 An Moses said tae the Laird, O Laird, A'm no a man o wirds; A wis niver thon, an A'm no nou, e'en efter whit ye hae said tae yer servand: for talkin is haurd for me, an A'm slaw wi the tongue.

11 An the Laird said tae him, Wha's made man's mou? Wha taks awa a man's vyce or hearin, or maks him seein or blind? Is't no me, the Laird?

12 Sae gang nou, an A will be wi yer mou, learin ye whit tae say.

13 An he said, O Laird, send, gin ye will, by the haund o onybody that it seems guid tae ye tae send.

14 An the Laird wis wraith wi Moses an said, Ar the no Aaron, yer brither, the Levite? Sae faur's A ken he's guid at talkin. An nou he is comin oot tae ye: an whan he sees ye, he will be gled in his hert.

104

15 Lat him tak tent tae yer vyce, an ye will pit ma wirds in his mou; an A will be wi yer mou an wi his, learin ye whit ye hae tae dae.

16 An he will dae the talkin for ye tae the people: he will be tae ye as a mou, an ye will be tae him as God.

17 An tak in yer haund this staff that ye will dae the signs wi.

18 An Moses gaen back tae Jethro, his guidfaither, an said tae him, Lat me gang back nou tae ma ain fowk in Egypt an see gin thay'r aye tae the fore. An Jethro said tae Moses, Gang in peace.

19 An the Laird said tae Moses in Midian, Gang back tae Egypt, for aw the men is deid as ettelt at takkin yer life.

20 An Moses taen his guidwife an his sons an set thaim on a cuddy an gaen back tae the laund o Egypt: an he taen the staff o God in his haund.

21 An the Laird said tae Moses, Whan ye gang back tae Egypt, see that ye dae afore Pharaoh aw the ferlies A hae gien ye pouer tae dae: but A will mak his hert haurd, an he winna lat the people gang.

22 An ye'r tae say tae Pharaoh, The Laird says, Israel is the first o ma sons:

23 An A said tae ye, Lat ma son gang, sae that he can wirship me; an ye didna lat him gang: sae nou A will pit the first o yer sons tae deith.

24 Nou on the gate, at the nicht's restin steid, the Laird come in his wey an wad hae pit him tae deith.

25 Syne Zipporah taen a shairp stane an, sneddin aff the skin o her son's doun-aboots, an titchin his feet wi't, she said, Truelins ye'r a guidman o bluid tae me.

26 Sae he lat him gang. Syne she said, Ye'r a guidman o bluid acause o the circumceesion.

27 An the Laird said tae Aaron, Gang intae the wilderness an ye will see Moses. Sae he gaen an come upo Moses at the knowe o God, an gien him a kiss.

28 An Moses gien Aaron an accoont o aw the wirds o the Laird as he haed sent him tae say, an aw the signs as he haed gien him orders tae dae.

29 Syne Moses an Aaron gaen an gaithert thegither aw the heidsmen o the bairns o Israel:

30 An Aaron said tae thaim aw the wirds the Laird haed said tae Moses, an did the signs afore awbody.

31 An the people lippent on thaim; an, hearin that the Laird haed taen up the cause o the bairns o Israel an haed seen thair tribbles, wi boued heids thay gien him wirship.

Chaipter 5

An efter that, Moses an Aaron come tae Pharaoh an said, The Laird, the God o Israel, says, Lat ma fowk gang sae that thay can haud a feast in ma honour in the wilderness.

2 An Pharaoh said, Wha's the Laird, that's vyce A'm tae tak tent tae an lat Israel gang? A ken nocht o the Laird, an A winna lat Israel gang.

3 An thay said, The God o the Hebrews haes come tae us: lat us than gang three days' gate intae the wilderness tae mak an offerin tae the Laird oor God, sae that he disna send deith on us by disease or the swuird.

4 An the keeng o Egypt said tae thaim, Whit for dae ye, Moses an Aaron, wile the people frae thair darg? Git back tae yer wark.

5 An Pharaoh said, Truelins, the people o the laund is eikin in nummer, an ye ar haudin thaim back frae thair wark.

6 The same day Pharaoh gien orders tae the owersmen an thaim that wis sponsal for the wark, sayin,

7 Gie thir men nae mair strae for thair brick-makkin as ye hae been daein; lat thaim gang an git the stuff for thairsels.

8 But see that thay mak the same nummer bricks as afore, an nae less: for thay hae nae luve for wark; an sae thay golder oot an say, Lat us gang an mak an offerin tae oor God.

9 Gie the men haurder wark, an see that thay dae't; lat thaim na gie tent tae fause wirds.

10 An the owersmen o the people an thair sponsal men gaen oot an said tae the people, Pharaoh says, A will gie ye nae mair strae.

11 Gang yersels an git strae whauriver ye'r able; for yer wark isna tae be ony less.

12 Sae fowk wis sent in aw airts throu the laund o Egypt tae git strae.

13 An the owersmen gaen on drivin thaim an sayin, Dae yer fou darg like afore whan the war strae for ye.

14 An the sponsal men o the bairns o Israel, as Pharaoh's owersmen haed pit ower thaim, wis gien blaws, an thay said tae thaim, Whit for hae ye no duin yer raiglar wark in makkin bricks like afore?

15 Syne the sponsal men o the bairns o Israel come tae Pharaoh, makkin a mane an sayin, Whit for ar ye actin this wey tae yer servands?

16 Thay gie us nae strae, an thay say tae us, Mak bricks: an thay gie yer servands blaws; but it is yer fowk that's in the wrang.

17 But he said, Ye hae nae luve for wark: that's whit for ye say, Lat us gang an mak an offerin tae the Laird.

18 Gang nou, git back tae yer wark; nae strae will be gien ye, but ye'r tae mak the fou nummer bricks.

19 Syne the sponsal men o the bairns o Israel seen that thay ettelt ill whan thay said, The nummer bricks that ye hae tae mak ilka day will be nae less nor afore.

20 An thay come breest tae breest wi Moses an Aaron, in thair wey whan thay come oot frae Pharaoh:

21 An thay said tae thaim, Lat the Laird tak tent tae ye an juidge ye; for ye hae gien Pharaoh an his servands an ill conceit o us, pittin a swuird in thair haunds for oor ruinage.

22 An Moses gaen back tae the Laird an said, Laird, whit for hae ye duin ill tae thir fowk? Whit for hae ye sent me?

23 For, frae A come tae Pharaoh tae pit yer wirds afore him, he haes duin ill tae thir fowk, an ye hae gien thaim nae help.

Chaipter 6

An the Laird said tae Moses, Nou ye will see whit A'm aboot tae dae tae Pharaoh; for by a strang haund he will be gart lat thaim gang, drivin thaim oot o his laund acause o ma ootraxt airm.

2 An God said tae Moses, A am Yahweh:

3 A lat masel be seen by Aubraham, Isaac, an Jaucob, as God, the Ruler o aw; but thay didna ken ma name Yahweh.

4 An A made a greement wi thaim tae gie thaim the laund o Canaan, the laund o thair wanderins.

5 An truelins ma lugs is appen tae the cry o the bairns o Israel as the Egyptians hauds unner thair yoke; an A hae myndit ma greement.

6 Say, than, tae the bairns o Israel, A am Yahweh, an A will tak ye oot frae unner the yoke o the Egyptians, an subvene ye frae thair pouer, an will mak ye free by the strenth o ma airm efter sair punishments.

7 An A will tak ye tae be ma fowk, an A will be yer God; an ye will be siccar that A am the Laird yer God, that taks ye oot frae unner the yoke o the Egyptians.

8 An A will airt ye intae the laund that A swuir an aith tae gie tae Aubraham, tae Isaac, an tae Jaucob; an A will gie't ye for yer heirskip: A am Yahweh.

9 An Moses said thir wirds tae the bairns o Israel, but thay gien nae tent tae him, acause o the dule o thair speerit an the ill-kyndit wecht o thair wark.

10 An the Laird said tae Moses,

11 Gang ben an say tae Pharaoh, keeng o Egypt, that he's tae lat the bairns o Israel gang oot o his laund.

12 An Moses, answerin the Laird, said, See, the bairns o Israel winna tak tent tae me; whit wey than will Pharaoh tak tent tae me, that's lips is unclean?

13 An the wird o the Laird come tae Moses an Aaron, wi orders for the bairns o Israel an for Pharaoh, keeng o Egypt, tae tak the bairns o Israel oot the laund o Egypt.

14 Thir is the heidsmen o thair faithers' faimilies: the sons o Reuben the auldest son o Israel: Hanoch an Pallu, Hezron an Carmi: thir is the faimilies o Reuben.

15 An the sons o Simeon: Jemuel an Jamin an Ohad an Jachin an Zohar an Shaul, the son o a wumman o Canaan: thir is the faimilies o Simeon.

16 An thir is the names o the sons o Levi in the order o thair generations: Gershon an Kohath an Merari: an the years o Levi's life wis a hunder an thirty-seiven.

17 The sons o Gershon: Libni an Shimei, in the order o thair faimilies.

18 An the sons o Kohath: Amram an Izhar an Hebron an Uzziel: an the years o Kohath's life wis a hunder an thirty-three.

19 An the sons o Merari: Mahli an Mushi: thir is the faimilies o the Levites, in the order o thair generations.

20 An Amram taen Jochebed, his faither's sister, as guidwife; an she gien birth tae Aaron an Moses: an the years o Amram's life wis a hunder an thirty-seiven.

21 An the sons o Izhar: Korah an Nepheg an Zichri.

22 An the sons o Uzziel: Mishael an Elzaphan an Sithri.

23 An Aaron taen as his guidwife Elisheba, the dochter o Amminadab, the sister o Nahshon; an she gien birth tae Nadab an Abihu, Eleazar an Ithamar.

24 An the sons o Korah: Assir an Elkanah an Abiasaph: thir is the faimilies o the Korahites.

25 An Eleazar, Aaron's son, taen as his guidwife ane o the dochters o Putiel; an she gien birth tae Phinehas. Thir is the heids o the faimilies o the Levites, in the order o thair faimilies.

26 Thir is the same Aaron an Moses as the Laird said tae, Tak the bairns o Israel oot the laund o Egypt in thair airmies.

27 Thir is the men as gien orders tae Pharaoh tae lat the bairns o Israel gang oot o Egypt: thir is the same Moses an Aaron.

28 An on the day whan the wird o the Laird come tae Moses in the laund o Egypt,

29 The Laird said tae Moses, A am the Laird: say tae Pharaoh, keeng o Egypt, awthing A'm sayin tae ye.

30 An Moses said tae the Laird, Ma lips is unclean; whit wey is't possible that Pharaoh will gie me a hearin?

Chaipter 7

A n the Laird said tae Moses, See A hae made ye a god tae Pharaoh, an Aaron yer brither will be yer spaeman.

2 Say whitiver A bid ye say: an Aaron yer brither will gie wird tae Pharaoh tae lat the bairns o Israel gang oot o his laund.

3 An A will mak Pharaoh's hert stieve, an ma signs an ferlies will be eikit in the laund o Egypt.

4 But Pharaoh winna tak tent tae ye, an A will pit ma haund on Egypt, an tak ma airmies, ma fowk, the bairns o Israel, oot o Egypt, efter sair punishments.

5 An the Egyptians will see that A am the Laird, whan ma haund is raxt oot ower Egypt, an A tak the bairns o Israel oot frae amang thaim.

6 An Moses an Aaron did the like: as the Laird telt thaim, sae thay did.

7 An Moses wis aichty year auld, an Aaron aichty-three year auld, whan thay gien the Laird's wird tae Pharaoh.

8 An the Laird said tae Moses an Aaron,

9 Gin Pharaoh says tae ye, Lat me see a ferlie: than say tae Aaron, Tak yer staff an pit it doun on the yird afore Pharaoh sae that it can come tae be a serpent.

10 Syne Moses an Aaron gaen ben tae Pharaoh, an thay did as the Laird haed said: an Aaron pit his staff doun on the yird afore Pharaoh an his servans, an it come tae be a serpent.

11 Syne Pharaoh sent for the wicelike men an the mageecians, an thay, the wunner-wirkers o Egypt, did the same wi thair glamourie.

12 For ilkane o thaim pit doun his staff on the yird, an thay come tae be serpents: but Aaron's staff swallaed thair staffs.

13 But Pharaoh's hert wis made stieve, an he didna tak tent tae thaim, as the Laird haed said.

14 An the Laird said tae Moses an Aaron, Pharaoh's hert is uncheenged; he winna lat the people gang.

15 Gang tae Pharaoh in the forenuin; whan he gangs oot tae the watter, ye will be waitin on him by the baunks o the Nile, wi the staff that turnt intae a serpent in yer haund;

16 An say tae him, The Laird, the God o the Hebrews, haes sent me tae ye, sayin, Lat ma fowk gang sae that thay can wirship me in the wilderness; but up tae nou ye haena taen tent tae his wirds.

*Exodus 7:10 Syne Moses an Aaron gaen ben tae Pharaoh,
an thay did as the Laird haed said: an Aaron pit his staff doun on the yird afore
Pharaoh an his servands, an it come tae be a serpent.*

17 Sae the Laird says, By this ye can be siccar that A am the Laird; see, by the titch o this staff in ma haund the watters o the Nile will turn tae bluid;

18 An the fish in the Nile will dee, an the watter will send up an ill waff, an the Egyptians winna be able for scunner tae drink the watter o the Nile.

19 An the Laird said, Say tae Aaron, Lat the staff in yer haund be raxt oot ower the watters o Egypt, an ower the watters an the burns an the linns, an ower ilka bit watter, sae that thay'r turnt tae bluid; an the'll be bluid throu aw the laund o Egypt, in veshels o wid an in pattie veshels.

20 An Moses an Aaron did as the Laird haed said; an whan his staff haed been liftit up an raxt oot ower the watters o the Nile afore the een o Pharaoh an his servands, aw the watter in the Nile turnt tae bluid;

21 An the fish in the Nile dee'd, an an ill waff gaen up frae the watter, an the Egyptians coudna drink the watter o the Nile; an the war bluid throu aw the laund o Egypt.

22 An the wunner-wirkers o Egypt did the same wi thair glamourie: but Pharaoh's hert wis made stieve, an he wadna tak tent tae thaim, as the Laird haed said.

23 Syne Pharaoh gaen ben his hoose, an didna tak e'en this tae hert.

24 An aw the Egyptians howkit walls roond aboot the Nile for tae git drinkin watter, for thay coudna uise the Nile watter.

25 An a sennicht gaen by, efter the Laird haed pit his haund on the Nile.

Chaipter 8

An this is whit the Laird said tae Moses: Gang tae Pharaoh an say tae him, The Laird says, Lat ma fowk gang sae that thay can wirship me.

2 An gin ye winna lat thaim gang, see, A will send puddocks intae ilka pairt o yer laund:

3 The Nile will be hotchin wi puddocks, an thay will come up ben yer hoose an ben yer chaumers an on yer bed, an ben the hooses o yer servands an yer fowk, an intae yer uins an intae yer breid backets.

4 The puddocks will come up ower yersel an yer fowk an aw yer servands.

5 An the Laird said tae Moses, Say tae Aaron, Lat the staff in yer haund be raxt oot ower the burns an the watterweys an the puils, causin puddocks tae come up on the laund o Egypt.

6 An whan Aaron raxt oot his haund ower the watters o Egypt, the puddocks come up an aw the laund o Egypt wis happit wi thaim.

7 An the mageecians did the same wi thair glamourie, garrin puddocks come up ower the laund o Egypt.

8 Syne Pharaoh sent for Moses an Aaron an said, Pray tae the Laird that he will tak awa thir puddocks frae me an ma fowk; an A will lat the people gang an mak thair offerin tae the Laird.

9 An Moses said, A will lat ye hae the honour o sayin whan A'm tae pray for yersel an yer servands an yer fowk, sae that the puddocks can be sent awa frae yersel an yer hooses, an juist be in the Nile.

10 An he said, Gin the morn. An he said, Lat it be as ye say: sae that ye can see that the'r nane ither like the Laird oor God.

11 An the puddocks will be gaen frae yersels an frae yer hooses an frae yer servants an frae yer fowk an will be in the Nile its lane.

12 Syne Moses an Aaron gaen oot frae Pharaoh; an Moses prayed tae the Laird aboot the puddocks he haed sent on Pharaoh.

13 An the Laird did as Moses said; an the war an end o aw the puddocks in the hooses an in the appen rooms an in the fields.

14 An thay pit thaim thegither in cairns, an an ill waff gaen up frae the laund.

15 But whan Pharaoh seen that the war peace for a time, he made his hert haurd an didna tak tent tae thaim, as the Laird haed said.

16 An the Laird said tae Moses, Say tae Aaron, Lat yer staff be raxt oot ower the stour o the yird sae that it comes tae be beasties throu aw the laund o Egypt.

17 An thay did the like; an Aaron, raxin oot the staff in his haund, titcht the stour o the yird, an beasties come upo man an beast; aw the stour o the yird wis cheenged intae beasties throu aw the laund o Egypt.

18 An the mageecians wi thair glamourie, ettlin tae mak beasties, wisna able for't: an the war beasties on man an beast.

19 Syne the mageecians said tae Pharaoh, This is the finger o God: but Pharaoh's hert wis haurd, an he didna tak tent tae thaim, as the Laird haed said.

20 An the Laird said tae Moses, Git up at day-daw an tak yer place afore

Pharaoh whan he comes oot tae the watter; an say tae him, This is whit the Laird says: Lat ma fowk gang tae wirship me.

21 For gin ye dinna lat ma fowk gang, see, A will send cluds o flees on ye an on yer servants an on yer fowk an intae thair hooses; an the hooses o the Egyptians an the laund whaur thay ar will be hotchin wi flees.

22 An at that time A will sinder yer laund an the laund o Goshen whaur ma fowk is, an nae flees will be thare; sae that ye can see that A am the Laird ower aw the yird.

23 An A will sinder ma fowk frae yer fowk; the morn this sign will be seen.

24 An the Laird did the like; an muckle cluds o flees come ben the hoose o Pharaoh an ben his servants' hooses, an aw the laund o Egypt wis connacht acause o the flees.

25 An Pharaoh sent for Moses an Aaron an said, Gang an mak yer offerin tae yer God here in the laund.

26 An Moses said, It isna richt tae dae thon; for we mak oor offerins o whit the Egyptians wirships; an gin we dae thon afore thair een, we will certes be staned.

27 But we will gang three days' gate intae the wilderness an mak an offerin tae the Laird oor God as he gies us orders.

28 Syne Pharaoh said, A will lat ye gang tae mak an offerin tae the Laird yer God in the wilderness; but dinna gang unco hyne awa, an pray for me.

29 An Moses said, Whan A gang oot frae ye A will pray tae the Laird that the clud o flees gangs awa frae Pharaoh an frae his fowk an frae his servants

Exodus 9:2 For gin ye winna lat thaim gang, but aye haud thaim in yer pouer,

the morn: but lat Pharaoh nae mair by deceivery haud back fowk frae makkin thair offerin tae the Laird.

30 Syne Moses gaen oot frae Pharaoh an prayed tae the Laird.

31 An the Laird did as Moses said, an taen awa the clud o flees frae Pharaoh an frae his servands an frae his fowk; no ane wis tae be seen.

32 But again Pharaoh made his hert haurd an didna lat the people gang.

Chaipter 9

Syne the Laird said tae Moses, Gang ben tae Pharaoh an say tae him, This is whit the Laird, the God o the Hebrews, says: Lat ma fowk gang sae that thay can wirship me.

2 For gin ye winna lat thaim gang, but aye haud thaim in yer pouer,

3 Than the haund o the Laird will pit on yer kye in the field, on the horse an the cuddies an the caumels, on the hirds an the hirsels, an unco ill disease.

4 An the Laird will sinder the kye o Israel an the kye o Egypt; the'll be nae loss o ony o the kye o Israel.

5 An the time wis set by the Laird, an he said, The morn the Laird will dae this in the laund.

6 An the day efter, the Laird did as he haed said, causin the deith o aw the kye o Egypt, but the war nae loss o ony o the kye o Israel.

7 An Pharaoh sent an gat wird that the war nae loss o ony o the kye o Israel. But the hert o Pharaoh wis haurd, an he didna lat the people gang.

8 An the Laird said tae Moses an tae Aaron, Tak in yer haund a wee bit ess frae the ingle an lat Moses send it in a shouer up tae heiven afore the een o Pharaoh.

9 An it will come tae be smaw stour ower aw the laund o Egypt, an will be the scaw bealin on man an beast throu aw the laund o Egypt.

10 Sae thay taen some ess frae the ingle an, wi thaim pittin thairsels afore Pharaoh, Moses sent it oot in a shouer up tae heiven; an it come tae be a sotter birstin oot on man an beast.

11 An the mageecians coudna staund afore Moses, acause o the disease; for the disease wis on the mageecians an on aw the Egyptians.

12 An the Laird made Pharaoh's hert haurd, an he wadna tak tent tae thaim, as the Laird haed said.

13 An the Laird said tae Moses, Git up at day-daw an tak yer place afore Pharaoh an say tae him, This is whit the Laird, the God o the Hebrews, says: Lat ma fowk gang sae that thay can wirship me.

14 For this time A will send aw ma punishments on yersel an yer servands an yer fowk; sae that ye can see that the'r no ma like in aw the yird.

15 For gin A haed pit the fou wecht o ma haund on yersel an yer fowk, ye wad hae been flemit frae the yird:

16 But, for this verra raison, A hae held ye frae ruinage tae shaw ye ma pouer, an sae that ma name can be honourt throu aw the yird.

17 Ar ye aye upliftit in pride agin ma fowk sae that ye winna lat thaim gang?

18 Truelins, the morn aboot this time A will send doun yowdendrift, sic as niver wis in Egypt frae its earliest days till nou.

19 Than send swith an git in yer kye an aw ye hae frae the fields; for gin ony man or beast in the field haesna been bieldit, the yowdendrift will come doun on thaim wi ruinage.

20 Syne awbody amang the servands o Pharaoh that haen the fear o the Laird gart his servands an his kye come ben the hoose swith:

21 An him that gien nae tent tae the wird o the Laird held his servands an his kye in the field.

22 An the Laird said tae Moses, Nou lat yer haund be raxt up tae heiven sae that the'r yowdendrift ower aw the laund o Egypt, on man an beast an on ilka plant o the field throu aw the laund o Egypt.

23 An Moses raxt oot his staff tae heiven: an the Laird sent thunner, an yowdendrift, an fire rainin doun on the yird; the Laird sent yowdendrift ower the laund o Egypt.

24 Sae the war yowdendrift wi fire rinnin throu't, comin doun wi unco force, sic as niver wis in aw the laund o Egypt frae't come tae be a nation.

25 An throu aw the laund o Egypt the yowdendrift come doun on awthing that wis in the fields, on man an beast; an ilka green plant wis brouselt an ilka tree o the field broke.

26 But in the laund o Goshen, whaur the bairns o Israel wis, the war nae yowdendrift.

27 Syne Pharaoh sent for Moses an Aaron an said tae thaim, A hae duin ill this time: the Laird is richtous, an ma fowk an me is sinners.

28 Pray tae the Laird; for thare haes been eneuch o thir thunnerins o God an this yowdendrift; an A will lat ye gang an will haud ye nae mair.

29 An Moses said, Whan A hae gaen ootby the toun, ma haunds will be raxt up tae the Laird; the thunner an the yowdendrift will stap, sae that ye can see that the yird is the Laird's.

30 But, as for yersel an yer servants, A'm siccar that e'en nou the fear o the Laird God winna be in yer herts.

31 An the lint an the bere wis skaithed, for the bere wis near ready tae be hairstit, an the lint wis in flouer.

32 But the lave o the corn plants wis unskaithed, for thay haedna breirdit.

33 Sae Moses gaen ootby the toun an, raxin oot his haunds, prayed tae God: an the thunner an the yowdendrift come tae an end; an the faw o rain wis stappit.

34 But whan Pharaoh seen that the rain an the yowdendrift an the thunner wis endit, he gaen on sinnin, an made his hert haurd, him an his servants.

35 An the hert o Pharaoh wis haurd, an he didna lat the people gang, as the Laird haed said by the mou o Moses.

Chaipter 10

An the Laird said tae Moses, Gang ben tae Pharaoh: for A hae made his hert an the herts o his servants haurd, till A lat ma signs be seen amang thaim:

2 An sae that ye'll can tell yer son an yer son's son the story o ma ferlies in Egypt, an the signs A hae duin amang thaim; sae that ye can see that A am the Laird.

3 Syne Moses an Aaron gaen ben tae Pharaoh an said tae him, This is whit the Laird, the God o the Hebrews, says: Hou lang will ye be liftit up in yer pride afore me? Lat ma fowk gang sae that thay can wirship me.

4 For gin ye winna lat ma fowk gang, the morn A will send locusts intae yer laund:

5 An the face o the yird will be happit wi thaim, sae that ye'll no can see the yird: an thay'll be the ruinage o awthing that up tae nou haesna been skaithed, awthing that wisna brouselt by the yowdendrift, an ilka tree aye tae the fore in yer fields.

6 An yer hooses will be hotchin wi thaim, an the hooses o yer servants an aw the Egyptians; it will be waur nor ocht yer faithers haes seen or thair faithers, frae the day whan thay first bade on the yird till this day. An sae he gaen oot frae Pharaoh.

7 An Pharaoh's servants said tae him, Hou lang's this man tae cause ill tae us? Lat the men gang sae that thay can wirship the Laird thair God: ar ye no waukrife tae Egypt's weird?

8 Syne Moses an Aaron come in again afore Pharaoh: an he said tae thaim, Gang an wirship the Laird yer God: but whit ane o ye's gaun?

9 An Moses said, We will gang wi oor young an oor auld, wi oor sons an oor

114

Exodus 10:22 An whan Moses' haund wis raxt oot,
mirk nicht fell ower aw the laund o Egypt for three days;

dochters, wi oor hirsels an oor hirds; for we'r tae haud a feast tae the Laird.

10 An he said tae thaim, The Laird be wi ye, gin A will lat yersel an yer wee anes gang! Tak care, for yer ettle is clear eneuch ill.

11 No sae; but lat yer menfowk gang an wirship the Laird, as is yer wiss. This he said, cawin thaim oot frae afore him.

12 An the Laird said tae Moses, Lat yer haund be raxt oot ower the laund o Egypt sae that the locusts comes up on the laund for the ruinage o ilka green plant in't, e'en awthing untitcht by the yowdendrift.

13 An Moses' staff wis raxt oot ower the laund o Egypt, an the Laird sent an east wind ower the laund aw that day an aw the nicht; an in the forenuin the locusts come up wi the east wind.

14 An the locusts gaen up ower aw the laund o Egypt, restin on ilka pairt o the laund, in undeemous nummers; sic an airmy o locusts haed niver been seen afore, an niver will be again.

15 For aw the face o the yird wis happit wi thaim, sae that the laund wis black; an ilka green plant an aw the fruit o the trees no connacht by the yowdendrift thay taen for meat: no ae green thing, nae plant or tree, wis tae be seen in aw the laund o Egypt.

16 Syne Pharaoh sent swith for Moses an Aaron an said, A hae duin ill agin the Laird yer God an agin yersels.

17 Lat me nou be forgien for ma sin juist this ance, an pray tae the Laird yer God that he will tak awa frae me this deith its lane.

18 Sae he gaen oot frae Pharaoh an prayed tae the Laird.

19 An the Laird sent an unco strang wast wind, that taen up the locusts, cawin thaim intae the Reid Sea; no ae locust wis tae be seen in ony pairt o Egypt.

20 But the Laird made Pharaoh's hert haurd, an he didna lat the bairns o Israel gang.

21 An the Laird said tae Moses, Lat yer haund be raxt up tae heiven, an aw the laund o Egypt will be mirk, sae that men will feel thair wey aboot in the mirk.

22 An whan Moses' haund wis raxt oot, mirk nicht fell ower aw the laund o Egypt for three days;

23 Thay coudna see ither, an naebody gat up frae his seat for three days: but whaur the bairns o Israel bade it wis licht.

24 Syne Pharaoh sent for Moses an said, Gang an wirship the Laird; but lat yer hirsels an yer hirds be held here: yer wee anes can gang wi ye.

25 But Moses said, Ye will hae tae lat us tak brunt offerins tae pit afore the Laird oor God.

26 Sae oor kye will hae tae gang wi us, no ane can be held back; for thay'r needit for the wirship o the Laird oor

God; we hae nae knawledge whit offerin we hae tae gie till we come tae the steid.

27 But the Laird made Pharaoh's hert haurd, an he wadna lat thaim gang.

28 An Pharaoh said tae him, Gang awa frae me, mynd that ye come na again afore me; for the day whan ye see ma face again will be yer last.

29 An Moses said, Ye'r richt; A winna see yer face again.

Chaipter 11

An the Laird said tae Moses, A will send ae mair punishment on Pharaoh an Egypt; efter that he will lat ye gang; an whan he dis lat ye gang, he winna haud ane o ye back, but will send ye oot by force.

2 Sae gang nou an gie wird tae the people that ilka man an wumman is tae git frae his or her neebour variorums o siller an gowd.

3 An the Laird gien the people grace in the een o the Egyptians. For the man Moses wis unco honourt in the laund o Egypt, by Pharaoh's servands an the people.

4 An Moses said, This is whit the Laird says: Aboot the howe o the nicht A will gang oot throu Egypt:

5 An deith will come tae ilka mither's first chiel in aw the laund o Egypt, frae the bairn o Pharaoh on his seat o pouer tae the bairn o the servand lass grindin the corn; an the first births o aw the kye.

6 An the'll be a great cry throu aw the laund o Egypt, sic as niver haes been or will be again.

7 But agin the bairns o Israel, man or beast, no as muckle's the tongue o a dug will be muived: sae that ye can see whit wey the Laird sinders Israel an the Egyptians.

8 An aw thir yer servands will come tae me, gaun doun on thair faces afore me an sayin, Gang oot, an aw yer fowk wi ye: an efter that A will gang oot. An he gaen awa frae Pharaoh, birnin wi wraith.

9 An the Laird said tae Moses, Pharaoh winna tak tent tae ye, sae that ma ferlies can be eikit in the laund o Egypt.

10 Aw thir ferlies Moses an Aaron did afore Pharaoh: but the Laird made Pharaoh's hert haurd, an he didna lat the bairns o Israel gang oot o his laund.

Chaipter 12

An the Laird said tae Moses an Aaron in the laund o Egypt,

2 Lat this month be tae ye the first o months, the first month o the year.

3 Say tae aw the bairns o Israel whan thay hae forgaithert, In the tent day o this month ilka man is tae tak a laum, by the nummer o thair faithers' faimilies, a laum for ilka faimily:

4 An gin the laum is mair nor eneuch for the faimily, lat that faimily an its nearest neebour hae a laum atween thaim, takkin intae accoont the nummer o bodies an whit meat is necessar for ilka man.

5 Lat yer laum be 'ithoot a merk, a male in its first year: ye can tak it frae amang the sheep or the gaits:

6 Haud it till the fowerteent day o the same month, whan awbody that's o the bairns o Israel is tae fell it atween dayset an mirk.

7 Than tak some o the bluid an slair it on the twa sides o the door an ower the door o the hoose whaur the meal is tae be taen.

8 An lat yer meat that nicht be the flesh o the laum, keukit wi fire in the uin, thegither wi unleavent breid an soor-tastin plants.

9 Dinna tak it unkeukit or keukit wi bylin watter, but lat it be keukit in the uin; its heid wi its hochs an its thairms.

10 Dinna haud ony o't till the forenuin; ocht that isna uised is tae be brunt wi fire.

11 An tak yer meal buskit as for the gate, wi yer shuin on yer feet an yer staffs in yer haunds: tak it swith: it is the Laird's Passower.

12 For on that nicht A will gang throu the laund o Egypt, sendin deith on ilka first male bairn, o man an beast, an deemin aw the gods o Egypt: A am the Laird.

13 An the bluid will be a sign on the hooses whaur ye ar: whan A see the bluid A will owerpass ye, an nae ill will come upo ye for yer ruinage, whan ma haund is on the laund o Egypt.

14 An this day is tae be held in yer myndin: ye'r tae haud it as a mealtith tae the Laird throu aw yer generations, as a commaund for aye.

15 For a sennicht lat yer meat be unleavent breid; frae the first day nae leaven is tae be seen in yer hooses: whaiver taks breid wi leaven in't, frae the first till the seivent day, will be flemit frae Israel.

16 An on the first day the'r tae be a haly gaitherin an on the seivent day a haly gaitherin; nae kin o wark can be duin on thae days but tae mak ready whit's necessar for awbody's meat.

17 Sae haud the feast o unleavent breid; for on this verra day A hae taen

Exodus 12:29 An in the howe o the nicht the Laird sent deith on ilka first male bairn in the laund o Egypt, frae the bairn o Pharaoh on his seat o pouer tae the bairn o the preesoner in the preeson; an the first births o aw the kye.

yer airmies oot the laund o Egypt: this day, than, is tae be held throu aw yer generations by an order for aye.

18 In the first month, frae the forenicht o the fowerteent day, lat yer meat be unleavent breid till the forenicht o the twinty-first day o the month.

19 For a sennicht nae leaven is tae be seen in yer hooses: for whaiver taks breid that's leavent will be flemit frae the people o Israel gin he's frae anither kintra or gin he's an Israelite by birth.

20 Tak nocht that haes leaven in't; whauriver ye bide, lat yer meat be unleavent bannocks.

21 Syne Moses sent for the heidsmen o Israel an said tae thaim, See that laums is merkit for yersels an yer faimilies, an lat the Passower laum be pit tae deith.

22 An tak some hyssop an pit it in the bluid in the byne, slairin the twa sides an the tap o the door-cheek wi the bluid frae the byne; an lat nane o ye gang oot his hoose till the forenuin.

23 For the Laird will gang throu the laund, sendin deith on the Egyptians; an whan he sees the bluid on the twa sides an the tap o the door, the Laird will owerpass yer door an winna lat deith come in for yer ruinage.

24 An ye'r tae haud this as a chairge tae yersel an yer sons for aye.

25 An whan ye come intae the laund that the Laird will mak yours, as he hecht, ye'r tae haud this act o wirship.

26 An whan yer bairns says tae ye, Whit's the raison for this act o wirship?

27 Syne ye will say, This is the offerin o the Laird's Passower; for he gaen ower the hooses o the bairns o Israel in Egypt, whan he sent deith on the Egyptians,

an held oor faimilies sauf. An the people gien wirship wi boued heids.

28 An the bairns o Israel gaen an did the like; as the Laird haed gien orders tae Moses an Aaron, sae thay did.

29 An in the howe o the nicht the Laird sent deith on ilka first male bairn in the laund o Egypt, frae the bairn o Pharaoh on his seat o pouer tae the bairn o the preesoner in the preeson; an the first births o aw the kye.

30 Syne Pharaoh gat up in the nicht, him an aw his servands an aw the Egyptians; an a great cry gaen up frae Egypt; for the warna a hoose whaur somebody wisna deid.

31 An he sent for Moses an Aaron by nicht an said, Git up an gang oot frae amang ma fowk, ye an the bairns o Israel; gang an wirship the Laird as ye hae said.

32 An tak yer hirsels an yer hirds as ye hae said, an be gaen; an gie me yer sainin.

33 An the Egyptians cawed fowk on tae git thaim oot the laund swith; for thay said, We'r aw deid men.

34 An the people taen thair daich afore it wis leavent, pittin thair bynes in thair claes on thair backs.

35 An the bairns o Israel haed duin as Moses haed said; an thay gat frae the Egyptians variorums o siller an gowd, an claes:

36 An the Laird haed gien the people grace in the een o the Egyptians sae that thay gien thaim whitiver wis socht. Sae thay taen awa aw thair guids an gear frae the Egyptians.

37 An the bairns o Israel taen the gate frae Rameses tae Succoth; the war aboot

Exodus 12:31 An he sent for Moses an Aaron by nicht an said, Git up an gang oot frae amang ma fowk, ye an the bairns o Israel; gang an wirship the Laird as ye hae said.

sax hunder thoosand men afit, as weel's bairns.

38 An a mixtur-maxturt baund o fowk gaen wi thaim; an hirsels an hirds in unco nummers.

39 An thay made unleavent bannocks frae the daich that thay haed taen oot o Egypt; it wisna leavent, for thay haed been sent oot o Egypt that swith that thay haen nae time tae mak ony meat ready.

40 Nou the bairns o Israel haed bade in Egypt for fower hunder an thirty year.

41 An at the end o fower hunder an thirty year tae the verra day, aw the airmies o the Laird gaen oot the laund o Egypt.

42 It is a wauk nicht afore the Laird that taen thaim oot the laund o Egypt: this same nicht is a wauk nicht tae the Laird for aw the bairns o Israel, throu aw thair generations.

43 An the Laird said tae Moses an Aaron, This is the law o the Passower: nae man that isna an Israelite is tae tak o't:

44 But ilka man's servand, that he haes coft, can tak o't, whan he haes been circumceesed.

45 An ootlin bidin amang ye, an a fee'd servand, canna tak pairt in't.

46 It's tae be taen in ae hoose; no a bit o the flesh is tae be taen oot the hoose, an nae bane o't can be broke.

47 Aw Israel is tae haud the meal.

48 An gin a fremmit body bides amang ye, an haes a desire tae haud the Passower tae the Laird, lat aw the chiels o his faimily dree circumceesion, an than lat him come nearhaund an haud it; for he will than be like ane o yer fowk; but naebody 'ithoot circumceesion can haud it.

49 The law is the same for him that's an Israelite by birth an for the ootlin that bides amang ye.

50 Sae the bairns o Israel did as the Laird gien orders tae Moses an Aaron.

51 An the same day the Laird taen the bairns o Israel oot the laund o Egypt by thair airmies.

Chaipter 13

An the Laird said tae Moses,

2 Lat the first chiel o ilka mither amang the bairns o Israel be held haly for me, e'en the first male birth amang man or beast; for it's mines.

3 An Moses said tae the people, Lat this day, that ye come oot o Egypt on, oot yer preeson hoose, be held in myndin for aye; for by the strenth o his haund the Laird haes taen ye oot this place; lat nae leavent breid be uised.

4 On this day, in the month Abib, ye'r gaun oot.

5 An it will be that, whan the Laird taks ye intae the laund o the Canaanite an the Hittite an the Amorite an the Hivite an the Jebusite, the laund that he swuir an aith tae yer faithers that he wad gie ye, a laund fleetin wi milk an hinny, ye will dae this act o wirship in this month.

6 For a sennicht lat yer meat be unleavent bannocks; an on the seivent day the'r tae be a mealtith tae the Laird.

7 Unleavent bannocks is tae be yer meat throu aw the sennicht; lat nae leavent breid be seen amang ye, or ony leaven, in ony pairt o yer laund.

8 An ye will say tae yer son in that day, It is acause o whit the Laird did for me whan A come oot o Egypt.

9 An this will be for a sign tae ye on yer haund an for a merk on yer brou, sae that the law o the Laird is in yer mou: for wi a strang haund the Laird taen ye oot o Egypt.

10 Sae lat this commaund be held, at the richt time, frae year tae year.

11 An whan the Laird taks ye intae the laund o Canaan, as he made his aith tae yersel an yer faithers, an gies it ye,

12 Ye'r tae pit tae ae side for the Laird ilka mither's first chiel, the first fruit o her wame, an the first young ane o ilka beast; ilka male is haly tae the Laird.

13 An for the young o a cuddy ye can gie a laum in peyment, or gin ye winna pey for't, its craig is tae be broke; but for aw the first sons amang yer bairns, lat peyment be made.

14 An whan yer son says tae ye in time tae come, Whit's the raison for this? Say tae him, By the strenth o his haund the Laird taen us oot o Egypt, oot the preeson hoose:

15 An whan Pharaoh made his hert haurd an wadna lat us gang, the Laird sent deith on aw the first sons in Egypt, o man an beast: an sae ilka first male that comes tae birth is offert tae the Laird; but for aw the first o ma sons A gie a cost.

16 An this will be for a sign on yer haund an for a merk on yer brou: for by the strenth o his haund the Laird taen us oot o Egypt.

17 Nou efter Pharaoh haed lat the people gang, God didna tak thaim throu the laund o the Philistines, tho that wis nearhaund: for God said, Gin the

people sees fechtin, thay'll mebbe hae a cheenge o hert an gang back tae Egypt.

18 But God taen the people roond by the wilderness nearhaund the Reid Sea: an the bairns o Israel gaen up in fechtin order oot the laund o Egypt.

19 An Moses taen the banes o Joseph wi him, for Joseph haed gart the bairns o Israel sweir an aith, sayin, God will certes haud ye in mynd; an ye'r tae tak ma banes awa wi ye.

20 Syne thay gaen on thair gate frae Succoth an stelt thair tents in Etham at the mairch o the wilderness.

21 An the Laird gaen afore thaim by day in a pillar o clud, airtin thaim on thair wey; an by nicht in a pillar o fire for tae gie thaim licht: sae that thay coud gang on day an nicht:

22 The pillar o clud gaen aye afore thaim by day, an the pillar o fire by nicht.

Chaipter 14

An the Laird said tae Moses,

2 Gie orders tae the bairns o Israel tae gang back an stell thair tents afore Pi-hahiroth, atween Migdol an the sea, forenent Baal-zephon, that ye'r tae stell yer tents opposite by the sea.

3 An Pharaoh will say o the bairns o Israel, Thay ar reengin forwandert, thay ar shut in by the wilderness.

4 An A will mak Pharaoh's hert haurd, an he will come efter thaim, an A will be honourt ower Pharaoh an aw his airmy, sae that the Egyptians can see that A am the Laird. An thay did thon.

5 An wird come tae Pharaoh o the flicht o the people: an the feelin o

Pharaoh an his servands aboot the people wis cheenged, an thay said, Whit for hae we lat Israel gang, sae that thay will dae nae mair darg for us?

6 Sae he caused his chairiot mak ready an taen his fowk wi him:

7 An he taen sax hunder cairiages, aw the cairiages o Egypt, an caiptains ower aw o thaim.

8 An the Laird made the hert o Pharaoh haurd, an he gaen efter the bairns o Israel: for the bairns o Israel haed gaen oot 'ithoot fear.

9 But the Egyptians gaen efter thaim, aw the horse an cairiages o Pharaoh, an his horsemen, an his airmy, an owertaen thaim in thair tents by the sea, by Pi-hahiroth, afore Baal-zephon.

10 An whan Pharaoh come nearhaund, the bairns o Israel, liftin up thair een, seen the Egyptians comin efter thaim, an wis sair fleggit; an thair cry gaen up tae God.

11 An thay said tae Moses, War the nae lear for the deid in Egypt, that ye hae taen us awa tae dee in the wilderness? Whit for hae ye taen us oot o Egypt?

12 Did we no say tae ye in Egypt, Lat us bide as we ar, wirkin for the Egyptians? For it's better tae be the servands o the Egyptians nor tae dee in the wilderness.

13 But Moses said, Bide whaur ye ar an binna fleyed; nou ye will see the salvation o the Laird that he will gie ye the day; for the Egyptians as ye see the day ye will niver see again.

14 The Laird will mak war for ye; ye needna but haud yer wheesht.

15 An the Laird said tae Moses, Whit for ar ye golderin oot tae me? Gie the bairns o Israel the order tae gang forrit.

16 An lat yer staff be liftit up an yer haund raxt oot ower the sea, an it will be splut in twa; an the bairns o Israel will gang throu on dry laund.

17 An A will mak the hert o the Egyptians haurd, an thay will gang in efter thaim: an A will be honourt ower Pharaoh an ower his airmy, his chairiots, an his horsemen.

18 An the Egyptians will see that A am the Laird, whan A git honour ower Pharaoh an his chairiots an his horsemen.

19 Syne the angel o God, that haed been afore the tents o Israel, taen his place at thair back; an the pillar o clud, muivin frae afore thaim, come tae rest at thair back:

20 An it come atween the airmy o Egypt an the airmy o Israel; an the war a mirk clud atween thaim, an thay gaen on throu the nicht; but the ae airmy come nae nearer tae the tither aw the nicht.

21 An whan Moses' haund wis raxt oot ower the sea, the Laird wi a strang east wind gart the sea gang back aw nicht, an the watters wis shed in twa an the sea come tae be dry laund.

22 An the bairns o Israel gaen throu the sea on dry laund: an the watters wis a waw on thair richt side an on thair left.

23 Syne the Egyptians gaen efter thaim intae the mids o the sea, aw Pharaoh's horse an his chairiots an his horsemen.

24 An in the forenuin wauk, the Laird, leukin oot on the airmies o the Egyptians frae the pillar o fire an clud, sent tribble on the airmy o the Egyptians;

*Exodus 14:27 An whan Moses' haund wis raxt oot ower the sea, at the screich
o day the sea come fleetin back, gaitherin the Egyptians in thair flicht,
an the Laird sent ruinage on the Egyptians in the mids o the sea.*

25 An made the wheels o thair chairiots stieve, sae that it wis a sair fecht drivin thaim: sae the Egyptians said, Lat us flicht frae afore the face o Israel, for the Laird is fechtin for thaim agin the Egyptians.

26 An the Laird said tae Moses, Lat yer haund be raxt oot ower the sea, an the watters will come back again on the Egyptians, an on thair chairiots an on thair horsemen.

27 An whan Moses' haund wis raxt oot ower the sea, at the screich o day the sea come fleetin back, gaitherin the Egyptians in thair flicht, an the Laird sent ruinage on the Egyptians in the mids o the sea.

28 An the watters come back, happin the chairiots an the horsemen an aw the airmy o Pharaoh as gaen efter thaim intae the mids o the sea; no ane o thaim wis tae be seen.

29 But the bairns o Israel gaen throu the sea walkin on dry laund, an the watters wis a waw on thair richt side an on thair left.

30 Sae that day the Laird gien Israel salvation frae the haunds o the Egyptians; an Israel seen the Egyptians deid on the sea's foreland.

31 An Israel seen the muckle wark that the Laird haed duin agin the Egyptians, an the fear o the Laird come upo the people, an thay lippent on the Laird an his servand Moses.

Chaipter 15

Syne Moses an the bairns o Israel made this sang tae the Laird an said, A will mak a sang tae the Laird, for he is liftit up in glore: the horse an the horseman he haes sent doun intae the sea.

2 The Laird is ma strenth an ma strang helper, he haes come tae be ma salvation: he is ma God, an A will ruise him; ma faither's God, an A will gie him glore.

3 The Laird is a man o war: the Laird is his name.

4 Pharaoh's chairiots an his airmy he haes sent doun intae the sea: the flouer o caiptains haes gaen doun intae the Reid Sea.

5 Thay war owergaen by the deep watters: like a stane thay gaen doun unner the waffs.

6 Fou o glore, O Laird, is the pouer o yer richt haund; by yer richt haund thaim that come agin ye is broke.

7 Whan ye'r liftit up in pouer, thaim that comes agin ye is brouselt: whan ye send oot yer wraith, thay ar brunt up like strae.

8 By yer braith the waffs wis massed thegither, the fleetin watters wis liftit up like a pillar; the deep watters come tae be pouerfu in the hert o the sea.

9 Egypt said, A will gang efter thaim an owertak thaim, A will pairt thair guids an gear: ma desire will hae its wey wi thaim; ma swuird will be drawn, ma haund will send ruinage on thaim.

10 Ye sent yer wind, an the sea come ower thaim: thay gaen doun like leid intae the muckle swaws.

11 Wha's like ye, O Laird, amang the gods? Wha's like ye, in haly glore tae be ruised wi fear, daein ferlies?

12 Whan yer richt haund wis raxt oot, the mou o the yird appent for thaim.

13 In yer mercy ye gaen afore the people that ye hae made yours; airtin thaim in yer strenth tae yer sanctuar.

14 Hearin o ye, the peoples sheuk in fear: the people o Philistia wis grippit wi pyne.

15 The heidsmen o Edom wis trauchelt in hert; the strang men o Moab wis in the grip o fear: awbody o Canaan come tae be like watter.

16 Fear an dule come upo thaim; by the strenth o yer airm thay war turnt tae stane; till yer fowk gaen ower, O Laird, till the people gaen ower that ye hae made yours.

17 Ye will tak thaim in, plantin thaim in the knowe o yer heirskip, the steid, O Laird, whaur ye hae made yer hoose, the sanctuar, O Laird, the biggin o yer haunds.

18 The Laird is Keeng for iver an aye.

19 For the horse o Pharaoh, wi his chairiots an his horsemen, gaen intae the sea, an the Laird sent the watters o the sea back ower thaim; but the bairns o Israel gaen throu the sea on dry laund.

20 An Miriam, the spaewife, the sister o Aaron, taen an instrument o muisic in her haund; an aw the weemen gaen efter her wi muisic an dances.

21 An Miriam, answerin, said, Mak a sang tae the Laird, for he is liftit up in glore; the horse an the horseman he haes sent intae the sea.

22 Syne Moses taen Israel forrit frae the Reid Sea, an thay gaen oot intae the wilderness o Shur; an for three days thay war in the wilderness whaur the war nae watter.

23 An whan thay come tae Marah, the watter wis nae guid for drinkin, for the watters o Marah wis soor; that's whit for it wis cried Marah.

24 An the people, golderin oot agin Moses, said, Whit ar we tae hae for drink?

25 An in repone tae his prayer, the Laird gart him see a tree, an whan he pit it intae the watter, the watter wis made sweet. Thare he gien thaim a law an an order, seyin thaim;

26 An he said, Gin wi aw yer hert ye gie tent tae the vyce o the Laird yer God, an dae whit's richt in his een, takkin tent tae his orders an haudin his laws, A winna pit on ye ony o the diseases A pit on the Egyptians: for A am the Laird yer life-gier.

27 An thay come tae Elim whaur the war twal walls an seiventy paum-trees: an thay stelt thair tents thare by the watters.

Chaipter 16

A n thay gaen on thair wey frae Elim, an aw the bairns o Israel come intae the wilderness o Sin, that's atween Elim an Sinai, on the fifteen day o the seicont month efter thay gaen oot the laund o Egypt.

2 An aw the bairns o Israel goldert oot agin Moses an Aaron in the wilderness:

3 An the bairns o Israel said tae thaim, It wad hae been better for the Laird tae hae pit us tae deith in the laund o Egypt, whaur we war seatit by the flesh-pats an haen breid eneuch for oor wants; for ye hae taen us oot tae this waste o saund tae pit aw thir fowk tae deith throu want o meat.

4 Syne the Laird said tae Moses, See, A will send doun breid frae heiven for ye; an the people will gang oot ilka day an gaither eneuch for the day's wants; till A pit thaim tae the test tae see gin thay will haud ma laws or no.

5 An on the saxt day thay'r tae mak ready whit thay git in, an it will be twice as muckle's thay git on the ither days.

6 An Moses an Aaron said tae aw the bairns o Israel, This forenicht it will be clear tae ye that it's the Laird that haes taen ye oot the laund o Egypt:

7 An in the forenuin ye will see the glore o the Laird; for yer wraith wirds agin the Laird haes come tae his lugs: an whit ar we that ye golder oot agin us?

8 An Moses said, The Laird will gie ye flesh for yer meat at forenicht, an in the forenuin breid in fou meisur; for yer dirdum agin the Laird haes come tae his lugs: for whit ar we? Yer dirdum isna agin us but agin the Laird.

9 An Moses said tae Aaron, Say tae awbody o Israel, Come forenent the Laird, for he haes taen tent tae yer dirdum.

10 An while Aaron wis talkin tae the bairns o Israel, thair een turnt in the airt o the wilderness, an thay seen the glore o the Laird sheenin in the clud.

11 An the Laird said tae Moses,

12 The dirdum o the bairns o Israel haes come tae ma lugs: say tae thaim nou, At dayligaun ye will hae flesh for yer meat, an in the forenuin breid in fou meisur; an ye will see that A am the Laird yer God.

13 An it come aboot that in the forenicht wee birds come up, an the steid wis happit wi thaim: an in the forenuin the war weet aw roond aboot the tents.

14 An whan the weet wis gaen, on the face o the yird wis a smaw roond thing, like smaw draps o frost on the yird.

15 An whan the bairns o Israel seen't, thay said tae ither, Whit is it? For thay haedna a notion whit it wis. An Moses said tae thaim, It is the breid that the Laird haes gien ye for yer meat.

16 This is whit the Laird haes said, Lat ilka man tak up as muckle's he haes need o; at the rate o ae omer for ilkane, lat ilka man tak as muckle's is necessar for his faimily.

17 An the bairns o Israel did thon, an some taen mair an some less.

18 An whan it wis meisurt, him that haed taen up a fair feck haedna ower muckle, an him that haedna muckle haen eneuch; ilka man haed taen whit he coud uise.

19 An Moses said tae thaim, Lat nocht be held till the forenuin.

20 But thay gien nae tent tae Moses, an some o thaim held it till the forenuin, an the war wirms in't, an it haen an ill waff: an Moses wis wraith wi thaim.

21 An thay taen it up forenuin for forenuin, ilka man as he haen need: an whan the sun wis heich it wis gaen.

22 An on the saxt day thay taen up twice as muckle o the breid, twa omers for ilkane: an aw the rulers o the people gien Moses wird o't.

23 An he said, This is whit the Laird haes said, The morn is a day o rest, a haly Saubath tae the Laird: whit haes tae be keukit can be keukit; an the lave, pit tae ae side tae be held till the forenuin.

24 An thay held it till the forenuin as Moses haed said: an nae waff come frae't, an it haen nae wirms.

25 An Moses said, Mak yer meal the day o whit ye hae, for this day is a Saubath tae the Laird: the day ye winna git ony in the fields.

26 For sax days ye will git it, but on the seivent day, the Saubath, thare winna be ony.

27 But aye on the seivent day some o the people gaen oot for tae git it, an the warna ony.

28 An the Laird said tae Moses, Hou lang will ye gang agin ma commaunds an ma laws?

29 See, acause the Laird haes gien ye the Saubath, he gies ye on the saxt day breid eneuch for twa days; lat ilka man bide whaur he is; lat nae man gang oot o his place on the seivent day.

30 Sae the people restit on the seivent day.

31 An this breid wis cried manna by Israel: it wis white, like a corn seed, an its gust wis like bannocks made wi hinny.

32 An Moses said, This is the order that the Laird haes gien: Lat ae omer o't be held for thaim tae come, sae that thay can see the breid that A gien ye for yer

meat in the wilderness, whan A taen ye oot frae the laund o Egypt.

33 An Moses said tae Aaron, Tak a pat an pit ae omer o manna in't, an pit it awa afore the Laird tae be held for thaim tae come.

34 Sae Aaron pit it awa forenent the haly kist tae be held, as the Laird gien orders tae Moses.

35 An the bairns o Israel haen manna for thair meat for fowerty year, till thay come tae a laund wi fowk in't, till thay come tae the mairch o the laund o Canaan.

36 Nou an omer is the tent pairt o an ephah.

Chaipter 17

An the bairns o Israel gaen on frae the wilderness o Sin, by stages as the Laird telt thaim, an stelt thair tents in Rephidim: an the war nae drinkin watter for fowk.

2 Sae fowk wis wraith wi Moses an said, Gie us watter for drinkin. An Moses said, Whit for ar ye wraith wi me? An whit for dae ye pit God tae the test?

3 An fowk wis in sair want o watter; an thay raised a dirdum agin Moses an said, Whit for hae ye taen us oot o Egypt tae send deith on us an oor bairns an oor kye throu want o watter?

4 An Moses, golderin oot tae the Laird, said, Whit am A tae dae tae thir fowk? Thay ar near ready tae pit me tae deith by stanin.

5 An the Laird said tae Moses, Gang on afore the people, an tak a wheen o the heidsmen o Israel wi ye, an tak in yer haund the staff that wis raxt oot ower the Nile, an gang.

6 See, A will tak ma steid afore ye on the craig in Horeb; an whan ye gie the stane a blaw, watter will come oot it, an fowk will hae something tae drink. An Moses did that afore the een o the heidsmen o Israel.

7 An he gien that steid the name Massah an Meribah, acause the bairns o Israel wis wraith, an acause thay pit the Laird tae the test, sayin, Is the Laird wi us or no?

8 Syne Amalek come an made war on Israel in Rephidim.

9 An Moses said tae Joshua, Gaither thegither a baund o men for us an gang oot; mak war on Amalek: the morn A will tak ma steid on the tap o the knowe wi the staff o God in ma haund.

10 Sae Joshua did as Moses said tae him, an gaen tae war wi Amalek: an Moses, Aaron, an Hur gaen up tae the tap o the knowe.

11 Nou while Moses' haund wis liftit up, Israel wis the stranger: but whan he lat his haund gang doun, Amalek come tae be the stranger.

12 But Moses' haunds come tae be trauchelt; sae thay pit a stane unner him, an he sat on't, Aaron an Hur uphaudin his haunds, ane on ae side an ane on the tither; sae his haunds wis held up 'ithoot fawin till the sun gaen doun.

13 An Joshua owercome Amalek an his fowk by the swuird.

14 An the Laird said tae Moses, Mak a record o this in a beuk, sae that it's myndit, an say it again in the hearin o Joshua: that aw myndin o Amalek is tae be awthegither upruitit frae the yird.

*Exodus 17:6 See, A will tak ma steid afore ye on the craig in Horeb; an whan ye gie
the stane a blaw, watter will come oot it, an fowk will hae something tae drink.
An Moses did that afore the een o the heidsmen o Israel.*

15 Syne Moses biggit an altar an gien it the name o Yahweh-nissi:

16 For he said, The Laird haes gien an aith that the'll be war wi Amalek frae generation tae generation.

Chaipter 18

N ou newins come tae Jethro, the priest o Midian, Moses' guidfaither, o aw God haed duin for Moses an for Israel his fowk, an whit wey the Laird haed taen Israel oot o Egypt.

2 An Jethro, Moses' guidfaither, taen Zipporah, Moses' guidwife, efter he haed sent her awa,

3 An her twa sons, ane o thaim cried Gershom, for he said, A hae bade in a fremmit laund:

4 An the name o the tither wis Eliezer, for he said, The God o ma faither wis ma help, an held me sauf frae the swuird o Pharaoh:

5 An Jethro, Moses' guidfaither, come wi his sons an his guidwife tae whaur Moses haed stelt his tent in the wilderness, by the knowe o God.

6 An he said tae Moses, A, yer guidfaither, haes come tae ye, wi yer guidwife an yer twa sons.

7 An Moses gaen oot tae his guidfaither, an cuist hissel doun afore him an gien him a kiss; an thay said tae ither, Ar ye weel? An thay come intae the tent.

8 An Moses gien his guidfaither an accoont o aw the Laird haed duin tae Pharaoh an tae the Egyptians acause o Israel, an aw the tribbles as haed come upo thaim by the wey, an whit wey the Laird haed gien thaim salvation.

9 An Jethro wis gled acause the Laird haed been guid tae Israel, freein thaim frae the pouer o the Egyptians.

10 An Jethro said, Ruise be tae the Laird, that haes taen ye oot the haund o Pharaoh an oot the haund o the Egyptians; freein the people frae the yoke o the Egyptians.

11 Nou A'm siccar that the Laird is set abuin aw gods, for he haes owercome thaim in thair pride.

12 Syne Jethro, Moses' guidfaither, made a brunt offerin tae God: an Aaron come, wi the heidsmen o Israel, an haen a mealtith wi Moses' guidfaither, afore God.

13 Nou the day efter, Moses sat tae pronunce juidgments for the people: an fowk wis waitin afore Moses frae forenuin till forenicht.

14 An whan Moses' guidfaither seen aw he wis daein, he said, Whit's this ye'r daein for the people? Whit for ar ye seatit here yer lane, wi awbody waitin afore ye frae forenuin till forenicht?

15 An Moses said tae his guidfaither, Acause the people comes tae me for tae git airtins frae God:

16 An gin thay hae ony differs atween thairsels, thay come tae me, an A am juidge atween a man an his neebour, an A gie thaim the orders an laws o God.

17 An Moses' guidfaither said tae him, Whit ye'r daein isna guid.

18 Yer strenth an that o the people will be awthegither wared oot: this darg is mair nor ye'r able for yer lane.

19 Tak tent nou tae ma propone, an lat God be wi ye: ye'r tae be the people's forspeaker afore God, takkin thair causes tae him:

20 Learin thaim his rules an his laws, airtin thaim in the gate thay maun gang, an makkin clear tae thaim the wark thay hae tae dae.

21 But for the lave, tak frae amang the people able men, sic as haes the fear o God, leal men that hates wrangous ootcomes; an pit sic men ower thaim tae be caiptains o thoosands, caiptains o hunders an o fifties an o tens;

22 An lat thaim be juidges in the causes o the people at aw times: an lat thaim pit afore ye aw important quaistens, but in smaw things lat thaim pronunce juidgments thairsels: in this wey, it will be less haurd for ye, an thay will tak the wecht aff ye.

23 Gin ye dae this, an God gies appruival, than ye will can gang on 'ithoot tire, an aw thir fowk will gang tae thair tents in peace.

24 Sae Moses taen tent tae the wirds o his guidfaither, an did as he haed said.

25 An he waled able men oot aw Israel, an made thaim heidsmen ower the people, caiptains o thoosands, caiptains o hunders an o fifties an o tens.

26 An thay war juidges in the causes o the people at aw times: the fickle kinches thay pit afore Moses; but on ilka smaw pynt thay gien juidgments thairsels.

27 An Moses lat his guidfaither gang awa, an he gaen back tae his laund.

Chaipter 19

I n the third month efter the bairns o Israel gaen furth frae Egypt, on the same day, thay come intae the wilderness o Sinai.

2 An whan thay haed gaen awa frae Rephidim an haed come intae the wilderness o Sinai, thay stelt thair tents in the wilderness afore the knowe: thare Israel pit up its tents.

3 An Moses gaen up tae God, an the vyce o the Laird come tae him frae the knowe, sayin, Say tae the faimily o Jaucob, an gie wird tae the bairns o Israel:

4 Ye hae seen whit A did tae the Egyptians, an whit wey A taen ye, as on earns' weengs, airtin ye tae masel.

5 Gin nou ye will truelins tak tent tae ma vyce an haud ma greement, ye will be ma byordinar treisur oot aw the peoples: for aw the yird is mines:

6 An ye will be a kinrick o priests tae me, an a haly nation. Thir is the wirds ye'r tae say tae the bairns o Israel.

7 An Moses come an sent for the heidsmen o the people an set afore thaim aw thir wirds the Laird haed gien him orders tae say.

8 An awbody, answerin thegither, said, Whitiver the Laird haes said we will dae. An Moses taen back tae the Laird the wirds o the people.

9 An the Laird said tae Moses, See, A will come tae ye in a thick clud, sae that whit A say tae ye comes tae the lugs o the people, an thay believe in ye for aye. An Moses gien the Laird wird o whit the people haed said.

10 An the Laird said tae Moses, Gang tae the people an mak thaim haly the day an the morn, an lat thair claes be wuish.

11 An by the third day lat thaim be ready: for on the third day the Laird will come doun on Munt Sinai, afore the een o awbody.

Exodus 19:18 An aw the knowe o Sinai wis reekin, for the Laird haed come doun on't in fire: an the reek o't gaen up like the reek o a muckle birnin; an aw the knowe sheuk.

12 An lat leemits be merkit for the people roond the knowe, an say tae thaim, Tak care no tae sclim up the knowe or come forenent the sides o't: whaiver pits his fit on the knowe will certes dee:

13 He isna tae be titcht by a haund, but is tae be staned or hae an arrae pit throu him; man or beast, he's tae be pit tae deith: at the lang soondin o a horn thay can come up tae the knowe.

14 Syne Moses gaen doun frae the knowe tae the people, an made the people haly; an thair claes wis wuish.

15 An he said tae the people, Be ready by the third day: dinna come nearhaund a wumman.

16 An whan forenuin come on the third day, the war thunner an flames an a thick clud on the knowe, an a horn soondin unco lood; an awbody in the tents sheuk wi fear.

17 An Moses gart the people come oot thair tents an staund afore God; an thay come tae the fit o the knowe,

18 An aw the knowe o Sinai wis reekin, for the Laird haed come doun on't in fire: an the reek o't gaen up like the reek o a muckle birnin; an aw the knowe sheuk.

19 An whan the soond o the horn come tae be looder an looder, Moses' wirds wis answer by the vyce o God.

132

20 Syne the Laird come doun on tae Munt Sinai, tae the tap o the knowe, an the Laird sent for Moses tae come up tae the tap, an Moses sclum up.

21 An the Laird said tae Moses, Gang doun an gie the people orders tae haud back, for fear that an unco nummer o thaim, breingin thair wey throu tae see the Laird, comes tae ruinage.

22 An lat the priests as comes forenent the Laird mak thairsels haly, for fear that the Laird comes on thaim wi a suddentie.

23 An Moses said tae the Laird, The people winna can come up the knowe, for ye ordert us tae pit boonds aboot it, merkin it oot an makkin it haly.

24 An the Laird said tae him, Gang doun, an yersel an Aaron can come up; but dinna lat the priests an the people win throu tae the Laird, or he will come on thaim wi a suddentie.

25 Sae Moses gaen doun tae the people an said this tae thaim.

Chaipter 20

An God said aw thir wirds:

2 A am the Laird yer God that taen ye oot the laund o Egypt, oot the preeson hoose.

3 Ye'r tae hae nae ither gods but me.

4 Ye arna tae mak an eemage or pictur o ocht in heiven or on the yird or in the watters unner the yird:

5 Ye maunna gang doun on yer faces afore thaim or wirship thaim: for A, the Laird yer God, is a God that winna gie his honour tae anither; an A will punish the bairns for the wrangdaein o thair faithers tae the third an fowert generation o ma ill-willers;

6 An A will hae mercy throu a thoosand generations on thaim that luves me an hauds ma laws.

7 Ye arna tae uise the name o the Laird yer God for an ill ettle; whaiver taks the Laird's name on his lips for an ill ettle will be deemed a sinner by the Laird.

8 Mynd the Saubath an lat it be a haly day.

9 On sax days dae aw yer wark:

10 But the seivent day is a Saubath tae the Laird yer God; on that day ye'r tae dae nae wark, yersel or yer son or yer dochter, yer man servand or yer wumman servand, yer kye or the ootlin that bides amang ye:

11 For in sax days the Laird made heiven an yird, an the sea, an awthing in thaim, an he restit on the seivent day: for this raison the Laird haes gien his sainin tae the seivent day an made it haly.

12 Honour yer faither an yer mither, sae that yer life is lang in the laund that the Laird yer God is giein ye.

13 Dinna pit onybody tae deith 'ithoot cause.

14 Dinna be fause tae the guidman or guidwife.

15 Dinna tak the guids an gear o anither.

16 Dinna gie fause witness agin yer neebour.

17 Dinna lat yer ee turn tae yer neebour's hoose, or his guidwife or his man servand or his wumman servand, or his owse or his cuddy or ocht that's his.

18 An awbody waukit the thunnerin an the flames an the soond o the horn an the knowe reekin; an whan thay seen't, thay held faur aff, shakkin wi fear.

19 An thay said tae Moses, Tae yer wirds we will tak tent, but dinna lat the vyce o God come tae oor lugs, for fear that deith will come ower us.

20 An Moses said tae the people, Binna fleyed: for God haes come tae sey ye, sae that, fearin him, ye can be held frae sin.

21 An the people held thair steids faur aff, but Moses gaen nearhaund the mirk clud whaur God wis.

22 An the Laird said tae Moses, Say tae the bairns o Israel, Ye yersels haes seen that ma vyce haes come tae ye frae heiven.

23 Gods o siller an gods o gowd ye arna tae big yersels.

24 Big for me an altar o yird, offerin on it yer brunt offerins an yer peace offerins, yer sheep an yer owsen: aw airts whaur A hae pit the myndin o ma name, A will come tae ye an gie ye ma sainin.

25 An gin ye mak me an altar o stane, dinna mak it o cuttit stanes: for the nick o a tuil will mak it unclean.

26 An dinna gang up by staps tae ma altar, for fear that yer bouks is seen unkivert.

Chaipter 21

Nou thir is the laws ye'r tae pit afore thaim.

2 Gin ye git a Hebrew servand for siller, he's tae be yer servand for sax year, an in the seivent year ye'r tae lat him gang free 'ithoot peyment.

3 Gin he comes tae ye his lane, lat him gang awa his lane: gin he's mairit, lat his guidwife gang awa wi him.

4 Gin his maister gies him a guidwife, an he gits sons or dochters by her, the guidwife an her bairns will be the guids an gear o the maister, an the servand is tae gang awa his lane.

5 But gin the servand says clear eneuch, Ma maister an ma guidwife an bairns is dear tae me; A hae nae desire tae be free:

6 Syne his maister is tae tak him tae the juidges, an at the door, or at its cheek, he's tae prick his lug wi an awl; an he will be his servand for aye.

7 An gin a man gies his dochter for siller tae be a servand, she isna tae gang awa free as the men servands dis.

8 Gin she disna please her maister that haes taen her for hissel, lat a peyment be made for her sae that she can gang free; her maister haes nae pouer tae sell her an send her tae a fremmit laund, acause he haes been fause tae her.

9 An gin he gies her tae his son, he's tae dae awthing for her like she wis his dochter.

10 An gin he taks anither wumman, her meat an claes an her mairit richts isna tae be less.

11 An gin he disna dae thir three things for her, she haes the richt tae gang free 'ithoot peyment.

12 Him that gies a man a deith-blaw is hissel tae be pit tae deith.

13 But gin he haen nae ill ettle agin him, an God gien him intae his haund, A will gie ye a bield that he can flicht tae.

14 But gin a man sets on his neebour wilfu-like tae pit him tae deith by

deceivery, ye'r tae tak him frae ma altar an pit him tae deith.

15 Ony man that gies a blaw tae his faither or his mither is shuir tae be pit tae deith.

16 Ony man that mauns anither for tae sell him is tae be pit tae deith, gin ye tak him in the act.

17 Ony man bannin his faither or his mither is tae be pit tae deith.

18 Gin, in a stoushie, ae man gies anither a blaw wi a stane, or wi the nieve, no causin his deith, but garrin him lee bedrall;

19 Gin he can rise again an gang aboot wi a staff, the tither will be lat aff; but he will hae tae pey him for the loss o his time, an see that he is cared for till he's weel.

20 Gin a man gies his man servand or his wumman servand blaws wi a staff, causin deith, he is shuir tae dree punishment.

21 But, at the same time, gin the servand gangs on leevin for a day or twa, the maister isna tae git punishment, for the servand is his guids an gear.

22 Gin men, while layin intae ither, dis skaith tae a wumman biggen, causin the loss o the bairn, but nae ither ill comes tae her, the man will hae tae pey up tae the amoont set by her guidman, in greement wi the deemin o the juidges.

23 But gin skaith comes tae her, lat life be gien in peyment for life,

24 Ee for ee, tuith for tuith, haund for haund, fit for fit,

25 Birn for birn, wound for wound, blaw for blaw.

26 Gin a man gies his man servand or his wumman servand a blaw in the ee, causin its ruinage, he's tae lat him gang free on accoont o the skaith tae his ee.

27 Or gin the loss o a tuith is caused by his blaw, he will lat him gang free on accoont o his tuith.

28 Gin an owse comes tae cause deith tae a man or a wumman, the owse is tae be staned, an its flesh canna be uised for meat; but the awner winna be deemed at faut.

29 But gin the owse haes aften duin sic skaith in the bygaen, an the awner haes haen wird o't an haesna held it in owerins, sae that it haes caused the deith o a man or wumman, no juist is the owse tae be staned, but its awner is tae be pit tae deith.

30 Gin a price is pit on his life, lat him pey whitiver cost is fixed.

31 Gin the deith o a son or a dochter haes been caused, the punishment is tae be in greement wi this rule.

32 Gin the deith o a man servand or a wumman servand is caused by the owse, the awner is tae gie thair maister thirty shekels o siller, an the owse is tae be staned.

33 Gin a man howks a hole in the yird 'ithoot happin it, an an owse or a cuddy drappin intae't comes tae its deith;

34 The awner o the hole is sponsal; he will hae tae pey tae thair awner, but the deid beast will be his.

35 An gin ae man's owse dis skaith tae anither man's owse, causin its deith, than the leevin owse is tae be excheenged for siller, an diveesion made o the cost o't, an the cost o the deid ane.

36 But gin it's common knawledge that the owse haes aften duin sic skaith in the bygaen, an its awner haesna held it in owerins, he will hae tae gie owse for owse; an the deid beast will be his.

Chaipter 22

Gin a man taks 'ithoot richt anither man's owse or his sheep, an pits it tae deith or gits a cost for't, he's tae gie five owsen for an owse, or fower sheep for a sheep, in peyment: the thief will hae tae pey for whit he haes taen; gin he haes nae siller, his ain sel will hae tae be excheenged for siller, sae that peyment can be made.

2 Gin a thief is taen in the act o forcin his wey intae a hoose, an his deith is caused by a blaw, the awner o the hoose isna sponsal for his bluid.

3 But gin it's efter daw, he will be sponsal.

4 Gin he aye haes whit he haed taen, whitiver it is, owse or cuddy or sheep, he's tae gie twice its wirth.

5 Gin a man raises a fire in a field or a wine-yaird, an lats the fire skaithe anither man's field, he's tae gie o the best crap o his field or his wine-yaird tae mak amends.

6 Gin the'r a fire an the flames gits tae the thorns at the mairch o the field, causin ruinage o the sned corn or the leevin corn, or the field, him that raised the fire will hae tae mak amends for the skaith.

7 Gin a man pits siller or guids an gear in the care o his neebour tae keep for him, an it is taen frae the man's hoose, gin thay catch the thief, he will hae tae pey twice the wirth.

8 Gin thay dinna catch the thief, lat the maister o the hoose come afore the juidges an sweir an aith that he haesna pit his haund on his neebour's guids an gear.

9 In ony quaisten aboot an owse or a cuddy or a sheep or claes, or aboot the loss o ony guids an gear onybody says is his, lat the twa sides pit thair cause afore God; an him that's deemed tae be in the wrang is tae mak peyment tae his neebour o twice the wirth.

10 Gin a man pits a cuddy or an owse or a sheep or ony beast intae the keep o his neebour, an it comes tae deith or is skaithed or is taen awa, 'ithoot onybody seein it:

11 Gin he taks his aith afore the Laird that he haesna pit his haund on his neebour's guids an gear, the awner is tae tak his wird for't, an he winna hae tae pey for't.

12 But gin it's stown frae him, he's tae mak amends for the loss o't tae its awner.

13 But gin it's been skaithed by a beast, an he can pruive this, he winna hae tae pey for whit wis skaithed.

14 Gin a man gits frae his neebour the uiss o ane o his beasts, an it is skaithed or pit tae deith whan the awner isna wi't, he will certes hae tae pey for the loss.

15 Gin the awner is wi't, he winna hae tae pey: gin he gien siller for the uiss o't, the loss is kivert by the peyment.

16 Gin a man taks a maid, that haesna gien her wird tae anither man, an lifts a leg ower her, he will hae tae gie a tochar for her tae be his guidwife.

17 Gin her faither winna gie her tae him on ony accoont, he will hae tae gie the raiglar peyment for maids.

18 Ony wumman uisin eldritch pouers or glamourie is tae be pit tae deith.

19 Ony man that mells wi a beast is tae be pit tae deith.

20 Evendoun ruinage will come on ony man that maks offerins tae ony ither god but the Laird.

21 Dae nae wrang tae an ootlin, an dinna be haurd on him; for ye yersels bade in a fremmit kintra, in the laund o Egypt.

22 Dae nae wrang tae a weedae, or tae a bairn that's faither is deid.

23 Gin ye'r ill-kyndit tae thaim in ony wey, an thair cry comes up tae me, A will certes tak tent;

24 An in the heat o ma wraith A will pit ye tae deith by the swuird, sae that yer guidwifes will be weedaes an yer bairns 'ithoot faithers.

25 Gin ye lat ony o the puir amang ma fowk hae the uiss o yer siller, dinna be a haurd creeditor tae him, an dinna tak interest.

26 Gin iver ye tak yer neebour's claes in excheenge for the uiss o yer siller, lat him hae't back afore dayset:

27 For it's the ae thing he haes for happin his skin; whit is he tae gang tae sleep in? An whan his cry comes up tae me, A will tak tent, for ma mercy is great.

28 Ye maunna say ill o the juidges, or pit a ban on the ruler o yer fowk.

29 Dinna haud back yer offerins frae the walth o yer corn an yer vines. The first o yer sons ye'r tae gie me.

30 In the same wey wi yer owsen an yer sheep: for a sennicht lat the young ane be wi its mither; on the aicht day gie't me.

31 Ye'r tae be haly men tae me: the flesh o nae beast that's deith haes been caused by the beasts o the field can be uised for yer meat; it's tae be gien tae the dugs.

Chaipter 23

D inna lat a fause statement gang faurder; dinna mak a paction wi ill-daers tae be a fause witness.

2 Dinna be muived tae dae wrang by the ribble-rabble, or gie the uphaud o yer wirds tae a wrang juidgment:

3 But, on the ither haund, dinna be turnt frae whit's richt for tae haud haund tae a puir man's cause.

4 Gin ye come upo the owse or the cuddy o ane that's nae freend tae ye wanderin frae its wey, ye'r tae tak it back tae him.

5 Gin ye see the cuddy o ane that haes nae luve for ye boued doun tae the yird unner the wecht pit on't, ye'r tae come tae its help, e'en agin yer wiss.

6 Lat nae wrang juidgments be gien in the puir man's cause.

7 Haud yersels faur frae ony fause haundlin; niver lat the richtous or him that's duin nae wrang be pit tae deith: for A will faut the ill-daer for his sin.

8 Tak nae rewairds in a cause: for rewairds blinds thaim that haes een tae see an maks the juidgments o the richtous fause.

9 Dinna be haurd on the ootlin that bides amang ye; for ye hae haen experience o the feelins o ane that's faur frae the laund o his birth, acause ye yersels bade in Egypt, in a fremmit laund.

10 For sax year saw yer fields an git in eikins;

11 But in the seivent year lat the laund rest an be unplantit; sae that the puir can hae meat frae it: an lat the beasts o the field tak the lave. Dae the same wi yer wine-yairds an yer olive-trees.

12 For sax days dae yer wark, an on the seivent day haud the Saubath; sae that yer owse an yer cuddy can rest, thegither wi the son o yer servand an the man frae a fremmit laund bidin amang ye.

13 Tak tent tae aw thir things A hae said tae ye, an dinna lat the names o ither gods come intae yer mynds or frae yer lips.

14 Three times in the year ye'r tae haud a feast in ma honour.

15 Ye'r tae haud the feast o unleavent breid; for a sennicht lat yer breid be 'ithoot leaven, as A gien ye orders, at the raiglar time in the month Abib (for in it ye come oot o Egypt); an lat naebody come afore me 'ithoot an offerin:

16 An the feast o the hairst, the first fruits o yer teelt fields: an the meal at the stairt o the year, whan ye hae gat in aw the fruit frae yer fields.

17 Three times in the year lat aw yer menfowk come afore the Laird God.

18 Dinna gie the bluid o ma offerin wi leavent breid; an dinna lat the fat o ma meal be held aw nicht till the forenuin.

19 The wale o the first fruits o yer laund is tae be taen ben the hoose o the Laird yer God. The young gait isna tae be keukit in its mither's milk.

20 See, A'm sendin an angel afore ye tae haud ye on yer wey an airt ye intae the steid that A hae redd for ye.

21 Gie tent tae him an tak tent tae his vyce; dinna gang agin him; for yer wrangdaein winna be owerleukit by him, acause ma name is in him.

22 But gin ye truelins taks tent tae his vyce, an dis whitiver A say, than A will be agin yer faes, fechtin thaim that fechts ye.

23 An ma angel will gang afore ye, airtin ye intae the laund o the Amorite an the Hittite an the Perizzite an the Canaanite an the Hivite an the Jebusite, an thay will be sned aff by ma haund.

24 Dinna gang doun on yer faces an wirship thair gods, or dae as thay dae; but supplant thaim awthegither, an lat thair stoups be broke doun.

25 An wirship the Laird yer God, that will send his sainin on yer breid an yer watter; an A will tak aw disease awa frae amang ye.

26 Aw yer beasts will gie birth 'ithoot loss, no ane will be 'ithoot young in aw yer laund; A will gie ye a fou meisur o life.

27 A will send ma fear afore ye, pittin tae flicht awbody ye come ower; yer unfreends will flicht, turnin thair backs afore ye.

28 A will send bumbees afore ye, drivin oot the Hivite an the Canaanite an the Hittite afore yer face.

29 A winna send thaim aw oot in ae year, for fear that thair laund comes tae be fouthless, an the beasts o the field is eikit ower muckle agin ye.

30 Bit for bit A will send thaim awa afore ye, till yer nummers haes eikit an ye tak up yer heirskip in the laund.

31 A will lat the boonds o yer laund be frae the Reid Sea tae the sea o the

Philistines, an frae the wilderness tae the Euphrates Watter: for A will gie the people o thae launds intae yer pouer; an ye will send thaim oot afore ye.

32 Mak nae greement wi thaim or wi thair gods.

33 Lat thaim na gang on bidin in yer laund, or thay will gar ye dae ill agin me: for gin ye wirship thair gods, it will certes be a cause o sin tae ye.

Chaipter 24

An he said tae Moses, Come up tae the Laird, ye an Aaron, an Nadab an Abihu an seiventy o the heidsmen o Israel; an wirship me frae a lenth.

2 An Moses his lane can come forenent the Laird; but the ithers isna tae come nearhaund, an the people maunna owertak thaim.

3 Syne Moses come an set afore the people aw the wirds o the Laird an his laws: an awbody, answerin wi ae vyce, said, Whitiver the Laird haes said we will dae.

4 Syne Moses pit doun in writin aw the wirds o the Laird, an he gat up at day-daw an biggit an altar at the fit o the knowe, wi twal stoups for the twal clans o Israel.

5 An he sent some o the young men o the bairns o Israel tae mak brunt offerins an peace offerins o owsen tae the Laird.

6 An Moses taen hauf the bluid an pit it in bynes; tuimin oot hauf the bluid ower the altar.

7 An he taen the beuk o the greement, readin it in the hearin o the people: an thay said, Awthing that the Laird haes said we will dae, an we will haud his laws.

8 Syne Moses taen the bluid an lat it come on the people an said, This bluid is the sign o the greement that the Laird haes made wi ye in thir wirds.

9 Syne Moses an Aaron, Nadab, an Abihu, an seiventy o the heidsmen o Israel gaen up:

10 An thay seen the God o Israel; an unner his feet the war, as it seemed, a jewelt fluir, clear as the heivens.

11 An he pit na his haund on the heidsmen o the bairns o Israel: thay seen God, an taen meat an drink.

12 An the Laird said tae Moses, Come up tae me on the knowe, an tak yer place thare: an A will gie ye the taiblets o stane A hae pit in writin the law an the orders on, sae that ye can gie the people knawledge o thaim.

13 Syne Moses an Joshua his servand gat up; an Moses gaen up intae the knowe o God.

14 An he said tae the heidsmen, Bide here till we come back tae ye: Aaron an Hur is wi ye; gin onybody haes ony cause, lat him gang tae thaim.

15 An Moses gaen up intae the knowe, an it wis happit by the clud.

16 An the glore o the Laird restit on Munt Sinai, an the clud wis ower it for sax days; an on the seivent day he said Moses' name oot the clud.

17 An the glore o the Laird wis like a flame on the tap o the knowe afore the een o the bairns o Israel.

18 An Moses gaen up the knowe, intae the clud, an wis thare for fowerty days an fowerty nichts.

139

Chaipter 25

An the Laird said tae Moses,

2 Say tae the bairns o Israel that thay'r tae mak me an offerin; frae ilka man that haes the inklin in his hert tak an offerin for me.

3 An this is the offerin ye'r tae tak frae thaim: gowd an siller an bress;

4 An blue an purpie an reid, an the best muslin, an gaits' hair;

5 An sheepskins lit reid, an laither, an haurd wid;

6 Ile for the laump, spices for the sweet-smellin ile, sweet perfumes for birnin;

7 Beryls an costly stanes tae be pit on the ephod an on the priest's bag.

8 An lat thaim mak me a haly place, sae that A'm aye praisent amang thaim.

9 Mak the Hoose an awthing in't frae the designs A will gie ye.

10 An thay'r tae mak an airk o haurd wid; twa an a hauf cubits lang, an a cubit an a hauf braid an heich.

11 It's tae be platit inby an ootby wi the best gowd, wi a laggin o gowd aw aboot it.

12 An mak fower rings o gowd for't tae be set on its fower feet, twa rings on ae side o't an twa on the tither.

13 An mak staffs o the same wid, dressin thaim wi gowd.

14 An pit the stangs throu the rings at the sides o the airk, for liftin it.

15 The stangs is tae be held in the rings, an niver taen oot.

16 'ithin the airk ye'r tae pit the record that A will gie ye.

17 An ye'r tae mak a kiver o the best gowd, twa an a hauf cubits lang an a cubit an a hauf braid.

18 An at the twa ends o the kiver ye'r tae mak twa weengit anes o haimert gowd,

19 Ane at ae end an ane at the tither; the weengit anes is tae be pairt o the kiver.

20 An thair weengs is tae be ootraxt ower the kiver, an the weengit anes is tae be forenent ither, forenent the kiver.

21 An pit the kiver ower the airk, an in the airk the record that A will gie ye.

22 An thare, atween the twa weengit anes on the kiver o the airk, A will come tae ye, breest tae breest, an shaw ye aw the orders A hae tae gie ye for the bairns o Israel.

23 An ye'r tae mak a buird o the same wid, twa cubits lang, a cubit braid an a cubit an a hauf heich,

24 Platit wi the best gowd, wi a gowd laggin aw aboot it;

25 An mak a frame aw aboot it, as braid's a man's haund, wi a gowd laggin tae the frame.

26 An mak fower gowd rings an pit thaim at the fower neuks, on the fower feet o the buird;

27 The rings is tae be fixed unner the frame tae tak the stangs the buird is tae be liftit wi.

28 Mak staffs o the same wid, platit wi gowd, for liftin the buird.

29 An mak the buird veshels, the spuins an the tassies an the bynes for bree, aw o the best gowd.

30 An on the buird at aw times ye'r tae haud ma haly breid.

31 An ye'r tae mak an uphaud for laumps, o the best gowd; its foonds an its stoup is tae be o haimert gowd; its

bickers, its buds, an its flouers is tae be made o the same metal.

32 It is tae hae sax brainches comin oot frae its sides; three brainches frae ae side an three frae the tither.

33 Ilka brainch haein three tassies made like aumond flouers, ilka tassie wi a bud an a flouer, on aw the brainches.

34 An on the stoup, fower tassies like aumond flouers, ilkane wi its bud an its flouer:

35 An unner ilka twa brainches a bud, made wi the brainch, for aw the sax brainches o't.

36 The buds an the brainches is tae be made o the same metal; aw thegither ae hale wark o haimert gowd.

37 Syne ye'r tae mak its seiven veshels for the lichts, pittin thaim in thair steid sae that thay sheen forenent it.

38 An the instruments an servers for uiss wi't is aw tae be o the best gowd.

39 A talent o gowd will be needit for't, wi aw thir veshels.

40 An see that ye mak thaim frae the design that ye seen on the knowe.

Chaipter 26

An ye'r tae mak a Hoose for me, wi ten hingers o the best muslin, blue an purpie an reid, wrocht wi designs o weengit anes by a guid warkman.

2 Ilka hinger is tae be twinty-aicht cubits lang an fower cubits braid, aw o the same meisur.

3 Five hingers is tae be jynt thegither, an the ither five is tae be jynt thegither.

4 An ye'r tae pit twists o blue on the selvage o the but hinger o the first lot o

five, an on the selvage o the but hinger o the seicont lot o five;

5 Fifty twists on ae hinger an fifty on the tither, the twists tae be forenent ither.

6 Syne mak fifty gowd heuks, jynin the hingers thegither by the heuks, an in this wey the Hoose will be made.

7 An ye'r tae mak hingers o gaits' hair for a tent ower the Hoose, elieven hingers.

8 Ilka hinger is tae be thirty cubits lang an fower cubits braid, aw o the same meisur.

9 Five o thir hingers is tae be jynt thegither, an the ither sax is tae be jynt thegither, the saxt bein fauldit ower tae mak a hingin forenent the tent.

10 An ye'r tae pit fifty twists o towe on the selvage o the but hinger o ae lot, an fifty twists on the selvage o the but hinger o the ither lot.

11 Syne mak fifty bress heuks an pit the heuks intae the twists, jynin the tent thegither tae mak it ane.

12 An the fauldit pairt that's ower o the hingers o the tent, the hauf-hinger that's fauldit back, will be hingin doun ower the back o the Hoose.

13 An the cubit that's ower o the ten hingers at the sides will be hingin ower the twa sides o the Hoose as a kiver.

14 An syne ye'r tae mak a kiver for the tent, o sheepskins lit reid, an a kiver o laither ower that.

15 An ye'r tae mak upricht buirds o haurd wid for the Hoose.

16 Ilka buird is tae be ten cubits heich an a cubit an a hauf braid.

17 Ilka buird is tae be chackit tae the ane neist it by twa tongues, an sae for ilka buird in the Hoose.

18 Thir is the buirds needit for the hoose; twinty buirds for the sooth side,

19 Wi fowerty siller foonds unner the twinty buirds, twa foonds unner ilka buird tae tak its tongues.

20 An twinty buirds for the seicont side o the Hoose on the north,

21 Wi thair fowerty siller foonds, twa unner ilka buird.

22 An sax buirds for the back o the Hoose on the wast,

23 Wi twa buirds for the angles o the Hoose at the back.

24 The twa is tae be jynt thegither at the foonds an at the tap tae ae ring, formin the twa angles.

25 Sae the'r tae be aicht buirds, wi thair saxteen siller foonds, twa foonds unner ilka buird.

26 An mak staffs o the same wid, five for the buirds on the ae side,

27 An five for the buirds on the ither side o the Hoose, an five for the wast side o the Hoose at the back.

28 An the meedle stang is tae gang throu the rings o aw the buirds frae end tae end.

29 An the buirds is tae be platit wi gowd, haein gowd rings for the stangs tae gang throu: an the stangs is tae be platit wi gowd.

30 An ye'r tae mak the Hoose frae the design that ye seen on the knowe.

31 An ye'r tae mak a hap o the best muslin, blue an purpie an reid, wrocht wi designs o weengit anes by a guid warkman:

32 Hingin it by gowd heuks frae fower stoups o wid, platit wi gowd an held fast in siller foonds.

33 An ye'r tae pit up the hap unner the heuks, an pit ben it the airk o the law: the hap is tae be a diveesion atween the sanctuar an the haliest sanctuar.

34 Ye'r tae pit the kiver on the airk o the law, 'ithin the haliest sanctuar.

35 An ootby the hap ye'r tae pit the buird, an the uphaud for the lichts forenent the buird on the sooth side o the Hoose; an the buird is tae be on the north side.

36 An ye'r tae mak a hinger for the door-cheek o the Tent, o the best muslin wi shewin o blue an purpie an reid.

37 An mak five stoups for the hinger, o haurd wid platit wi gowd; thair heuks is tae be o gowd an thair foonds o bress.

Chaipter 27

An big an altar o haurd wid, a square altar, five cubits lang, five cubits braid an three cubits heich.

2 Pit horns at the fower angles o't, made o the same, dressin it aw wi bress.

3 An mak aw its veshels, the creels for cairtin awa the stour o the fire, the shuils an bynes an flesh-heuks an fire-trays, o bress.

4 An mak a wab o bress, wi fower bress rings at its fower angles.

5 An pit the grate unner the dale aboot the altar sae that the net comes haufwey up the altar.

6 An mak stangs for the altar, o haurd wid, platit wi bress.

7 An pit the stangs throu the rings at the twa sides o the altar forenent ither, for liftin it.

8 The altar is tae be howe, buirdit in wi wid; mak it frae the design that ye seen on the knowe.

9 An lat thare be an appen room roond the Hoose, wi hingins for its sooth side o the best muslin, a hunder cubits lang.

10 Thair twenty stoups an thair twenty foonds is tae be o bress; the heuks o the stoups an thair baunds is tae be o siller.

11 An on the north side in the same wey, hingins a hunder cubits lang, wi twenty stoups o bress on foonds o bress; thair heuks an thair baunds is tae be o siller.

12 An for the appen room on the wast side, the hingins is tae be fifty cubits braid, wi ten stoups an ten foonds;

13 An on the east side the room is tae be fifty cubits braid.

14 On the ae side o the door-cheek will be hingins fifteen cubits lang, wi three stoups an three foonds;

15 An on the ither side, hingins fifteen cubits lang, wi three stoups an three foonds.

16 An athort the door-cheek, a hap o twinty cubits o the best muslin, made o shewin o blue an purpie an reid, wi fower stoups an fower foonds.

17 Aw the stoups roond the appen room is tae hae siller baunds, wi heuks o siller an foonds o bress.

18 The appen room is tae be a hunder cubits lang, fifty cubits braid, wi sides five cubits heich, happit roond wi the best muslin, wi foonds o bress.

19 Aw the instruments for the wark o the Hoose, an aw its nails, an the nails o the appen room, is tae be o bress.

20 Gie orders tae the bairns o Israel tae gie ye clear olive ile for the laumps, sae that a licht can birn thare at aw times.

21 Lat Aaron an his sons pit this in order, forenicht an forenuin, afore the Laird, ben the Trystin-tent, ootby the hap that's afore the airk; this is tae be an order for aye, frae generation tae generation tae be held by the bairns o Israel.

Chaipter 28

Nou lat Aaron yer brither, an his sons wi him, come nearhaund frae amang the bairns o Israel, sae that thay'r ma priests, e'en Aaron, an Nadab, Abihu, Eleazar, an Ithamar, his sons.

2 An mak haly robes for Aaron yer brither, sae that he is cled wi glore an honour.

3 Gie orders tae aw the wice-hertit warkmen, as A hae made fou o the speerit o wit tae mak robes for Aaron, sae that he is made haly as ma priest.

4 This is whit thay'r tae mak: a priest's bag, an ephod, an a robe, an a coat o colourt shewin, a heid dress, an a muslin baund; thay'r tae mak haly robes for Aaron yer brither an for his sons, sae that thay can perform the office o priests for me.

5 Thay'r tae tak the gowd an blue an purpie an reid an the best muslin,

6 An mak the ephod o gowd an blue an purpie an reid an the best muslin, the wark o a designer.

7 It is tae hae twa baunds steekit tae't at the tap o the airms, jynin it thegither.

8 An the bonny-wrocht baund that gangs on't is tae be o the same wark an the same claith, o gowd an blue an purpie an reid an twistit lint-wark.

9 Ye'r tae tak twa beryl stanes the names o the bairns o Israel is tae be graven on:

10 Sax names on the ae stane an sax on the tither, in the order o thair birth.

11 Wi the wark o a jeweler, like the sneddin o a stamp, the names o the bairns o Israel is tae be graven on thaim, an thay'r tae be held fast in snorlin frames o gowd.

12 An the twa stanes is tae be placed on the ephod, ower the airm holes tae be stanes o myndin for the bairns o Israel: Aaron will hae thair names on his airms whan he gangs in afore the Laird tae haud the Laird in mynd o thaim.

13 An ye'r tae mak snorlin frames o gowd;

14 An twa cheens o the best gowd, plettit like raips; an hae the cheens fixed on tae the frames.

15 An mak a priest's bag for pronuncin juidgments, designed like the ephod, made o gowd an blue an purpie an reid an the best muslin.

16 It's tae be square, fauldit in twa, a haund's brenth lang an a haund's brenth braid.

17 An on it ye'r tae pit fower raws o jewels; the first raw is tae be a cornelian, a chrysolite, an an emerant;

18 The seicont, a ruby, a sapphire, an an onyx;

19 The third, a jacinth, an agate, an an amatist;

20 The fowert, a topaz, a beryl, an a jasper; thay'r tae be held fast in snorlin frames o gowd.

21 The jewels is tae be twal in nummer, for the names o the bairns o Israel; ilka jewel haein the name o ane o the twal clans graven on't as on a stamp.

22 An ye'r tae mak twa cheens o gowd, plettit like raips tae be fixed tae the priest's bag.

23 An pit twa gowd rings on the twa ends o the bag.

24 Pit the twa gowd cheens on the twa rings at the ends o the bag;

25 Jynin the ither ends o the cheens tae the gowd frames an pittin thaim on the foreside o the ephod, at the tap o the airms.

26 Syne mak twa gowd rings an pit thaim on the laicher ends o the bag, at the hem o't on the inner side neist the ephod.

27 An mak twa mair gowd rings an pit thaim on the foreside o the ephod at the tap o the airms, at the jyne, ower the wrocht baund:

28 Sae that the rings on the bag can be fixed tae the rings o the ephod wi blue an ontae the baund o the ephod, sae that the bag canna come lowse frae the ephod.

29 An sae Aaron will hae the names o the bairns o Israel on the priest's bag ower his hert whaniver he gangs intae the sanctuar tae haud the myndin o thaim afore the Laird.

30 An in the bag ye'r tae pit the Urim an Thummim, sae that thay'r on Aaron's hert whaniver he gangs in afore the Laird; an Aaron can hae the pouer o pronuncin juidgments for the bairns o Israel afore the Laird at aw times.

31 The robe that gangs wi the ephod is tae be made aw o blue;

32 Wi a hole at the tap, in the mids o't; the hole is tae be edged wi a baund tae mak it strang like the hole in the coat o a fechtin man, sae that it canna be broke appen.

33 An roond the skirts o't pit fruits in blue an purpie an reid, wi bells o gowd atween;

34 A gowd bell an a fruit in turn aw aboot the skirts o the robe.

35 Aaron is tae pit it on for his haly wark; an the soond o't will be clear, whan he gangs intae the sanctuar afore the Laird, an whan he comes oot, haudin him sauf frae deith.

36 Ye'r tae mak a plate o the best gowd, gravin on't, as on a stamp, thir wirds: HALY TAE THE LAIRD.

37 Pit blue on't an pit it on the foreside o the twistit heid dress:

38 An it will be ower Aaron's brou, sae that Aaron will be sponsal for ony mistak in aw the haly offerins made by the bairns o Israel; it will be on his brou at aw times, sae that thair offerins pleases the Laird.

39 The coat is tae be made o the best muslin, wrocht in squares; an ye'r tae mak a heid dress o lint, an a muslin baund wrocht in shewin.

40 An for Aaron's sons ye'r tae mak coats, an baunds, an a heid dress, sae that thay'r cled wi glore an honour.

41 Thir ye'r tae pit on Aaron, yer brither, an on his sons, slairin ile on thaim, sinderin thaim an makkin thaim haly tae perform the office o priests tae me.

42 An ye'r tae mak thaim muslin breeks, happin thair bouks frae the mids tae the knee;

43 Aaron an his sons is tae pit thir on whaniver thay gang intae the Trystin-tent or comes forenent the altar, whan thay'r daein the wark o the sanctuar, sae that thay'r free frae ony sin causin deith: this is tae be an order for him an his strynd efter him for aye.

Chaipter 29

This is whit ye'r tae dae for tae mak thaim haly tae perform the office o priests tae me: Tak ae cauf an twa tuips, 'ithoot ony merk on thaim,

2 An unleavent breid, an unleavent bannocks mixtur-maxturt wi ile, an thin unleavent bannocks as ile haes been pit on, made o the best breid meal;

3 Pit thir in a creel an tak thaim, wi the owse an the twa sheep.

4 An lat Aaron an his sons come tae the slap o the Trystin-tent, an thare lat thaim be wuish wi watter.

5 Tak the robes, an pit the coat an the buskin an the ephod an the priest's bag on Aaron; pit the baund o shewin roond him,

6 An lat the heid dress be placed on his heid an the haly croun on the heid dress.

7 Than tak the ile an slair it on his heid.

8 An tak his sons an pit thair robes on thaim;

9 An pit the muslin baunds roond Aaron an his sons, an the heid dress on thaim tae mak thaim priests by ma order for aye: sae ye'r tae mak Aaron an his sons haly tae me.

10 Than lat the owse be taen forenent the Trystin-tent: an lat Aaron an his sons pit thair haunds on its heid.

11 An ye'r tae pit the owse tae deith afore the Laird at the slap o the Trystin-tent.

12 Than tak some o the bluid o the owse, an slair it on the horns o the altar wi yer finger, tuimin oot aw the lave o the bluid at the foonds o the altar.

13 An tak aw the fat happin the inside o the owse, an the fat jynin the liver an the twa neirs wi the fat roond thaim, an lat thaim be brunt on the altar;

14 But the flesh o the owse an its skin an its waste pairts is tae be brunt ootby the ring o the tents, for it's a sin offerin.

15 Than tak ane o the sheep, an lat Aaron an his sons pit thair haunds on its heid.

16 Than lat it be pit tae deith, sae that the sides o the altar is merkit wi its bluid.

17 Syne the sheep is tae be cuttit up, an efter washin its hochs an its thairms, ye'r tae pit thaim wi the pairts an the heid,

18 An lat thaim aw be brunt on the altar as a brunt offerin tae the Laird: a sweet waff, an offerin made by fire tae the Laird.

19 Than tak the ither sheep; an efter Aaron an his sons haes pit thair haunds on its heid,

20 Ye'r tae pit the sheep tae deith, an tak some o its bluid an pit it on the pynt o Aaron's richt lug, an the richt lugs o his sons, an on the thoums o thair richt haunds an the muckle taes o thair richt feet, dreepin the lave o the bluid on the sides o the altar.

21 Than tak some o the bluid on the altar, an the ile, an pit it on Aaron an his robes an on his sons an on thair robes, sae that him an his robes an his sons an thair robes can be made haly.

22 Than tak the fat o the sheep, the fat tail, the fat happin the painches, an the fat jynin the liver an the twa neirs wi the fat roond thaim, an the richt shank; for by the offerin o this sheep thay'r tae be merkit as priests:

23 An tak ae bit breid an ae cake o iled breid an ae thin cake oot the creel o unleavent breid afore the Laird:

24 An pit thaim aw on the haunds o Aaron an his sons tae be waffed for a waff offerin afore the Laird.

25 Than tak thaim frae thair haunds, an lat thaim be brunt on the brunt offerin on the altar, a sweet waff afore the Laird, an offerin made by fire tae the Laird.

26 Than tak the breest o Aaron's sheep, waffin it afore the Laird; an it's tae be yer pairt o the offerin.

27 Sae ye'r tae mak haly the breest o the sheep that's waffed an the shank that's liftit up abuin, that is, o the sheep that's offert for Aaron an his sons;

28 An it will be thair pairt as a richt for aye frae the bairns o Israel, it is a byordinar offerin frae the bairns o Israel, made frae thair peace offerins, a byordinar offerin liftit up tae the Laird.

29 An Aaron's haly robes will be uised by his sons efter him; thay will pit thaim on whan thay'r made priests.

30 For a sennicht the son that comes tae be priest in his place will pit thaim on whan he comes intae the Trystin-tent tae dae the wark o the sanctuar.

31 Than tak the sheep o the waff offerin an lat its flesh be bylt in a haly place.

32 An lat Aaron an his sons mak a mealtith o't, wi the breid in the creel, at the slap o the Trystin-tent.

33 Aw thae things uised as offerins for tae tak awa sin, an tae mak thaim haly tae be priests, thay can hae for meat: but naebody that isna a priest can hae thaim, for thay'r haly meat.

34 An gin ony o the flesh o the offerin or the breid is left till the forenuin, lat it be brunt wi fire; it isna tae be uised for meat, for it's haly.

35 Aw thir things ye'r tae dae tae Aaron an his sons as A hae gien ye orders: for a sennicht the wark o makkin thaim priests is tae gang on.

36 Ilka day an owse is tae be offert as a sin offerin for tae tak awa sins: an by this offerin on't, ye will mak the altar clean frae sin; an ye'r tae slair ile on't an mak it haly.

37 For a sennicht ye'r tae mak offerins for the altar an mak it haly, sae that it can come tae be awthegither haly, an ocht titchin it will come tae be haly.

38 Nou this is the offerin that ye'r tae mak on the altar: twa laums in thair first year, ilka day raiglar.

39 Ae laum is tae be offert in the forenuin an the tither in the forenicht:

40 An wi the ae laum, a tent pairt o an ephah o the best meal, mixtur-maxturt wi a fowert pairt o a hin o clear ile; an the fowert pairt o a hin o wine for a drink offerin.

41 An the ither laum is tae be offert in the forenicht, an wi it the same meal offerin an drink offerin for a sweet waff, an offerin made by fire tae the Laird.

42 This is tae be a raiglar brunt offerin made frae generation tae generation, at the slap o the Trystin-tent afore the Laird, whaur A will come breest tae breest wi ye an collogue wi ye.

43 Thare A will come breest tae breest wi the bairns o Israel, an the Tent will be made haly by ma glore.

44 A will mak haly the Trystin-tent an the altar: an Aaron an his sons A will mak haly tae be ma priests.

45 Amang the bairns o Israel A will dwall, an A will be thair God.

46 An thay will see that A am the Laird thair God, that taen thaim oot the laund o Egypt, sae that A wis wi thaim aye: A am the Laird thair God.

Chaipter 30

An ye'r tae big an altar for the birnin o perfume; o haurd wid lat it be made.

2 The altar is tae be square, a cubit lang an a cubit braid, an twa cubits heich, an its horns is tae be made o the same.

3 It's tae be platit wi the best gowd, the tap o't an the sides an the horns, wi an edgin o gowd aw aboot it.

4 Unner the laggin on the twa opposite sides, ye'r tae mak twa gowd rings tae tak the stangs for liftin it.

5 An mak thir staffs o the same wid, dressin thaim wi gowd.

6 An lat it be placed forenent the hap afore the airk o the law, afore the kiver that's athort the law, whaur A will come breest tae breest wi ye.

7 An on this altar sweet spices is tae be brunt by Aaron ilka forenuin whan he sees tae the lichts.

8 An ilka forenicht, whan he pits the lichts up in thair steids, the spices is tae be brunt, a sweet-smellin reek gaun

up afore the Laird frae generation tae generation for aye.

9 Nae fremmit perfume, nae brunt offerin or meal offerin, an nae drink offerin is tae be offert on it.

10 An ance ilka year Aaron is tae mak its horns clean: wi the bluid o the sin offerin he's tae mak it clean ance ilka year frae generation tae generation: it is maist haly tae the Laird.

11 An the Laird said tae Moses,

12 Whan ye'r takkin the nummer o the bairns o Israel, lat ilka man nummert gie tae the Laird a cost for his life, sae that nae disease can come upo thaim whan thay'r nummert.

13 An this is whit thay'r tae gie; lat ilka man nummert gie hauf a shekel, by the scale o the sanctuar: (the shekel bein wirth twinty gerahs:) this siller is an offerin tae the Laird.

14 Awbody nummert, frae twinty year auld an abuin, is tae gie an offerin tae the Laird.

15 The man o walth is tae gie nae mair an the puir man nae less nor the hauf-shekel o siller, whan the offerin is made tae the Laird as the cost for yer lifes.

16 An ye'r tae tak this siller frae the bairns o Israel tae be uised for the wark o the Trystin-tent tae haud the myndin o the bairns o Israel afore the Laird an tae be the cost o yer lifes.

17 An the Laird said tae Moses,

18 Ye'r tae mak a bress byne, wi a bress dowp; an pit it atween the Trystin-tent an the altar, wi watter in't;

19 Sae that it can be uised by Aaron an his sons for washin thair haunds an feet;

20 Whaniver thay gang intae the Trystin-tent thay'r tae be wuish wi watter for tae haud thaim frae deith; an whaniver thay come nearhaund for tae dae the wark o the altar or mak an offerin by fire tae the Laird,

21 Thair haunds an feet is tae be wuish sae that thay'r sauf frae deith: this is an order tae thaim for aye; tae him an his strynd frae generation tae generation.

22 An the Laird said tae Moses,

23 Tak the best spices, five hunder shekels' wecht o bree myrrh, an o sweet cinnamon hauf as muckle, that is, twa hunder an fifty shekels, an twa hunder an fifty shekels o sweet calamus,

24 An o cassia, five hunder shekels' wecht meisurt by the scale o the sanctuar, an o olive ile a hin:

25 An mak thir intae a haly ile, a perfume made by the airt o the perfume-makker; it's tae be a haly ile.

26 This ile is tae be slaired on the Trystin-tent an on the airk o the law,

27 An on the buird an aw its veshels, an on the uphaud for the lichts, wi its veshels, an on the altar for birnin spices,

28 An on the altar o brunt offerins wi its veshels, an on the byne an its foonds.

29 An ye'r tae mak thaim maist haly; ocht titchin thaim will come tae be haly.

30 An pit the ile on Aaron an his sons, makkin thaim haly tae perform the office o priests tae me.

31 An say tae the bairns o Israel, This is tae be the Laird's haly ile, frae generation tae generation.

32 It isna tae be uised for man's flesh, an nae ither is tae be made like it: haly it is, an ye'r tae haud it haly.

33 Whaiver maks ony like it, or slairs it on ane that isna a priest, will be flemit frae his fowk.

34 An the Laird said tae Moses, Tak sweet spices, stacte an onycha an galbanum, wi the best frankincense, in like wechts;

35 An mak frae thaim a perfume, sic as is made by the airt o the perfume-makker, mixtur-maxturt wi saut, an clean an haly.

36 An pit some o't, grund unco smaw, forenent the airk in the Trystin-tent, whaur A will come breest tae breest wi ye; it's tae be maist haly.

37 Ye arna tae mak ony perfume like it for yersels: it's tae be held haly tae the Laird.

38 Whaiver maks ony like it, for its sweet waff, will be flemit frae his fowk.

Chaipter 31

An the Laird said tae Moses,

2 A hae waled Bezalel, the son o Uri, by name, the son o Hur, o the clan o Judah:

3 An A hae gien him the speerit o God an made him wicelike an fou o knawledge an skeely in ilka kin o craft,

4 Tae dae aw kin o delicate wark in gowd an siller an bress;

5 In nickin stanes for millin, an tae dae ilka form o wrichtwark.

6 An A hae waled Oholiab wi him, the son o Ahisamach, o the clan o Dan; an in the herts o thaim that's wicelike A hae pit the knawledge tae mak whitiver A hae gien ye orders tae hae made;

7 The Trystin-tent, an the airk o the law, an the kiver on't, an aw the things for the Tent,

8 An the buird wi its veshels, an the haly licht-uphaud wi aw its veshels, an the altar for the birnin o spices,

9 An the altar o brunt offerins wi aw its veshels, an the byne wi its foonds,

10 An the robes o shewin, the haly robes for Aaron an for his sons, for thair uiss whan actin as priests,

11 An the haly ile, an the perfume o sweet spices for the sanctuar; thay will dae whitiver A hae gien ye orders tae hae duin.

12 An the Laird said tae Moses,

13 Say tae the bairns o Israel that thay'r tae haud ma Saubaths; for the Saubath day is a sign atween the pair o us throu aw yer generations; sae that ye can see that A am the Laird that maks ye haly.

14 Sae ye'r tae haud the Saubath as a haly day; an onybody no honourin it will certes be pit tae deith: whaiver dis ony wark on that day will be flemit frae his fowk.

15 Sax days wark can be duin, but the seivent day is a Saubath o evendoun rest, haly tae the Laird; whaiver dis ony wark on the Saubath day is tae be pit tae deith.

16 An the bairns o Israel is tae haud the Saubath haly, frae generation tae generation, by an aye-bidin greement.

17 It is a sign atween me an the bairns o Israel for aye; acause in sax days the Laird made heiven an yird, an on the seivent day he restit an taen pleisur in't.

18 An whan his talk wi Moses on Munt Sinai wis throu, he gien him the twa stanes o the law, twa stanes the writin made by the finger o God wis on.

*Exodus 32:15 Syne Moses come doun the knowe wi the twa stanes o the law in his
haund; the stanes haen writin on thair twa sides, on the fore- an hintside.*

Chaipter 32

An whan the people seen that Moses wis lang in comin doun frae the muntain, thay aw come tae Aaron an said tae him, Come, mak us a god tae gang afore us: as for this Moses, that taen us up oot the laund o Egypt, we haena a notion whit's come o him.

2 Syne Aaron said tae thaim, Tak aff the gowd rings in the lugs o yer guidwifes an yer sons an yer dochters, an gie me thaim.

3 An awbody taen the gowd rings frae thair lugs an gien thaim tae Aaron.

4 An he taen the gowd frae thaim an, haimerin it wi an instrument, he formed it intae the metal eemage o a cauf: an thay said, This is yer god, O Israel, that taen ye oot the laund o Egypt.

5 An whan Aaron seen this, he biggit an altar afore it, an made a public statement, sayin, The morn the'll be a mealtith tae the Laird.

6 Sae early the day efter thay gat up an made brunt offerins an peace offerins; an taen thair seats at the meal, an syne gien thairsels ower tae pleisur.

7 An the Laird said tae Moses, Gang doun swith; for yer fowk, that ye taen oot the laund o Egypt, is turnt tae ill weys;

8 E'en nou thay'r turnt awa frae the rule A gien thaim, an hae made thairsels a metal owse an gien wirship tae't an offerins, sayin, This is yer god, O Israel, that taen ye up oot the laund o Egypt.

9 An the Laird said tae Moses, A hae been waukin thir fowk, an A see that thay'r thrawn fowk.

10 Nou dinna git in ma wey, for ma wraith is birnin agin thaim; A will send ruinage on thaim, but o ye A will mak a great nation.

11 But Moses prayed tae God, sayin, Laird, whit for is yer wraith birnin agin yer fowk that ye taen oot the laund o Egypt, wi great pouer an wi the strenth o yer haund?

12 Whit for lat the Egyptians say, He taen thaim oot tae an ill weird tae pit thaim tae deith on the muntains, sneddin thaim aff frae the yird? Lat yer wraith be turnt awa frae thaim, an send na this ill on yer fowk.

13 Mynd Aubraham, Isaac, an Israel, yer servands, as ye gien yer aith tae, sayin, A will mak yer seed like the starns o heiven in nummer, an aw this laund A will gie yer strynd as A said tae be thair heirskip for aye.

14 Sae the Laird lat hissel be turnt frae his ettle o sendin punishment on his fowk.

15 Syne Moses come doun the knowe wi the twa stanes o the law in his haund; the stanes haen writin on thair twa sides, on the fore- an hintside.

16 The stanes wis the wark o God, an the writin wis the writin o God, graven on the stanes.

17 Nou whan the noise an the vyces o the people come tae the lugs o Joshua, he said tae Moses, The'r a noise o war in the tents.

18 An Moses said, It isna the vyce o men owercomin in the fecht, or the cry o thaim that's been owercome; it is the lilt o sangs comes tae ma lug.

19 An whan he come forenent the tents he seen the eemage o the owse, an the people dancin; an in his wraith Moses lat the stanes faw frae his haunds, an thay war broke at the fit o the muntain.

151

Exodus 32:19 An whan he come forenent the tents he seen the eemage o the owse,
an the people dancin; an in his wraith Moses lat the stanes faw frae his haunds,
an thay war broke at the fit o the muntain.

20 An he taen the owse that thay haed made, birnin it in the fire an brouslin it tae pouder, an he pit it in the watter an gart the bairns o Israel drink o't.

21 An Moses said tae Aaron, Whit did the people dae tae ye that ye lat this great sin come upo thaim?

22 An Aaron said, Latna ma laird be wraith; ye hae seen hou the ettles o thir fowk's ill.

23 For thay said tae me, Mak us a god tae gang afore us: as for this Moses, that taen us up oot the laund o Egypt, we haena a notion whit's come o him.

24 Syne A said tae thaim, Whaiver haes ony gowd, lat him tak it aff; sae thay gien it me, an A pit it in the fire, an this eemage o an owse come oot.

25 An Moses seen that the people wis ayont owerins, for Aaron haed lat thaim lowse tae thair shame afore thair ill-willers:

26 Syne Moses taen his place at the wey intae the tents an said, Whaiver is on the Laird's side, lat him come tae me. An aw the sons o Levi come thegither tae him.

27 An he said tae thaim, This is the wird o the Laird, the God o Israel: Lat ilka man tak his swuird at his side an gang frae ae end o the tents tae the tither, pittin tae deith his brither an his freend an his neebour.

28 An the sons o Levi did as Moses said; an aboot three thoosand o the people wis pit tae deith that day.

29 An Moses said, Ye hae made yersels priests tae the Laird this day; for ilkane o ye haes made the offerin o his son an his brither; the sainin o the Laird is on ye this day.

30 An the day efter, Moses said tae the people, Great haes been yer sin: but A will gang up tae the Laird an see gin A can win forgieness for't.

31 Syne Moses gaen back tae the Laird an said, Thir fowk haes duin a muckle sin, makkin thairsels a god o gowd;

32 But nou, gin ye will gie thaim forgieness — but gin no, lat ma name be taen oot yer beuk.

33 An the Laird said tae Moses, Whaiver haes duin ill agin me will be taen oot ma beuk.

34 But nou, gang, tak the people intae that steid that A hae gien ye wird o; see, ma angel will gang afore ye: but whan the time o ma deemin haes come, A will punish thaim for thair sin.

35 An the Laird sent punishment on the people acause thay gien wirship tae the owse that Aaron made.

Chaipter 33

An the Laird said tae Moses, Gang forrit frae this place, ye an the people that ye hae taen up oot the laund o Egypt tae that laund that A swuir an aith tae Aubraham, Isaac, an Jaucob aboot, sayin, Tae yer strynd A will gie't.

2 An A will send an angel afore ye, drivin oot the Canaanite an the Amorite an the Hittite an the Perizzite an the Hivite an the Jebusite:

3 Gang up tae that laund fleetin wi milk an hinny; but A winna gang up amang ye, for ye'r a thrawn fowk, for fear that A send ruinage on ye while ye'r on the wey.

4 Hearin this ill newins, fowk wis fou o dule, an naebody pit on his variorums.

5 An the Laird said tae Moses, Say tae the bairns o Israel, Ye ar a thrawn fowk: gin A come amang ye, e'en for a meenit, A will send ruinage on ye; sae tak aff aw yer variorums, till A see whit tae dae wi ye.

6 Sae the bairns o Israel taen aff thair variorums at Munt Horeb, an didna pit thaim on again.

7 Nou it wis Moses' wey tae stell the Trystin-tent ootby the tent-ring, at a lenth; giein it the name o The Trystin-tent. An awbody seekin tae mak his prayer tae the Laird gaen tae the Trystin-tent ootby the tent-ring.

8 An whaniver Moses gaen oot tae the Trystin-tent, awbody gat up an awbody gaen tae the door o his tent, leukin efter Moses till he gaen ben the Tent.

9 An whaniver Moses gaen intae the Tent, the pillar o clud come doun an taen its steid by the slap o the Tent, as lang's the Laird wis talkin tae Moses.

10 An awbody seen the clud at the slap o the Tent, an thay gaen doun on thair faces, awbody at the door o his tent.

11 An the Laird collogued wi Moses breest tae breest, as a man can collogue wi his freend. An whan Moses come back tae the tents, his servand, the young man Joshua, the son o Nun, didna come awa frae the Tent.

12 An Moses said tae the Laird, See, ye say tae me, Be thir fowk's guide on thair gate, but ye haena made clear tae me wha ye will send wi me. But ye hae said, A ken ye by name, an ye hae grace in ma een.

13 Gin than A hae grace in yer een, lat me see yer weys, till A ken ye, an A'm siccar o yer grace; an ma prayer is that ye will mynd that this nation is yer fowk.

14 An he said, Ma nainsel will gang wi ye an gie ye rest.

15 An Moses said, Gin ye yersel isna gaun wi us, dinna send us on frae here.

16 For isna the fact o ye gaun wi us the sign that thir fowk an me haes grace in yer een, sae that we, that is, me an yer fowk, is separate frae aw ither fowk on the face o the yird?

17 An the Laird said tae Moses, A will dae as ye say: for ye hae grace in ma een, an A ken ye by yer name.

18 An Moses said, O Laird, lat me see yer glore.

19 An he said, A will gar aw the licht o ma bein come afore ye an will shaw ye whit A am; A will be couthy tae thaim that A will be couthy tae an hae mercy on thaim that A will hae mercy on.

20 But it isna possible for ye tae see ma face, for nae man can see me an aye gang on leevin.

21 An the Laird said, See, the'r a steid nearhaund me, an ye can tak yer place on the craig:

22 An whan ma glore gangs by, A will pit ye in a cove o the craig, happin ye wi ma haund till A hae gaen by:

23 Syne A will tak awa ma haund, an ye will see ma back: but ma face isna tae be seen.

Chaipter 34

A n the Laird said tae Moses, Mak twa ither stanes like the first twa; an A will pit on thaim the wirds as wis on the first stanes, as wis broke by ye.

2 An be ready by the forenuin, an come up on Munt Sinai, an come afore me thare in the forenuin, on the tap o the muntain.

3 Naebody is tae come up wi ye, an lat nae man be seen onywhaur on the muntain; lat nae hirsels or hirds come nearhaund tae git thair meat at its fit.

4 Sae Moses gat twa stanes cuttit like the first; an at day-daw he gaen up Munt Sinai, as the Laird haed said, wi the twa stanes in his haund.

5 An the Laird come doun in the clud an taen his place aside Moses, an Moses gien wirship tae the name o the Laird.

6 An the Laird gaen by afore his een, sayin, The Laird, the Laird, a God fou o peety an grace, slaw tae wraith an muckle in mercy an faith;

7 Haein mercy on thoosands, owerleukin ill an wrangdaein an sin; he winna lat wrangdaers gang free, but will punish bairns for the sins o thair faithers, an on thair bairns' bairns tae the third an fowert generation.

8 Syne Moses gaen doun swith on his face in wirship.

9 An he said, Gin nou A hae grace in yer een, lat the Laird gang amang us, for this is a thrawn fowk, an forgie us oor wrangdaein an oor sin, an tak us for yer heirskip.

10 An the Laird said, See, this is whit A will tak on: afore the een o yer fowk A will dae ferlies, sic as haesna been duin on aw the yird or in ony nation: an aw yer fowk will see the wark o the Laird, for whit A'm aboot tae dae for ye is sair tae be feart.

11 Mynd an dae the orders A gie ye the day; A will send oot frae afore ye

the Amorite an the Canaanite an the Hittite an the Perizzite an the Hivite an the Jebusite.

12 But tak care, an dinna mak ony greement wi the indwallers o the laund whaur ye'r gaun, for it will be a cause o sin tae ye.

13 But thair altars is tae be cowpit an thair stoups broke an thair eemages cuttit doun:

14 For ye'r tae be wirshippers o nae ither god: for the Laird is a God that winna gie his honour tae anither.

15 Sae see that ye mak nae greement wi the indwallers o the laund, an dinna gang efter thair gods, or tak pairt in thair offerins, or be guests at thair mealtiths,

16 Or tak thair dochters for yer sons; for whan thair dochters gies wirship afore thair gods, thay will mak yer sons tak pairt wi thaim.

17 Big yersels nae gods o metal.

18 Haud the feast o unleavent breid; for a sennicht yer meat is tae be breid 'ithoot leaven, as A gien ye orders, at the raiglar time in the month Abib; for in that month ye come oot o Egypt.

19 Ilka first chiel is mines; the first male birth o yer kye, the first male o ilk owse an sheep.

20 A laum can be gien in peyment for the young o a cuddy, but gin ye winna pey for't, its craig will hae tae be broke. For aw the first o yer sons ye'r tae pey. Naebody is tae come afore me 'ithoot an offerin.

21 Sax days lat wark be duin, but on the seivent day rest: at plouin time an at the hairst ye'r tae hae a day for rest.

22 An ye'r tae haud the feast o weeks whan ye git in the first fruits o the corn,

an the meal at the turn o the year whan ye tak in the crap o yer fields.

23 Three times in the year lat aw yer menfowk come afore the Laird, the God o Israel.

24 For A will send oot the nations afore ye an mak braid the boonds o yer laund; an nae man will mak an ettle at takkin yer laund while ye gang up tae wirship the Laird, three times in the year.

25 Nae leaven is tae be offert wi the bluid o ma offerin, an the offerin o the Passover meal maunna be held till the forenuin.

26 Tak the first fruits o yer laund as an offerin tae the Hoose o the Laird yer God. Latna the young gait be keukit in its mither's milk.

27 An the Laird said tae Moses, Pit aw thir wirds in writin; for on thaim is grundit the greement that A will mak wi ye.

28 An for fowerty days an fowerty nichts Moses wis thare wi the Laird, an in that time he haen nae meat or drink. An he set in writin on the stanes the wirds o the greement, the ten rules o the law.

29 Nou whan Moses come doun frae Munt Sinai, wi the twa stanes in his haund, he wisna awaur that his face wis sheenin acause o his talk wi God.

30 But whan Aaron an aw the bairns o Israel seen Moses, an the sheenin o his face, thay wadna come forenent him for fear.

31 Syne Moses sent for thaim; an Aaron, wi the heidsmen o the people, come tae him; an Moses collogued wi thaim.

32 An later aw the bairns o Israel come nearhaund, an he gien thaim aw the orders the Laird haed gien him on Munt Sinai.

33 An at the end o his talk wi thaim, Moses drew a hap ower his face.

34 But whaniver Moses gaen ben afore the Laird for tae collogue wi him, he taen aff the hap till he come oot. An whaniver he come oot he said tae the bairns o Israel whit he haed been ordert tae say;

35 An the bairns o Israel seen that the face o Moses wis sheenin: sae Moses drew the hap ower his face again till he gaen tae the Laird.

Chaipter 35

An Moses sent for aw the bairns o Israel tae forgaither an said tae thaim, This is whit the Laird haes said, an thir is his orders.

2 Sax days lat wark be duin, but the seivent day is tae be a haly day tae ye, a Saubath o rest tae the Laird; whaiver dis ony wark on that day is tae be pit tae deith.

3 Nae fire is tae be kinnelt in ony o yer hooses on the Saubath day.

4 An Moses said tae aw the gaitherin o the bairns o Israel, This is the order that the Laird haes gien:

5 Tak frae amang ye an offerin tae the Laird; awbody that haes the notion in his hert, lat him gie his offerin tae the Laird; gowd an siller an bress;

6 An blue an purpie an reid an the best muslin an gaits' hair,

7 An sheepskins lit reid, an laither, an haurd wid,

8 An ile for the laumps, an spices for the haly ile an for the sweet perfumes for birnin.

9 An beryls an jewels tae be cuttit for the ephod an for the priest's bag.

10 An lat ilka wice-hertit man amang ye come an mak whitiver haes been ordert by the Laird;

11 The Hoose an its tent an its kiver, its heuks an its buirds, its stangs an its stoups an its foonds;

12 The airk wi its kiver an its stangs an the hap hingin afore it;

13 The buird an its stangs an aw its veshels, an the haly breid;

14 An the uphaud for the lichts, wi its veshels an its lichts an the ile for the laump;

15 An the altar for birnin spices, wi its stangs, an the haly ile an the sweet perfume, an the hinger for the door, at the door o the Hoose;

16 The altar o brunt offerins, wi its grate o bress, its stangs, an aw its veshels, the byne an its foonds;

17 The hingins for the appen room, its stoups an thair foonds, an the hinger for the door-cheek;

18 The nails for the Hoose, an the nails for the appen room an thair raips;

19 The robes o shewin for the wark o the sanctuar, the haly robes for Aaron the priest, an the robes for his sons whan actin as priests.

20 An aw the bairns o Israel gaen awa frae Moses.

21 An awbody that's hert wis muived, awbody that wis airtit by the impulse o his speerit, come wi his offerin for the Laird, for whitiver wis needit for the Trystin-tent an its wark an for the haly robes.

22 Thay come, men an weemen, thaim that wis ready tae gie, an gien preens an neb-rings an rings an carkets, aw o gowd; awbody offert gowd tae the Laird.

23 An awbody that haen blue an purpie an reid an the best muslin an gaits' hair an sheepskins lit reid an laither gien thaim.

24 Awbody that haen siller an bress offert thaim tae the Laird; an awbody that haen haurd wid, sic as wis necessar for the wark, gien it.

25 An aw the weemen skeely wi thair haunds made claith an gien the darg o thair haunds, blue an purpie an reid an the best muslin.

26 An thae weemen that kent made the gaits' hair intae claith.

27 An the rulers gien the beryls an the cuttit jewels for the ephod an the priest's bag;

28 An the spice an the ile for the laump, an the haly ile an the sweet perfumes.

29 The bairns o Israel, ilka man an wumman, frae the impulse o thair herts, gien thair offerins freely tae the Laird for the wark that the Laird haed gien Moses orders tae hae duin.

30 An Moses said tae the bairns o Israel, See, the Laird haes waled Bezalel, the son o Uri, the son o Hur, o the clan o Judah;

31 An he haes made him fou o the speerit o God, in aw wit an knawledge an airt o ilka kin;

32 As a skeely designer o bonny things, wirkin in gowd an siller an bress;

33 Fostert in the cuttin o stanes an the cairvin o wid an in ilka kin o craft.

34 An he haes gien him, an tae Oholiab, the son o Ahisamach, o the clan o Dan, the pouer tae lear ithers.

35 Tae thaim he haes gien knawledge o aw the airts o the haundwirker, o the designer, an the skeely warkman; o the makker o shewin in blue an purpie an reid an the best muslin, an o the makker o claith; in aw the airts o the designer an the fostert warkman thay ar skeely.

Chaipter 36

S ae lat Bezalel an Oholiab set tae wark, wi ilka wice-hertit man that the Laird haes gien wit an knawledge tae dae whitiver's necessar for the orderin o the sanctuar, as the Laird haes ordert.

2 Syne Moses sent for Bezalel an Oholiab, an for aw the wice-hertit men the Laird haed gien wit tae, e'en awbody that wis muived by the impulse o his hert, tae come an tak pairt in the wark:

3 An thay taen frae Moses aw the offerins the bairns o Israel haed gien for the biggin o the sanctuar. An aye thay gaen on giein him mair free offerins ilka forenuin.

4 Syne the wicelike men daein aw the wark o the sanctuar come frae thair wark;

5 An said tae Moses, Fowk's giein a sicht mair nor is necessar for the wark that the Laird haes ordert us tae dae.

6 Sae Moses gien wird an haen it cried furth throu aw the tents, sayin, Lat nae man or wumman mak ony mair offerins for the sanctuar. Sae fowk wis held frae giein mair.

7 For whit thay haen wis eneuch an mair nor eneuch for aw the wark that haed tae be duin.

8 Syne aw the skeely warkmen amang thaim made the Hoose wi its ten hingers; o the best muslin, blue an purpie an reid, thay made thaim, wi weengit anes wrocht by skeely designers.

9 Ilka hinger wis twinty-aicht cubits lang an fower cubits braid, aw o the same meisur.

10 An five hingers wis jynt thegither, an the ither five hingers wis jynt thegither.

11 An thay pit twists o blue towe on the hem o the but hinger o the first lot, an in the same wey on the but hinger o the seicont lot.

12 Fifty twists on the ae hinger an fifty on the selvage o the hinger o the ither lot; the twists bein forenent ither.

13 An thay made fifty heuks o gowd, jynin the hingers tae ither wi the heuks; an sae the Hoose wis made.

14 An thay made hingers o gaits' hair for the tent; elieven hingers wis made.

15 Ilka hinger wis thirty cubits lang an fower cubits braid, aw o the same meisur.

16 Five hingers wis jynt thegither for tae mak ae lot, an sax hingers wis jynt thegither for tae mak anither lot.

17 An thay pit fifty twists o towe on the hem o the but hinger o the first lot, an fifty twists on the hem o the but hinger o the seicont lot,

18 An fifty heuks o bress for jynin thaim thegither tae mak the tent.

19 An thay made a kiver o sheepskins lit reid tae gang ower the tent, an a kiver o laither ower that.

20 An for the richtous o the Hoose thay made buirds o haurd wid.

21 The buirds wis ten cubits lang an ae cubit an a hauf braid.

22 Ilka buird haen twa tongues fixed intae't; aw the buirds wis made in this wey.

23 Thay made twinty buirds for the sooth side o the Hoose:

24 An for thir twinty buirds, fowerty siller foonds, twa foonds unner ilka buird tae tak its tongues.

25 An for the seicont side o the Hoose, on the north, thay made twinty buirds,

26 Wi thair fowerty siller foonds, twa foonds for ilka buird.

27 An for the wast side o the Hoose, at the back, thay made sax buirds,

28 An twa buirds for the angles at the back.

29 Thir wis jynt thegither at the foonds an at the tap tae ae ring, sae formin the twa angles.

30 Sae the war aicht buirds wi saxteen foonds o siller, twa foonds unner ilka buird.

31 An thay made stangs o haurd wid; five for the buirds on ae side o the Hoose,

32 An five for the buirds on the ither side o the Hoose, an five for the buirds at the back, on the wast.

33 The meedle stang wis made tae gang richt throu the rings o aw the buirds frae ae end tae the tither.

34 Aw the buirds wis platit wi gowd, an the rings the stangs gaen throu wis o gowd, an the stangs wis platit wi gowd.

35 An he made the hap o the best muslin, blue an purpie an reid, wrocht wi weengit anes shaped by skeely warkmen.

36 An thay made fower stoups for't o haurd wid platit wi gowd: thay haen heuks o gowd an fower siller foonds.

37 An thay made a hinger for the slap o the tent, o the best muslin wi shewin o blue an purpie an reid;

38 An five stoups for the hinger, wi thair heuks; the heids o the stoups wis o gowd, an thay war ringit wi baunds o gowd; an thair five foonds wis o bress.

Chaipter 37

An Bezalel made the airk o haurd wid, twa an a hauf cubits lang, a cubit an a hauf braid an a cubit an a hauf heich;

2 Dressin it inby an ootby wi the best gowd, an pittin a laggin o gowd aw aboot it.

3 An he made fower gowd rings for its fower angles, twa on ae side an twa on the tither,

4 An stangs o the same wid platit wi gowd.

5 Thir stangs he pit in the rings at the sides o the airk, for liftin it.

6 An he made the kiver aw o gowd, twa an a hauf cubits lang an a cubit an a hauf braid.

7 An he made twa weengit anes, haimert o ae bittie gowd, for the twa ends o the kiver;

8 Pittin ane at ae end an ane at the tither; the weengit anes wis pairt o the kiver.

9 An thair weengs wis raxt oot ower the kiver; the faces o the weengit anes wis forenent ither an forenent the kiver.

10 An he made the buird o haurd wid, twa cubits lang, a cubit braid an a cubit an a hauf heich;

11 Dressin it wi the best gowd an pittin a gowd laggin aw aboot it.

12 An he made a frame aw aboot it aboot as braid's a man's haund, edged wi gowd aw aboot.

13 An he made fower gowd rings an pit the rings at the angles o its fower feet.

14 The rings wis fixed unner the frame for tae tak the stangs the buird wis tae be liftit wi.

15 The stangs for liftin the buird he made o haurd wid platit wi gowd.

16 An aw the buird veshels, the plates an spuins an bynes an the tassies for bree, he made o the best gowd.

17 Syne he made the uphaud for the lichts, aw o the best gowd; its foonds an its stoup wis o haimert gowd; its bickers an buds an flouers wis aw made oot the same metal:

18 It haen sax brainches comin oot frae its sides, three frae ae side an three frae the tither;

19 Ilka brainch haein three tassies made like aumond flouers, ilka tassie wi a bud an a flouer on aw the brainches;

20 An on its stoup, fower tassies like aumond flouers, ilkane wi its bud an its flouer;

21 An unner ilka twa brainches a bud, made wi the brainch, for aw sax brainches o't.

22 The buds an the brainches wis made o the same metal, aw thegither ae hale wark o the best haimert gowd.

23 An he made the seiven veshels for the lichts, an aw the necessar instruments for't, o gowd.

24 A talent o the best gowd wis uised tae mak it an its veshels.

25 An he made the altar for the birnin o spices, uisin the same haurd wid; it wis square, a cubit lang an a cubit braid an twa cubits heich; the horns made o the same.

26 The tap an the sides an the horns wis aw platit wi the best gowd; an he pit a laggin o gowd aw aboot it.

27 An he made twa gowd rings, pittin thaim on the twa opposite sides unner the laggin tae tak the stangs for liftin it.

28 The stangs he made o the same haurd wid, dressin thaim wi gowd.

29 An he made the haly ile an the perfume o sweet spices for birnin, efter the airt o the perfume-makker.

Chaipter 38

The altar o brunt offerins he made o haurd wid; a square altar, five cubits lang, five cubits braid an three cubits heich,

2 An he pit horns at its fower angles made o the same, dressin it aw wi bress;

3 An bress wis uised for aw the veshels o the altar, the creels an the shuils, the bynes an the flesh-heuks an the fire-trays; aw the veshels he made o bress.

4 An he made a grate o bress for the altar, unner the frame roond it, raxin hauf-wey up;

5 An fower rings for the fower angles o this grate tae tak the stangs.

6 The stangs he made o haurd wid platit wi bress.

7 He pit the stangs throu the rings at the opposite sides o the altar for liftin

it; he made the altar howe, buirdit in wi wid.

8 An he made the byne o bress on a bress dowp, uisin the polished bress keekin glesses gien by the weemen as wrocht at the doors o the Trystin-tent.

9 Tae mak the appen room, he pit hingins on the sooth side, o the best muslin, a hunder cubits lang:

10 Thair twenty stoups an thair twenty foonds wis bress; an the heuks o the stoups an thair baunds wis o siller.

11 An for the north side, hingins a hunder cubits lang, on twenty bress stoups in bress foonds, wi siller heuks an baunds.

12 An on the wast side, hingins fifty cubits lang, on ten stoups in ten foonds, wi siller baunds.

13 An on the east side, the appen room wis fifty cubits lang.

14 The hingins on ae side o the door-cheek wis fifteen cubits lang, on three stoups wi thair three foonds;

15 An the same on the ither side o the door-cheek; on this side an on that, the hingins wis fifteen cubits lang, on three stoups wi thair three foonds.

16 Aw the hingins wis o the best muslin.

17 An the foonds o the stoups wis o bress; thair heuks an the baunds roond the taps o thaim wis o siller; aw the stoups wis ringit wi siller.

18 An the hinger for the door-cheek o the appen room wis o the best muslin, wi paitrens o blue an purpie an reid in shewin; it wis twenty cubits lang an five cubits heich tae gang wi the hingins roond the sides.

19 The war fower stoups wi thair foonds, aw o bress, the heuks bein o siller, an thair taps an thair baunds bein happit wi siller.

20 Aw the nails uised for the Hoose an the appen room roond it wis o bress.

21 This is the cost o the makkin o the Hoose, e'en the Hoose o witness, as it wis valoured by the wird o Moses, for the darg o the Levites unner the airtin o Ithamar, the son o Aaron the priest.

22 Bezalel, the son o Uri, the son o Hur, o the clan o Judah, made awthing as the Laird haed gien orders tae Moses.

23 An wi him wis Oholiab, the son o Ahisamach, o the clan o Dan; a designer an a fostert warkman, skeely in shewin o blue an purpie an reid an the best muslin.

24 The gowd uised for aw the different wark duin for the sanctuar, the gowd that wis gien, wis twenty-nine talents, an seiven hunder an thirty shekels in wecht, by the scale o the sanctuar.

25 An the siller gien by thaim that wis nummert o the people wis a hunder talents, an a thoosand, seiven hunder an seiventy-five shekels in wecht, by the scale o the sanctuar.

26 A beka, that is, hauf a shekel by the haly scale, for awbody that wis nummert; the war sax hunder an three thoosand, five hunder an fifty men o twinty year auld an abuin.

27 O this siller, a hunder talents wis uised for makkin the foonds o the stoups o the sanctuar an the hap; a talent for ilka foonds.

28 An a thoosand, seiven hunder an seiventy-five shekels o siller wis uised tae mak the heuks for the stoups, an tae plate the taps o the stoups an tae mak thair baunds.

29 The bress that wis gien wis seiventy talents, twa thoosand fower hunder shekels;

30 Frae't he made the foonds o the door-cheek o the Trystin-tent an the bress altar an the grate for't an aw the veshels for the altar,

31 An the foonds for the appen room aw aboot an for its door-cheek, an aw the nails for the Hoose an for the appen room.

Chaipter 39

An frae the shewin o blue an purpie an reid thay made the robes uised for the wark o the sanctuar, an the haly robes for Aaron, as the Laird haed gien orders tae Moses.

2 The ephod he made o gowd an blue an purpie an reid an the best muslin;

3 Haimerin the gowd intae thin plates an cuttin it intae wires tae be wrocht intae the blue an the purpie an the reid an the lint by the designer.

4 An thay made twa baunds tae jyne its laggins thegither at the tap o the airms.

5 An the bonny-wrocht baund that gaen on't wis o the same design an the same claith, wrocht in gowd an blue an purpie an reid an twistit lint-wark, as the Laird gien orders tae Moses.

6 Syne thay made the beryl stanes, held fast in snorlin frames o gowd an cuttit like the cuttin o a stamp, wi the names o the bairns o Israel.

7 Thir he pit on the ephod, ower the airm holes tae be stanes o myndin for the bairns o Israel, as the Laird haed said tae Moses.

8 The priest's bag wis designed like the ephod, o the best muslin wrocht wi gowd an blue an purpie an reid.

9 It wis square an fauldit in twa, as lang an as braid's the spang o a man's haund;

10 An on it thay pit fower lines o stanes: in the first line wis a carnelian, a chrysolite, an an emerant;

11 In the seicont, a ruby, a sapphire, an an onyx;

12 In the third, a jacinth, an agate, an an amatist;

13 In the fowert, a topaz, a beryl, an a jasper; thay war held fast in snorlin frames o gowd.

14 The war twal stanes for the twal clans o Israel; on ilkane the name o ane o the clans o Israel wis graven, like the gravin o a stamp.

15 An on the bag thay pit gowd cheens, plettit like raips.

16 An thay made twa gowd frames an twa gowd rings, the rings bein fixed tae the ends o the priest's bag;

17 An thay pit the twa twistit cheens on the twa rings at the ends o the priest's bag;

18 An the ither twa ends o the cheens wis chackit tae the twa frames an fixed tae the foreside o the ephod ower the airm holes.

19 An thay made twa rings o gowd an pit thaim on the twa laicher ends o the bag, on the inner side neist the ephod.

20 An twa ither gowd rings wis pit on the foreside o the ephod, ower the airm holes, at the jyne, an ower the wrocht baund.

21 An the rings on the bag wis fixed tae the rings o the ephod wi blue, haudin it in place ower the baund, sae that the bag coudna git lowse, as the Laird gien orders tae Moses.

22 The robe that gaen wi the ephod wis made aw o blue;

23 Wi a hole at the tap in the mids, like the hole in the coat o a fechtin man, edged wi a baund tae mak it strang.

24 The skirts o the robe wis wrocht aw aboot wi fruits in blue an purpie an reid made o twistit lint.

25 An atween the fruits aw aboot the hem thay pit gowd bells, as the Laird gien orders tae Moses.

26 Aw aboot the hem o the robe wis bells an fruits in turn.

27 The coats for Aaron an his sons thay made o the best muslin;

28 An the twistit heid dress for Aaron, an a bonny heid dress o lint, an muslin breeks,

29 An a muslin baund wrocht wi a design o blue an purpie an reid, as the Laird haed said tae Moses.

30 The plate for the haly croun wis made o the best gowd, an on it wis graven thir wirds, HALY TAE THE LAIRD.

31 It wis fixed tae the heid dress wi blue, as the Laird haed gien orders tae Moses.

32 Sae aw the wark on the Hoose o the Trystin-tent wis duin; as the Laird haed gien orders tae Moses, sae the bairns o Israel did it .

33 Syne thay taen the Hoose tae Moses, the tent wi aw the things for't; its heuks, its buirds, its stangs, its stoups, an its foonds;

34 The ooter kiver o sheepskins lit reid, an the kiver o laither, an the hap for the door-cheek;

35 The airk o the law, wi its stangs an its kiver;

36 The buird, wi aw its veshels an the haly breid;

37 The uphaud for the lichts, wi the veshels for the lichts tae be pit in thair steids on't, an aw its veshels, an the ile for the laumps;

38 An the gowd altar, an the haly ile, an the sweet perfume for birnin, an the hinger for the door-cheek o the tent;

39 An the bress altar, wi its grate o bress, an its stangs an aw its veshels, an the byne an its dowp;

40 The hingins for the appen room, wi the stoups an thair foonds, an the hinger for the door-cheek, an the raips an nails, an aw the tuils necessar for the wark o the Hoose o the Trystin-tent;

41 The robes for uiss in the sanctuar, an the haly robes for Aaron an his sons whan actin as priests.

42 The bairns o Israel did awthing as the Laird haed gien orders tae Moses.

43 Syne Moses, whan he seen aw thair wark an seen that thay haed duin awthing as the Laird haed said, gien thaim his sainin.

Chaipter 40

An the Laird said tae Moses,

2 On the first day o the first month ye'r tae stell the Hoose o the Trystin-tent.

3 An ben it pit the airk o the law, hingin the hap afore it.

4 An pit the buird ben, pittin aw
the things on't in order; an pit in the
uphaud for the lichts, an lat its lichts
birn.

5 An pit the gowd altar for birnin
perfumes forenent the airk o the law,
hingin the hinger ower the door-cheek
o the Hoose.

6 An pit the altar o brunt offerins
afore the door-cheek o the Hoose o the
Trystin-tent.

7 An lat the byne, wi watter in't, be pit
atween the Trystin-tent an the altar.

8 An pit up the hingins formin the
appen room aw aboot it, wi the hinger
ower its door-cheek.

9 An tak the haly ile an slair it on the
Hoose an awthing in't, an mak it an
awthing in't haly:

10 An slair ile on the altar o brunt
offerin, an mak it an aw its veshels haly;
this altar is tae be maist haly.

11 An slair ile on the byne an its
foonds, an mak thaim haly.

12 Than lat Aaron an his sons come
tae the slap o the Trystin-tent; an efter
washin thaim wi watter,

13 Ye'r tae pit on Aaron the haly robes;
an ye'r tae slair ile on him, an mak him
haly, sae that he is ma priest.

14 An tak his sons wi him an pit coats
on thaim;

15 An slair ile on thaim as ye did on
thair faither, sae that thay'r ma priests:
the pittin on o ile will mak thaim priests
for aye, frae generation tae generation.

16 An Moses did this; as the Laird gien
him orders, sae he did.

17 Sae on the first day o the first month
in the seicont year the Hoose wis pit up.

18 Moses pit up the Hoose; settin
its foonds in poseetion an heezin its
uprichts, pittin in the stangs an plantin
the stoups in thair steids;

19 Streekin the ooter tent ower it, an
happin it, as the Laird haed gien him
orders.

20 An he taen the law an pit it 'ithin
the airk, an pit the stangs at its side an
the kiver ower it;

21 An he taen the airk ben the Hoose,
hingin up the hap afore it as the Laird
haed gien him orders.

22 An he pit the buird in the Trystin-
tent, on the north side ootby the hap.

23 An he pit the breid on't in order
afore the Laird, as the Laird haed said.

24 The uphaud for the lichts he pit in
the Trystin-tent, forenent the buird, on
the sooth side:

25 Lichtin the lichts afore the Laird, as
the Laird haed gien him orders.

26 An he pit the gowd altar in the
Trystin-tent, forenent the hap:

27 Birnin sweet perfumes on't, as the
Laird haed gien him orders.

28 An he pit up the hinger at the door-
cheek o the Hoose.

29 An at the door o the Hoose o the
Trystin-tent, he pit the altar o brunt
offerins, offerin on't the brunt offerin an
the meal offerin, as the Laird haed gien
him orders.

30 An atween the altar an the Trystin-
tent he pit the veshel wi watter in't for
washin.

31 In it the haunds an feet o Moses an
Aaron an his sons wis wuish,

32 Whaniver thay gaen intae the
Trystin-tent, an whan thay come

forenent the altar, as the Laird haed
gien orders tae Moses.

33 An he pit up the hingins formin the
appen room roond the Hoose an the
altar, an pit the hinger ower the door-
cheek. Sae Moses perfurnisht the wark.

34 Syne the clud come doun, howdlin
the Trystin-tent, an the Hoose wis fou o
the glore o the Laird;

35 Sae that Moses coudna gang intae
the Trystin-tent, acause the clud wis
restin on't, an the Hoose wis fou o the
glore o the Laird.

36 An whaniver the clud wis taen up
frae the Hoose, the bairns o Israel gaen
forrit on thair gate:

37 But while the clud wis thare, thay
made nae muive till it wis taen up.

38 For the clud o the Laird restit on
the Hoose by day, an at nicht the war
fire in the clud, afore the een o awbody
o Israel, an sae't wis throu aw thair
gates.

LEVITICUS

Chaipter 1

An the vyce o the Laird come tae Moses oot the Trystin-tent, sayin,

2 Gie thir orders tae the bairns o Israel: Whan onybody amang ye maks an offerin tae the Laird, ye'r tae tak it frae the kye, frae the hird or frae the hirsel.

3 Gin the offerin is a brunt offerin o the hird, lat him gie a male 'ithoot a merk: he's tae gie't at the slap o the Trystin-tent sae that he pleases the Laird.

4 An he's tae pit his haund on the heid o the brunt offerin, an it will be taen for him tae tak awa his sin.

5 An the owse is tae be pit tae deith afore the Laird: syne Aaron's sons, the priests, is tae tak the bluid an pit some o't on an roond the altar at the slap o the Trystin-tent.

6 An the brunt offerin is tae be skint an cuttit up.

7 An Aaron's sons, the priests, is tae kinnle fire on the altar an lay the wid in order on the fire:

8 An Aaron's sons, the priests, is tae lay the pairts, the heid an the fat, in order on the wid that's on the fire on the altar:

9 But its thairms an its hochs is tae be wuish wi watter, an it will aw be brunt on the altar by the priest for a brunt offerin, an offerin made by fire for a sweet waff tae the Laird.

10 An gin his offerin is o the hirsel, a brunt offerin o sheep or gaits, lat him gie a male 'ithoot a merk.

11 An he's tae fell it on the north side o the altar afore the Laird: an Aaron's sons, the priests, is tae slair some o the bluid on an roond the altar.

12 An the offerin is tae be cuttit up, wi its heid an its fat; an the priest is tae pit thaim in order on the wid that's on the fire on the altar:

13 But the thairms an the shanks is tae be wuish wi watter; an the priest will mak an offerin o the hale o't, birnin it on the altar: it is a brunt offerin, an offerin made by fire for a sweet waff tae the Laird.

14 An gin his offerin tae the Laird is a brunt offerin o birds, than he's tae mak his offerin o dous or young puddy dous.

15 An the priest is tae tak it tae the altar, an efter its neck haes been thrawn, it's tae be brunt on the altar, an its bluid tuimed on the side o the altar:

16 An he's tae tak awa its kyte, wi its feathers, an pit it doun by the east side o the altar, whaur the greeshoch is pit:

17 An lat it be broke appen at the weengs, but no cuttit in twa; an lat it be brunt on the altar by the priest on the wid that's on the fire; it is a brunt offerin; an offerin made by fire for a sweet waff tae the Laird.

Chaipter 2

An whan onybody maks a meal offerin tae the Laird, lat his offerin be o the best meal, wi ile on't an perfume:

2 An lat him tak it tae Aaron's sons, the priests; an, haein taen in his haund some o the meal an the ile, wi aw the perfume, lat him gie't tae the priest tae be brunt on the altar, as a taiken, an offerin made by fire for a sweet waff tae the Laird.

3 An the lave o the meal offerin will be for Aaron an his sons; it is maist haly amang the Laird's fire offerins.

4 An whan ye gie a meal offerin keukit in the uin, lat it be o unleavent bannocks o the best meal mixtur-maxturt wi ile, or thin unleavent bannocks slaired wi ile.

5 An gin ye gie a meal offerin keukit on an ashet, lat it be o the best meal, unleavent an mixtur-maxturt wi ile.

6 Lat it be broke intae bitties, an slair ile on't; it is a meal offerin.

7 An gin yer offerin is o meal keukit in fat ower the fire, lat it be made o the best meal mixtur-maxturt wi ile.

8 An ye'r tae gie the meal offerin made o thir things tae the Laird, an lat the priest tak it tae the altar.

9 An he's tae tak frae the meal offerin a pairt, for a sign, birnin it on the altar; an offerin made by fire for a sweet waff tae the Laird.

10 An the lave o the meal offerin will be for Aaron an his sons; it is maist haly amang the Laird's fire offerins.

11 Nae meal offerin that ye gie tae the Laird is tae be made wi leaven; nae leaven or hinny is tae be brunt as an offerin made by fire tae the Laird.

12 Ye can gie thaim as an offerin o first fruits tae the Laird, but thay arna tae gang up as a sweet waff on the altar.

13 An ilka meal offerin is tae be sautit; yer meal offerin isna tae be 'ithoot the saut o the greement o yer God: wi aw yer offerins gie saut.

14 An gin ye gie a meal offerin o first fruits tae the Laird, gie, as yer offerin o first fruits, new corn, dried ower the fire, grund new corn.

15 An slair ile on't an perfume: it is a meal offerin.

16 An pairt o the meal o the offerin an pairt o the ile an aw the perfume is tae be brunt for a sign by the priest: it is an offerin made by fire tae the Laird.

Chaipter 3

An gin his offerin is gien for a peace offerin; gin he gies o the hird, male or wumman-body, lat him gie't 'ithoot ony merk on't, afore the Laird.

2 An he's tae pit his haund on the heid o his offerin an fell it at the slap o the Trystin-tent; an Aaron's sons, the priests, is tae slair some o the bluid on an roond the altar.

3 An he's tae gie o the peace offerin, as an offerin made by fire tae the Laird; the fat happin the thairms an aw the fat on the intimmers,

4 An the twa neirs, an the fat on thaim, that's by the tap pairt o the shanks, an the fat jynin the liver an the neirs, he's tae tak awa;

5 Sae that it can be brunt by Aaron's sons on the altar, on the brunt offerin that's on the wid on the fire: it is an

offerin made by fire o a sweet waff tae the Laird.

6 An gin whit he gies for a peace offerin tae the Laird is o the hirsel, lat him gie a male or female, 'ithoot ony merk on it.

7 Gin his offerin is a laum, than lat it be placed afore the Laird:

8 An he's tae pit his haund on the heid o his offerin an fell it afore the Trystin-tent; an Aaron's sons is tae slair some o its bluid on an roond the altar.

9 An o the peace offerin, lat him gie an offerin made by fire tae the Laird; the fat o't, aw the fat tail, he's tae tak awa nearhaund the rigbane; an the fat happin the thairms an aw the fat on the intimmers,

10 An the twa neirs, wi the fat on thaim, as is by the tap pairt o the shanks, an the fat jynin the liver an the neirs, he's tae tak awa;

11 Sae that it can be brunt by the priest on the altar; it is the meat o the offerin made by fire tae the Laird.

12 An gin his offerin is a gait, than lat it be placed afore the Laird,

13 An lat him pit his haund on the heid o't an fell it afore the Trystin-tent; an the sons o Aaron is tae slair some o its bluid on an roond the altar.

14 An o't lat him mak his offerin, an offerin made by fire tae the Laird; the fat happin the thairms an aw the fat on the intimmers,

15 An the twa neirs, wi the fat on thaim, that's by the tap pairt o the shanks, an the fat jynin the liver an the neirs, lat him tak awa;

16 Sae that it can be brunt by the priest on the altar; it is the meat o the offerin

made by fire for a sweet waff: aw the fat is the Laird's.

17 Lat it be an order for aye, throu aw yer generations, in aw yer hooses, that ye arna tae tak fat or bluid for meat.

Chaipter 4

An the Laird said tae Moses,

2 Say tae the bairns o Israel: Thir is the offerins o onybody that dis wrang in a mistak, daein ony o the things as, by the Laird's order, isna tae be duin:

3 Gin the heid priest, by daein wrang, comes tae be a cause o sin tae the people, than lat him gie tae the Laird for the sin that he haes duin an owse, 'ithoot ony merk, for a sin offerin.

4 An he's tae tak the owse tae the slap o the Trystin-tent afore the Laird; an pit his haund on its heid an fell it afore the Laird.

5 An the heid priest is tae tak some o its bluid an tak it tae the Trystin-tent;

6 An the priest is tae pit his finger in the bluid, shakkin draps o't afore the Laird seiven times, forenent the hap o the sanctuar.

7 An the priest is tae slair some o the bluid on the horns o the altar that perfume is brunt on afore the Laird in the Trystin-tent, tuimin oot aw the lave o the bluid o the owse at the foonds o the altar o brunt offerin that's at the slap o the Trystin-tent.

8 An he's tae tak awa aw the fat o the owse o the sin offerin; the fat happin the thairms an aw the fat o the intimmers,

9 An the twa neirs, wi the fat on thaim, as is by the tap pairt o the shanks, an

the fat jynin the liver an the neirs he's tae tak awa,

10 As it's taen frae the owse o the peace offerin; an it's tae be brunt by the priest on the altar o brunt offerins.

11 An the skin o the owse an aw its flesh, wi its heid an its hochs an its thairms an its sharn,

12 Aw the owse he's tae tak awa ootby the ring o the tents intae a clean airt whaur the greeshoch is pit, an thare it's tae be brunt on wid wi fire.

13 An gin awbody o Israel dis wrang, 'ithoot onybody's knawledge; gin thay hae duin ony o the things as by the Laird's order isna tae be duin, causin sin come upo thaim;

14 Whan the sin that thay hae duin comes tae licht, than lat awbody gie an owse for a sin offerin, an tak it afore the Trystin-tent.

15 An lat the heidsmen o the people pit thair haunds on its heid afore the Laird, an pit the owse tae deith afore the Laird.

16 An the priest is tae tak some o its bluid tae the Trystin-tent;

17 An pit his finger in the bluid, shakkin draps o the bluid seiven times afore the Laird forenent the hap.

18 An he's tae slair some o the bluid on the horns o the altar that's afore the Laird in the Trystin-tent; an aw the lave o the bluid is tae be tuimed at the foonds o the altar o brunt offerin at the slap o the Trystin-tent.

19 An he's tae tak aff aw its fat, birnin it on the altar.

20 Lat him dae wi the owse as he did wi the owse o the sin offerin; an sae the priest will mak the offerin for

tae tak awa thair sin, an thay will be forgien.

21 Than lat the owse be taen awa ootby the tent-ring, sae that it can be brunt as the ither owse wis brunt; it is the sin offerin for awbody.

22 Gin a ruler dis wrang, an in a mistak dis ony o the things as, by the order o the Laird his God, isna tae be duin, causin sin come upo him;

23 Whan the sin that he haes duin is made clear tae him, lat him gie for his offerin a gait, a male 'ithoot ony merk.

24 An he's tae pit his haund on the heid o the gait an fell it in the steid whaur thay pit tae deith the brunt offerin afore the Laird: it is a sin offerin.

25 An the priest is tae tak some o the bluid o the offerin wi his finger an slair it on the horns o the altar o brunt offerin, tuimin oot the lave o the bluid at the foonds o the altar o brunt offerin.

26 An aw the fat o it's tae be brunt on the altar like the fat o the peace offerin; an sae the priest will mak the offerin for tae tak awa his sin, an he will be forgien.

27 An gin ony ane o the smaw fowk dis wrang in a mistak, daein ony o the things the Laird haes gien orders isna tae be duin, causin sin come upo him;

28 Whan the sin that he haes duin is made clear tae him, than he's tae gie for his offerin a gait, a female 'ithoot ony merk, for the sin that he haes duin.

29 An he's tae pit his haund on the heid o the sin offerin an fell it in the steid whaur thay pit tae deith the brunt offerin.

30 An the priest is tae tak some o the bluid wi his finger an slair it on the horns o the altar o brunt offerin, an aw

the lave o its bluid is tae be tuimed at the foonds o the altar.

31 An lat aw its fat be taen awa, as the fat is taen awa frae the peace offerins, an lat it be brunt on the altar by the priest for a sweet waff tae the Laird; an sae the priest will mak the offerin for tae tak awa his sin, an he will be forgien.

32 An gin he gies a laum as his sin offerin, lat it be yowe-hog 'ithoot ony merk;

33 An he's tae pit his haund on the heid o the offerin an fell it for a sin offerin in the steid whaur thay pit tae deith the brunt offerin.

34 An the priest is tae tak some o the bluid o the offerin wi his finger an slair it on the horns o the altar o brunt offerin, an aw the lave o the bluid is tae be tuimed at the foonds o the altar;

35 An lat him tak awa aw its fat, as the fat is taen awa frae the laum o the peace offerins; an lat it be brunt by the priest on the altar amang the offerins made by fire tae the Laird: an sae the priest will mak the offerin for tae tak awa his sin, an he will be forgien.

Chaipter 5

An gin onybody dis wrang by sayin nocht whan he's pit unner aith as a witness o something he haes seen or kent, than he will be sponsal:

2 Gin onybody comes tae be unclean throu titchin, 'ithoot kennin, some unclean thing, the like o the deid corp o an unclean beast or unclean kye or ony unclean beast that crowls on the yird, he will be sponsal:

3 Or gin he comes tae be unclean throu titchin, 'ithoot kennin, ony unclean thing o man, whitiver it can be, whan it's made clear tae him, he will be sponsal:

4 Or gin onybody, 'ithoot thocht, sweirs an aith tae dae ill or tae dae guid, whitiver he says 'ithoot thocht, wi an aith, no kennin whit he is daein; whan it comes tae be clear tae him, he will be sponsal for ony o thir things.

5 An whaiver is at faut for ony sic sin, lat him mak an aefauld statement o his wrangdaein;

6 An tak tae the Laird the offerin for the wrang that he haes duin, a female frae the hirsel, a laum or a gait, for a sin offerin, an sae the priest will mak the offerin for tae tak awa his sin.

7 An gin he haesna siller eneuch for a laum, than lat him gie, for his offerin tae the Laird, twa dous or twa young puddy dous; ane for a sin offerin an ane for a brunt offerin.

8 An lat him tak thaim tae the priest, that will first gie the sin offerin, twistin aff its heid frae its craig, but no cuttin it in twa;

9 An he's tae slair draps o the bluid o the offerin on the side o the altar, an the lave o the bluid is tae be tuimed at the foonds o the altar; it is a sin offerin.

10 An the seicont is for a brunt offerin, in greement wi the law; an sae the priest will mak the offerin for tae tak awa his sin, an he will be forgien.

11 But gin he haesna siller eneuch for twa dous or twa young puddy dous, than lat him gie, for the sin he haes duin, the tent pairt o an ephah o the best meal, for a sin offerin; lat him pit nae ile on't, an nae perfume, for it's a sin offerin.

12 An lat him come tae the priest wi't, an the priest will tak some o't in his haund tae be brunt on the altar as a taiken, amang the offerins o the Laird made by fire: it is a sin offerin.

13 An sae the priest will mak the offerin for tae tak awa his sin, an he will be forgien: an the lave o the offerin will be the priest's, in the same wey as the meal offerin.

14 An the Laird said tae Moses,

15 Gin onybody is untrue, sinnin in a mistak anent the haly things o the Laird, lat him tak his offerin tae the Laird, a tuip frae the hirsel, 'ithoot ony merk, o the wirth set by ye in siller by shekels, by the scale o the sanctuar.

16 An he's tae pey tae the priest for whit he haes duin wrang anent the haly thing, thegither wi a fift pairt o its wirth forby; an the priest will tak awa his sin by the sheep o his offerin, an he will be forgien.

17 An gin onybody dis wrang, an dis ony o the things the Laird haes gien orders isna tae be duin, tho he disna ken it, yet he is in the wrang, an he is sponsal.

18 Lat him come tae the priest wi a sheep, a male 'ithoot ony merk oot the hirsel, o the wirth set by ye, as an offerin for his mistak; an sae the priest will mak the offerin for tae tak awa the sin that he did in a mistak, an he will be forgien.

19 It is an offerin for his mistak: he is certes sponsal afore the Laird.

Chaipter 6

An the Laird said tae Moses,

2 Gin onybody dis wrang, an is untrue tae the Laird, actin fauselike tae his neebour anent something pit in his care, or something gien for a dett, or haes taen awa ocht by force, or haes been ill-kyndit tae his neebour,

3 Or haes taen a fause aith aboot the loss o something that he haes come upo by chance; gin a man haes duin ony o thir ill things,

4 Causin sin come upo him, than he will hae tae gie back the thing he taen by force or gat by ill-kyndit acts, or the guids an gear pit in his care or the thing he come on by chance,

5 Or ocht that he taen a fause aith aboot; he will hae tae gie't aw back, an forby thon a fift o its wirth, tae him that's guids an gear it is, whan he haes been deemed tae be in the wrang.

6 Than lat him tak tae the Laird the offerin for his wrangdaein; giein tae the priest for his offerin a tuip frae the hirsel, 'ithoot ony merk, o the wirth set by ye:

7 An sae the priest will mak the offerin for tae tak awa his sin frae afore the Laird, an he will be forgien for whitiver ill-daein he haes duin.

8 An the Laird said tae Moses,

9 Gie orders tae Aaron an his sons, sayin, This is the law for the brunt offerin: the offerin is tae be on the kindlin on the altar aw nicht till the forenuin; an the fire o the altar is tae be held alowe.

10 An the priest is tae pit on his muslin robes an his muslin breeks, an tak up the lave o the offerin efter it's been brunt on the altar, an pit it aside the altar.

11 Syne, haein taen aff his muslin robes an pit on ither claes, he's tae tak it awa intae a clean airt, ootby the tent-ring.

12 The fire on the altar is tae be held alowe; it is niver tae slocken; ilka forenuin the priest is tae pit wid on't, pittin the brunt offerin in order on't, an thare the fat o the peace offerin is tae be brunt.

13 Lat the fire be held alowe on the altar at aw times; it is niver tae gang oot.

14 An this is the law for the meal offerin: it's tae be offert tae the Laird afore the altar by the sons o Aaron.

15 The priest is tae tak in his haund some o the meal o the meal offerin an the ile o't, an aw the perfume on't, birnin it on the altar as a taiken for a sweet waff tae the Laird.

16 An the lave Aaron an his sons can hae for thair meat, takkin it 'ithoot leaven in a haly place; in the appen room o the Trystin-tent thay can tak a mealtith o't.

17 It isna tae be keukit wi leaven. A hae gien it thaim as thair pairt o the offerins made by fire tae me; it is maist haly, as is the sin offerins an the offerins for mistak.

18 Ilka man-body amang the bairns o Aaron can hae't for meat; it is thair richt for aye throu aw yer generations, frae the offerins made by fire tae the Laird: onybody titchin thaim will be haly.

19 An the Laird said tae Moses,

20 This is the offerin that Aaron an his sons is tae mak tae the Laird on the day whan he's made a priest: the tent pairt o an ephah o the best meal for a meal offerin for aye; hauf o't in the forenuin an hauf in the forenicht.

21 Lat it be made wi ile on an ashet; whan it's weel mixtur-maxturt an keukit, lat it be broke an taen in as a

meal offerin for a sweet waff tae the Laird.

22 An the same offerin is tae be gien by that ane o his sons that taks his place as priest; by an order for aye, the hale o it's tae be brunt afore the Laird.

23 Ilka meal offerin offert for the priest is tae be awthegither brunt: nocht is tae be taen for meat.

24 An the Laird said tae Moses,

25 Say tae Aaron an his sons, This is the law for the sin offerin: the sin offerin is tae be pit tae deith afore the Laird in the same steid as the brunt offerin; it is maist haly.

26 The priest that it's offert for sin by is tae tak it for his meat in a haly place, in the appen room o the Trystin-tent.

27 Onybody titchin the flesh o't will be haly: an gin ony o the bluid is skailt on ony claes, the thing that the bluid haes been skailt on is tae be wuish in a haly place.

28 But the laim veshel that the flesh wis keukit in is tae be broke; or gin a bress veshel wis uised, it's tae be dichtit an wuish oot wi watter.

29 Ilka man-body amang the priests can tak it for his meat: it is maist haly.

30 Nae sin offerin wi pairt o the bluid taen intae the Trystin-tent for tae tak awa sin in the sanctuar can be uised for meat: it's tae be brunt wi fire.

Chaipter 7

An this is the law o the offerin for wrangdaein: it is maist haly.

2 Thay'r tae pit tae deith the offerin for wrangdaein in the same steid as the brunt offerin; an the priest is tae pit the bluid on an roond the altar.

3 An aw the fat o't, the fat tail an the fat happin the thairms, is tae be gien as an offerin.

4 An the twa neirs, an the fat on thaim, that's by the tap o the shanks, an the fat jynin the liver an the neirs, he's tae tak awa:

5 Thay'r tae be brunt by the priest on the altar for an offerin made by fire tae the Laird: it is an offerin for wrangdaein.

6 Ilka man-body amang the priests can hae't as meat in a haly place: it is maist haly.

7 As is the sin offerin, sae is the offerin for wrangdaein; the'r ae law for thaim: the priest that maks the offerin for tae tak awa sin, he's tae hae't.

8 An the priest offerin ony man's brunt offerin for him, can hae the skin o the brunt offerin that's offert by him.

9 An ilka meal offerin keukit in the uin an awthing made in a keukin pat or on an ashet is for the priest that it's offert by.

10 An ilka meal offerin, mixtur-maxturt wi ile or dry, is for aw the sons o Aaron in like meisur.

11 An this is the law for the peace offerins offert tae the Laird.

12 Gin ony man gies his offerin as ruise, than lat him gie wi the offerin unleavent bannocks mixtur-maxturt wi ile an thin unleavent bannocks slaired wi ile an cakes o the best meal weel mixtur-maxturt wi ile.

13 Wi his peace offerin lat him gie cakes o leavent breid, as ruise.

14 An lat him gie ane oot o ilk offerin tae be heezed afore the Laird; sae that it can be for the priest that pits the bluid o the peace offerin on the altar.

15 An the flesh o the ruise offerin is tae be taen as meat on the day whan it's offert; nae pairt o't can be held till the forenuin.

16 But gin his offerin is made acause o an aith or gien freely, it can be taen as meat on the day whan it's offert; an the lave can be wared oot the day efter:

17 But gin ony o the flesh o the offerin is aye still unuised on the third day, it's tae be brunt wi fire.

18 An gin ony o the flesh o the peace offerin is taen as meat on the third day, it winna please God an winna be pit tae the accoont o him that gies it; it will be unclean an a cause o sin tae him that taks it as meat.

19 An flesh titcht by ony unclean thing maunna be taen for meat: it's tae be brunt wi fire; an, as for the flesh o the peace offerins, awbody that's clean can tak it as meat:

20 But him that's unclean whan he taks as meat the flesh o the peace offerins, as is the Laird's, will be flemit frae his fowk.

21 An onybody that, efter titchin ony unclean thing o man or an unclean beast or ony unclean an scunnerin thing, taks as meat the flesh o the peace offerins, as is the Laird's, will be flemit frae his fowk.

22 An the Laird said tae Moses,

23 Say tae the bairns o Israel: Ye arna tae tak ony fat, o owse or sheep or gait, for meat.

24 An the fat o whit comes tae a naitral deith, an the fat o whit is lit on by

beasts, can be uised for ither ettles, but no in ony wey for meat.

25 For onybody that taks as meat the fat o ony beast that men maks an offerin o by fire tae the Laird, will be flemit frae his fowk.

26 An ye arna tae tak for meat ony bluid, o bird or beast, in ony o yer hooses.

27 Whaiver taks ony bluid for meat will be flemit frae his fowk.

28 An the Laird said tae Moses,

29 Say tae the bairns o Israel: Him that maks a peace offerin tae the Laird is tae gie an offerin tae the Laird frae his peace offerin:

30 He hissel is tae tak tae the Laird the offerin made by fire, e'en the fat wi the breest, sae that the breest can be waffed for a waff offerin afore the Laird.

31 An the fat is tae be brunt by the priest on the altar, but the breest is for Aaron an his sons.

32 An the richt shank ye'r tae gie tae the priest for an offerin tae be liftit up oot o whit is gien for yer peace offerins.

33 That man, amang the sons o Aaron, that the bluid o the peace offerin an the fat is offert by, is tae hae the richt shank for his pairt.

34 For the breest that's waffed an the richt shank that's liftit up abuin A hae taen frae the bairns o Israel, frae thair peace offerins, an haes gien thaim tae Aaron the priest an tae his sons as thair richt for aye frae the bairns o Israel.

35 This is the haly pairt gien tae Aaron an his sons, oot the offerins made tae the Laird by fire, on the day whan thay war made priests afore the Laird;

36 As the Laird said the bairns o Israel wis tae gie thaim, on the day whan he appyntit thaim his priests. It is thair richt for aye frae generation tae generation.

37 Thir is the laws for the brunt offerin, the meal offerin, an the offerin for wrangdaein; an for the makkin o priests, an for the giein o peace offerins;

38 As thay war gien by the Laird tae Moses on Munt Sinai, on the day whan the Laird gien orders tae the bairns o Israel tae mak thair offerins tae the Laird, in the wilderness o Sinai.

Chaipter 8

An the Laird said tae Moses,

2 Tak Aaron, an his sons wi him, an the robes an the haly ile an the owse o the sin offerin an the twa tuips an the creel o unleavent breid;

3 An lat awbody forgaither at the slap o the Trystin-tent.

4 An Moses did as the Laird said, an awbody forgaithert at the slap o the Trystin-tent.

5 An Moses said tae the people, This is whit the Laird haes gien orders tae be duin.

6 Syne Moses taen Aaron an his sons; an, efter washin thaim wi watter,

7 He pit the coat on him, drawin it ticht wi its baund, an syne the robe, an ower it the ephod, wi its baund o shewin tae haud it ticht.

8 An he pit the priest's bag on him, an in the bag he pit the Urim an Thummim.

9 An on his heid he pit the heid dress, an forenent the heid dress the plate o gowd, the haly croun, as the Laird gien orders tae Moses.

10 An Moses taen the haly ile an slaired it on the Hoose an on aw the things in't for tae mak thaim haly.

11 Seiven times he slaired ile on the altar an on aw its veshels, an on the byne an its dowp for tae mak thaim haly.

12 An some o the ile he pit on Aaron's heid for tae mak him haly.

13 Syne he taen Aaron's sons, cleadin thaim wi the coats, an pittin the baunds roond thaim, an the heid dress on thair heids, as the Laird haed gien him orders.

14 An he taen the owse o the sin offerin: an Aaron an his sons pit thair haunds on the heid o the owse,

15 An he felled it; an Moses taen the bluid an slaired it on the horns o the altar an roond it wi his finger, an made the altar clean, tuimin oot the bluid at the foonds o the altar; sae he made it haly, takkin awa whit wis unclean.

16 An he taen aw the fat on the thairms, an the fat on the liver, an the twa neirs wi thair fat tae be brunt on the altar;

17 But the owse, wi its skin an its flesh an its sharn, wis brunt wi fire ootby the tent-ring, as the Laird gien orders tae Moses.

18 An he pit the tuip o the brunt offerin afore the Laird, an Aaron an his sons pit thair haunds on its heid,

19 An he felled it; an Moses slaired some o the bluid on an roond the altar.

20 An whan the sheep haed been cuttit up, the heid an the pairts an the fat wis brunt by Moses.

21 An the thairms an the shanks wis wuish wi watter, an aw the sheep wis brunt by Moses on the altar; it wis a brunt offerin for a sweet waff: it wis an offerin made by fire tae the Laird, as the Laird gien orders tae Moses.

22 An he pit the ither sheep afore the Laird, the sheep that thay war made priests wi; an Aaron an his sons pit thair haunds on the heid o the sheep,

23 An he felled it; an Moses taen some o the bluid an slaired it on the tap o Aaron's richt lug an on the thoum o his richt haund an on the muckle tae o his richt fit.

24 Syne he taen Aaron's sons, an Moses slaired some o the bluid on the pynt o thair richt lugs an on the thoums o thair richt haunds an on the muckle taes o thair richt feet: an Moses slaired the bluid on an roond the altar.

25 An he taen the fat, an the fat tail, an the fat on the thairms, an the fat on the liver, an the twa neirs wi thair fat, an the richt shank;

26 An oot the creel o unleavent breid that wis afore the Laird he taen ae unleavent bannock, an ae cake o breid wi ile on't, an ae thin cake, an pit thaim on the fat an on the richt shank:

27 An he pit thaim aw on the haunds o Aaron an on the haunds o his sons, waffin thaim for a waff offerin afore the Laird.

28 An Moses taen thaim frae thair haunds, an thay war brunt on the altar on the brunt offerin, as a priest's offerin for a sweet waff, an offerin made by fire tae the Laird.

29 An Moses taen the breest, waffin it for a waff offerin afore the Laird; it wis

Moses' pairt o the sheep o the priest's offerin, as the Laird gien orders tae Moses.

30 An Moses taen some o the haly ile an the bluid that wis on the altar an slaired it on Aaron an on his robes, an on his sons an on his sons' robes; an made Aaron haly, an his robes an his sons an his sons' robes wi him.

31 An Moses said tae Aaron an his sons, The flesh is tae be bylt at the slap o the Trystin-tent, an thare ye'r tae tak it as meat, thegither wi the breid in the creel, as A hae gien orders, sayin, It is the meat o Aaron an his sons.

32 An the lave o the flesh an the breid is tae be brunt wi fire.

33 An ye arna tae gang oot frae the slap o the Trystin-tent for a sennicht, till the days for makkin ye priests is throu; for this will be the wark o a sennicht.

34 Whit's been duin this day hae been ordert by the Laird for tae remit yer sin.

35 An ye'r tae wauk for the Laird at the slap o the Trystin-tent day an nicht for a sennicht, sae that deith disna come tae ye: for sae he haes gien me orders.

36 An Aaron an his sons did aw the things the Laird haed gien orders throu Moses aboot.

Chaipter 9

An on the aicht day Moses sent for Aaron an his sons an the sponsal men o Israel;

2 An he said tae Aaron, Tak a cauf for a sin offerin an a tuip for a brunt offerin, 'ithoot a merk, an mak an offerin o thaim afore the Laird.

3 An say tae the bairns o Israel: Tak a he-gait for a sin offerin, an a cauf an a laum, in thair first year, 'ithoot ony merk on thaim, for a brunt offerin;

4 An an owse an a tuip for peace offerins tae be pit tae deith afore the Laird; an a meal offerin kirnt wi ile: for this day ye'r tae see the Laird.

5 An thay taen the things ordert by Moses, afore the Trystin-tent, an awbody come nearhaund, waitin afore the Laird.

6 An Moses said, This is whit the Laird haes said ye'r tae dae; an ye will see the glore o the Laird.

7 An Moses said tae Aaron, Come forenent the altar an mak yer sin offerin an yer brunt offerin for tae remit yer sin an the sin o the people, an mak the people's offerin for tae tak awa thair sin; as the Laird haes ordert.

8 Sae Aaron come forenent the altar an felled the owse for the sin offerin for hissel;

9 An the sons o Aaron gien him the bluid, an he pit his finger in the bluid an slaired it on the horns o the altar, tuimin oot the bluid at the foonds o the altar;

10 But the fat an the neirs an the fat on the liver o the sin offerin wis brunt by him on the altar as the Laird gien orders tae Moses.

11 An the flesh an the skin wis brunt wi fire ootby the tent-ring;

12 An he pit tae deith the brunt offerin; an Aaron's sons gien him the bluid, an he pit some o't on an roond the altar;

13 An thay gien him the pairts o the brunt offerin, in thair order, an the heid tae be brunt on the altar.

14 An the thairms an the shanks, whan thay haed been wuish wi watter, wis brunt on the brunt offerin on the altar.

177

15 An he made an offerin for the people an taen the gait o the sin offerin for the people an felled it, offerin it for sin, in the same wey as the first.

16 An he taen the brunt offerin, offerin it in the ordert wey;

17 An he pit the meal offerin afore the Laird, an takkin some o't in his haund he caused it birn on the altar, separate frae the brunt offerin o the forenuin.

18 An he felled the owse an the sheep, that wis the peace offerins for the people; an Aaron's sons gien him the bluid, an he slaired some o't on an roond the altar;

19 An, as for the fat o the owse an the fat tail o the sheep an the fat happin the thairms an the neirs an the fat on the liver;

20 Thay pit the fat on the breests, an the fat wis brunt on the altar.

21 An Aaron taen the breests an the richt shank, waffin thaim for a waff offerin afore the Laird, as Moses gien orders.

22 An Aaron, liftin up his haunds tae the people, gien thaim a sainin; an he come doun frae offerin the sin offerin, an the brunt offerin, an the peace offerins.

23 An Moses an Aaron gaen intae the Trystin-tent an come oot an gien the people a sainin, an the glore o the Laird wis seen by awbody.

24 An fire come oot frae afore the Laird, birnin up the offerin on the altar an the fat: an whan awbody seen't, thay gien a lood cry, castin thairsels doun in the stour.

Chaipter 10

An Nadab an Abihu, the sons o Aaron, taen thair veshels an kinnelt fire in thaim an perfume, birnin fremmit fire afore the Laird, that he haedna telt thaim tae dae.

2 An fire come oot frae afore the Laird, birnin thaim up an causin thair ruinage afore the Laird.

3 Syne Moses said tae Aaron, This is whit the Laird said, A will be haly in the een o thaim that comes nearhaund me, an A will be honourt afore awbody. An Aaron said nocht.

4 An Moses sent for Mishael an Elzaphan, the sons o Uzziel, the brither o Aaron's faither, an said tae thaim, Come nearhaund an tak yer brithers awa frae afore the sanctuar, ootby the tent-ring.

5 Sae thay come an taen thaim, in thair coats, ootby the tent-ring, as Moses haed said.

6 An Moses said tae Aaron an tae Eleazar an Ithamar, his sons, Dinna lat yer hair be lowse, an gie nae signs o dule; sae that deith disna owertak ye, an his wraith comes on awbody; but lat thare be greetin amang yer brithers an aw the hoose o Israel for this birnin o the Laird's fire.

7 An dinna gang oot frae the slap o the Trystin-tent, or deith will come tae ye; for the haly ile o the Laird is on ye. An thay did as Moses said.

8 An the Laird said tae Aaron:

9 Tak nae wine, or strang drink, yersel or yer sons wi ye, whan ye gang intae the Trystin-tent, that it isna the cause o deith tae ye; this is an order for aye throu aw yer generations.

10 An sinder the haly an the common, an the unclean an the clean;

11 Learin the bairns o Israel aw the laws the Laird haes gien thaim by the haund o Moses.

12 An Moses said tae Aaron an tae Eleazar an Ithamar, his sons aye tae the fore, Tak the lave o the meal offerin frae the offerins o the Laird made by fire, an tak it for yer meat, 'ithoot leaven, at the side o the altar, for it's maist haly.

13 It's tae be for yer meat in a haly place, acause it is yer richt an yer sons' richt, frae the offerins o the Laird made by fire: for sae A am ordert.

14 An the breest that's waffed an the shank liftit up abuin ye'r tae tak as yer meat in a clean airt; yersel an yer sons an yer dochters wi ye: for thay'r gien ye as yer richt an yer sons' richt, frae the peace offerins o the bairns o Israel.

15 Lat thaim tak the breest that's waffed an the shank liftit up abuin, wi the fat o the brunt offerin tae be waffed for a waff offerin afore the Laird; an this will be for ye an for yer sons wi ye, for a richt for aye, as the Laird haes ordert.

16 An Moses wis leukin for the gait o the sin offerin, but it wis brunt; an he wis wraith wi Eleazar an Ithamar, the sons o Aaron aye tae the fore, sayin,

17 Whit for did ye no mak a mealtith o the sin offerin in the sanctuar? For it's maist haly, an he haes gien it ye sae that the sin o the people can be pit on't tae tak awa thair sin afore the Laird.

18 See, its bluid wisna taen intae the sanctuar: certes it wis richt for ye tae hae taen it as meat in the sanctuar, as A gien orders.

19 An Aaron said tae Moses, Ye hae seen that the day thay hae made thair sin offerin an thair brunt offerin afore the Laird, an the like o this haes come upo me. Gin A haed taen the sin offerin as meat the day, wad it hae pleased the Laird?

20 An, efter hearin this, Moses wis wraith nae mair.

Chaipter 11

An the Laird said tae Moses an Aaron,

2 Say tae the bairns o Israel: Thir is the leevin things ye can hae for meat amang aw the beasts on the yird.

3 Ye can hae as meat ony beast wi a cluif, an that chowes the cuid.

4 But, at the same time, o thae beasts, ye canna tak for meat the caumel, acause it chowes the cuid but it haesna a cluif; it is unclean tae ye.

5 An the rock-brock, for the same raison, is unclean tae ye.

6 An the baud, acause it haesna a cluif, is unclean tae ye.

7 An the gryce is unclean tae ye, acause, tho it haes a cluif, it disna chowe the cuid.

8 Thair flesh canna be uised for meat, an thair deid corps canna e'en be titcht; thay ar unclean tae ye.

9 Thir ye can hae for meat o aw things leevin in the watter: ocht leevin in the watter, in the seas or watters, that haes fins an skin formed o scales can be uised for meat.

10 Aw ither things leevin an muivin in the watter, in the sea or in the watters, is a scunnerin thing tae ye;

11 Thay canna be uised for meat, an thair deid corps is scunnerin tae ye.

12 Ocht in the watter that haes nae fins an nae scales on its skin is scunnerin tae ye.

13 An amang birds thir is tae be scunnerin tae ye, an no tae be uised for meat: the earn an the ossifrage an the fish-hawk;

14 An the gled an the faucon, an birds o that kin;

15 Ilka corbie, an birds o that kin;

16 An the ostrich an the houlet an the sea gled, an birds o that kin;

17 An the wee houlet an the scarf an the muckle houlet;

18 An the stank-hen an the pelican an the vultur;

19 The stork an the hern, an birds o that kin, an the teuchit an the baukie-bird.

20 Ilka weengit fower-fittit thing that gangs on the yird is scunnerin tae ye;

21 But o the weengit fower-fittit things, thaim that haes lang shanks for lowpin on the yird ye can hae for meat;

22 Sic as aw the different kins o locust.

23 But aw ither weengit fower-fittit things as gangs on the yird is scunnerin tae ye.

24 By thir ye will be fyled; onybody titchin thair deid corps will bide unclean till forenicht:

25 Whaiver taks awa the deid corp o ane o thaim is tae hae his claes wuish, an will bide unclean till forenicht.

26 Ilka beast 'ithoot a cluif, an that disna chowe the cuid, is unclean tae ye: onybody titchin ane o thir will be unclean.

27 Ony fower-fittit beast that gangs on its paws is unclean tae ye: onybody titchin the deid corp o ane o thir will bide unclean till forenicht.

28 Onybody that taks awa the deid corp o ane o thir is tae hae his claes wuish an bide unclean till forenicht.

29 An thir is unclean tae ye amang things as gangs laich doun on the yird; the whitrat an the moose an the muckle esk, an beasts o that kin;

30 An the foumart an the laund crocodile an the ask an the saund-ask an the chameleon.

31 Aw thir is unclean tae ye: onybody titchin thaim whan thay'r deid will bide unclean till forenicht.

32 The deid corp o ony o thir, fawin on ocht, will mak that thing unclean; gin it's ony veshel o wid, or claes, or skin, or bag, whitiver it is, gin it's uised for ony ettle, it will hae tae be pit intae watter, an will bide unclean till forenicht; efter that it will be clean.

33 An gin ane o thaim gits intae ony laim veshel, whitiver's in the veshel will be unclean, an the veshel will hae tae be broke.

34 Ony meat in't, an ocht that watter frae't comes on, will be unclean: ony drink taen frae sicna veshel will be unclean.

35 Ony pairt o the deid corp o ane o thir, fawin on ocht, will mak it unclean; gin it's an uin or a keukin pat, it will hae tae be broke: thay ar unclean an will be unclean tae ye.

36 But at the same time a funtain or a steid whaur watter is hained for uiss will be clean; but onybody titchin thair deid corps will be unclean.

37 Gin ony pairt o the deid corp o ane o thir gits ontae ony seed for sawin, it is clean;

38 But gin watter is pit on the seed, an ony pairt o the deid corp gits on tae't, it will be unclean tae ye.

39 An gin ony beast that can be uised for meat comes tae a naitral deith, onybody titchin its deid corp will bide unclean till forenicht.

40 An him that uises ony pairt o its bouk for meat is tae hae his claes wuish an bide unclean till forenicht; an onybody takkin awa its bouk is tae hae his claes wuish an bide unclean till forenicht.

41 Awthing that muives on its bouk on the yird is scunnerin an isna tae be uised for meat.

42 Whitiver gangs on its kyte or on fower feet or haes an unco nummer feet, e'en aw thaim gaun flet on the yird, maunna be uised for meat, for thay'r scunnerin.

43 Ye arna tae mak yersels scunnerin wi ocht that gangs aboot flet on the yird; ye maunna mak yersels unclean wi thaim in sicna wey that ye arna haly tae me.

44 For A am the Laird yer God: for this raison, mak an haud yersels haly, for A am haly; ye arna tae mak yersels unclean wi ony kin o thing that gangs aboot flet on the yird.

45 For A am the Laird that taen ye oot the laund o Egypt tae be yer God; sae be ye haly, for A am haly.

46 This is the law aboot beasts an birds an ilka leevin thing muivin in the watters, an ilka leevin thing that crowls on the yird:

47 Merkin oot the unclean frae the clean, an the leevin thing that can be uised for meat frae whit canna.

Chaipter 12

An the Laird said tae Moses,

2 Say tae the bairns o Israel, Gin a wumman is biggen an gies birth tae a chiel, she will be unclean for a sennicht, as whan she is unweel.

3 An on the aicht day lat him be circumceesed.

4 An she will be unclean for thirty-three days till the flowe o her bluid haes stappit; nae haly thing can be titcht by her, an she canna come intae the sanctuar, till the days for makkin her clean is throu.

5 But gin she gies birth tae a lassie, than she will be unclean for twa weeks, as whan she is unweel; an she winna be awthegither clean for saxty-sax days.

6 An whan the days is throu for makkin her clean for a son or a dochter, lat her tak tae the priest at the slap o the Trystin-tent a laum o the first year for a brunt offerin an a young puddy dou or a dou for a sin offerin:

7 An the priest is tae mak an offerin o't afore the Laird for tae tak awa her sin, an she will be made clean frae the flowe o her bluid. This is the law for a wumman that gies birth tae a laddie or lassie.

8 An gin she haesna siller eneuch for a laum, than lat her tak twa dous or twa young puddy dous, ane for a brunt offerin an the tither for a sin offerin, an the priest will mak offerins for tae tak awa her sin, an she will be clean.

Chaipter 13

An the Laird said tae Moses an Aaron,

2 Gin a man haes on his skin a growthe or a merk or a white pairt, an it comes tae be the disease o a lipper, lat him be taen tae Aaron the priest, or tae ane o the priests, his sons;

3 An gin, whan the priest sees the merk on his skin, the hair on the steid is white turnt an the merk seems tae gang deeper nor the skin, it is the merk o a lipper: an the priest, efter leukin at him, will say that he is unclean.

4 But gin the merk on his skin is white, an disna seem tae gang deeper nor the skin, an the hair on't isna white turnt, than the priest will haud him steekit awa for a sennicht;

5 An the priest is tae see him on the seivent day; an gin, in his conceit, the merk on his skin haesna come tae be waur an haesna eikit in size, than the priest will haud him steekit awa for a sennicht mair:

6 An the priest is tae see him again on the seivent day; an gin the merk is less bricht an haesna eikit on his skin, than lat the priest say that he is clean: it is juist a skin merk, an efter his claes haes been wuish, he will be clean.

7 But gin the size o the merk on his skin haes eikit efter he haes been seen by the priest, lat him gang tae the priest again:

8 An gin, efter leukin at him, he sees that the merk haes eikit in his skin, lat the priest say that he is unclean; he is a lipper.

9 Whan the disease o a lipper is seen on a man, lat him be taen tae the priest;

10 An gin the priest sees that the'r a white growthe on the skin, an the hair is white turnt, an the'r diseased flesh in the growthe,

11 It is an auld disease in the skin o his flesh, an the priest will say that he is unclean; he winna hae tae be steekit awa, for he is unclean clear eneuch.

12 An gin the disease comes oot aw ower his skin, frae his heid tae his feet, sae faur's the priest can see,

13 An gin the priest sees that aw his flesh is happit wi the lipper's disease, the priest will say that he is clean: it is aw white turnt; he is clean.

14 But whaniver diseased flesh is seen on him, he will be unclean.

15 An whan the priest sees the diseased flesh he will say that he is unclean; the diseased flesh is unclean, he is a lipper.

16 Or gin the diseased flesh is turnt again an cheenged tae white, than he's tae come tae the priest,

17 An the priest will see him: an gin the merk is white turnt, than the priest will say that he is free frae the disease.

18 An gin an ill bittie haes come oot on the skin an is weel again,

19 An on the same steid the'r a white growthe o a bricht merk, reid an white, than lat the priest see't;

20 An, efter leukin at it, gin it seems tae gang deeper nor the skin, an the hair on't is white turnt, than the priest will say that the man is unclean: it is the lipper's disease; it haes come oot in the ill bittie.

21 But gin, efter leukin at it, he sees that the'r nae white hairs on't, an it isna deeper nor the skin, an it isna unco bricht, than lat the priest haud him steekit awa for a sennicht:

22 An gin it's eikin on the skin, the priest will say that he is unclean: it is a disease.

23 But gin the bricht merk bides in the same steid an gits nae bigger, it is the merk o the auld wound, an the priest will say that he is clean.

24 Or gin the'r a birn on the skin o the flesh, an gin the diseased flesh in the birn comes tae be a bricht pairt, reid an white or white,

25 The priest is tae see it: an gin the hair on the bricht pairt is white turnt, an it seems tae gang deeper nor the skin, he is a lipper: it haes come oot in the birn, an the priest will say that he is unclean: it is the lipper's disease.

26 But gin, efter leukin at it, the priest sees that the'r nae white hair on the bricht pairt, an it isna deeper nor the skin, an isna unco bricht, than lat the priest haud him steekit awa for a sennicht:

27 An the priest is tae see him again on the seivent day; gin it haes eikit in the skin, than the priest will say that he is unclean: it is the lipper's disease.

28 An gin the bricht pairt bides the same size an gits nae bigger on the skin, but is less bricht, it is the ootcome o the birn, an the priest will say that he is clean: it is the merk o the birn.

29 An whan a man or a wumman haes a disease on the heid, or in the hair o the chollers,

30 Than the priest is tae see the seat o the disease: an gin it seems tae gang deeper nor the skin, an gin the'r thin yallae hair in't, than the priest will say that he is unclean: he haes the merk o the lipper's disease on his heid or in the hair o his chollers.

31 An, efter leukin at the seat o the disease, gin it disna seem tae gang deeper nor the skin, an the'r nae black hair in't, than the priest will hae him steekit awa for a sennicht:

32 An on the seivent day the priest will see the merk: an gin it haesna eikit, an the'r nae yallae hair in't, an it disna seem tae gang deeper nor the skin,

33 Syne his hair is tae be shorn, but no on the seat o the disease, an he's tae be steekit awa for a sennicht mair:

34 An on the seivent day the priest will see the merk: an gin it haesna eikit, an disna seem tae gang deeper nor the skin, the priest will say that he is clean: an efter his claes haes been wuish, he will be clean.

35 But gin the disease in his skin comes tae be waur efter he haes been made clean,

36 Than the priest is tae see him: an gin the merk haes eikit, the priest, 'ithoot leukin for the yallae hair, will say that he is unclean.

37 But gin, in his conceit, the growthe haes devauled, an black hair haes come up on't, the disease haes gaen; he is clean an the priest will say that he is clean.

38 An gin a man or a wumman haes bricht merks on the skin o thair flesh, that is, bricht white merks,

39 Than the priest is tae see thaim: an gin the white merks on thair skin isna unco bricht, it is a sotter that haes come oot on the skin; he is clean.

40 An gin a man's hair haes come oot, an he haes nae hair, yet he is clean.

41 An gin the hair haes gaen frae his forebrou, sae that he haes nae hair thare, yet he is clean.

42 But gin, on his heid or on his brou, whaur he haes nae hair, the'r a reid an

white pairt, it is the disease o the lipper comin oot on his heid or on his brou.

43 Syne, gin the priest sees that the growthe o the disease haes come tae be reid an white on his heid or on his brou whaur the'r nae hair, like the merk in the skin o a lipper;

44 He is a lipper an unclean; the priest is tae say that he is maist certes unclean: the disease is in his heid.

45 An the lipper that haes the disease on him is tae gang aboot wi signs o dule, wi his hair lowse an his mou happit, greetin, Unclean, unclean.

46 While the disease is on him, he will be unclean. He is unclean: lat him bide his lane, leevin ootby the tent-ring.

47 An ony claes o oo or lint the merk o the disease is in;

48 Gin it's in the threids o the lint or the oo, or in laither, or in ocht made o skin;

49 Gin the'r reid or green merks on the claes, or on the laither, or in the threids o the claith, or in ocht made o skin, it is the lipper's disease: lat the priest see't.

50 An, efter it's been seen by the priest, the thing that's sae merkit's tae be steekit awa for a sennicht:

51 An he's tae see the merk on the seivent day; gin the merk haes eikit in the claes, or in the threids o the claith, or in the laither, whitiver the laither's uised for, it's the disease bitin intae't: it's unclean.

52 An the claes, or the oo or lint claith, or ocht o laither that the disease is in, is tae be brunt: for the disease is bitin intae't; lat it be brunt in the fire.

53 An gin the priest sees that the merk haesna eikit in the claes or in ony pairt o the claith or in the laither,

54 Than the priest will gie orders for the thing that the merk's on tae be wuish an tae be steekit awa for a sennicht mair:

55 An gin, efter the merk haes been wuish, the priest sees that the colour o't isna cheenged, an it haesna eikit, it's tae be brunt in the fire: the disease is wirkin in't, tho the skaith can be inby or ootby.

56 An gin the priest sees that the merk is less bricht efter the washin, than lat him hae't cuttit oot the claes or the laither or frae the threids o the claith:

57 An gin the merk is aye still seen in the claes or in the threids o the claith or in the laither, it's the disease comin oot: the thing that the disease is in will hae tae be brunt wi fire.

58 An the claith o the claes, or ocht o skin, that's been wuish, gin the merk haes gaen oot o't, lat it be wuish a seicont time, an it will be clean.

59 This is the law aboot the lipper's disease in the threid o oo or lint claith, in claes or in ocht o skin, sayin whit wey it's tae be deemed clean or unclean.

Chaipter 14

An the Laird said tae Moses,

2 This is the law o the lipper on the day whan he's made clean: he's tae be taen tae the priest;

3 An the priest is tae gang ootby the tent-ring; an gin, efter leukin, the priest sees that the merk o the disease haes gaen frae him,

4 Than the priest is tae gie orders tae tak, for him that's tae be made clean,

twa leevin clean birds an some cedar wid an reid threid an hyssop.

5 An the priest will gie orders for ane o the birds tae be pit tae deith in a veshel o laim, ower fleetin watter.

6 An he will tak the leevin bird an the wid an the reid threid an the hyssop an pit thaim in the bluid o the bird that wis pit tae deith ower fleetin watter.

7 An, shakkin it seiven times ower the man that's tae be made clean, he will say that he is clean an will lat the leevin bird gang free intae the appen kintra.

8 An him that's tae be made clean will hae his claes wuish an his hair cuttit an hae a bath, an he will be clean. An efter that he will come back tae the tent-ring; but he's tae bide in his tent for a sennicht.

9 An on the seivent day he's tae hae aw the hair cuttit aff his heid an his chollers an ower his een — aw his hair is tae be shorn — an he will hae his claes wuish an his bouk wuish in watter, an he will be clean.

10 An on the aicht day lat him tak twa tuip-laums, 'ithoot ony merks on thaim, an ae yowe-laum o the first year, 'ithoot a merk, an three tent pairts o an ephah o the best meal, mixtur-maxturt wi ile, an ae stock o ile.

11 An the priest that's makkin the man clean will set him, thegither wi thir things, afore the slap o the Trystin-tent.

12 An the priest is tae tak ane o the tuip-laums an gie't as an offerin for wrangdaein, an the stock o ile, waffin thaim for a waff offerin afore the Laird;

13 An he's tae pit the tuip-laum tae deith in the steid whaur thay pit tae deith the sin offerin an the brunt offerin, in the sanctuar; for as the sin

offerin is the guids an gear o the priest, sae is the offerin for wrangdaein: it is maist haly.

14 An lat the priest tak some o the bluid o the offerin for wrangdaein an slair it on the pynt o the richt lug o him that's tae be made clean, an on the thoum o his richt haund an on the muckle tae o his richt fit;

15 An tak some o the ile an slair it on the luif o his left haund;

16 An lat the priest pit his richt finger in the ile that's in his left haund, shakkin it oot wi his finger seiven times afore the Laird;

17 An o the lave o the ile that's in his haund the priest will slair some on the pynt o the richt lug o the man that's tae be made clean, an on the thoum o his richt haund an on the muckle tae o his richt fit, ower the bluid o the offerin for wrangdaein;

18 An the lave o the ile in the priest's haund he will pit on the heid o him that's tae be made clean; an sae the priest will set him free frae sin afore the Laird.

19 An the priest will gie the sin offerin, an tak awa the sin o him that's tae be made clean frae his unclean cast; an efter that he will pit the brunt offerin tae deith.

20 An the priest is tae hae the brunt offerin an the meal offerin brunt on the altar; an the priest will mak the offerins for tae tak awa his sin, an he will be clean.

21 An gin he's puir an canna git that muckle, than he can tak ae tuip-laum as an offerin for wrangdaein tae be waffed for tae tak awa his sin, an ae tent pairt

o an ephah o the best meal mixtur-maxturt wi ile for a meal offerin, an a stock o ile;

22 An twa dous or twa young puddy dous, sic's he's able for gittin; an ane will be for a sin offerin an the tither for a brunt offerin.

23 An on the aicht day he will tak thaim tae the priest tae the slap o the Trystin-tent afore the Laird, sae that he is made clean.

24 An the priest will tak the laum o the offerin for wrangdaein an the ile, waffin thaim for a waff offerin afore the Laird;

25 An he will fell the laum o the offerin for wrangdaein, an the priest will tak some o the bluid o the offerin for wrangdaein an slair it on the pynt o the richt lug o him that's tae be made clean, an on the thoum o his richt haund an on the muckle tae o his richt fit;

26 An the priest will slair some o the ile on the luif o his left haund,

27 Shakkin oot draps o ile wi his richt finger afore the Laird seiven times:

28 An the priest will slair some o the ile that's in his haund on the pynt o the lug o the man that's tae be made clean an on the thoum o his richt haund an on the muckle tae o his richt fit, on the steid whaur the bluid o the offerin for wrangdaein wis pit;

29 An the lave o the ile that's in the priest's haund he will slair on the heid o him that's tae be made clean for tae tak awa his sin afore the Laird.

30 An he will mak an offerin o ane o the dous or the young puddy dous, sic's he's able for gittin;

31 An o thir, he will gie ane for a sin offerin an ane for a brunt offerin, wi the meal offerin; an the priest will mak the offerins for tae tak awa the sin o him that's tae be made clean afore the Laird.

32 This is the law for the man that haes the disease o the lipper on him, an that canna git whit's necessar for makkin hissel clean.

33 An the Laird said tae Moses an Aaron,

34 Whan ye hae come intae the laund o Canaan that A will gie ye for yer heirskip, gin A pit the lipper's disease on a hoose in the laund o yer heirskip,

35 Than lat the awner o the hoose come an say tae the priest, It seems tae me that the'r a kin o lipper's disease in the hoose.

36 An the priest will gie orders for awthing tae be taen oot the hoose, afore he gangs ben for tae see the disease, sae that the things in the hoose disna come tae be unclean; an syne the priest is tae gang ben for tae see the hoose;

37 An gin he sees that the waws o the hoose is merkit wi howes o green an reid, an gin it seems tae gang deeper nor the face o the waw;

38 Than the priest will gang oot the door o the hoose, an haud the hoose steekit awa for a sennicht:

39 An the priest is tae come again on the seivent day an hae a leuk an see gin the merks on the waws o the hoose haes eikit in size;

40 Than the priest will gie wird tae thaim tae tak oot the stanes the disease is seen in an pit thaim oot intae an unclean steid ootby the toun:

41 An he will hae the hoose rubbit aw ower ben, an the cleister rubbit aff will be pit oot intae an unclean steid ootby the toun:

42 An thay will tak ither stanes an pit thaim in the steid o thae stanes, an he will tak ither cleister an pit it on the waws o the hoose.

43 An gin the disease comes oot again in the hoose efter he haes taen oot the stanes an efter the waws haes been rubbit an the new cleister pit on,

44 Than the priest will come an see't; an gin the disease in the hoose haes eikit in size, it is the lipper's disease wirkin oot in the hoose: it is unclean.

45 An the hoose will hae tae be dingit doun, the stanes o't an the wid an the cleister; an awthing is tae be taen oot tae an unclean steid ootby the toun.

46 An, forby that, onybody that gangs ben the hoose at ony time while it is steekit awa will bide unclean till forenicht.

47 An onybody that haes sleepit in the hoose will hae tae hae his claes wuish; an onybody that taks meat in that hoose will hae tae hae his claes wuish.

48 An gin the priest comes in, an sees that the disease haesna eikit efter the new cleister haes been pit on the hoose, than the priest will say that the hoose is clean, acause the disease haes gaen.

49 An for tae mak the hoose clean, lat him tak twa birds an cedarwid an reid threid an hyssop;

50 An pit ane o the birds tae deith in a laim veshel ower fleetin watter;

51 An tak the cedarwid an the hyssop an the reid threid an the leevin bird an pit thaim in the bluid o the deid bird an in the fleetin watter, shakkin it ower the hoose seiven times.

52 An he will mak the hoose clean wi the bluid o the bird an the fleetin watter an wi the leevin bird an wi the cedarwid an the hyssop an the reid threid.

53 But he will lat the leevin bird flee ootby the toun intae the appen kintra; sae he will tak awa sin frae the hoose, an it will be clean.

54 This is the law for aw signs o the lipper's disease an for sotters;

55 An for signs o disease in claes, or in a hoose;

56 An for a growthe or an ill bittie or a bricht merk on the skin;

57 Tae mak clear whan it's unclean an whan it's clean: this is the law aboot the disease o the lipper.

Chaipter 15

An the Laird said tae Moses an tae Aaron,

2 Say tae the bairns o Israel: Gin a man haes an unclean flowe frae his flesh, it will mak him unclean.

3 Gin the flowe gangs on, or gin the pairt is stappit fou tae haud back the flowe, he is aye unclean.

4 Ilka bed that he haes restit on will be unclean, an awthing that he haes sat on will be unclean.

5 An onybody titchin his bed is tae hae his claes wuish an his bouk wuish in watter an bide unclean till forenicht.

6 An him that haes sat on ocht that the unclean man haes sat on is tae hae his claes wuish an his bouk wuish in watter an bide unclean till forenicht.

7 An onybody titchin the flesh o the unclean man is tae hae his claes wuish an his bouk wuish in watter an bide unclean till forenicht.

8 An gin bree frae the mou o the unclean man comes on tae him that's clean, than he's tae hae his claes wuish an his bouk wuish in watter an bide unclean till forenicht.

9 An ony saidle on a horse that the unclean man haes sat on will be unclean.

10 An onybody titchin ocht that wis unner him will bide unclean till the forenicht; onybody takkin up ony o thir things is tae hae his claes wuish an his bouk wuish in watter an bide unclean till forenicht.

11 An onybody that the unclean man pits his haunds on 'ithoot washin thaim in watter is tae hae his claes wuish an his bouk wuish in watter an bide unclean till forenicht.

12 An ony laim veshel that's been titcht by the unclean man will hae tae be broke an ony veshel o wid wuish.

13 An whan a man that haes a flowe frae his bouk is made clean frae't, he's tae tak a sennicht tae mak hissel clean, washin his claes an washin his bouk in fleetin watter, an syne he will be clean.

14 An on the aicht day he's tae tak twa dous or twa young puddy dous an come afore the Laird tae the slap o the Trystin-tent an gie thaim tae the priest:

15 An thay'r tae be offert by the priest, ane for a sin offerin an ane for a brunt offerin, an the priest will mak the offerins for tae tak awa his sin afore the Laird on accoont o his flowe.

16 An gin a man's seed gangs oot frae him, than aw his bouk will hae tae be wuish in watter, an he will bide unclean till forenicht.

17 An ony claes or skin that the seed comes on is tae be wuish wi watter an bide unclean till forenicht.

18 An gin a man lifts a leg ower a wumman an his seed gangs oot frae him, the pair o thaim will hae tae be wuish in watter an will bide unclean till forenicht.

19 An gin a wumman haes a flowe o bluid frae her wame, she will hae tae be held sinder for a sennicht, an onybody titchin her will bide unclean till forenicht.

20 An awthing that she haes restit on while she's held sinder will be unclean, an awthing that she haes sat on will be unclean.

21 An onybody titchin her bed will hae tae hae his claes wuish an his bouk wuish in watter an bide unclean till forenicht.

22 An onybody titchin ocht that she haes sat on will hae tae hae his claes wuish an his bouk wuish in watter an bide unclean till forenicht.

23 Onybody titchin ocht on the bed or on the thing that she haes sat on will bide unclean till forenicht.

24 An gin ony man lifts a leg ower her sae that her bluid comes on him, he will be unclean for a sennicht, an ilka bed that he haes restit on will be unclean.

25 An gin a wumman haes a flowe o bluid for a lang time, no at the time whan she maistlins haes it, or gin the flowe gangs on langer nor the ordinar time, she will be unclean while the flowe o bluid gangs on, as she is at ither ordinar times.

26 Ilka bed that she haes restit on will be unclean, as at the times whan she haes a flowe o bluid for ordinar, an awthing that she haes sat on will be unclean in the same wey.

27 An onybody titchin thir things will be unclean, an his claes will hae tae be wuish an his bouk wuish in watter, an he will bide unclean till forenicht.

28 But whan her flowe o bluid haes stappit, efter a sennicht she will be clean.

29 An on the aicht day lat her git twa dous or twa young puddy dous an tak thaim tae the priest tae the slap o the Trystin-tent,

30 Tae be offert by the priest, ane for a sin offerin an ane for a brunt offerin; an the priest will mak the offerins for tae tak awa her sin afore the Laird on accoont o her unclean cast.

31 In this wey the bairns o Israel can be lowsent frae aw kin o unclean casts, sae that deith disna owertak thaim whan thay'r unclean an whan thay fyle ma sanctuar that's amang thaim.

32 This is the law for the man that haes a flowe frae his bouk, or that's seed gangs frae him sae that he is unclean;

33 An for her that haes a flowe o bluid, an for ony man or wumman that haes an unclean flowe, an for him that lifts a leg ower a wumman whan she is unclean.

Chaipter 16

An the Laird said tae Moses, efter the deith o the twa sons o Aaron whan thay taen in fremmit fire afore the Laird, an deith owertaen thaim;

2 The Laird said tae Moses, Say tae Aaron, yer brither, that he canna come at aw times intae the sanctuar ahint the hap, afore the kiver on the airk, for fear that deith owertaks him; for A will be seen in the clud on the kiver o the airk.

3 Lat Aaron come intae the sanctuar in this wey: wi an owse for a sin offerin an a tuip for a brunt offerin.

4 Lat him pit on the haly muslin coat, an the muslin breeks on his bouk, an the muslin baund roond him, an the lint heid dress on his heid; for thir is haly claes, an afore he pits thaim on, his bouk is tae be wuish wi watter.

5 An lat him tak frae the bairns o Israel twa he-gaits for a sin offerin an ae tuip for a brunt offerin.

6 An Aaron is tae gie the owse o the sin offerin for hissel tae mak hissel an his hoose free frae sin.

7 An he's tae tak the twa gaits an pit thaim afore the Laird at the slap o the Trystin-tent.

8 An Aaron will wale frae the twa gaits by the juidgment o the Laird, ae gait for the Laird an ane for Azazel.

9 An the gait that's merkit for the Laird, lat Aaron gie for a sin offerin.

10 But the gait for Azazel is tae be placed leevin afore the Laird, for the takkin awa o sin, sae that it can be sent awa for Azazel intae the wilderness.

11 An Aaron is tae gie the owse o the sin offerin for hissel an tak awa sin frae hissel an his hoose, an fell the owse o the sin offerin that's for hissel.

12 An he's tae tak a veshel fou o birnin coals frae the altar afore the Laird an in his haund some sweet perfume grund smaw, an tak it ahint the hap;

13 An lat him pit the perfume on the fire afore the Laird sae that the airk can be

happit wi a clud o the reek o the perfume, sae that deith disna owertak him.

14 An lat him tak some o the bluid o the owse, shakkin draps o't frae his finger on the kiver o the airk on the east side an afore it, seiven times.

15 Than lat him fell the gait o the sin offerin for the people, an tak its bluid ahint the hap an dae wi't as he did wi the bluid o the owse, shakkin draps o't on an afore the kiver o the airk.

16 An lat him dae thon for tae mak the sanctuar free frae whitiver's unclean amang the bairns o Israel an frae thair wrangdaein in aw thair sins; an lat him dae the same for the Trystin-tent, that haes its steid amang an unclean fowk.

17 An nae man can be in the Trystin-tent frae Aaron gangs in for tae tak awa sin in the sanctuar till he comes oot, haein made hissel an his hoose an awbody o Israel free frae sin.

18 An he's tae gang oot tae the altar afore the Laird an mak it free frae sin; an he's tae tak some o the bluid o the owse an the bluid o the gait an slair it on the horns o the altar an roond it;

19 Shakkin draps o the bluid frae his finger on it seiven times for tae mak it haly an clean frae whitiver's unclean amang the bairns o Israel.

20 An whan he haes duin whitiver's necessar tae mak the sanctuar an the Trystin-tent an the altar free frae sin, lat him set the leevin gait afore the Laird;

21 An Aaron, pittin his twa haunds on the heid o the leevin gait, will propale ower him aw the ill daeins o the bairns o Israel an aw thair wrangdaein, in aw thair sins; an he will pit thaim on the heid o the gait an send him awa, in the care o a man that will be waitin thare, intae the wilderness.

22 An the gait will tak aw thair sins intae a laund flemit frae men, an he will send the gait awa intae the wilderness.

23 Than lat Aaron come intae the Trystin-tent an tak aff the muslin claes he pit on whan he gaen intae the sanctuar, an pit thaim doun thare;

24 An, efter washin his bouk in watter in a haly place, he's tae pit on his claes an come oot an gie his brunt offerin an the brunt offerin o the people for tae tak awa his sin an the sin o the people.

25 An the fat o the sin offerin is tae be brunt by him on the altar.

26 An the man that taks awa the gait for Azazel is tae hae his claes wuish an his bouk wuish in watter, an than he can come back tae the tent-ring.

27 An the owse o the sin offerin an the gait o the sin offerin, that's bluid wis taen in for tae mak the sanctuar free frae sin, is tae be taen awa ootby the tent-ring, an thair skins an thair flesh an thair waste is tae be brunt wi fire.

28 An the man that thay'r brunt by is tae hae his claes wuish an his bouk wuish in watter, an than he can come back tae the tent-ring.

29 An lat this be an order tae ye for aye: in the seivent month, on the tent day, ye'r tae haud yersels frae pleisur an dae nae kin o wark, thaim that's Israelites by birth an thaim frae ither launds bidin amang ye:

30 For on this day yer sin will be dichtit awa, an ye will be clean: ye will be lowsent frae aw yer sins afore the Laird.

31 It is a byordinar Saubath for ye, an ye'r tae haud yersels frae pleisur; it is an order for aye.

32 An the man that's heid the haly ile haes been slaired on, an that's been merkit tae be a priest in his faither's steid, will dae whit's necessar tae tak awa sin an will pit on the muslin claes, e'en the haly robes:

33 An he will dae thon for tae mak the sanctuar an the Trystin-tent an the altar free frae sin; he will tak awa sin frae the priests an frae awbody.

34 An lat this be an order for aye for ye, sae that the sin o the bairns o Israel can be dichtit awa ance ilka year. An he did as the Laird gien orders tae Moses.

Chaipter 17

An the Laird said tae Moses,

2 Say tae Aaron an his sons an tae aw the bairns o Israel: This is the order that the Laird haes gien.

3 Gin ony man o Israel pits tae deith an owse or a laum or a gait, inby or ootby the tent-ring;

4 An haesna taen it tae the slap o the Trystin-tent tae mak an offerin tae the Laird, afore the Laird's Hoose, its bluid will be on him, for he haes taen life, an he will be flemit frae amang his fowk:

5 Sae that the bairns o Israel can tak tae the Laird tae the slap o the Trystin-tent an tae the priest, the offerins thay hae pit tae deith in the appen kintra, an sae that thay can mak thair peace offerins tae the Laird.

6 An the priest will slair bluid on the altar o the Laird at the slap o the Trystin-tent, birnin the fat for a sweet waff tae the Laird.

7 An lat thaim mak nae mair offerins tae ill speerits, as thay hae gaen efter, turnin awa frae the Laird. Lat this be a law tae thaim for aye, throu aw thair generations.

8 An say tae thaim, Gin ony man o Israel, or ony ither bidin amang thaim, maks a brunt offerin or ither offerin,

9 An disna tak it tae the slap o the Trystin-tent for tae mak an offerin tae the Laird, that man will be flemit frae amang his fowk.

10 An gin ony man o Israel, or ony ither bidin amang thaim, taks ony kin o bluid for meat, ma wraith will be turnt agin that man, an he will be flemit frae amang his fowk.

11 For the life o the flesh is in its bluid; an A hae gien it ye on the altar for tae remit yer sin: for it's the bluid that maks free frae sin acause o the life in't.

12 For this raison A hae said tae the bairns o Israel, Nae man amang ye, or ony ithers bidin wi ye, can tak bluid as meat.

13 An ony man o Israel, or ony ither bidin amang thaim, that gits wi his bowe ony beast or bird uised for meat, is tae see that its bluid is dernit wi yird.

14 For the bluid is the life o aw flesh: an sae A hae said tae the bairns o Israel, Ye canna tak ony kin o bluid as meat, an ony man that dis the like will be flemit.

15 An onybody that taks as meat ocht that haes come tae a naitral end, or ocht that's been pit tae deith by beasts, gin he's ane o ye by birth, or o anither nation, will hae tae hae his claes wuish an his bouk wuish in watter an bide unclean till forenicht, an syne he will be clean.

16 But gin his claes isna wuish an his bouk wuish, his sin will be on him.

Chaipter 18

An the Laird said tae Moses,

2 Say tae the bairns o Israel, A am the Laird yer God.

3 Ye canna dae thae things duin in the laund o Egypt whaur ye war leevin; an ye canna dae thae things duin in the laund o Canaan whaur A'm takkin ye, or be airtit in yer fashions by thair rules.

4 But ye'r tae be airtit by ma juidgments an haud ma rules, an be guidit by thaim: A am the Laird yer God.

5 Sae haud ma rules an ma juidgments, sae that, gin a man dis thaim, life will be tae him: A am the Laird.

6 Ye canna lift a leg ower onybody o yer ain fowk: A am the Laird.

7 Ye canna lift a leg ower yer faither or yer mither: she is yer mither; ye canna tak her.

8 An ye canna lift a leg ower yer faither's guidwife: she is yer faither's.

9 Ye canna tak yer sister, the dochter o yer faither or yer mither, whauriver her birth come aboot, amang ye or in anither kintra.

10 Ye canna lift a leg ower yer son's dochter or yer dochter's dochter, for thay'r pairt o yersel;

11 Or yer faither's wife's dochter, the bairn o yer faither, for she is yer sister.

12 Ye canna lift a leg ower yer faither's sister, for she is yer faither's nearhaund relation.

13 Ye canna lift a leg ower yer mither's sister, for she is yer mither's nearhaund relation.

14 Ye canna lift a leg ower the guidwife o yer faither's brither, for she is o yer faimily;

15 Or yer guid-dochter, for she is yer son's guidwife, an ye canna tak her.

16 Ye canna lift a leg ower yer brither's guidwife, for she is yer brither's.

17 Ye canna tak as guidwife a wumman an her dochter, or her son's dochter or her dochter's dochter, for thay'r o ae faimily: it is a black shame.

18 An ye canna tak as guidwife a wumman an at the same time her sister tae be kempin wi her in her lifetime.

19 An ye canna gang nearhaund a wumman or lift a leg ower her whan she is unclean, at her raiglar time.

20 An ye canna lift a leg ower yer neebour's guidwife, makkin yersel unclean wi her.

21 An ye canna gar ony o yer bairns gang throu the fire as an offerin tae Molech, an ye canna pit shame on the name o yer God: A am the Laird.

22 Ye canna lift a leg ower men, as ye dae wi weemen: it is a scunnerin thing.

23 An ye canna lift a leg ower a beast, makkin yersel unclean wi't; an a wumman canna gie hersel tae a beast: it is an unnaitral act.

24 Dinna fyle yersel in ony o thir weys; for sae haes thae nations A'm drivin oot frae afore ye made thairsels unclean:

25 An the laund itsel haes come tae be unclean; sae that A hae sent on't the rewaird o its wrangdaein, an the laund itsel pits oot thaim bidin in't.

26 Sae than, haud ma rules an ma juidgments, an dinna dae ony o thir scunnerin things, thaim o ye that's

Israelites by birth, or ony ithers bidin wi ye:

27 (For aw thir scunnerin things wis duin by the men o this kintra thare afore ye, an the laund haes been fyled by thaim;),

28 Sae that the laund disna fleme ye, whan ye mak it unclean, as it pit oot the nations thare afore ye.

29 For thaim that dis ony o thir scunnerin things will be flemit frae amang thair fowk.

30 Sae than, haud ma commaunds, sae that ye canna dae ony o thir scunnerin things duin afore ye, or mak yersels unclean throu thaim: A am the Laird yer God.

Chaipter 19

An the Laird said tae Moses,

2 Say tae awbody o Israel, Ye'r tae be haly, for A, the Laird yer God, is haly.

3 Lat ilka man honour his mither an his faither an haud ma Saubaths: A am the Laird yer God.

4 Dinna gang efter fause gods, an dinna wirk metal eemages o gods for yersels: A am the Laird yer God.

5 An whan ye gie a peace offerin tae the Laird, dae't in the wey that pleases the Laird.

6 Lat it be uised for meat on the same day that it's offert on, or the day efter; an the lave on the third day is tae be brunt wi fire.

7 Gin ony o it's uised for meat on the third day, it is a scunnerin thing an winna please the Laird.

8 An, as for onybody that taks it for meat, his sin will be on him, for he haes shamed the haly thing o the Laird: he will be flemit frae his fowk.

9 An whan ye git in the corn frae yer laund, dinna lat aw the corn be sned frae the mairches o the field, or tak up whit's been drappit on the grund efter hairstin.

10 An dinna tak aw the grapes frae yer wine-yaird, or the fruit drappit on the yird; lat the puir man, an the fremmit body, hae thir: A am the Laird yer God.

11 Dinna tak onybody's guids an gear or be fause in act or wird tae anither.

12 An dinna sweir an aith in ma name fauselike, pittin shame on the name o yer God: A am the Laird.

13 Dinna be ill-kyndit tae yer neebour or tak whit is his; dinna haud back a servand's peyment frae him aw nicht till the forenuin.

14 Dinna pit a ban on thaim that haes nae hearin, or pit a hinderment in the wey o the blind, but haud the fear o yer God afore ye: A am the Laird.

15 Dae nae wrang in yer deemin: dinna gie thocht tae the poseetion o the puir, or honour tae the poseetion o the great; but be a juidge tae yer neebour in richtousness.

16 Dinna gang aboot sayin untrue things amang yer fowk, or tak the life o yer neebour by fause witness: A am the Laird.

17 Lat thare be nae ill will in yer hert for yer brither; but ye can mak a plaint tae yer neebour, sae that he is hindert frae daein ill.

18 Dinna ettle tae git e'en wi ane that's duin ye wrang, or haud haurd feelins agin the bairns o yer fowk, but luve yer neebour as yersel: A am the Laird.

19 Haud ma laws. Dinna lat yer kye hae affspring tae thaim o a different kin; dinna pit mixtur-maxturt seed intae yer field; dinna pit on a robe made o twa kin o claith.

20 Gin ony man lifts a leg ower a servand wumman that haes gien her wird tae be mairit on a man, an haesna been lowsent for a cost or in ony ither wey, the thing will be leukit intae; but thay winna be pit tae deith acause she wisna a free wumman.

21 Lat him tak his offerin for wrangdaein tae the Laird tae the slap o the Trystin-tent; lat him gie a tuip as an offerin for wrangdaein.

22 An the priest will tak awa his sin afore the Laird wi the sheep that's offert for his wrangdaein, an he will be forgien for the sin that he haes duin.

23 An whan ye hae come intae the laund, an hae pit in aw kin o fruit-trees, thair fruit will be like thay haedna dree'd circumceesion, an for three year thair fruit maunna be uised for meat.

24 An in the fowert year aw the fruit will be haly as ruise tae the Laird.

25 But in the fift year ye can tak the fruit an the eikins o't for yer meat: A am the Laird yer God.

26 Nocht can be uised for meat wi its bluid in't; ye maunna uise fremmit airts, or gang in sairch o signs an ferlies.

27 The ends o the hair roond yer face an on yer chafts maunna be shorn.

28 Ye maunna mak cuts in yer flesh in respect for the deid, or hae merks prent on yer bouks: A am the Laird.

29 Dinna mak yer dochter common by lattin her come tae be a limmer, for fear that the laund comes tae be fou o shame.

30 Haud ma Saubaths an hae respect for ma sanctuar: A am the Laird.

31 Dinna gang efter thaim that uises speerits, or mageecians; dinna gang in thair weys or come tae be unclean throu thaim: A am the Laird yer God.

32 Git up frae yer seats afore the lyart anes, an honour the auld, an lat the fear o yer God be afore ye: A am the Laird.

33 An gin a fremmit body bides in yer laund wi ye, dinna mak life sair for him;

34 Lat him be tae ye as ane o yer kintramen an luve him as yersel; for ye bade in a fremmit laund, in the laund o Egypt: A am the Laird yer God.

35 Dinna mak fause juidgments in quaistens o ellwands an wechts an meisurs.

36 Hae richt wechts an meisurs for aw things: A am the Laird yer God, that taen ye oot the laund o Egypt;

37 Ye'r tae haud aw ma rules an ma juidgments an dae thaim: A am the Laird.

Chaipter 20

An the Laird said tae Moses,

2 Again, say tae the bairns o Israel, Gin ony man o the bairns o Israel, or ony ither man bidin in Israel, gies his affspring tae Molech, he is certes tae be pit tae deith: he's tae be staned by the people o the laund;

3 An ma face will be turnt agin that man, an he will be flemit frae his fowk; acause he haes gien his affspring tae Molech, makkin ma sanctuar unclean, an makkin ma haly name common.

4 An gin the people o the laund disna

tak tent tae that man whan he gies his affspring tae Molech, an disna pit him tae deith,

5 Syne ma face will be turnt agin him an his faimily, an him an thaim that dis ill wi him will be flemit frae amang thair fowk.

6 An whaiver gangs efter thaim that uises speerits an mageecians, daein ill wi thaim, agin him will ma face be turnt, an he will be flemit frae amang his fowk.

7 Sae mak an haud yersels haly, for A am the Laird yer God.

8 An haud ma rules an follae thaim: A am the Laird, that maks ye haly.

9 Ilka man bannin his faither or his mither is certes tae be pit tae deith; acause o his ban on his faither or his mither, his bluid will be on him.

10 An gin a man haes hochmagandie wi anither man's guidwife, e'en the guidwife o his neebour, the pair o thaim is certes tae be pit tae deith.

11 An the man that lifts a leg ower his faither's guidwife haes shamed his faither: the pair o thaim is tae be pit tae deith; thair bluid will be on thaim.

12 An gin a man haes hochmagandie wi his son's guidwife, the pair o thaim is tae be pit tae deith: it is unnaitral; thair bluid will be on thaim.

13 An gin a man sleeps wi a man, the pair o thaim haes duin a scunnerin thing: lat thaim be pit tae deith; thair bluid will be on thaim.

14 An gin a man taks as guidwife a wumman an her mither, it is a black shame; lat thaim be brunt wi fire, aw three o thaim, sae that the'll be nae shame amang ye.

15 An gin a man mells wi a beast, lat him be pit tae deith, an lat the beast be pit tae ruinage.

16 An gin a wumman gangs nearhaund a beast an mells wi't, ye will pit an end tae the wumman an the beast: thair bluid will be on thaim.

17 An gin a man taks his sister, dochter o his faither or his mither, an haes hochmagandie wi her an she wi him, it is a black shame: thay'r tae be flemit afore the bairns o thair fowk; he haes taen his sister, an his sin will be on him.

18 An gin a man lifts a leg ower a wumman at the time whan she is unweel, he haes seen her funtain an she haes lat the funtain o her bluid be unkivert, the pair o thaim is tae be flemit frae amang thair fowk.

19 An ye maunna lift a leg ower yer mither's sister or yer faither's sister, for thay'r his nearhaund relations: thair sin will be on thaim.

20 An gin a man haes hochmagandie wi the guidwife o his faither's brither, he haes shamed his faither's brither: thair sin will be on thaim; till the day o thair deith thay will hae nae bairns.

21 An gin a man taks his brither's guidwife, it is an unclean act; he haes shamed his brither; thay will hae nae bairns.

22 Sae than, haud ma rules an ma juidgments an dae thaim, sae that the laund that A'm giein ye tae bide in disna send ye oot again fiercelins.

23 An dinna haud the rules o the nations A'm drivin oot afore ye; for thay did aw thir things, an for that raison ma saul turnt agin thaim.

24 But A hae said tae ye, Ye will tak thair laund, an A will gie't ye for yer heirskip, a laund fleetin wi milk an

hinny: A am the Laird yer God that haes sindert ye frae aw ither peoples.

25 Sae than, mak diveesion atween the clean beast an the unclean, an atween the clean bird an the unclean: dinna mak yersels scunnerin by ony beast or bird or ocht that crowls on the yird, that's been merkit by me as unclean for ye.

26 An ye'r tae be haly tae me; for A the Laird is haly an haes sindert ye frae the nations, sae that ye can be ma fowk.

27 Ony man or wumman that uises speerits, or that's a wunner-wirker, is tae be pit tae deith: thay'r tae be staned: thair bluid will be on thaim.

Chaipter 21

An the Laird said tae Moses, Say tae the priests, the sons o Aaron, Lat nae man mak hissel unclean for the deid amang his fowk;

2 But juist for his nearhaund relations, for his mither or his faither, his son or his dochter, an his brither;

3 An for his sister, a maid, for she is his nearhaund relation an haes haen nae guidman, he can mak hissel unclean.

4 But lat him, bein a heid amang his fowk, no mak hissel unclean in sicna wey as tae pit shame on hissel.

5 Thay arna tae hae thair hair cuttit aff for the deid, or the hair on thair chollers made cutty, or mak cuts in thair flesh.

6 Lat thaim be haly tae thair God an no mak the name o thair God common; for the fire offerins o the Laird an the breid o thair God is offert by thaim, an thay'r tae be haly.

7 Thay maunna tak as guidwife a lowse or common wumman, or ane that's been pit awa by her guidman: for the priest is haly tae his God.

8 An he's tae be haly in yer een, for by him the breid o yer God is offert; he's tae be haly in yer een, for A the Laird, that maks ye haly, is haly.

9 An gin the dochter o a priest maks hersel common an by her lowse fashions shames her faither, lat her be brunt wi fire.

10 An him that's the heid priest amang his brithers, that's heid the haly ile haes been slaired on, that's merkit tae pit on the haly robes, maunna lat his hair gang lowse or lat his claes hing reft an throuither as a taiken o sorrae.

11 He maunna gang nearhaund ony deid corp or mak hissel unclean for his faither or his mither;

12 He maunna gang oot the sanctuar or mak the sanctuar o his God common; for the croun o the haly ile o his God is on him: A am the Laird.

13 An lat him tak as his guidwife ane that haesna been wi a man.

14 A weedae, or ane that's guidman haes pit her awa, or a common wumman o lowse fashions, canna be the guidwife o a priest; but lat him tak a maid frae amang his fowk.

15 An he maunna mak his seed unclean amang his fowk, for A the Laird haes made him haly.

16 An the Laird said tae Moses,

17 Say tae Aaron, Gin a man o yer faimily, in ony generation, is skaithed in bouk, lat him na come nearhaund tae mak the offerin o the breid o his God.

18 For ony man that's bouk is skaithed maunna come nearhaund: ane that's blind, or haesna the uiss o his shanks,

or ane that haes a broke neb or ony unnaitral growthe,

19 Or a man wi broke feet or haunds,

20 Or ane that's back is boued, or ane that's shilpit, or ane that haes a skaithed ee, or that's skin is diseased, or that's sex pairts is skaithed;

21 Nae man o the affspring o Aaron that's bouk is skaithed in ony wey can come nearhaund tae gie the fire offerins o the Laird: he is skaithed, he maunna come nearhaund tae mak the offerins.

22 He can tak o the breid o God, the haly an the maist haly;

23 But he canna gang ahint the hap or come forenent the altar, acause he is skaithed; an he maunna mak ma sanctuars common; for A the Laird haes made thaim haly.

24 Thir is the wirds Moses said tae Aaron an his sons an tae aw the bairns o Israel.

Chaipter 22

An the Laird said tae Moses,

2 Gie orders tae Aaron an his sons tae haud thairsels separate frae the haly things o the bairns o Israel as thay gie me, an no tae mak ma haly name common: A am the Laird,

3 Say tae thaim, Gin ony man o aw yer strynd throu aw yer generations, bein unclean, comes nearhaund the haly things the bairns o Israel maks haly tae the Laird, he will be flemit frae afore me: A am the Laird.

4 Nae man o the strynd o Aaron that's a lipper, or that haes a flowe frae his bouk, can tak o the haly meat till he's clean. An ony man titchin ocht that's unclean acause o the deid, or ony man that's seed gangs frae him;

5 Or onybody titchin ony unclean thing that crowls on the yird, or somebody that he can be fyled in ony wey whitiver by;

6 Onybody titchin ony sic unclean thing will bide unclean till forenicht an canna tak o the haly meat till his flesh haes been wuish in watter;

7 An whan the sun haes gaen doun, he will be clean; an efter that he can tak pairt in the haly meat, acause it is his breid.

8 Whit comes tae a naitral deith, or is lit on by beasts, he maunna tak as meat, for it will mak him unclean: A am the Laird.

9 Sae than, lat thaim haud whit A hae pit intae thair care, for fear that sin comes on thaim acause o't, sae causin thair deith acause thay hae made it common: A am the Laird, that maks thaim haly.

10 Nae fremmit body can tak o the haly meat, or ane bidin as a guest in the priest's hoose, or a fee'd servand.

11 But onybody that the priest haes gien siller for can tak o't wi him; an thaim that comes tae birth in his hoose can tak o his breid.

12 An gin the dochter o a priest is mairit on a fremmit body, she maunna tak o the haly things liftit up as offerins.

13 But gin a priest's dochter is a weedae, or pairtit frae her guidman, an haes nae bairn, an haes come back tae her faither's hoose as whan she wis a lassie, she can tak o her faither's breid; but nae fremmit body can dae thon.

14 An gin a man taks the haly meat in a mistak, he will hae tae gie the haly thing back tae the priest, an forby thon a fift pairt.

15 An thay maunna mak common the haly things the bairns o Israel gies tae the Laird,

16 Sae causin sin come upo thaim whan thay tak thair haly things for meat: A am the Laird that maks thaim haly.

17 An the Laird said tae Moses,

18 Say tae Aaron an his sons an tae aw the bairns o Israel, Gin ony man o the bairns o Israel, or o anither nation bidin in Israel, maks an offerin, gien acause o an aith or freely gien tae the Laird for a brunt offerin;

19 Sae that it pleases the Laird, lat him gie a male, 'ithoot ony merk, frae amang the owsen or the sheep or the gaits.

20 But ye can gie nocht that haes a merk; it winna mak ye pleasin tae the Laird.

21 An whaiver maks a peace offerin tae the Laird, in peyment o an aith or as a free offerin, frae the hird or the hirsel, gin it's tae please the Laird, lat it be free frae ony merk or skaith.

22 Nocht blind or broke or skaithed or haein ony disease or ony merk on't can be offert tae the Laird; ye canna mak an offerin o't by fire on the altar tae the Laird.

23 An owse or a laum that haes mair or less nor its naitral pairts can be gien as a free offerin; but it winna be taen in peyment o an aith.

24 A beast that haes its sex pairts skaithed or brouselt or broke or libbit canna be offert tae the Laird; sicna thing maunna be duin onywhaur in yer laund.

25 An frae ane that isna an Israelite ye canna tak ony o thir for an offerin

tae the Laird; for thay'r unclean; the'r a merk on thaim, an the Laird winna be pleased wi thaim.

26 An the Laird said tae Moses,

27 Whan an owse or a sheep or a gait haes gien birth, lat it bide wi its mither for a sennicht; an efter the aicht day it can be taen as an offerin made by fire tae the Laird.

28 A cou or a sheep maunna be pit tae deith wi its young on the same day.

29 An whan ye mak an offerin o ruise tae the Laird, mak it in a wey that pleases him.

30 Lat it be uised for meat on the same day; dinna haud ony pairt o't till the forenuin: A am the Laird.

31 Sae than, haud ma commaunds an dae thaim: A am the Laird.

32 An dinna mak ma haly name common; sae that it can be held haly by the bairns o Israel: A am the Laird that maks ye haly,

33 That taen ye oot the laund o Egypt that A coud be yer God: A am the Laird.

Chaipter 23

An the Laird said tae Moses,

2 Say tae the bairns o Israel, Thir is the fixed mealtiths o the Laird, as ye will keep for haly gaitherins: thir is ma mealtiths.

3 On sax days wark can be duin; but the seivent day is a byordinar day o rest, a time for wirship; ye can dae nae kin o wark: it is a Saubath tae the Laird whauriver ye bide.

4 Thir is the fixed mealtiths o the Laird, the haly days o wirship ye will haud at thair raiglar times.

5 In the first month, on the fowerteent day o the month at dayligaun, is the Laird's Passower;

6 An on the fifteent day o the same month is the feast o unleavent breid; for a sennicht lat yer meat be unleavent breid.

7 On the first day ye will hae a haly gaitherin; ye can dae nae kin o field wark.

8 An ilka day for a sennicht ye will gie a brunt offerin tae the Laird; an on the seivent day the'll be a haly gaitherin; ye can dae nae field wark.

9 An the Laird said tae Moses,

10 Say tae the bairns o Israel, Whan ye hae come tae the laund that A will gie ye, an hae ingaithert the corn frae its fields, tak some o the first fruits o the corn tae the priest;

11 An lat the corn be waffed afore the Laird, sae that ye please him; the day efter the Saubath lat it be waffed by the priest.

12 An on the day o the waffin o the corn, ye'r tae gie a tuip-laum o the first year, 'ithoot ony merk, for a brunt offerin tae the Laird.

13 An lat the meal offerin wi't be twa tent pairts o an ephah o the best meal mixtur-maxturt wi ile, an offerin made by fire tae the Laird for a sweet waff; an the drink offerin wi't is tae be o wine, the fowert pairt o a hin.

14 An ye can tak nae breid or dry corn or new corn for meat till the verra day that ye hae gien the offerin for yer God: this is a rule for aye throu aw yer generations whauriver ye bide.

15 An lat seiven fou weeks be rackont frae the day efter the Saubath, the day whan ye gie the corn for the waff offerin;

16 Lat fifty days be rackont tae the day efter the seivent Saubath; than ye'r tae gie a new meal offerin tae the Laird.

17 Tak frae yer hooses twa cakes o breid, made o a fift pairt o an ephah o the best meal, keukit wi leaven tae be waffed for first fruits tae the Laird.

18 An wi the breid, tak seiven laums o the first year, 'ithoot ony merks, an ae owse an twa tuips tae be a brunt offerin tae the Laird, wi thair meal offerin an thair drink offerins, an offerin o a sweet waff made by fire tae the Laird.

19 An ye'r tae gie ae he-gait for a sin offerin an twa tuip-laums o the first year for peace offerins.

20 An thir will be waffed by the priest, wi the breid o the first fruits, for a waff offerin tae the Laird, wi the twa laums: thay will be haly tae the Laird for the priest.

21 An on the same day, lat it be cried furth that the'll be a haly gaitherin for ye: ye can dae nae field wark that day: it is a rule for aye throu aw yer generations whauriver ye bide.

22 An whan ye git in the corn frae yer laund, dinna lat aw the corn at the mairches o the field be hairstit, an dinna tak up the corn that's been drappit in the field; lat that be for the puir, an for the fremmit body: A am the Laird yer God.

23 An the Laird said tae Moses,

24 Say tae the bairns o Israel, In the seivent month, on the first day o the month, lat thare be a byordinar day o

rest for ye, a day o myndin, merkit by the blawin o horns, a gaitherin for wirship.

25 Dae nae field wark, an gie tae the Laird an offerin made by fire.

26 An the Laird said tae Moses,

27 The tent day o this seivent month is the day for the takkin awa o sin; lat it be a haly day o wirship; ye'r tae haud frae pleisur an gie tae the Laird an offerin made by fire.

28 An on that day ye can dae nae kin o wark, for it's a day o takkin awa sin tae mak ye clean afore the Laird yer God.

29 For onybody, whaiver he is, that taks his pleisur on that day will be flemit frae his fowk.

30 An gin onybody, whaiver he is, on that day dis ony kin o wark, A will send ruinage on him frae amang his fowk.

31 Ye maunna dae ony kin o wark: this is an order for aye throu aw yer generations whauriver ye bide.

32 Lat this be a Saubath o byordinar rest tae ye, an haud yersels frae aw pleisur; on the nynt day o the month at dayligaun, frae forenicht tae forenicht, lat this Saubath be held.

33 An the Laird said tae Moses,

34 Say tae the bairns o Israel, On the fifteent day o this seivent month lat the feast o tents be held tae the Laird for a sennicht.

35 On the first day the'll be a haly gaitherin: dae nae field wark.

36 Ilka day for a sennicht gie an offerin made by fire tae the Laird; an on the aicht day the'r tae be a haly gaitherin, whan ye'r tae gie an offerin made by fire tae the Laird; this is a byordinar haly day: ye can dae nae field wark on that day.

37 Thir is the fixed mealtiths o the Laird tae be held by ye as haly days o wirship, for makkin an offerin by fire tae the Laird; a brunt offerin, a meal offerin, an offerin o beasts, an drink offerins; ilkane on its byordinar day;

38 Forby the Saubaths o the Laird, an forby the things ye gie an the aiths ye mak an the free offerins tae the Laird.

39 But on the fifteen day o the seivent month, whan ye hae gat in aw the fruits o the laund, ye will haud the feast o the Laird for a sennicht: the first day will be a Saubath, an the aicht day the same.

40 On the first day, tak the fruit o bonny trees, brainches o paum-trees, an brainches o thick trees an trees frae the watterside, an be gled afore the Laird for a sennicht.

41 An lat this meal be held afore the Laird for a sennicht in the year: it is a rule for aye frae generation tae generation; in the seivent month lat it be held.

42 For a sennicht ye will bide in tents; thaim that's Israelites by birth is tae mak tents thair dwallins:

43 Sae that thaim tae come can mynd whit wey A gien the bairns o Israel tents as thair dwallins whan A taen thaim oot the laund o Egypt: A am the Laird yer God.

44 An Moses made clear tae the bairns o Israel the orders aboot the fixed mealtiths o the Laird.

Chaipter 24

An the Laird said tae Moses,

2 Gie orders tae the bairns o Israel tae gie ye clean olive ile for the laump, sae

that a licht can birn at aw times,

3 Ootby the hap o the airk in the Trystin-tent; lat Aaron see that it birns frae forenicht till forenuin at aw times afore the Laird: it is a rule for aye throu aw yer generations.

4 Lat Aaron pit the lichts in order on the uphaud afore the Laird at aw times.

5 An tak the best meal an mak twal cakes o't, a fift pairt o an ephah in ilka cake.

6 An pit thaim in twa lines, sax in a line, on the haly buird afore the Laird.

7 An on the lines o cakes pit clean sweet-smellin spices, for a sign on the breid, an offerin made by fire tae the Laird.

8 Ilka Saubath day raiglar, the priest is tae pit it in order afore the Laird: it is offert for the bairns o Israel, a greement made for aye.

9 An it will be for Aaron an his sons; thay'r tae tak it for meat in a haly place: it is the maist haly o aw the offerins made by fire tae the Laird, a rule for aye.

10 An a son o an Israelite wumman, that's faither wis an Egyptian, gaen oot amang the bairns o Israel an focht wi a man o Israel by the tents;

11 An the son o the Israelite wumman said ill agin the haly Name wi bans; an thay taen him tae Moses. His mither's name wis Shelomith, the dochter o Dibri, o the clan o Dan.

12 An thay held him steekit awa till a juidgment coud be gien by the mou o the Laird.

13 An the Laird said tae Moses,

14 Tak the banner ootby the tent-ring; an lat aw that's hearin the wirds wis said in pit thair haunds on his heid, an lat him be staned by awbody.

15 An say tae the bairns o Israel, As for ony man bannin God, his sin will be on his heid.

16 An him that says ill agin the name o the Laird will certes be pit tae deith; he will be staned by awbody; the man that isna o yer nation an that's an Israelite by birth, whaiver says ill agin the haly Name is tae be pit tae deith.

17 An onybody that taks anither's life is certes tae be pit tae deith.

18 An onybody woundin a beast an causin its deith will hae tae pey for't: a life for a life.

19 An gin a man dis skaith tae his neebour, as he haes duin, sae lat it be duin tae him;

20 Wound for wound, ee for ee, tuith for tuith; whitiver skaith he haes duin, sae lat it be duin tae him.

21 Him that pits a beast tae deith will hae tae pey for't; him that pits a man tae deith will hissel be pit tae deith.

22 Ye'r tae hae the same law for a man o anither nation bidin amang ye as for an Israelite; for A am the Laird yer God.

23 An Moses said thir wirds tae the bairns o Israel, an thay taen the man that haed been bannin ootby the tent-ring an caused him stane. The bairns o Israel did as the Laird gien orders tae Moses.

Chaipter 25

An the Laird said tae Moses on Munt Sinai,

2 Say tae the bairns o Israel, Whan ye come intae the laund that A will gie ye, lat the laund haud a Saubath tae the Laird.

3 For sax year saw yer laund, an for sax year tent yer vines an ingaither the crap;

4 But lat the seivent year be a Saubath o rest for the laund, a Saubath tae the Laird; dinna saw yer laund or hae yer vines sned.

5 Whit comes tae growthe o itsel maunna be sned, an the grapes o yer untentit vines maunna be taen aff; lat it be a year o rest for the laund.

6 An the Saubath o the laund will gie meat for yersel an yer man servand an yer wumman servand an thaim wirkin for peyment, an for thaim o anither kintra bidin amang ye;

7 An for yer kye an the beasts on the laund; aw the naitral eikin o the laund will be for meat.

8 An lat seiven Saubaths o years be rackont tae ye, seiven times seiven year; e'en the days o seiven Saubaths o years, as is fowerty-nine year;

9 Than lat the lood horn be soondit faur an braid on the tent day o the seivent month; on the day o takkin awa sin lat the horn be soondit throu aw yer laund.

10 An lat this fiftiet year be held haly, an propale that awbody in the laund is free frae dett: it is the Jubilee, an ilka man can gang back tae his heirskip an his faimily.

11 Lat this fiftiet year be the Jubilee: nae seed can be sawn, an whit comes tae growthe o itsel maunna be sned, an the grapes maunna be taen frae the untentit vines.

12 For it's the Jubilee, an it is haly tae ye; yer meat will be the naitral eikin o the field.

13 In this year o Jubilee, lat ilka man gang back tae his heirskip.

14 An in the business o treddin guids an gear for siller, dae nae wrang tae ither.

15 Lat yer excheenge o guids an gear wi yer neebours hae relation tae the nummer years efter the year o Jubilee, an the nummer times the yird haes gien her produce.

16 Gin the nummer years is mony, the cost will be eikit, an gin the nummer years is smaw, the cost will be less, for it's the crap o a wheen years that the man is giein ye.

17 An dae nae wrang tae ither, but lat the fear o yer God be afore ye; for A am the Laird yer God.

18 Sae haud ma rules an ma juidgments an dae thaim, an ye will be sauf in yer laund.

19 An the laund will beir her fruit, an ye will hae meat in fou meisur an be sauf in the laund.

20 An gin ye say, Whaur will oor meat come frae in the seivent year, whan we canna pit in seed, or git in the ingrowth,

21 Than A will send ma sainin on ye in the saxt year, an the laund will beir fruit eneuch for three year.

22 An in the aicht year ye will saw yer seed, an git yer meat frae the auld huirds, till the fruit o the nynt year is ready.

23 Nae excheenge o laund can be for aye, for the laund is mines, an ye ar as ma guests, bidin wi me for a time.

24 Whauriver the'r aucht in laund, the awner is tae hae the richt o gittin it back.

25 Gin yer brither comes tae be puir, an haes tae gie up some o his laund for siller, his neist kin can come an git back whit his brither haes gien up.

26 An gin he haes naebody tae git it back for him, an later he hissel comes intae walth an haes siller eneuch tae git it back;

27 Than lat him tak intae accoont the years frae he gien it up, an mak up the loss for the lave o the years tae him that taen it, an sae git back his aucht.

28 But gin he canna git it back for hissel, than it will be held by him that coft it, till the year o Jubilee; an in that year it will gang back tae its first awner, an he will hae his aucht again.

29 An gin a man gies his hoose in a wawed toun for siller, he haes the richt tae git it back for the lenth o a fou year efter he haes gien it up.

30 An gin he disna git it back gin the end o the year, than the hoose in the toun will come tae be the aucht o him that gien the siller for't, an o his bairns for aye; it winna gang frae him in the year o Jubilee.

31 But hooses in smaw unwawed touns will be the same as aucht in the kintra; thay can be gat back, an thay will gang back tae thair awners in the year o Jubilee.

32 But the hooses in the touns o the Levites can be gat back by the Levites at ony time.

33 An gin a Levite disna pey siller tae git back his aucht, his hoose in the toun that wis excheenged for siller will come back tae him in the year o Jubilee. For the hooses o the touns o the Levites is thair aucht amang the bairns o Israel.

34 But the ootland o thair touns canna be excheenged for siller, for it's thair aucht for aye.

35 An gin yer brither comes tae be puir an canna mak a leevin, than ye'r tae haud him wi ye, helpin him as ye wad a fremmit body bidin amang ye.

36 Tak nae interest frae him, in siller or in guids an gear, but hae the fear o yer God afore ye, an lat yer brither mak a leevin amang ye.

37 Dinna tak interest on the siller that ye lat him hae or on the meat that ye gie him.

38 A am the Laird yer God, that taen ye oot the laund o Egypt tae gie ye the laund o Canaan, that A coud be yer God.

39 An gin yer brither comes tae be puir an gies hissel tae ye for siller, dinna uise him like a servand that's yer guids an gear;

40 But lat him be wi ye as a fee'd servand, till the year o Jubilee;

41 Syne he will gang oot frae ye, him an his bairns wi him, an gang back tae his faimily an tae the guids an gear o his faithers.

42 For thay'r ma servands A taen oot frae the laund o Egypt; thay canna come tae be the guids an gear o anither.

43 Dinna be a haurd maister tae him, but hae the fear o God afore ye.

44 But ye can git servands as guids an gear frae amang the nations roond aboot; frae thaim ye can tak men servands an weemen servands.

45 An forby that, ye can git, for siller, servands frae amang the bairns o ither nations bidin wi ye, an frae thair faimilies born in yer laund; an thir will be yer guids an gear.

46 An thay will be yer bairns' heirskip efter ye tae haud as thair guids an gear;

thay will be yer servands for aye; but ye maunna be haurd maisters tae yer kintramen, the bairns o Israel.

47 An gin ane frae anither nation bidin amang ye comes intae walth, an yer kintraman, at his side, comes tae be puir an gies hissel for siller tae the man frae anither nation or tae ane o his faimily;

48 Efter he haes gien hissel he haes the richt tae be lowsent, for a cost, by ane o his brithers,

49 Or his faither's brither, or the son o his faither's brither, or ony nearhaund relation; or gin he comes intae siller, he can set hissel free.

50 An lat the years be rackont frae he gien hissel tae his awner till the year o Jubilee, an the cost gien for him will be conform tae the nummer years, on the scale o the peyment o a servand.

51 Gin the'r aye a lang time, he will gie back, on accoont o't, a pairt o the cost that wis gien for him.

52 An gin the'r juist a wee while, he will tak accoont o't wi his maister, an conform tae the nummer years he will gie back the cost o settin him free.

53 An he will be wi him as a fee'd servand year for year; his maister isna tae be ill-kyndit tae him afore yer een.

54 An gin he isna lowsent in this wey, he will gang oot in the year o Jubilee, him an his bairns wi him.

55 For the bairns o Israel is servands tae me; thay ar ma servands A taen oot the laund o Egypt: A am the Laird yer God.

Chaipter 26

D inna mak eemages o fause gods, or pit up an eemage cuttit in stane or a stoup or ony picturt stane in yer laund tae wirship it; for A am the Laird yer God.

2 Haud ma Saubaths an honour ma sanctuar: A am the Laird.

3 Gin ye'r airtit by ma rules, an haud ma laws an dae thaim,

4 Than A will gie ye rain at the richt time, an the laund will gie her eikin, an the trees o the field will beir thair fruit;

5 An the grindin o the corn will owertak the sneddin o the grapes, an the sneddin o the grapes will owertak the sawin o the seed, an the'll be breid in fou meisur, an ye will bide in yer laund sauf.

6 An A will gie ye peace in the laund, an ye will rest, an naebody will gie ye cause for fear; an A will pit an end tae aw ill beasts in the laund, an nae swuird o war will gang throu yer laund.

7 An ye will pit tae flicht yer unfreends, an thay will be pit tae deith by yer swuirds.

8 Syne five o ye will pit tae flicht a hunder, an a hunder o ye will pit tae flicht ten thoosand, an yer unfreends will be pit tae deith by yer swuirds.

9 An A will hae pleisur in ye an mak ye growthy an great in nummer; an A will haud ma greement wi ye.

10 An auld huirds lang held will be yer meat, an ye will tak oot the auld acause o the new;

11 An A will set ma haly Hoose amang ye, an ma saul winna be turnt awa frae ye in scunner.

12 An A will be praisent amang ye an will be yer God, an ye will be ma fowk.

13 A am the Laird yer God, that taen ye oot the laund o Egypt sae that ye

wadna be servands tae thaim; by me the towes o yer yoke wis reft, an A gart ye gang upricht.

14 But gin ye dinna tak tent tae me, an dinna haud aw thir ma laws;

15 An gin ye gang agin ma rules, an gin ye hae ill will in yer sauls for ma juidgments, an ye dinna dae aw ma commaunds, but gang agin ma greement;

16 This A will dae tae ye: A will pit fear in yer herts, e'en wastin disease an birnin pyne, dryin up the een an makkin the saul fushionless, an ye will git nae ootcome frae yer seed, for yer ill-willers will tak it for thair meat.

17 An ma face will be turnt frae ye, an ye will be broke afore yer unfreends, an yer ill-willers will come tae be yer rulers, an ye will flicht whan nae man comes efter ye.

18 An gin, e'en efter thir things, ye winna tak tent tae me, than A will send ye punishment seiven times mair for yer sins.

19 An the pride o yer strenth will be broke, an A will mak yer heiven like airn an yer yird like bress;

20 An yer strenth will be wared oot 'ithoot ootcome; for yer laund winna gie her eikin, an the trees o the field winna beir thair fruit.

21 An gin ye aye still gangs agin me an winna tak tent tae me, A will pit seiven times mair punishments on ye acause o yer sins.

22 A will lowse the beasts o the field amang ye, an thay will tak awa yer bairns an send ruinage on yer kye, sae that yer nummers comes tae be smaw an yer gates fouthless.

23 An gin by thir things ye winna turn tae me, but aye still gangs agin me;

24 Syne A will gang agin ye, an A will gie ye punishment, ma nainsel, seiven times for aw yer sins.

25 An A will send a swuird on ye tae gie ootcome tae the punishment o ma greement; an whan ye forgaither intae yer touns A will send disease amang ye, an ye will be gien up intae the haunds o yer ill-willers.

26 Whan A tak awa yer breid o life, ten weemen will keuk breid in ae uin, an yer breid will be meisurt oot by wecht; ye will hae meat but niver eneuch.

27 An gin, efter aw this, ye dinna tak tent tae me, but gang agin me yet,

28 Syne ma wraith will birn agin ye, an A will gie ye punishment, ma nainsel, seiven times for yer sins.

29 Syne ye will tak the flesh o yer sons an dochters for meat;

30 An A will send ruinage on yer heich places, cowp yer perfume altars, an will pit yer corps on yer broke eemages, an ma saul will be turnt frae ye in scunner.

31 An A will mak yer touns waste an send ruinage on yer sanctuars; A will tak nae pleisur in the waff o yer sweet perfumes;

32 An A will mak yer laund fouthless, a wunner tae yer ill-willers bidin in't.

33 An A will send ye oot in aw airts amang the nations, an ma swuird will be drawn agin ye, an yer laund will be 'ithoot ony leevin thing, an yer touns will be spulyied.

34 Syne the laund will tak pleisur in its Saubaths while it is waste, an ye bide in the laund o yer ill-willers; syne the laund will rest.

35 Aw the days while it is waste the laund will rest, sic rest as it niver haen in yer Saubaths, whan ye bade in't.

36 An, as for the lave o ye, A will mak thair herts fushionless in the laund o thair ill-willers, an the soond o a blad blawn by the wind will send thaim flichtin, an thay will flicht as frae the swuird, fawin doun whan naebody comes efter thaim;

37 Fawin on ither, as afore the swuird, whan naebody comes efter thaim; ye will gie wey afore yer ill-willers.

38 An deith will owertak ye amang fremmit nations, an the laund o yer ill-willers will be yer ruinage.

39 An thaim o ye aye tae the fore will dwyne awa in thair sins in the laund o yer ill-willers; in the sins o thair faithers thay will crine.

40 An thay will hae dule for thair sins an for the sins o thair faithers, whan thair herts wis untrue tae me, an thay gaen agin me;

41 Sae that A gaen agin thaim an sent thaim awa intae the laund o thair ill-willers: gin than the pride o thair herts is broke, an thay tak the punishment o thair sins,

42 Syne A will mynd the greement that A made wi Jaucob an wi Isaac an wi Aubraham, an A will mynd the laund.

43 An the laund, while she's 'ithoot thaim, will haud her Saubaths; an thay will dree the punishment o thair sins, acause thay turnt awa frae ma juidgments, an in thair sauls wis ill will for ma laws.

44 But for aw that, whan thay'r in the laund o thair ill-willers A winna lat thaim gang, or be turnt awa frae thaim, or gie thaim up awthegither; ma greement wi thaim winna be broke, for A am the Laird thair God.

45 An acause o thaim A will mynd the greement that A made wi thair faithers, as A taen oot the laund o Egypt afore the een o the nations tae be thair God: A am the Laird.

46 Thir is the rules, juidgments, an laws, as the Laird made atween hissel an the bairns o Israel in Munt Sinai, by the haund o Moses.

Chaipter 27

An the Laird said tae Moses,

2 Say tae the bairns o Israel, Gin a man sweirs a byordinar aith, ye will gie yer juidgment anent the wirth o the bodies for the Laird.

3 An ye will pit the wirth o a man-body frae twenty year tae saxty year auld at fifty shekels o siller, by the scale o the sanctuar.

4 An gin it's a wumman-body, the wirth will be thirty shekels.

5 An gin the body is frae five tae twenty year auld, the wirth will be twenty shekels for a male, an ten for a female.

6 An gin the body is frae ae month tae five year auld, than the wirth for a laddie will be five shekels o siller, an for a lassie three shekels.

7 An for saxty year auld an abuin, for a male the wirth will be fifteen shekels, an for a female, ten.

8 But gin he's puirer nor the wirth that ye hae pit on him, than lat him be taen tae the priest, an the priest will pit a wirth on him, sic as it's possible for him tae gie.

9 An gin it's a beast that men maks offerins tae the Laird o, whitiver ony man gies o sic tae the Laird will be haly.

10 It canna be cheenged in ony wey, a guid gien for an ill, or an ill for a guid; gin ae beast is cheenged for anither, the twa will be haly.

11 An gin it's ony unclean beast, that offerins isna made tae the Laird o, than lat him tak the beast afore the priest;

12 An lat the priest pit a wirth on't, gin it's guid or ill; whitiver wirth the priest pits on't, sae't will be.

13 But gin he haes a desire tae git it back for hissel, lat him gie a fift mair nor yer wirth.

14 An gin a man haes gien his hoose as haly tae the Laird, than the priest will pit a wirth on't, gin it's guid or ill; as the priest pronunces juidgment, sae the wirth will be set.

15 An gin the awner haes the thocht tae git back his hoose, lat him gie a fift mair nor yer wirth, an it will be his.

16 An gin a man gies tae the Laird pairt o the field that's his aucht, than lat yer wirth be conform tae the seed sawn in't; a meisur o bere corn will be wirth fifty shekels o siller.

17 Gin he gies his field frae the year o Jubilee, the wirth will be set by yer juidgment.

18 But gin he gies his field efter the year o Jubilee, the amoont o the siller will be calculate by the priest conform tae the nummer years till the comin year o Jubilee, an the necessar amoont will be taen aff yer wirth.

19 An gin the man that haes gien the field haes a desire tae git it back, lat him gie a fift mair nor the cost that it wis wirth, an it will be his.

20 But gin he haes nae desire tae git it back, or gin he haes selt it tae anither man, it canna be gat back again.

21 But the field, whan it comes tae be free at the year o Jubilee, will be haly tae the Laird, as a field gien unner aith: it will be the aucht o the priest.

22 An gin a man gies tae the Laird a field that he haes coft frae anither, that isna pairt o his heirskip;

23 Than the wirth set by ye up tae the year o Jubilee will be calculate for him by the priest, an in that day he will gie the amoont o yer wirth as haly tae the Laird.

24 In the year o Jubilee the field will gang back tae him that he gat it frae, that's tae him that's heirskip it wis.

25 An lat aw yer wirths be grundit on the shekel o the sanctuar, that is, twinty gerahs tae the shekel.

26 But a man canna gie by aith tae the Laird the first fruits o kye offert tae the Laird: gin it's an owse or a sheep, it is the Laird's.

27 An gin it's an unclean beast, than the awner o't can pey siller tae git it back, in greement wi the wirth set by ye, by giein a fift mair; or gin it isna taen back, lat it be gien for siller in greement wi yer valourin.

28 But nocht that a man haes gien awthegither tae the Laird, oot aw his guids an gear, o man or beast, or the laund that's his heirskip, can be gien awa or coft back; ocht awthegither gien is maist haly tae the Laird.

29 Ony man gien awthegither tae the Laird canna be gat back: he is certes tae be pit tae deith.

30 An ilka tent pairt o the laund, o
the seed sawn, or the fruit o trees, is haly
tae the Laird.

31 An gin a man haes a desire tae git
back ony o the tent pairt that he haes
gien, lat him gie a fift mair.

32 An a tent pairt o the hird an the
hirsel, whitiver gangs unner the staff o
the valourer, will be haly tae the Laird.

33 He maunna leuk tae see gin it's
guid or ill, or mak ony cheenges in't; an
gin he excheenges it for anither, the twa
will be haly; he winna git thaim back
again.

34 Thir is the orders the Laird gien
tae Moses for the bairns o Israel in
Munt Sinai.

NUMMERS

Chaipter 1

An the Laird said tae Moses in the wilderness o Sinai, in the Trystin-tent, on the first day o the seicont month, in the seicont year efter thay come oot the laund o Egypt,

2 Tak the hail tot o the bairns o Israel, by thair faimilies an by thair faithers' hooses, ilka male by name;

3 Aw thaim o twenty year auld an abuin that can gang tae war in Israel is tae be rackont by ye an Aaron.

4 An tae gie ye help, tak ae man frae ilka clan, the heid o his faither's hoose.

5 Thir is the names o thaim that's tae be yer helpers: frae Reuben, Elizur, the son o Shedeur;

6 Frae Simeon, Shelumiel, the son o Zurishaddai;

7 Frae Judah, Nahshon, the son o Amminadab;

8 Frae Issachar, Nethanel, the son o Zuar;

9 Frae Zebulun, Eliab, the son o Helon;

10 O the bairns o Joseph: frae Ephraim, Elishama, the son o Ammihud; frae Manasseh, Gamaliel, the son o Pedahzur,

11 Frae Benjamin, Abidan, the son o Gideoni;

12 Frae Dan, Ahiezer, the son o Ammi-shaddai;

13 Frae Asher, Pagiel, the son o Ochran;

14 Frae Gad, Eliasaph, the son o Reuel;

15 Frae Naphtali, Ahira, the son o Enan.

16 Thir is the men named oot o awbody, heidsmen o thair faithers' hooses, heidsmen o the clans o Israel.

17 An Moses an Aaron taen thir men, merkit by name;

18 An thay gaithert thegither awbody on the first day o the seicont month; an awbody made clear his faimily an his faither's hoose, by the nummer o the names, frae twenty year auld an abuin.

19 As the Laird haed gien orders tae Moses, sae thay war nummert by him in the wilderness o Sinai.

20 The generations o the sons o Reuben, the auldest son o Israel, wis nummert by thair faimilies an thair faithers' hooses, ilka male o twinty year auld an abuin that can gang tae war;

21 Fowerty-sax thoosand, five hunder o the clan o Reuben wis nummert.

22 The generations o the sons o Simeon wis nummert by thair faimilies an thair faithers' hooses, ilka male o twinty year auld an abuin that can gang tae war;

23 Fifty-nine thoosand, three hunder o the clan o Simeon wis nummert.

24 The generations o the sons o Gad wis nummert by thair faimilies an thair faithers' hooses, ilka male o twinty year auld an abuin that can gang tae war;

25 Fowerty-five thoosand, sax hunder an fifty o the clan o Gad wis nummert.

26 The generations o the sons o Judah wis nummert by thair faimilies an thair faithers' hooses, ilka male o twinty year auld an abuin that can gang tae war;

27 Seiventy-fower thoosand, sax hunder o the clan o Judah wis nummert.

28 The generations o the sons o Issachar wis nummert by thair faimilies an thair faithers' hooses, ilka male o twinty year auld an abuin that can gang tae war;

29 Fifty-fower thoosand, fower hunder o the clan o Issachar wis nummert.

30 The generations o the sons o Zebulun wis nummert by thair faimilies an thair faithers' hooses, ilka male o twinty year auld an abuin that can gang tae war;

31 Fifty-seiven thoosand, fower hunder o the clan o Zebulun wis nummert.

32 The generations o the sons o Joseph wis nummert by thair faimilies an thair faithers' hooses, ilka male o twinty year auld an abuin that can gang tae war;

33 Fowerty thoosand, five hunder o the clan o Ephraim wis nummert.

34 The generations o the sons o Manasseh wis nummert by thair faimilies an thair faithers' hooses, ilka male o twinty year auld an abuin that can gang tae war;

35 Thirty-twa thoosand, twa hunder o the clan o Manasseh wis nummert.

36 The generations o the sons o Benjamin wis nummert by thair faimilies an thair faithers' hooses, ilka male o twinty year auld an abuin that can gang tae war;

37 Thirty-five thoosand, fower hunder o the clan o Benjamin wis nummert.

38 The generations o the sons o Dan wis nummert by thair faimilies an thair faithers' hooses, ilka male o twinty year an ower that can gang tae war;

39 Saxty-twa thoosand, seiven hunder o the clan o Dan wis nummert.

40 The generations o the sons o Asher wis nummert by thair faimilies an thair faithers' hooses, ilka male o twinty year auld an abuin that can gang tae war;

41 Fowerty-ane thoosand, five hunder o the clan o Asher wis nummert.

42 The generations o the sons o Naphtali wis nummert by thair faimilies an thair faithers' hooses, ilka male o twinty year auld an abuin that can gang tae war;

43 Fifty-three thoosand, fower hunder o the clan o Naphtali wis nummert.

44 Thir is thaim nummert by Moses an Aaron an by the twal heidsmen o Israel, ane frae ilka clan.

45 Sae thaim that wis nummert o the bairns o Israel, by thair faimilies, aw thaim o twinty year auld an abuin that can gang tae war,

46 Wis sax hunder an three thoosand, five hunder an fifty.

47 But the Levites, o the clan o thair faithers, wisna nummert amang thaim.

48 For the Laird said tae Moses,

49 Aw but the clan o Levi is tae be rackont amang the bairns o Israel,

50 But tae thaim ye'r tae gie the care o the Trystin-tent wi its veshels an

awthing in it: thay'r tae tak up the Tent an be sponsal for awthing tae dae wi't an stell thair tents roond it.

51 An whan the Trystin-tent gangs forrit, the Levites is tae tak it doun; an whan it's tae be stelt, thay'r tae dae't: ony fremmit body that comes nearhaund it's tae be pit tae deith.

52 The bairns o Israel is tae stell thair tents, ilka man in his tent-ring roond his flag.

53 But the tents o the Levites is tae be roond the Trystin-tent sae that wraith disna come upo the bairns o Israel: the Trystin-tent is tae be in the care o the Levites.

54 Sae the bairns o Israel did as the Laird haed gien orders tae Moses.

Chaipter 2

An the Laird said tae Moses an Aaron,

2 The bairns o Israel is tae stell thair tents in the order o thair faimilies, by the banners o thair faithers' hooses, forenent the Trystin-tent on ilka side.

3 Thaim that's tents is on the east side, leukin tae the dawin, will be roond the flag o the bairns o Judah, wi Nahshon, the son o Amminadab, as thair heid.

4 The nummer o his airmy wis seiventy-fower thoosand, sax hunder.

5 An neist him will be the clan o Issachar, wi Nethanel, the son o Zuar, as thair heid.

6 The nummer o his airmy wis fifty-fower thoosand, fower hunder.

7 Efter him, the clan o Zebulun, wi Eliab, the son o Helon, as thair heid.

8 The nummer o his airmy wis fifty-seiven thoosand, fower hunder.

9 The nummer o aw the airmies o Judah wis a hunder an aichty-sax thoosand, fower hunder. Thay gang forrit first.

10 On the sooth side is the flag o the bairns o Reuben, in the order o thair airmies, wi Elizur, the son o Shedeur, as thair heid.

11 The nummer o his airmy wis fowerty-sax thoosand, five hunder.

12 An neist him, the clan o Simeon, wi Shelumiel, the son o Zurishaddai, as thair heid.

13 The nummer o his airmy wis fifty-nine thoosand, three hunder.

14 Syne the clan o Gad, wi Eliasaph, son o Reuel, as thair heid.

15 The nummer o his airmy wis fowerty-five thoosand, sax hunder an fifty.

16 The nummer o aw the airmies o Reuben thegither come tae a hunder an fifty-ane thoosand, fower hunder an fifty. Thay gang forrit seicont.

17 Syne the Trystin-tent is tae gang forrit, wi the tents o the Levites, in the mids o the airmies; in the same order as thair tents is placed, thay'r tae gang forrit, ilka man unner his flag.

18 On the wast side will be the flag o the bairns o Ephraim, wi Elishama, the son o Ammihud, as thair heid.

19 The nummer o his airmy wis fowerty thoosand, five hunder.

20 An by him the clan o Manasseh wi Gamaliel, the son o Pedahzur, as thair heid.

21 The nummer o his airmy wis thirty-twa thoosand, twa hunder.

22 Syne the clan o Benjamin, wi Abidan, the son o Gideoni, as thair heid.

23 The nummer o his airmy wis thirty-five thoosand, fower hunder.

24 The nummer o aw the airmies o Ephraim wis a hunder an aicht thoosand, ae hunder. Thay gang forrit third.

25 On the north side will be the flag o the bairns o Dan, wi Ahiezer, the son o Ammishaddai, as thair heid.

26 The nummer o his airmy wis saxty-twa thoosand, seiven hunder.

27 Neist him will be the clan o Asher, wi Pagiel, the son o Ochran, as thair heid.

28 The nummer o his airmy wis fowerty-ane thoosand, five hunder;

29 Syne the clan o Naphtali, wi Ahira, the son o Enan, as thair heid.

30 The nummer o his airmy wis fifty-three thoosand, fower hunder.

31 The nummer o aw the airmies in the tents o Dan wis a hunder an fifty-seiven thoosand, sax hunder. Thay will gang forrit last, by thair banners.

32 Thir is aw that wis nummert o the bairns o Israel, in the order o thair faithers' faimilies: aw the airmies in thair tents thegither come tae sax hunder an three thoosand, five hunder an fifty.

33 But the Levites wisna nummert amang the bairns o Israel, as the Laird said tae Moses.

34 Sae the bairns o Israel did as the Laird said tae Moses, sae thay stelt thair tents by thair banners, an thay gaen forrit in the same order, by thair faimilies an by thair faithers' hooses.

Chaipter 3

Nou thir is the generations o Aaron an Moses in the day whan the wird o the Laird come tae Moses on Munt Sinai.

2 Thir is the names o the sons o Aaron: Nadab the auldest, an Abihu, Eleazar, an Ithamar.

3 Thir is the names o the sons o Aaron, the priests, as the haly ile wis slaired on, as wis merkit as priests.

4 An Nadab an Abihu wis pit tae deith afore the Laird whan thay made an offerin o fremmit fire afore the Laird, in the wilderness o Sinai, an thay haen nae bairns: an Eleazar an Ithamar did the wark o priests afore Aaron thair faither.

5 An the Laird said tae Moses,

6 Gar the clan o Levi come nearhaund, an set thaim afore Aaron the priest tae be his helpers,

7 Sae that thay'r sponsal tae him an tae aw Israel for the care o the Trystin-tent an for the wark o the Hoose;

8 An thay will hae the care o aw the veshels o the Trystin-tent an will dae for the bairns o Israel aw the necessar wark o the Hoose.

9 Gie the Levites tae Aaron an his sons; sae that thay'r his 'ithoot quaisten frae amang the bairns o Israel.

10 An gie orders that Aaron an his sons is tae haud thair place as priests; ony fremmit body that comes nearhaund is tae be pit tae deith.

11 An the Laird said tae Moses,

12 See, A hae taen the Levites ootby the bairns o Israel tae be mines insteid o the first sons o the bairns o Israel;

13 For aw the first sons is mines; on the day whan A pit tae deith aw the first sons in the laund o Egypt, A taen for masel ilka first male birth o man an beast. Thay ar mines; A am the Laird.

14 An the Laird said tae Moses in the wilderness o Sinai,

15 Lat aw the bairns o Levi be rackont by thair faimilies an thair faithers' hooses; lat ilka male o a month auld an abuin be rackont.

16 Sae Moses did as the Laird said, nummerin thaim as he haed been ordert.

17 Thir wis the sons o Levi by name: Gershon an Kohath an Merari.

18 An thir is the names o the sons o Gershon, by thair faimilies: Libni an Shimei.

19 An the sons o Kohath, by thair faimilies: Amram an Izhar an Hebron an Uzziel.

20 An the sons o Merari by thair faimilies: Mahli an Mushi. Thir is the faimilies o the Levites in the order o thair faithers' hooses.

21 Frae Gershon comes the Libnites an the Shimeites; thir is the faimilies o the Gershonites.

22 Thaim that wis nummert o thaim, the chiels frae ae month auld an abuin, wis seiven thoosand, five hunder.

23 The tents o the Gershonites is tae be stanced at the back o the Hoose tae the wast.

24 The heid o the Gershonites is Eliasaph, the son o Lael.

25 In the Trystin-tent, the Gershonites is tae hae the care o the Hoose, an the Tent wi its kiver, an the hap for the slap o the Trystin-tent,

26 An the hingins for the appen room roond the Hoose an the altar, an the hinger for its door-cheek, an aw the towes needit for its uiss.

27 Frae Kohath comes the Amramites an the Izharites an the Hebronites an the Uzzielites; thir is the faimilies o the Kohathites.

28 Thaim that wis nummert o thaim, the chiels frae ae month auld an abuin, wis aicht thoosand, sax hunder, as wis sponsal for the care o the sanctuar.

29 The tents o the Kohathites is tae be stanced on the sooth side o the Hoose.

30 Thair heid is Elizaphan, the son o Uzziel.

31 In thair care is the airk, an the buird, an the lichts, an the altars, an aw the veshels uised in the sanctuar, an the hap, an aw thay'r uised for.

32 Eleazar, the son o Aaron the priest, will be heid ower aw the Levites an owersman o thaim sponsal for the care o the sanctuar.

33 Frae Merari comes the Mahlites an the Mushites; thir is the faimilies o Merari.

34 Thaim that wis nummert o thaim, the chiels o a month auld an abuin, wis sax thoosand, twa hunder.

35 The heid o the faimilies o Merari wis Zuriel, the son o Abihail: thair tents is tae be stanced on the north side o the Hoose.

36 An in thair care is tae be aw the buirds o the Tent, wi thair stangs an stoups an foonds, an aw the tuils, an aw thay'r uised for,

37 An the stoups o the appen room roond it, wi thair foonds an nails an raips.

213

38 An thaim that's tents is tae be stanced on the east side o the Hoose forenent the Trystin-tent, leukin tae the dawin, is Moses an Aaron an his sons, as will dae the wark o the sanctuar for the bairns o Israel; an ony fremmit body that comes nearhaund will be pit tae deith.

39 Aw the Levites nummert by Moses an Aaron at the order o the Laird, aw the chiels o ae month auld an abuin nummert in the order o thair faimilies, wis twinty-twa thoosand.

40 An the Laird said tae Moses, Lat aw the first male bairns be rackont, an tak the nummer o thair names.

41 An gie me the Levites (A am the Laird) insteid o the first sons o the bairns o Israel; an the kye o the Levites insteid o the first births amang the kye o the bairns o Israel.

42 Sae Moses caused aw the first sons amang the bairns o Israel nummer, as the Laird said tae him.

43 Ilka first son frae a month auld an abuin wis nummert by name, an the nummer come tae twinty-twa thoosand, twa hunder an seiventy-three.

44 An the Laird said tae Moses,

45 Tak the Levites insteid o aw the first sons o the bairns o Israel, an the kye o the Levites insteid o thair kye; the Levites is tae be mines; A am the Laird.

46 An the kane ye hae tae pey for the twa hunder an seiventy-three first sons o the bairns o Israel, forby the nummer o the Levites,

47 Will be five shekels for ilkane, by the scale o the sanctuar (the shekel is twinty gerahs);

48 An this siller, the kane o thaim ower the nummer o the Levites, is tae be gien tae Aaron an his sons.

49 Sae Moses taen the siller, the kane o thaim that's steid haedna been taen by the Levites;

50 Frae the first sons o Israel he taen it, a thoosand, three hunder an saxty-five shekels, by the scale o the sanctuar;

51 An he gien the siller tae Aaron an his sons, as the Laird haed said.

Chaipter 4

An the Laird said tae Moses an Aaron,

2 Lat the sons o Kohath, frae amang the sons o Levi, be rackont by thair faimilies, in the order o thair faithers' hooses;

3 Aw thaim frae thirty tae fifty year auld that's able for the wark o the Trystin-tent.

4 An this is tae be the darg o the sons o Kohath anent the maist haly things.

5 Whan awbody gangs forrit, Aaron is tae gang ben wi his sons, an tak doun the hap o the hinger, happin the airk o witness wi't;

6 An pittin ower it the laither kiver an ower that a blue claith; an pittin its stangs in place.

7 An on the buird o the haly breid thay'r tae pit a blue claith, an on it aw the veshels, the spuins an the bynes an the tassies; an the haly breid wi thaim;

8 An ower thaim thay'r tae pit a reid claith, happin it wi a laither kiver, an pittin its stangs in thair steids.

9 An thay'r tae tak a blue claith, happin wi't the licht-uphaud wi its lichts an its instruments an its servers an aw the ile veshels uised for't:

10 Aw thir thay'r tae pit in a laither kiver, an pit it on the frame.

11 On the gowd altar thay'r tae pit a blue claith, happin it wi a laither kiver; an thay'r tae pit its stangs in thair steids.

12 Aw the veshels uised in the sanctuar thay'r tae pit in a blue claith, happin thaim wi a laither kiver, an pit thaim on the frame.

13 An thay'r tae tak awa the greeshoch frae the altar, an pit a purpie claith on't;

14 Pittin on the claith aw its veshels, the fire creels, the flesh-heuks, the shuils, an the bynes; aw the veshels o the altar; thay'r tae pit a laither kiver ower aw thir, an pit its stangs in thair steids.

15 An efter the sanctuar an aw its veshels haes been happit by Aaron an his sons, an the tents o the people gangs forrit, the sons o Kohath is tae come an tak it up; but the haly things maunna be titcht by thaim for fear o deith.

16 An Eleazar, the son o Aaron the priest, is tae be sponsal for the ile for the laump, an the sweet perfumes for birnin, an the raiglar meal offerin, an the haly ile; the Hoose an the sanctuar an awthing in't will be in his care.

17 An the Laird said tae Moses an Aaron,

18 Dinna lat the faimily o the Kohathites be flemit frae amang the Levites;

19 But dae this tae thaim, sae that life an no deith can be thairs whan thay come forenent the maist haly things; lat Aaron an his sons gang ben an gie tae ilkane his wark an whit he's tae tak up;

20 But thay thairsels isna tae gang ben for tae see the sanctuar, e'en for a meenit, for fear o deith.

21 An the Laird said tae Moses,

22 Lat the sons o Gershon be rackont by faimilies, in the order o thair faithers' hooses;

23 Aw thaim frae thirty tae fifty year auld that's able for the wark o the Trystin-tent.

24 This is tae be the darg o the Gershonites, the things thay'r tae dae an tak up.

25 Thay'r tae tak up the hingers o the Hoose, an the Trystin-tent wi its kiver an the laither kiver ower it, an the hingins for the slap o the Trystin-tent;

26 An the hingins for the appen room roond the Hoose an the altar, an the hinger for its door-cheek, wi the raips an aw the things uised for thaim; whitiver's necessar for thir, thay'r tae dae.

27 Frae the mou o Aaron an his sons the Gershonites will hae wird aboot aw the things thay'r tae dae an tak up; ye'r tae gie thaim thair orders.

28 This is the darg o the faimily o the Gershonites in the Trystin-tent, an thay will be unner the airtin o Ithamar, the son o Aaron the priest.

29 The sons o Merari is tae be rackont by faimilies, in the order o thair faithers' hooses;

30 Ilkane frae thirty tae fifty year auld able for the wark o the Trystin-tent.

31 An this is thair pairt in the wark o the Trystin-tent: the convoyance o the buirds an the stangs o the Tent, wi the stoups an thair foonds;

32 An the stoups o the appen room
ootby it, wi thair foonds an thair
nails an raips an aw the tuils uised, an
awthing that haes tae be duin thare;
aw the tuils thay ar sponsal for is tae be
rackont by name.

33 This is the wark that the sons o
Merari is tae dae anent the Trystin-tent,
unner the airtin o Ithamar, the son o
Aaron the priest.

34 Sae Moses an Aaron an the
heidsmen o the people taen in haund
the nummerin o the sons o the
Kohathites, by faimilies, in the order o
thair faithers' hooses;

35 Nummerin aw thaim frae thirty tae
fifty year auld able for the wark in the
Trystin-tent;

36 An the nummer o aw thir wis twa
thoosand, seiven hunder an fifty.

37 This is the nummer o thaim o the
Kohathites that did the wark in the
Trystin-tent, as thay war nummert by
Moses an Aaron at the order o the Laird.

38 An thaim o the sons o Gershon
nummert by faimilies,

39 Aw thaim frae thirty tae fifty year
auld able for the wark in the Trystin-tent,

40 As wis nummert by faimilies in the
order o thair faithers' hooses, wis twa
thoosand, sax hunder an thirty.

41 This is the nummer o the sons o
Gershon as did the wark in the Trystin-
tent, as thay war nummert by Moses an
Aaron at the order o the Laird.

42 An thaim o the sons o Merari
nummert by faimilies, in the order o
thair faithers' hooses,

43 Aw thaim frae thirty tae fifty year auld
that did the wark in the Trystin-tent,

44 As wis nummert by faimilies, wis
three thoosand, twa hunder.

45 This is the nummer o the sons o
Merari, nummert by Moses an Aaron at
the order o the Laird.

46 An aw the Levites nummert by
Moses an Aaron an the heidsmen o the
people, by faimilies, in the order o thair
faithers' hooses,

47 Thaim frae thirty tae fifty year auld
able for the wark o the Trystin-tent an
its convoyance,

48 Come tae aicht thoosand, five
hunder an aichty.

49 At the order o the Laird thay war
nummert by Moses, ilkane conform tae
his darg an his pairt in the convoyance;
sae thay war nummert by Moses at the
order o the Laird.

Chaipter 5

An the Laird said tae Moses,

2 Gie orders tae the bairns o Israel tae
pit ootby the tent-ring ilka lipper, an
onybody that haes ony kin o flowe frae
his bouk, an onybody unclean frae the
titch o the deid;

3 Man-body or wumman-body, thay'r
tae be pit ootby the tent-ring, sae that
thay canna fyle ma dwallin hoose amang
thaim.

4 Sae the bairns o Israel did as the
Laird haed said tae Moses, an pit thaim
ootby the tent-ring.

5 An the Laird said tae Moses,

6 Say tae the bairns o Israel, Gin a man
or a wumman dis ony o the sins o men,
gaun agin the wird o the Laird, an is in
the wrang;

7 Lat thaim say afore aw whit thay hae duin; an pey for the wrang duin, an forby thon a fift pairt, an gie't tae him that the wrang wis duin tae.

8 But gin the man haes nae relation that the peyment can be made tae, than the peyment for sin made tae the Laird will be the priest's, forby the sheep offert for tae tak awa his sin.

9 An ilk offerin liftit up o aw the haly things the bairns o Israel gies tae the priest will be his.

10 An ilka man's haly things will be his: whitiver a man gies tae the priest will be his.

11 An the Laird said tae Moses,

12 Say tae the bairns o Israel, Gin ony man's guidwife dis wrang, sinnin agin him,

13 By takkin as her luver anither man, an hauds it hidlin sae that her guidman disna ken it, an the'r nae witness agin her, an she isna taen in the act;

14 Gin the speerit o dout comes intae her guidman's hert, an he misdouts his guidwife, wi guid cause; or gin he misdouts her 'ithoot cause:

15 Than lat him tak her tae the priest, offerin for her the tent pairt o an ephah o bere meal, 'ithoot ile or perfume; for it's a meal offerin o a soor speerit, a meal offerin haudin wrangdaein in mynd.

16 An the priest will gar her come nearhaund an pit her afore the Laird;

17 An the priest will tak haly watter in a pat an pit in't stour frae the fluir o the Hoose;

18 An he will gar the wumman come afore the Laird wi her hair lowse, an will pit the meal offerin, the offerin o a soor speerit, in her haunds; an the priest will tak in his haund the soor watter causin the ban;

19 An he will gar her sweir an aith an say tae her, Gin nae man haes been yer luver, an ye haena been wi anither insteid o yer guidman, ye ar free frae this soor watter causin the ban;

20 But gin ye hae been wi anither insteid o yer guidman an hae made yersel unclean wi a luver:

21 Than the priest will pit the aith o the ban on the wumman an say tae her, Lat the Laird mak ye a ban an an aith amang yer fowk, sendin on ye wastin o the shanks an disease o the kyte;

22 An this watter o the ban will gang intae yer bouk, causin disease o yer kyte an wastin o yer shanks: an the wumman will say, Sae be't.

23 An the priest will pit thir bans in a beuk, washin oot the writin wi the soor watter;

24 An he will gie tae the wumman the soor watter for drink; an the soor watter causin the ban will gang intae her.

25 An the priest will tak frae her haund the meal offerin o dout, waffin it afore the Laird, an will tak it tae the altar;

26 An he will tak some o't in his haund, birnin it on the altar as a taiken, an syne he will gie the wumman the soor watter.

27 An it will be that, gin the wumman haes come tae be unclean, sinnin agin her guidman, whan she haes taen the soor watter, it will gang intae her bouk, causin disease o the kyte an wastin o the shanks, an she will be a ban amang her fowk.

28 But gin she's clean, she will be free an will hae affspring.

29 This is the law for seyin a guidwife that gangs wi anither insteid o her guidman an comes tae be unclean;

30 Or for a guidman that, in a soor speerit, haes douts in his hert aboot his guidwife; lat him tak her tae the priest, that will pit in force this law.

31 Syne the man will be free frae aw wrang, an the wumman's sin will be on her.

Chaipter 6

An the Laird said tae Moses,

2 Say tae the bairns o Israel, Gin a man — or a wumman — sweirs an aith tae haud hissel sindert, an gies hissel tae the Laird;

3 He's tae haud hissel frae wine an strang drink, an tak nae mixtur-maxturt wine or strang drink or ony drink made frae grapes, or ony grapes, green or dry.

4 Aw the time he's apairt he can tak nocht made frae the grape-vine, frae its seeds tae its skin.

5 Aw the time he's unner his aith, lat nae blad come nearhaund his heid; till the days while he is separate is throu he's haly, an his hair maunna be shorn.

6 Aw the time he's separate he maunna come nearhaund ony deid corp.

7 He maunna mak hissel unclean for his faither or his mither, his sister or his brither, gin deith finds thaim; acause he's unner an aith tae haud hissel separate for God.

8 Aw the time he's separate he's haly tae the Laird.

9 Gin deith comes wi a suddentie tae a man at his side, sae that he comes tae be unclean, lat his hair be shorn on the day whan he's made clean, on the seivent day.

10 An on the aicht day lat him tak tae the priest, at the slap o the Trystin-tent, twa dous or twa young puddy dous;

11 An the priest will gie ane for a sin offerin an the tither for a brunt offerin for tae tak awa the sin that come upo him on accoont o the deid, an he will mak his heid haly that same day.

12 An he will gie tae the Laird his days o bein separate, offerin a tuip-laum o the first year as an offerin for mistak: but the earlier days will be a loss, acause he come tae be unclean.

13 An this is the law for him that's separate, whan the necessar days is throu: he's tae come tae the slap o the Trystin-tent,

14 An mak his offerin tae the Laird; ae tuip-laum o the first year, 'ithoot a merk, for a brunt offerin, an ae yowe-laum o the first year, 'ithoot a merk, for a sin offerin, an ae tuip, 'ithoot a merk, for peace offerins,

15 An a creel o unleavent breid, cakes o the best meal mixtur-maxturt wi ile, an thin unleavent bannocks slaired wi ile, wi thair meal offerin an drink offerins.

16 An the priest will tak thaim afore the Laird, an mak his sin offerin an his brunt offerin;

17 Giein the sheep o the peace offerins, wi the creel o unleavent breid; an at the same time, the priest will mak his meal offerin an his drink offerin.

18 Than lat his lang hair, the sign o his aith, be shorn at the slap o the Trystin-tent, an lat him pit it on the fire that the peace offerins is birnin on.

19 An the priest will tak the keukit shank o the sheep an ae unleavent bannock an ae thin cake oot the creel, an pit thaim on the haunds o the separate ane efter his hair haes been shorn,

20 Waffin thaim for a waff offerin afore the Laird; this is haly for the priest, thegither wi the waffed breest an the shank that's liftit up; efter that, the man can tak wine.

21 This is the law for him that sweirs an aith tae haud hissel separate, an for his offerin tae the Laird on that accoont, forby whit he will be able tae git; this is the law o his aith, that he will hae tae haud.

22 An the Laird said tae Moses,

23 Say tae Aaron an his sons, Thir is the wirds o sainin tae be uised by ye in sainin the bairns o Israel; say tae thaim,

24 Lat the Laird send his sainin on ye an haud ye:

25 Lat the licht o the Laird's face sheen on ye in grace:

26 Lat the Laird's appruival rest on ye, an lat him gie ye peace.

27 Sae thay will pit ma name on the bairns o Israel, an A will gie thaim ma sainin.

Chaipter 7

An whan Moses haed pit up the Hoose awthegither, an haed slaired ile on't an made it haly, wi aw the things in't, an haed made the altar an aw its veshels haly wi ile;

2 Syne the heidsmen o Israel, the heidsmen o thair faithers' hooses, made offerins; thir wis the heidsmen o the clans, ower thaim that wis nummert.

3 An thay come wi thair offerins afore the Laird, sax happit cairts an twal owsen; a cairt for ilka twa o the heidsmen, an for ilkane an owse.

4 An the Laird said tae Moses,

5 Tak the things frae thaim tae be uised for the wark o the Trystin-tent; an gie thaim tae the Levites, tae ilka man whit's needit for his darg.

6 Sae Moses taen the cairts an the owsen an gien thaim tae the Levites.

7 Twa cairts an fower owsen he gien tae the sons o Gershon for thair wark;

8 An fower cairts an aicht owsen he gien tae the sons o Merari for thair wark, unner the airtin o Ithamar, the son o Aaron the priest.

9 But tae the sons o Kohath he gien nocht; acause thay haen the care o the sanctuar, takkin it aboot on thair backs.

10 An the heidsmen gien an offerin for the altar on the day whan the haly ile wis slaired on't; thay made thair offerin afore the altar.

11 An the Laird said tae Moses, Lat ilka heidsman on his day gie his offerin tae mak the altar haly.

12 An him that made his offerin on the first day wis Nahshon, the son o Amminadab, o the clan o Judah:

13 An his offerin wis ae siller plate, a hunder an thirty shekels in wecht, ae siller byne o seiventy shekels, by the scale o the sanctuar; the pair o thaim fou o the best meal mixtur-maxturt wi ile for a meal offerin;

14 Ae gowd spuin o ten shekels, fou o spice for birnin;

15 Ae cauf, ae tuip, ae tuip-laum o the first year, for a brunt offerin;

16 Ae male o the gaits for a sin offerin;

17 An for the peace offerins, twa owsen, five tuips, five he-gaits, five tuip-laums o the first year: this wis the offerin o Nahshon, the son o Amminadab.

18 On the seicont day Nethanel, the son o Zuar, heid o Issachar, made his offerin:

19 He gien ae siller plate, a hunder an thirty shekels in wecht, ae siller byne o seiventy shekels, by the scale o the sanctuar; the pair o thaim fou o the best meal mixtur-maxturt wi ile for a meal offerin;

20 Ae gowd spuin o ten shekels, fou o spice;

21 Ae cauf, ae tuip, ae tuip-laum o the first year, for a brunt offerin;

22 Ae male o the gaits for a sin offerin;

23 An for the peace offerins, twa owsen, five tuips, five he-gaits, five tuip-laums o the first year: this wis the offerin o Nethanel, the son o Zuar.

24 On the third day Eliab, the son o Helon, heid o the bairns o Zebulun:

25 His offerin wis ae siller plate, a hunder an thirty shekels in wecht, ae siller byne o seiventy shekels, by the scale o the sanctuar; the pair o thaim fou o the best meal mixtur-maxturt wi ile for a meal offerin;

26 Ae gowd spuin o ten shekels, fou o spice;

27 Ae cauf, ae tuip, ae tuip-laum o the first year, for a brunt offerin;

28 Ae male o the gaits for a sin offerin;

29 An for the peace offerins, twa owsen, five tuips, five he-gaits, five tuip-laums o the first year: this wis the offerin o Eliab, the son o Helon.

30 On the fowert day Elizur, the son o Shedeur, heid o the bairns o Reuben:

31 His offerin wis ae siller plate, a hunder an thirty shekels in wecht, ae siller byne o seiventy shekels, by the scale o the sanctuar; the pair o thaim fou o the best meal mixtur-maxturt wi ile for a meal offerin;

32 Ae gowd spuin o ten shekels, fou o spice;

33 Ae cauf, ae tuip, ae tuip-laum o the first year, for a brunt offerin;

34 Ae male o the gaits for a sin offerin;

35 An for the peace offerins, twa owsen, five tuips, five he-gaits, five tuip-laums o the first year: this wis the offerin o Elizur, the son o Shedeur.

36 On the fift day Shelumiel, the son o Zurishaddai, heid o the bairns o Simeon:

37 His offerin wis ae siller plate, a hunder an thirty shekels in wecht, ae siller byne o seiventy shekels, by the scale o the sanctuar; the pair o thaim fou o the best meal mixtur-maxturt wi ile for a meal offerin;

38 Ae gowd spuin o ten shekels, fou o spice;

39 Ae cauf, ae tuip, ae tuip-laum o the first year, for a brunt offerin;

40 Ae male o the gaits for a sin offerin;

41 An for the peace offerins, twa owsen, five tuips, five he-gaits, five tuip-laums o the first year: this wis the offerin o Shelumiel, the son o Zurishaddai.

42 On the saxt day Eliasaph, the son o Reuel, heid o the bairns o Gad:

43 His offerin wis ae siller plate, a hunder an thirty shekels in wecht, ae

siller byne o seiventy shekels, by the scale o the sanctuar; the pair o thaim fou o the best meal mixtur-maxturt wi ile for a meal offerin;

44 Ae gowd spuin o ten shekels, fou o spice;

45 Ae cauf, ae tuip, ae tuip-laum o the first year, for a brunt offerin;

46 Ae male o the gaits for a sin offerin;

47 An for the peace offerins, twa owsen, five tuips, five he-gaits, five tuip-laums o the first year: this wis the offerin o Eliasaph, the son o Reuel.

48 On the seivent day Elishama, the son o Ammihud, heid o the bairns o Ephraim:

49 His offerin wis ae siller plate, a hunder an thirty shekels in wecht, ae siller byne o seiventy shekels, by the scale o the sanctuar; the pair o thaim fou o the best meal mixtur-maxturt wi ile for a meal offerin;

50 Ae gowd spuin o ten shekels, fou o spice;

51 Ae cauf, ae tuip, ae tuip-laum o the first year, for a brunt offerin;

52 Ae male o the gaits for a sin offerin;

53 An for the peace offerins, twa owsen, five tuips, five he-gaits, five tuip-laums o the first year: this wis the offerin o Elishama, the son o Ammihud.

54 On the aicht day Gamaliel, the son o Pedahzur, heid o the bairns o Manasseh:

55 His offerin wis ae siller plate, a hunder an thirty shekels in wecht, ae siller byne o seiventy shekels, by the scale o the sanctuar; the pair o thaim fou o the best meal mixtur-maxturt wi ile for a meal offerin;

56 Ae gowd spuin o ten shekels, fou o spice;

57 Ae cauf, ae tuip, ae tuip-laum o the first year, for a brunt offerin;

58 Ae male o the gaits for a sin offerin;

59 An for the peace offerins, twa owsen, five tuips, five he-gaits, five tuip-laums o the first year: this wis the offerin o Gamaliel, the son o Pedahzur.

60 On the nynt day Abidan, the son o Gideoni, heid o the bairns o Benjamin:

61 His offerin wis ae siller plate, a hunder an thirty shekels in wecht, ae siller byne o seiventy shekels, by the scale o the sanctuar; the pair o thaim fou o the best meal mixtur-maxturt wi ile for a meal offerin;

62 Ae gowd spuin o ten shekels, fou o spice;

63 Ae cauf, ae tuip, ae tuip-laum o the first year for a brunt offerin;

64 Ae male o the gaits for a sin offerin;

65 An for the peace offerins, twa owsen, five tuips, five he-gaits, five tuip-laums o the first year: this wis the offerin o Abidan, the son o Gideoni.

66 On the tent day Ahiezer; the son o Ammishaddai, heid o the bairns o Dan:

67 His offerin wis ae siller plate, a hunder an thirty shekels in wecht, ae siller byne o seiventy shekels, by the scale o the sanctuar; the pair o thaim fou o the best meal mixtur-maxturt wi ile for a meal offerin;

68 Ae gowd spuin o ten shekels, fou o spice;

69 Ae cauf, ae tuip, ae tuip-laum o the first year, for a brunt offerin;

70 Ae male o the gaits for a sin offerin;

71 An for the peace offerins, twa owsen, five tuips, five he-gaits, five tuip-laums o the first year: this wis the offerin o Ahiezer, the son o Ammishaddai.

72 On the elievent day Pagiel, the son o Ochran, heid o the bairns o Asher:

73 His offerin wis ae siller plate; a hunder an thirty shekels in wecht, ae siller byne o seiventy shekels, by the scale o the sanctuar; the pair o thaim fou o the best meal mixtur-maxturt wi ile for a meal offerin;

74 Ae gowd spuin o ten shekels, fou o spice;

75 Ae cauf, ae tuip, ae tuip-laum o the first year, for a brunt offerin;

76 Ae male o the gaits for a sin offerin;

77 An for the peace offerins, twa owsen, five tuips, five he-gaits, five tuip-laums o the first year: this wis the offerin o Pagiel, the son o Ochran.

78 On the twalt day Ahira, the son o Enan, heid o the bairns o Naphtali:

79 His offerin wis ae siller plate, a hunder an thirty shekels in wecht, ae siller byne o seiventy shekels, by the scale o the sanctuar; the pair o thaim fou o the best meal mixtur-maxturt wi ile for a meal offerin;

80 Ae gowd spuin o ten shekels, fou o spice;

81 Ae cauf, ae tuip, ae tuip-laum o the first year, for a brunt offerin;

82 Ae male o the gaits for a sin offerin;

83 An for the peace offerins, twa owsen, five tuips, five he-gaits, five tuip-laums o the first year: this wis the offerin o Ahira, the son o Enan.

84 Thir wis the offerins gien for the altar by the heidsmen o Israel, whan the haly ile wis slaired on't: twal siller plates, twal siller bynes, twal gowd spuins;

85 The wecht o ilka siller plate wis a hunder an thirty shekels, an o ilka byne seiventy; the wecht o aw the siller o the veshels wis twa thoosand an fower hunder shekels, by the scale o the sanctuar;

86 The wecht o the twal gowd spuins o spice for birnin wis ten shekels for ilkane, by the scale o the sanctuar; aw the gowd o the spuins wis a hunder an twinty shekels;

87 Aw the owsen, for the brunt offerin wis twal, the tuips twal, the tuip-laums o the first year twal, wi thair meal offerin; an the males o the gaits for sin offerin twal;

88 An aw the owsen for the peace offerins, twinty-fower owsen, the tuips saxty, an the he-gaits saxty, the tuip-laums o the first year saxty. This wis gien for the altar efter the haly ile wis pit on it.

89 An whan Moses gaen intae the Trystin-tent tae collogue wi him, than the vyce come tae his lugs frae ower the kiver that wis on the airk o witness, frae atween the twa weengit anes. An he collogued wi him.

Chaipter 8

An the Laird said tae Moses,

2 Say tae Aaron, Whan ye pit the lichts in thair steids, the seiven lichts will sheen forenent the uphaud.

3 An Aaron did the like; he pit the lichts in thair steids sae that thay cuist licht forenent the uphaud, as the Laird gien orders tae Moses.

4 The uphaud for the lichts wis o haimert gowdwark, frae its foonds tae its flouers it wis o haimert wark; frae the design that the Laird haed gien tae Moses he made the uphaud for the lichts.

5 An the Laird said tae Moses,

6 Tak the Levites oot frae amang the bairns o Israel an mak thaim clean.

7 An this is whit wey ye'r tae mak thaim clean: lat the haly watter that taks awa sin be pit on thaim, an lat the hair aw ower thair bouks be shorn wi a shairp blad, an lat thair claes be wuish an thair bouks made clean.

8 Than lat thaim tak a cauf an its meal offerin, grund corn mixtur-maxturt wi ile, an tak anither owse for a sin offerin.

9 An gar the Levites come forrit forenent the Trystin-tent, an lat aw the bairns o Israel forgaither:

10 An ye'r tae tak the Levites afore the Laird: an the bairns o Israel is tae pit thair haunds on thaim:

11 An Aaron is tae gie the Levites tae the Laird as a waff offerin frae the bairns o Israel, sae that thay can dae the Laird's wark.

12 An the Levites is tae pit thair haunds on the heids o the owsen, an ane o the owsen is tae be offert for a sin offerin an the tither for a brunt offerin tae the Laird for tae tak awa the sin o the Levites.

13 Syne the Levites is tae be pit afore Aaron an his sons tae be offert as a waff offerin tae the Laird.

14 Sae ye'r tae mak the Levites separate frae the bairns o Israel, an the Levites will be mines.

15 Efter that, the Levites will gang ben tae dae whitiver haes tae be duin in the Trystin-tent; ye'r tae mak thaim clean an gie thaim as a waff offerin.

16 For thay hae been gien me frae amang the bairns o Israel; insteid o ilka mither's first son, the first tae be born in Israel, A hae taen thaim for masel.

17 For ilka mither's first son amang the bairns o Israel is mines, the first male birth o man or beast: on the day whan A sent deith on aw the first sons in the laund o Egypt, A made thaim mines.

18 An insteid o the first sons amang the bairns o Israel, A hae taen the Levites.

19 An A hae gien thaim tae Aaron an his sons, frae amang the bairns o Israel tae tak on for thaim aw the wark o the Trystin-tent, an sae tae tak awa sin frae the bairns o Israel sae that nae ill can come upo thaim whan thay come forenent the sanctuar.

20 Aw thir things Moses an Aaron an the bairns o Israel did tae the Levites; as the Laird gien orders tae Moses aboot the Levites, sae the bairns o Israel did.

21 An the Levites wis made clean frae sin, an thair claes wis wuish, an Aaron gien thaim for a waff offerin afore the Laird; an sae Aaron dichtit awa thair sin an made thaim clean.

22 An syne the Levites gaen ben tae dae thair wark in the Trystin-tent afore Aaron an his sons: aw the orders the Laird haed gien Moses aboot the Levites wis effect.

23 An the Laird said tae Moses,

24 This is the law for the Levites: thaim o twenty-five year auld an abuin is tae gang ben an dae the wark o the Trystin-tent;

25 But efter thay'r fifty year auld, thay'r tae gie up thair wark an dae nae mair;

26 But be wi thair brithers in the Trystin-tent, takkin care o't but daein nae wark. This is whit ye'r tae dae anent the Levites an thair wark.

Chaipter 9

An the Laird said tae Moses, in the wilderness o Sinai, in the first month o the seicont year efter thay haed come oot the laund o Egypt,

2 Lat the bairns o Israel haud the Passower at its raiglar time.

3 In the fowerteent day o this month, at forenicht, ye'r tae haud it at the raiglar time, an in the wey ordert in the law.

4 An Moses gien orders tae the bairns o Israel tae haud the Passower.

5 Sae thay held the Passower in the first month, on the fowerteent day o the month, at forenicht, in the wilderness o Sinai: as the Laird gien orders tae Moses, sae the bairns o Israel did.

6 An the war a wheen men unclean acause o a deid corp, sae that thay coudna haud the Passower on that day; an thay come afore Moses an afore Aaron on that day:

7 An thir men said tae him, We hae been fyled by the corp o a man; whit for can we no mak the offerin o the Laird at the raiglar time amang the bairns o Israel?

8 An Moses said tae thaim, Dae nocht till the Laird gies me airtins aboot ye.

9 An the Laird said tae Moses,

10 Say tae the bairns o Israel, Gin ony ane o ye or yer faimilies is unclean acause o a deid corp, or is on the gate hyne awa, yet he's tae haud the Passower tae the Laird:

11 In the seicont month, on the fowerteent day, in the forenicht, thay'r tae haud it, takkin it wi unleavent breid an soor-tastin plants;

12 Nocht is tae be held till the forenuin, an nae bane o it's tae be broke: thay'r tae haud it by the rules o the Passower.

13 But the man that, no bein unclean or on the gate, disna haud the Passower, will be flemit frae his fowk: acause he didna mak the offerin o the Laird at the raiglar time, his sin will be on him.

14 An gin a fremmit body is amang ye an haes a desire tae haud the Passower tae the Laird, lat him dae as is ordert in the law o the Passower: the'r tae be the same rule for the man frae anither nation an for him that haen his birth in the laund.

15 An on the day whan the Hoose wis pit up, the clud come doun on't, on the Tent o witness; an in the forenicht the war a licht like fire ower the Hoose till the forenuin.

16 An sae't wis at aw times: it wis happit by the clud, an by a licht as o fire by nicht.

17 An whaniver the clud wis taen up frae ower the Hoose, than the bairns o Israel gaen traivelin on; an in the steid whaur the clud come tae rest, thare the bairns o Israel stelt thair tents.

18 At the order o the Laird the bairns o Israel gaen forrit, an at the order o the Laird thay stelt thair tents: as lang's the clud restit on the Hoose, thay didna gang awa frae that steid.

19 Whan the clud restit on the Hoose for a lang time the bairns o Israel, waitin on the order o the Laird, didna gang on.

20 Whiles the clud restit on the Hoose for twa-three days; syne, by the order o the Laird, thay held thair tents in that steid, an whan the Laird gien the order thay gaen on.

21 An whiles the clud wis juist thare frae forenicht tae forenuin; an whan the clud wis taen up in the forenuin thay gaen on thair gate again: or gin it restit thare by day an by nicht, whaniver the clud wis taen up thay gaen forrit.

22 Or gin the clud come tae rest on the Hoose for twa days or a month or a year 'ithoot muivin, the bairns o Israel gaen on waitin thare an didna gang on; but whaniver it wis taen up thay gaen forrit on thair gate.

23 At the wird o the Laird thay stelt thair tents, an at the wird o the Laird thay gaen forrit on thair gate: thay held the orders o the Laird as he gien thaim by Moses.

Chaipter 10

An the Laird said tae Moses,

2 Mak twa siller horns o haimert wark tae be uised for cryin the people thegither an tae gie the sign for the muivin o the tents.

3 Whan thay'r soondit, awbody's tae come thegither tae ye at the slap o the Trystin-tent.

4 Gin juist ane o thaim is soondit, than the heidsmen, the heidsmen o the thoosands o Israel, is tae come tae ye.

5 Whan a lood blast is soondit, the tents placed on the east side is tae gang forrit.

6 At the soond o a seicont lood note, the tents on the sooth side is tae gang forrit: the lood note will be the sign tae gang forrit.

7 But whan awbody's tae forgaither, the horn is tae be soondit, but no lood.

8 The horns is tae be soondit by the sons o Aaron, the priests; this is tae be a law for ye for aye, frae generation tae generation.

9 An gin ye gang tae war in yer laund agin ony as wrangs ye, than lat the lood note o the horn be soondit; an the Laird yer God will haud ye in mynd an sauf ye frae yer unfreends.

10 An on days o pleisance an on yer raiglar mealtiths an on the first day o ilka month, lat the horns be soondit ower yer brunt offerins an yer peace offerins; an thay will pit the Laird in mynd o ye: A am the Laird yer God.

11 Nou in the seicont year, on the twintiet day o the seicont month, the clud wis taen up frae ower the Tent o witness.

12 An the bairns o Israel gaen on thair gate oot the wilderness o Sinai; an the clud come tae rest in the wilderness o Paran.

13 Thay gaen forrit for the first time on thair gate as the Laird haed gien orders by the haund o Moses.

14 First the flag o the bairns o Judah gaen forrit wi thair airmies: an at the heid o his airmy wis Nahshon, the son o Amminadab.

15 An at the heid o the airmy o the bairns o Issachar wis Nethanel, the son o Zuar.

16 An at the heid o the airmy o the bairns o Zebulun wis Eliab, the son o Helon.

17 Syne the Hoose wis taen doun; an the sons o Gershon an the sons o Merari, sponsal for frauchtin the Hoose, gaen forrit.

18 Syne the flag o the bairns o Reuben gaen forrit wi thair airmies: an at the heid o his airmy wis Elizur, the son o Shedeur.

19 An at the heid o the airmy o the bairns o Simeon wis Shelumiel, the son o Zurishaddai.

20 At the heid o the airmy o the bairns o Gad wis Eliasaph, the son o Reuel.

21 Syne the Kohathites gaen forrit wi the sanctuar; the ithers pit up the Hoose ready for thair comin.

22 Syne the flag o the bairns o Ephraim gaen forrit wi thair airmies: an at the heid o his airmy wis Elishama, the son o Ammihud.

23 At the heid o the airmy o the bairns o Manasseh wis Gamaliel, the son o Pedahzur.

24 At the heid o the airmy o the bairns o Benjamin wis Abidan, the son o Gideoni.

25 An the flag o the bairns o Dan, that's tents wis muived hindermaist, gaen forrit wi thair airmies: an at the heid o his airmy wis Ahiezer, the son o Ammishaddai.

26 At the heid o the airmy o the bairns o Asher wis Pagiel, the son o Ochran.

27 An at the heid o the airmy o the bairns o Naphtali wis Ahira, the son o Enan.

28 This wis the array that the bairns o Israel wis traivelin in by airmies; sae thay gaen forrit.

29 Syne Moses said tae Hobab, the son o his guidfaither Reuel the Midianite,

We'r traivelin tae that steid that the Laird haes said o't, A will gie't ye: sae come wi us, an it will be for yer ootcome: for the Laird haes guid things for Israel.

30 But he said, A winna gang wi ye, A will gang back tae the laund o ma birth an ma ain fowk.

31 An he said, Dinna gang frae us; for ye will be een for us, airtin us tae the richt steids in the wilderness tae stell oor tents.

32 An gin ye come wi us, we will gie ye a pairt in whitiver guid the Laird dis for us.

33 Sae thay gaen forrit three days' gate frae the knowe o the Laird; an the airk o the Laird's greement gaen three days' gate afore thaim, leukin for a restin steid for thaim;

34 An by day the clud o the Laird gaen ower thaim, whan thay gaen forrit frae the steid whaur thay haed stelt thair tents.

35 An whan the airk gaen forrit Moses said, Come up, O Laird, an lat the airmies o yer unfreends be broke, an lat yer ill-willers flicht afore ye.

36 An whan it come tae rest, he said, Rest, O Laird, an sain the faimilies o Israel.

Chaipter 11

Nou fowk wis sayin ill agin the Laird; an the Laird, hearin it, wis wraith an sent fire on thaim, birnin the ooter pairts o the tent-ring.

2 An the people raised a dirdum tae Moses, an Moses prayed tae the Laird, an the fire wis stappit.

3 Sae that steid wis cried Taberah, acause o the fire o the Laird that haed brunt amang thaim.

4 An the mixtur-maxturt baund o fowk that gaen wi thaim wis owercome by desire: an the bairns o Israel, greetin again, said, Wha will gie us flesh for oor meat?

5 Sweet is the myndin o the fish we haen in Egypt for nocht, an the fruit an green plants o ilka kin, shairp an pleasin tae the gust:

6 But nou oor saul is wastit awa; the'r nocht ava: we hae nocht but this manna afore oor een.

7 Nou the manna wis like a seed o corn, like smaw clear draps.

8 The people gaen aboot takkin it up frae the yird, grindin it atween stanes or haimerin it tae pouder, an bylin it in pats, an thay made cakes o't: its gust wis like the gust o cakes keukit wi ile.

9 Whan the weet come doun on the tents at nicht, the manna come doun wi't.

10 An at the soond o the people greetin, ilka man at his tent-door, the wraith o the Laird wis great, an Moses wis unco wraith.

11 An Moses said tae the Laird, Whit for hae ye duin me this ill? An whit for hae A no grace in yer een, that ye hae pit on me the care o aw thir fowk?

12 Am A the faither o aw thir fowk? Hae A gien thaim birth, that ye say tae me, Tak thaim in yer airms, like a bairn at the breest tae the laund that ye gien by an aith tae thair faithers?

13 Whaur am A tae git flesh tae gie tae aw thir fowk? For thay'r greetin tae me an sayin, Gie us flesh for oor meat.

14 A'm no able ma lane tae tak the wecht o aw thir fowk, for it's mair nor ma strenth.

15 Gin this is tae be ma weird, pit me tae deith nou in repone tae ma prayer, gin A hae grace in yer een; an lat me na see ma shame.

16 An the Laird said tae Moses, Send for seiventy o the sponsal men o Israel, as is in yer conceit men o wecht an authority ower the people; gar thaim come tae the Trystin-tent an be thare wi ye.

17 An A will come doun an collogue wi ye thare: an A will tak some o the speerit that's on ye an pit it on thaim, an thay will tak pairt o the wecht o the people aff ye, sae that ye dinna hae tae tak it yer lane.

18 An say tae the people, Mak yersels clean afore the morn, an ye will hae flesh for yer meat: for in the lugs o the Laird ye hae been greetin an sayin, Wha will gie us flesh for meat? For we war weel aff in Egypt: an sae the Laird will gie ye flesh, an it will be yer meat;

19 No for ae day its lane, or e'en for five or ten or twinty days;

20 But ilka day for a month, till ye'r trauchelt wi't, turnin frae't in scunner: acause ye hae gaen agin the Laird that's wi ye, an hae grat afore him sayin, Whit for did we come oot o Egypt?

21 Syne Moses said, The people, that A'm amang, is sax hunder thoosand men afit; an ye hae said, A will gie thaim flesh tae be thair meat for a month.

22 Is hirsels an hirds tae be pit tae deith for thaim? Or is aw the fish in the sea tae be gaithert thegither sae that thay'r fou?

23 An the Laird said tae Moses, Haes the Laird's haund come tae be shilpit? Nou ye will see gin ma wird comes richt for ye or no.

24 An Moses gaen oot an gien the people the wirds o the Laird: an he taen seiventy o the sponsal men o the people, pittin thaim roond the Tent.

25 Syne the Laird come doun in the clud an collogued wi him, an pit on the seiventy men some o the speerit that wis on him: nou whan the speerit come tae rest on thaim, thay war like spaemen, but juist at that time.

26 But twa men wis aye in the tent-ring, ane o thaim cried Eldad an the tither Medad: an the speerit come tae rest on thaim; thay war amang thaim that haed been sent for, but thay haedna gaen oot tae the Tent: an the spaeman's pouer come upo thaim in the tent-ring.

27 An a young man gaen rinnin tae Moses an said, Eldad an Medad is actin as spaemen in the tent-ring.

28 Syne Joshua, the son o Nun, that haed been Moses' servand frae he wis a bairn, said, Ma laird Moses, lat thaim be stappit.

29 An Moses said tae him, Ar ye muived by jeilousy on ma accoont? Gin aw the Laird's fowk wis spaemen, an the Laird pit his speerit on thaim!

30 Syne Moses, wi the sponsal men o Israel, gaen back tae the tent-ring.

31 Syne the Laird sent a wind, drivin wee birds frae the sea, sae that thay come doun on the tents, an aw aboot the tent-ring, aboot a day's gate on this side an on that, in flauchts aboot twa cubits heich ower the face o the yird.

32 An aw that day an aw nicht an the day efter, fowk wis takkin up the birds; the smawest amoont that onybody gat wis ten homers: an thay pit thaim oot aw aboot the tents.

33 But while the flesh wis aye atween thair teeth, afore it wis pree'd, the wraith o the Laird wis muived agin the people, an he sent a muckle ootburst o disease on thaim.

34 Sae that steid wis cried Kibroth-hattaavah; acause thare thay yirdit the corps o the people that haed gien wey tae thair desires.

35 Frae Kibroth-hattaavah the people gaen on tae Hazeroth; an thare thay stelt thair tents.

Chaipter 12

Nou Miriam an Aaron said ill agin Moses, acause o the Cushite wumman that he wis mairit on, for he haed taen a Cushite wumman as his guidwife.

2 An thay said, Haes the wirds o the Laird been gien tae Moses his lane? Hae thay no come tae us? An the Laird taen tent tae't.

3 Nou the man Moses wis mair lown nor ony ither man on the yird.

4 An wi a suddentie the Laird said tae Moses an Aaron an Miriam, Come oot, ye three, tae the Trystin-tent. An the three o thaim gaen oot.

5 An the Laird come doun in a pillar o clud, takkin his place at the slap o the Tent, an gart Aaron an Miriam come afore him.

6 An he said, Nou tak tent tae ma wirds: gin the'r a spaeman amang ye,

A will gie him knawledge o masel in a veesion an will lat ma wirds come tae him in a dream.

7 Ma servand Moses isna sae; he is richt tae me in aw ma hoose:

8 Wi him A will collogue mou tae mou, fair-oot an no in mirk sayins; an wi his een he will see the form o the Laird: whit for, than, haen ye nae fear o sayin ill agin ma servand Moses?

9 An, birnin wi wraith agin thaim, the Laird gaen awa.

10 An the clud wis muived frae ower the Tent; an straucht aff Miriam come tae be a lipper, as white's snaw: an Aaron, leukin at Miriam, seen that she wis a lipper.

11 Syne Aaron said tae Moses, O ma laird, latna oor sin be on oor heids, for we hae duin menseless-like an is sinners.

12 Lat her na be like ane deid, that's flesh is hauf wastit whan he comes oot frae the bouk o his mither.

13 An Moses, greetin tae the Laird, said, Lat ma prayer come afore ye, O God, an mak her weel.

14 An the Laird said tae Moses, Gin her faither haed pit a merk o shame on her, wad she no be shamed for a sennicht? Lat her be steekit awa ootby the tent-ring for a sennicht, an efter that she can come in again.

15 Sae Miriam wis steekit awa ootby the tent-ring for a sennicht: an the people didna gang forrit on thair gate till Miriam haed come in again.

16 Efter that, the people gaen on frae Hazeroth an stelt thair tents in the wilderness o Paran.

Chaipter 13

An the Laird said tae Moses,

2 Send men tae git knawledge o the laund o Canaan, that A'm giein tae the bairns o Israel; frae ilka clan o thair faithers ye'r tae send a man, ilkane a heid amang thaim.

3 An Moses sent thaim frae the wilderness o Paran as the Laird gien orders, aw o thaim men as wis heidsmen o the bairns o Israel.

4 An thir wis thair names: o the clan o Reuben, Shammua, the son o Zaccur.

5 O the clan o Simeon, Shaphat, the son o Hori.

6 O the clan o Judah, Caleb, the son o Jephunneh.

7 O the clan o Issachar, Igal, the son o Joseph.

8 O the clan o Ephraim, Hoshea, the son o Nun.

9 O the clan o Benjamin, Palti, the son o Raphu.

10 O the clan o Zebulun, Gaddiel, the son o Sodi.

11 O the clan o Joseph, that's o the faimily o Manasseh, Gaddi, the son o Susi.

12 O the clan o Dan, Ammiel, the son o Gemalli.

13 O the clan o Asher, Sethur, the son o Michael.

14 O the clan o Naphtali, Nahbi, the son o Vophsi.

15 O the clan o Gad, Gevel, the son o Machi.

16 Thir is the names o the men Moses sent tae git knawledge o the laund. An

Moses gien tae Hoshea, the son o Nun, the name o Joshua.

17 Sae Moses sent thaim tae hae a leuk at the laund o Canaan an said tae thaim, Gang up intae the sooth an intae the knowe kintra;

18 An see whit the laund is like; an gin the people bidin in't is strang or fushionless, smaw or mony in nummer;

19 An whit kin o laund thay bide in, gin it's guid or ill; an whit thair dwallins is, tent-rings or wawed touns;

20 An gin the laund is growthy or hirst, an gin the'r wid in't or no. An be o guid hert, an come back wi some o the crap. Nou it wis the time whan the first grapes wis maumie.

21 Sae thay gaen up an gat a sicht o the laund, frae the wilderness o Zin tae Rehob, on the wey tae Hamath.

22 Thay gaen up intae the sooth an come tae Hebron; an Ahiman an Sheshai an Talmai, the bairns o Anak, bade thare. (Nou the biggin o Hebron happent seiven year afore that o Zoan in Egypt.),

23 An thay come tae the glen o Eshcol, an, cuttin doun a vine brainch wi its grapes, twa o thaim taen it on a stang atween thaim; an thay taen some pomegranates an fegs.

24 That steid wis cried the glen o Eshcol acause o the grapes as the bairns o Israel taen frae thare.

25 At the end o fowerty days thay come back frae leukin the laund.

26 An thay come back tae Moses an Aaron an aw the bairns o Israel tae Kadesh in the wilderness o Paran; an gien an accoont tae thaim an tae awbody an lat thaim see the crap.

27 An thay said, We come tae the laund whaur ye sent us, an truelins it is fleetin wi milk an hinny: an here is some o the produce o't.

28 But the people bidin in the laund is strang, an the touns is wawed an unco great; mairatower, we seen the bairns o Anak thare.

29 An the Amalekites is in the sooth; an the Hittites an the Jebusites an the Amorites bides in the knowe kintra; an the Canaanites by the sea an by Jordanside.

30 Syne Caleb made signs tae the people tae haud thair wheesht an said tae Moses, Lat us gang up straucht awa an tak this laund; for we'r weel able for owercomin it.

31 But the men as haed gaen up wi him said, We canna gang up agin the people, for thay'r stranger nor oorsels.

32 An thay gien the bairns o Israel an ill accoont o the laund thay haed been tae see, sayin, This laund that we gaen throu is a laund causin ruinage tae thaim bidin in't; an awbody we seen thare is men o mair nor ordinar size.

33 Thare we seen thae great men, the sons o Anak, affspring o the Nephilim: an we seemed tae oorsels nae mair nor girsehappers, an sae we seemed tae thaim.

Chaipter 14

Syne awbody gien lood screichs o dule, an aw that nicht thay gien thairsels ower tae greetin.

2 An aw the bairns o Israel, golderin oot agin Moses an Aaron, said, Gin we haed juist dee'd in the laund o Egypt, or e'en in this wilderness!

3 Whit for is the Laird takkin us intae this laund tae dee by the swuird? Oor

Nummers 13:27 An thay said, We come tae the laund whaur ye sent us, an truelins it is fleetin wi milk an hinny: an here is some o the produce o't.

guidwifes an oor wee anes will faw intae fremmit haunds: wad it no be better for us tae gang back tae Egypt?

4 An thay said tae ither, Lat us mak a caiptain ower us, an gang back tae Egypt.

5 Syne Moses an Aaron gaen doun on thair faces afore the gaitherin o the people.

6 An Joshua, the son o Nun, an Caleb, the son o Jephunneh, twa o thaim that haed been tae see the laund, giein signs o dule,

7 Said tae aw the bairns o Israel, This laund that we gaen throu tae see is an unco guid laund.

8 An gin the Laird delites in us, he will tak us intae this laund an gie't us, a laund fleetin wi milk an hinny.

9 Juist, dinna gang agin the Laird or gang in fear o the people o the laund, for thay will be oor meat; thair strenth haes been taen frae thaim, an the Laird is wi us: binna fleyed at thaim.

10 But awbody said thay war tae be staned. Syne the glore o the Laird wis seen in the Trystin-tent, afore the een o aw the bairns o Israel.

11 An the Laird said tae Moses, Hou lang will thir fowk hae nae respect for me? Hou lang will thay be 'ithoot faith, in the face o aw the signs A hae duin amang thaim?

12 A will send disease on thaim for thair ruinage, an tak awa thair heirskip, an A will mak o ye a nation greater an stranger nor thaim.

13 An Moses said tae the Laird, Syne it will come tae the lugs o the Egyptians; for by yer pouer ye taen thir fowk oot frae amang thaim;

14 An thay will gie the newins tae the people o this laund: thay hae haen wird that ye, Laird, is praisent wi thir fowk, lattin yersel be seen breest tae breest, an that yer clud is restin ower thaim, an that ye gang afore thaim in a pillar o clud by day an in a pillar o fire by nicht.

15 Nou gin ye pit tae deith aw thir fowk as ae man, than the nations as haes haen wird o yer glore will say,

16 Acause the Laird coudna tak thir fowk intae the laund that he swuir an aith tae gie thaim, he sent ruinage on thaim in the wilderness.

17 Sae nou, lat ma prayer come afore ye, an lat the pouer o the Laird be great, as ye said:

18 The Laird is slaw tae wraith an muckle in mercy, owerleukin wrangdaein an ill, an winna lat wrangdaers gang free; sendin punishment on bairns for the sins o thair faithers tae the third an fowert generation.

19 Lat the sin o thir fowk be forgien, in the meisur o yer great mercy, as ye hae haen mercy on thaim frae Egypt up till nou.

20 An the Laird said, A hae haen mercy, as ye say:

21 But truelins, as A'm leevin, an as aw the yird will be fou o the glore o the Laird;

22 Acause aw thir men, haein seen ma glore an the signs A hae duin in Egypt an in the wilderness, yet haes pit me tae the test ten times, an haesna taen tent tae ma vyce;

23 Thay winna see the laund that A swuir an aith tae thair faithers anent; no ane o thir as A haena been honourt by will see't.

24 But ma servand Caleb, acause he haen a different speerit in him, an haes been richt tae me wi aw his hert, him A will tak intae that laund that he gaen intae, an his strynd will hae't for thair heirskip.

25 Nou the Amalekites an the Canaanites is in the glen; the morn, turnin roond, gang intae the wilderness by the wey tae the Reid Sea.

26 Syne the Laird said tae Moses an Aaron,

27 Hou lang am A tae pit up wi this ill fowk an thair yammers agin me? The wirds thay say agin me haes come tae ma lugs.

28 Say tae thaim, By ma life, says the Laird, sae shuir as yer wirds haes come tae ma lugs, sae shuir will A dae this tae ye:

29 Yer corps will be streekit in this wilderness; an o aw yer nummer, aw thaim o twinty year auld an abuin that haes been golderin oot agin me,

30 No ane will come intae the laund that A gien ma wird ye wad hae for yer dwallin place, but Caleb, the son o Jephunneh, his lane, an Joshua, the son o Nun.

31 An yer wee anes, as ye said wad come intae fremmit haunds, A will tak in, an thay will see the laund that ye wadna hae.

32 But, as for yersels, yer corps will be streekit in this wilderness.

33 An yer bairns will reenge in the wilderness for fowerty year, dreein punishment for yer fause weys, till yer corps comes tae be stour in the wilderness.

34 An as ye gaen throu the laund leukin it for fowerty days, sae for fowerty year, a year for ilka day, ye will dree punishment for yer wrangdaein, an ye will see that A'm agin ye.

35 A the Laird haes said it, an this A will certes dae tae aw thir ill fowk as haes come thegither agin me: in this wilderness ruinage will come upo thaim, an deith will be thair weird.

36 An the men Moses sent tae see the laund, an as, by the ill accoont thay gien o the laund, wis the cause o the dirdum the people made agin Moses,

37 Thae same men as said ill o the laund, come tae thair deith by disease afore the Laird.

38 But Joshua, the son o Nun, an Caleb, the son o Jephunneh, o thaim that gaen tae see the laund, wisna titcht by disease.

39 An whan Moses pit thir wirds afore the bairns o Israel, fowk wis fou o dule.

40 An at day-daw thay gat up an gaen tae the tap o the muntain, sayin, We'r here, an we will gang up tae the steid that the Laird said he wad gie us: for we hae duin wrang.

41 An Moses said, Whit for ar ye nou actin agin the Laird's order, seein that nae guid will come o't?

42 Gang na up, for the Laird isna wi ye, an ye will be owercome by thaim that fechts agin ye.

43 For the Amalekites an the Canaanites is thare afore ye, an ye will be pit tae deith by thair swuirds: acause ye hae gaen back frae the wey o the Laird, the Laird winna be wi ye.

44 But thay gien nae tent tae his wirds an gaen tae the tap o the muntain, tho Moses an the airk o the Laird's greement didna gang ootby the tent-ring.

45 Syne the Amalekites breinged doun, an the Canaanites bidin in the knowe kintra, an owercome thaim awthegither, drivin thaim back sae faur's Hormah.

Chaipter 15

An the Laird said tae Moses,

2 Say tae the bairns o Israel, Whan ye hae come intae the laund that A'm giein ye for yer dwallin place,

3 An is gaun tae mak an offerin by fire tae the Laird, a brunt offerin or an offerin anent an aith, or an offerin freely gien, or at yer raiglar mealtiths, an offerin for a sweet waff tae the Laird, frae the hird or the hirsel:

4 Than lat him that's makkin his offerin gie tae the Laird a meal offerin o a tent pairt o a meisur o the best meal mixtur-maxturt wi a fowert pairt o a hin o ile:

5 An for the drink offerin, ye'r tae gie wi the brunt offerin or ither offerin the fowert pairt o a hin o wine for ilka laum.

6 Or, for a tuip, gie as a meal offerin twa tent pairts o a meisur o the best meal mixtur-maxturt wi a third pairt o a hin o ile:

7 An for the drink offerin gie a third pairt o a hin o wine for a sweet waff tae the Laird.

8 An whan ye mak ready a cauf for a brunt or ither offerin, or for the effectin o an aith, or for peace offerins tae the Laird:

9 Syne wi the owse gie a meal offerin o three tent pairts o a meisur o the best meal mixtur-maxturt wi hauf a hin o ile.

10 An for the drink offerin: gie hauf a hin o wine, for an offerin made by fire for a sweet waff tae the Laird.

11 This is tae be duin for ilka cauf an for ilka tuip or tuip-laum or young gait.

12 Whitiver nummer ye mak ready, sae ye'r tae dae for ilkane.

13 Thaim that's Israelites by birth is tae dae thir things in this wey, whan giein an offerin by fire o a sweet waff tae the Laird.

14 An gin a fremmit body or ony ither body bidin amang ye, throu aw yer generations, haes the desire tae gie an offerin made by fire o a sweet waff tae the Laird, lat him dae as ye dae.

15 The'r tae be ae law for ye an for the fremmit body bidin wi ye, ae law for aye frae generation tae generation; as ye ar, sae he's tae be afore the Laird.

16 The law an the rule is tae be the same for ye an for thaim frae ither launds bidin wi ye.

17 An the Laird said tae Moses,

18 Say tae the bairns o Israel, Whan ye come intae the laund whaur A'm airtin ye,

19 Syne, whan ye tak for yer meat the crap, ye'r tae gie an offerin heezed afore the Laird.

20 O the first o yer meal ye'r tae gie a cake for a heave offerin, liftin it up afore the Laird as the offerin o the threshin fluir is liftit up.

21 Frae generation tae generation ye'r tae gie tae the Laird a heave offerin frae the first o yer meal.

22 An gin in a mistak ye gang agin ony o thir laws the Laird haes gien tae Moses,

23 Aw the laws the Laird haes gien ye by the haund o Moses, frae the day whan the Laird gien thaim, an iver efter frae generation tae generation;

24 Than, gin the wrang is duin in a mistak, 'ithoot the knawledge o the gaitherin o the people, lat aw the gaitherin gie a cauf as a brunt offerin, a sweet waff tae the Laird, wi its meal offerin an its drink offerin, as is ordert in the law, thegither wi a he-gait for a sin offerin.

25 Sae the priest will mak the offerins for tae mak the people free frae sin, an thay will be forgien; for it wis a mistak, an thay hae gien thair offerin made by fire tae the Laird, an thair sin offerin afore the Laird, on accoont o thair mistak:

26 An aw the gaitherin o the bairns o Israel, as weel's thaim frae ither launds bidin amang thaim, will be forgien; for it wis a mistak on the pairt o the people.

27 An gin ae body dis wrang, 'ithoot bein awaur o't, than lat him gie a she-gait o the first year for a sin offerin.

28 An the priest will mak the offerin for tae tak awa the sin o the body that's duin wrang, gin the wrang wis duin 'ithoot kennin, an he will be forgien.

29 The law anent wrang duin 'ithoot kennin is tae be the same for him that's an Israelite by birth an for the fremmit body bidin amang thaim.

30 But the body that dis wrang in the pride o his hert, gin he's ane o ye or o anither nation by birth, acts 'ithoot respect for the Laird, an will be flemit frae his fowk.

31 Acause he haen nae respect for the wird o the Laird, an didna haud his law, that man will be flemit 'ithoot mercy an his sin will be on him.

32 Nou while the bairns o Israel wis in the wilderness, thay seen a man that wis gaitherin kinnlin on the Saubath day.

33 An thaim that seen him gittin kinnlin taen him afore Moses an Aaron an awbody.

34 An thay caused him steek up, acause thay haen nae airtins aboot whit wis tae be duin wi him.

35 Syne the Laird said tae Moses, Certes the man is tae be pit tae deith: lat him be staned by awbody ootby the tent-ring.

36 Sae awbody taen him ootby the tent-ring, an he wis staned tae deith thare, as the Laird gien orders tae Moses.

37 An the Laird said tae Moses,

38 Say tae the bairns o Israel that throu aw thair generations thay'r tae pit on the bords o thair robes a variorum o twistit threids, an in ilka variorum blue;

39 Sae that, leukin on thir variorums, ye can mynd the orders o the Laird an dae thaim; an no be airtit by the desires o yer herts an een, as ye hae been untrue tae me throu:

40 An that ye can mynd aw ma commaunds an dae thaim an be haly tae yer God.

41 A am the Laird yer God, that taen ye oot the laund o Egypt, sae that A coud be yer God: A am the Laird yer God.

Chaipter 16

Nou Korah, the son o Izhar, the son o Kohath, the son o Levi, wi Dathan an Abiram, the sons o Eliab, an On, the son o Pallu, the son o Reuben, made thairsels ready,

2 An come afore Moses, wi a wheen o the bairns o Israel, twa hunder an fifty

heidsmen o the people, men o guid name wi a place in the gaitherin o the people.

3 Thay come thegither agin Moses an Aaron an said tae thaim, Ye tak ower muckle on yersels, seein that awbody's haly, ilkane o thaim, an the Laird is amang thaim; whit for, than, hae ye pit yersels in authority ower the people o the Laird?

4 An Moses, hearin this, cuist hissel doun;

5 An he said tae Korah an his baund, In the forenuin the Laird will mak clear wha's his, an wha's haly, an wha can come nearhaund him: the man o his wale will be caused come nearhaund him.

6 Sae dae this: lat Korah an aw his baund tak veshels for birnin perfumes;

7 An pit spices on the fire in thaim afore the Laird the morn; than the man merkit by the Laird will be haly: ye tak ower muckle on yersels, ye sons o Levi.

8 An Moses said tae Korah, Tak tent nou, ye sons o Levi:

9 Dis it seem but a smaw thing tae ye that the God o Israel haes sindert ye frae the lave o Israel, lattin ye come nearhaund him tae dae the wark o the Hoose o the Laird, an tae tak yer place afore the people tae dae whit haes tae be duin for thaim;

10 Lattin ye, an aw yer brithers the sons o Levi, come nearhaund him? An wad ye nou be priests?

11 Sae yersels an aw yer baund haes come thegither agin the Laird; an Aaron, wha's he, that ye golder oot agin him?

12 Syne Moses sent for Dathan an Abiram, the sons o Eliab: an thay said, We winna come up:

13 Is't no eneuch that ye hae taen us frae a laund fleetin wi milk an hinny tae pit us tae deith in the wilderness, but nou ye ar seekin tae mak yersel a heidsman ower us?

14 An mair nor this, ye haena taen us intae a laund fleetin wi milk an hinny, or gien us a heirskip o fields an wine-yairds: will ye pit oot the een o thir men? We winna come up.

15 Syne Moses wis unco wraith an said tae the Laird, Gie nae tent tae thair offerin: no ane o thair cuddies hae A taen, or duin wrang tae ony o thaim.

16 An Moses said tae Korah, Ye an aw yer baund is tae come afore the Laird the morn, ye an thaim an Aaron:

17 An lat ilka man tak a veshel for birnin perfumes, an pit sweet spices in thaim; lat ilka man tak his veshel afore the Laird, twa hunder an fifty veshels; yersel an Aaron an awbody wi his veshel.

18 Sae ilka man taen his veshel, an thay kinnelt fire in thaim, wi spices, an come tae the slap o the Trystin-tent wi Moses an Aaron.

19 An Korah gart awbody come thegither agin thaim tae the slap o the Trystin-tent: an the glore o the Laird wis seen by awbody.

20 An the Laird said tae Moses an Aaron,

21 Come oot frae amang thir fowk, till A send suddent ruinage on thaim.

22 Syne, castin thairsels doun in the stour, thay said, O God, the God o the speerits o aw flesh, acause o ae man's sin, will yer wraith be muived agin awbody?

23 An the Laird said tae Moses,

24 Say tae the people, Come awa frae the tent o Korah, Dathan an Abiram.

25 Sae Moses gat up an gaen tae Dathan an Abiram, an the sponsal men o Israel gaen wi him.

26 An he said tae the people, Come awa nou frae the tents o thir ill men, 'ithoot titchin ocht o thairs, or ye'r taen in the punishment o thair sins.

27 Sae on ilka side thay gaen awa frae the tent o Korah, Dathan an Abiram: an Dathan an Abiram come oot tae the door o thair tents, wi thair guidwifes an thair sons an thair wee anes.

28 An Moses said, Nou ye will see that the Laird haes sent me tae dae aw thir warks, an A haena duin thaim ma lane.

29 Gin thir men haes the common deith o men, or gin the naitral weird o aw men owertaks thaim, than the Laird haesna sent me.

30 But gin the Laird dis something new, appenin the yird tae swallae thaim, wi awthing that's thairs, an thay gang doun leevin intae hell, than it will be clear tae ye that the Laird haesna been honourt by thir men.

31 An while thir wirds wis on his lips, the yird unner thaim wis splut in twa;

32 An the yird, appenin her mou, swallaed thaim, wi thair faimilies, an aw the men jynt tae Korah, an thair guids an gear.

33 Sae thay an aw thairs gaen doun leevin intae hell, an the yird wis steekit ower thaim, an thay war flemit frae amang the gaitherin o the people.

34 An aw Israel roond aboot thaim flichtit at thair screich, For fear, thay said, that we gang doun intae the hert o the yird.

35 Syne fire come oot frae the Laird, birnin up the twa hunder an fifty men offerin the perfume.

36 An the Laird said tae Moses,

37 Say tae Eleazar, the son o Aaron the priest, that he's tae tak oot the flames the veshels wi the perfumes in thaim, turnin the fire oot thaim, for thay'r haly;

38 An lat the veshels o thae men, as haes peyed for thair sin wi thair lifes, be haimert intae plates as a kiver for the altar; for thay hae been offert afore the Laird an is haly; sae that thay'r a sign tae the bairns o Israel.

39 Sae Eleazar the priest taen the bress veshels offert by thaim that wis brunt up, an thay war haimert for tae mak a kiver for the altar:

40 Tae be a sign, myndit for aye by the bairns o Israel, that nae man that isna o the strynd o Aaron haes the richt tae birn spices afore the Laird, sae that he isna like Korah an his baund: as the Laird said tae him by the mou o Moses.

41 But the day efter, aw the bairns o Israel raised a dirdum agin Moses an agin Aaron, sayin, Ye hae pit tae deith the Laird's fowk.

42 Nou whan the people haed come thegither agin Moses an Aaron, leukin in the airt o the Trystin-tent, thay seen the clud happin it, an the glore o the Laird come afore thair een.

43 Syne Moses an Aaron come tae the foreside o the Trystin-tent.

44 An the Laird said tae Moses,

45 Come oot frae amang thir fowk, till A send suddent ruinage on thaim. An thay gaen doun on thair faces.

46 An Moses said tae Aaron, Tak yer veshel an pit in't gleed frae the altar,

Nummers 16:32 An the yird, appenin her mou, swallaed thaim, wi thair faimilies, an aw the men jynt tae Korah, an thair guids an gear.

an sweet spices, an tak it swith intae the gaitherin o the people, for tae mak thaim free frae sin: for wraith haes gaen furth frae the Laird, an the disease is stairtin.

47 An at the wirds o Moses, Aaron taen his veshel, an gaen rinnin amang the people; an e'en than the disease haed made a stairt amang thaim; an he pit spices in his veshel for tae tak awa the sin o the people.

48 An he taen his place atween the deid an the leevin: an the disease wis stappit.

49 Nou fowerteen thoosand, seiven hunder daiths wis caused by that disease, forby thaim that come tae thair end acause o whit Korah haed duin.

50 Syne Aaron gaen back tae Moses tae the slap o the Trystin-tent: an the disease come tae a stap.

Chaipter 17

An the Laird said tae Moses,

2 Say tae the bairns o Israel that thay'r tae gie ye staffs, ane for ilka faimily, for ilka heidsman, the heid o his faither's hoose, makkin twal staffs; lat ilka man's name be placed on his staff.

3 An lat Aaron's name be placed on the staff o Levi: for the'r tae be ae staff for the heid o ilka faimily.

4 An lat thaim be huirdit in the Trystin-tent, forenent the airk o witness whaur A come tae ye.

5 An the staff o that man merkit by me for masel will hae buds on't; sae will A pit a stap tae the yammers as the bairns o Israel maks tae me agin ye.

6 Sae Moses gien thir orders tae the bairns o Israel, an aw thair heidsmen gien him staffs, ane for the heid o ilka faimily, makkin twal staffs: an Aaron's staff wis amang thaim.

7 An Moses pit the staffs afore the Laird in the Tent o witness.

8 Nou the day efter, Moses gaen intae the Tent o witness; an he seen that Aaron's staff, the staff o the hoose o Levi, haed breirdit, an wis happit wi buds an flouers an fruit.

9 Syne Moses taen oot aw the staffs frae afore the Laird, an gien thaim back tae the bairns o Israel: an thay seen thaim, an ilka man taen his staff.

10 An the Laird said tae Moses, Pit Aaron's staff back forenent the airk o witness tae be held for a sign agin this fause-hertit fowk, sae that ye can pit a stap tae thair yammers agin me, an deith disna owertak thaim.

11 This Moses did: as the Laird gien orders, sae he did.

12 An the bairns o Israel said tae Moses, Truelins, ruinage haes come ower us; an ill weird haes owertaen us aw.

13 Deith will owertak awbody that comes nearhaund the Hoose o the Laird: ar we aw tae come tae ruinage?

Chaipter 18

An the Laird said tae Aaron, Yersel an yer sons an yer faither's faimily is tae be sponsal for aw wrangdaein anent the sanctuar: an yersel an yer sons is tae be sponsal for the mistaks in yer wark as priests.

2 Lat yer brithers, the faimily o Levi, come nearhaund wi ye, sae that thay'r jynt wi ye an ar yer servands: but yersel

an yer sons wi ye is tae gang ben afore the airk o witness.

3 Thay'r tae dae yer biddin an be sponsal for the wark o the Tent; but thay canna come forenent the veshels o the sanctuar or the altar, sae that deith disna owertak thaim or ye.

4 Thay'r tae be jynt wi ye in the care o the Trystin-tent, daein whitiver's needit for the Tent: an naebody o ony ither faimily can come nearhaund ye.

5 Ye'r tae be sponsal for the sanctuar an the altar, sae that wraith niver again comes upo the bairns o Israel.

6 Nou, see, A hae taen yer brithers the Levites frae amang the bairns o Israel: thay ar gien tae ye an tae the Laird tae dae the wark o the Trystin-tent.

7 An yersel an yer sons wi ye is tae be sponsal as priests for the altar an awthing on't, an awthing ahint the hap; ye'r tae perform the office o priests; A hae gien ye yer poseetion as priests; an ony ither man that comes nearhaund will be pit tae deith.

8 An the Laird said tae Aaron, See, A hae gien intae yer care ma heave offerins; e'en aw the haly things o the bairns o Israel A hae gien yersel an yer sons as yer richt for aye, acause ye hae been merkit wi the haly ile.

9 This is tae be yours o the maist haly things, oot the fire offerins; ilk offerin o thairs, ilka meal offerin an sin offerin, an ilk offerin that thay mak on accoont o mistak, is tae be maist haly for yersel an yer sons.

10 As maist haly things thay'r tae be yer meat: lat ilka male hae thaim for meat; it's tae be haly tae ye.

11 An this is yours: the heave offerin that thay gie an aw the waff offerins o the bairns o Israel A hae gien yersel an yer sons an yer dochters as yer richt for aye: awbody in yer hoose that's clean can hae thaim for meat.

12 Aw the wale o the ile an the wine an the corn, the first fruits o thaim as thay gie tae the Laird, tae ye A hae gien thaim.

13 The earliest produce frae thair laund that thay tak tae the Laird is tae be yours; awbody in yer hoose that's clean can hae't for his meat.

14 Awthing gien by aith tae the Laird in Israel is tae be yours.

15 The first birth o ilka leevin thing that's offert tae the Laird, o man or beast, is tae be yours; but for the first sons o man peyment is tae be made, an for the first young o unclean beasts.

16 Peyment is tae be made for thir whan thay'r a month auld, at the wirth set by ye, a cost o five shekels by the scale o the sanctuar, that is, twinty gerahs tae the shekel.

17 But nae sic peyment can be made for the first birth o an owse or a sheep or a gait; thir is haly: thair bluid is tae be dreepit on the altar, an thair fat brunt for an offerin made by fire, a sweet waff tae the Laird.

18 Thair flesh is tae be yours; like the breest o the waff offerin an the richt shank, it's tae be yours.

19 Aw the heave offerins o the haly things the bairns o Israel gies tae the Laird A hae gien yersel an yer sons an yer dochters as a richt for aye. This is a greement made wi saut afore the Laird tae yersel an yer strynd for aye.

20 An the Laird said tae Aaron, Ye will hae nae heirskip in thair laund, or ony

pairt amang thaim; A am yer pairt an yer heirskip amang the bairns o Israel.

21 An tae the bairns o Levi A hae gien as thair heirskip aw the tents offert in Israel, as peyment for the wark thay dae, the wark o the Trystin-tent.

22 In aw time comin the bairns o Israel isna tae come forenent the Trystin-tent, sae that deith disna come tae thaim acause o sin.

23 But the Levites is tae dae the wark o the Trystin-tent an be sponsal for mistaks adae wi't: this is a law for aye throu aw yer generations; an amang the bairns o Israel thay will hae nae heirskip.

24 For the tents the bairns o Israel gies as a heave offerin tae the Laird A hae gien tae the Levites as thair heirskip, an sae A hae said tae thaim, Amang the bairns o Israel thay will hae nae heirskip.

25 An the Laird said tae Moses,

26 Say tae the Levites, Whan ye tak frae the bairns o Israel the tent that A hae gien ye frae thaim as yer heirskip, a tent pairt o that tent is tae be offert as an offerin heezed afore the Laird.

27 An this heave offerin is tae be pit tae yer creedit like it wis corn frae the threshin fluir an wine frae the vines.

28 Sae ye'r tae mak an offerin liftit up tae the Laird frae aw the tents ye git frae the bairns o Israel, giein oot o't the Laird's heave offerin tae Aaron the priest.

29 Frae awthing gien ye, lat the wale o't, the haly pairt o't, be offert as a heave offerin tae the Laird.

30 Say tae thaim, than, Whan the wale o it's liftit up abuin, it's tae be pit tae the accoont o the Levites as the eikins o the threshin fluir an the place whaur the grapes is brouselt.

31 It's tae be yer meat, for yersel an yer faimilies aw airts: it is yer rewaird for yer wark in the Trystin-tent.

32 An nae sin will be yours on accoont o't, whan the wale o't haes been liftit up abuin; ye arna tae mak wrang uiss o the haly things o the bairns o Israel, sae that deith disna owertak ye.

Chaipter 19

An the Laird said tae Moses an Aaron,

2 This is the rule o the law that the Laird haes made, sayin, Gie orders tae the bairns o Israel tae gie ye a reid cou 'ithoot ony merk on her, an that the yoke haes niver been pit on:

3 Gie her tae Eleazar the priest an lat him tak her ootby the tent-ring an hae her pit tae deith afore him.

4 Than lat Eleazar the priest tak some o her bluid on his finger, shakkin the bluid seiven times in the airt o the foreside o the Trystin-tent:

5 An the cou is tae be brunt afore him, her skin an her flesh an her bluid an her sharn is tae be brunt:

6 Than lat the priest tak cedarwid an hyssop an reid threid an pit thaim intae the fire whaur the cou's birnin.

7 An the priest, efter washin his claes an washin his bouk in watter, can come back tae the tent-ring, an will bide unclean till forenicht.

8 An him that dis the birnin is tae hae his claes wuish an his bouk wuish in watter an bide unclean till forenicht.

9 Than lat a man that's clean tak the stour o the brunt cou an pit it ootby the tent-ring in a clean airt, whaur it's tae be held for the bairns o Israel an uised in makkin the watter that taks awa whit is unclean: it is a sin offerin.

10 An him that taks up the stour o the brunt cou is tae hae his claes wuish wi watter an bide unclean till forenicht: this is tae be a law for aye, for the bairns o Israel as weel's for the fremmit body bidin amang thaim.

11 Onybody titchin a deid corp will be unclean for a sennicht:

12 On the third day an on the seivent day he's tae mak hissel clean wi the watter, an sae he will be clean: but gin he disna dae this on the third day an on the seivent day, he winna be clean.

13 Onybody titchin the corp o a deid man 'ithoot makkin hissel clean in this wey maks the Hoose o the Laird unclean; an that man will be flemit frae Israel: acause the watter wisna pit on him, he will be unclean; his unclean cast is uncheenged.

14 This is the law whan deith finds a man in his tent: awbody that comes intae the tent, an awbody that's in the tent, will be unclean for a sennicht.

15 An ilk appen veshel 'ithoot a kiver fixed on't will be unclean.

16 An onybody titchin ane that's been pit tae deith by the swuird in the appen kintra, or the corp o ane that's dee'd by a naitral deith, or a man's bane, or the lear o a corp, will be unclean for a sennicht.

17 An for the unclean, thay'r tae tak the stour o the birnin o the sin offerin an pit fleetin watter on't in a veshel:

18 An a clean body is tae tak hyssop an pit it in the watter, shakkin it ower the tent, an aw the veshels, an the people thare, an

ower him that titcht the bane, or the corp o ane pit tae deith by the swuird, or ane that's dee'd a naitral deith, or the lear.

19 Lat the clean body dae this tae the unclean on the third day an on the seivent day: an on the seivent day he's tae mak him clean; an efter washin his claes an washin hissel in watter, he will be clean in the forenicht.

20 But the man that, bein fyled, disna mak hissel clean in this wey, will be flemit frae the gaitherin o the people, acause he haes made the sanctuar o the Laird unclean: the watter haesna been pit on him, he is unclean.

21 This is tae be a law for thaim for aye: him that pits the watter on the unclean body is tae hae his claes wuish; an onybody titchin the watter will bide unclean till forenicht.

22 Ocht titcht by the unclean body will be unclean; an onybody titchin it will bide unclean till forenicht.

Chaipter 20

In the first month aw the bairns o Israel come intae the wilderness o Zin an stelt thair tents in Kadesh; thare deith fund Miriam, an thay pit her corp tae rest in the yird.

2 An the war nae watter for the people: an thay come thegither agin Moses an agin Aaron.

3 An fowk wis wraith wi Moses an said, Gin deith haed but owertaen us whan oor brithers come tae thair deith afore the Laird!

4 Whit for hae ye taen the Laird's fowk intae this waste, for deith tae come tae us an tae oor kye thare?

5 Whit for hae ye gart us come oot o Egypt intae this ill steid? This is nae place o seed or fegs or vines or ither fruits, an the'r nae watter for drinkin.

6 Syne Moses an Aaron gaen awa frae the people tae the slap o the Trystin-tent; an, fawin on thair faces thare, thay seen the glore o the Laird.

7 An the Laird said tae Moses,

8 Tak the staff, ye an Aaron, yer brither, an gar awbody forgaither, an afore thair een gie wird tae the stane tae gie oot its watter; an sae gar watter come oot the stane for thaim, an gie the people an thair kye drink.

9 An Moses taen the staff frae afore the Laird as he gien him orders.

10 Syne Moses an Aaron gart the people forgaither forenent the stane, an he said tae thaim, Tak tent nou, ye fowk that's herts is turnt frae the Laird; ar we tae git watter for ye oot the stane?

11 An liftin up his haund, Moses gien the stane twa blaws wi his staff: an watter come teemin oot, an the people an thair kye haen drink eneuch.

12 Syne the Laird said tae Moses an Aaron, Acause ye haedna eneuch faith in me tae haud ma name haly afore the bairns o Israel, ye winna tak thir fowk intae the laund that A hae gien thaim.

13 Thir is the watters o Meribah; acause the bairns o Israel gaen agin the Laird, an thay seen that he wis haly amang thaim.

14 Syne Moses sent men frae Kadesh tae the keeng o Edom tae say tae him, Yer brither Israel says, Ye ken aw the things we hae been throu;

15 Whit wey oor faithers gaen doun intae Egypt, an we bade in Egypt for a lang time; an the Egyptians wis ill-kyndit tae us an tae oor faithers:

16 An the Laird taen tent tae the vyce o oor cry, an sent an angel an taen us oot o Egypt: an nou we'r in Kadesh, a toun on the mairches o yer laund;

17 Lat us nou gang throu yer laund: we winna gang intae field or wine-yaird, or tak the watter o the springs; we will gang by the hie-gate, no turnin tae the richt or tae the left, till we hae gaen past the boonds o yer laund.

18 An Edom said, Ye arna tae gang throu ma laund, for gin ye dae, A will come oot agin ye by the swuird.

19 An the bairns o Israel said tae him, We will gang up by the hie-gate: an gin we or oor kye taks o yer watter, we will gie ye siller for't: but lat us gang throu afit, nocht mair.

20 But he said, Ye arna tae gang throu. An Edom come oot agin thaim in his strenth, wi a muckle airmy.

21 Sae Edom wadna lat Israel gang throu his laund; an Israel gaen anither airt.

22 An thay gaen on frae Kadesh, an come, wi aw thair fowk, tae Munt Hor.

23 An at Munt Hor, at the mairch o the laund o Edom, the Laird said tae Moses an Aaron,

24 Aaron will be yirdit wi his fowk; he winna gang intae the laund that A hae gien the bairns o Israel, acause ye gaen agin ma wird at the watters o Meribah.

25 Sae tak Aaron an Eleazar, his son, up intae Munt Hor;

26 An tak Aaron's robes aff him an pit thaim on Eleazar, his son: an deith will find Aaron thare, an he will be yirdit wi his fowk.

27 Sae Moses did as the Laird haed said, an afore the een o awbody thay gaen up Munt Hor.

28 An Moses taen aff Aaron's robes, an pit thaim on Eleazar, his son; an thare on the tap o the knowe deith fund Aaron: syne Moses an Eleazar come doun frae the muntain.

29 An whan the people seen that Aaron wis deid, aw the bairns o Israel gien thairsels up tae greetin for him for thirty days.

Chaipter 21

An it come tae the lugs o the Canaanite, the keeng o Arad, bidin in the sooth, that Israel wis comin by the wey o Atharim, an he come oot agin thaim an taen some o thaim preesoners.

2 Syne Israel swuir an aith tae the Laird an said, Gin ye will gie up thir fowk intae ma haunds, than A will send evendoun ruinage on aw thair touns.

3 An the Laird, in repone tae the vyce o Israel, gien the Canaanites up tae thaim; an thay pit thaim an thair touns awthegither tae ruinage: an that place wis cried Hormah.

4 Syne thay gaen on frae Munt Hor by the wey tae the Reid Sea, gaun roond the laund o Edom: an the speerit o the people wis owercome wi tire on the wey.

5 An, golderin oot agin God an agin Moses, thay said, Whit for hae ye taen us oot o Egypt tae dee in the wilderness? For the'r nae breid or watter, an this puir breid is scunnerin tae us.

6 Syne the Laird sent pushion snakes amang the people; an thair bites wis a cause o deith tae a wheen o the people o Israel.

7 Syne the people come tae Moses an said, We hae duin wrang in golderin oot agin the Laird an agin ye: pray tae the Laird tae tak awa the serpents frae us. Sae Moses prayed for the people.

8 An the Laird said tae Moses, Mak an eemage o a serpent an pit it on a staff, an onybody that's been woundit by the serpents, leukin on't will be made weel.

9 Sae Moses made a serpent o bress an pit it on a staff; an onybody that haen a snakebite, efter leukin on the serpent o bress, wis made weel.

10 Syne the bairns o Israel gaen on an stelt thair tents in Oboth.

11 An, traivelin on again frae Oboth, thay stelt thair tents in Iye-abarim, in the wilderness afore Moab leukin east.

12 An, muivin on frae thare, thay stelt thair tents in the glen o Zered.

13 Frae thare thay gaen on an stelt thair tents on the ither side o the Arnon, that's on the wilderness at the mairch o the laund o the Amorites; for the Arnon is the boonds atween Moab an the Amorites:

14 As it says in the beuk o the Wars o the Laird, Vaheb in Suphah, an the glen o the Amon;

15 The brae o the glens gaun doun tae the tents o Ar an the lenth o the mairch o Moab.

16 Frae thare thay gaen on tae Beer, the wall that the Laird said o tae Moses, Gar the people forgaither, an A will gie thaim watter.

17 Syne Israel gien vyce tae this sang: Come up, O wall, lat us mak a sang tae't:

Nummers 21:9 Sae Moses made a serpent o bress an pit it on a staff; an onybody
that haen a snakebite, efter leukin on the serpent o bress, wis made weel.

18 The funtain made by the heidsmen, made deep by the muckle anes o the people, wi the law-giers' staff, an wi thair steeks. Syne frae the wilderness thay gaen on tae Mattanah:

19 An frae Mattanah tae Nahaliel: an frae Nahaliel tae Bamoth:

20 An frae Bamoth tae the glen in the appen kintra o Moab, an tae the tap o Pisgah leukin ower Jeshimon.

21 An Israel sent men tae Sihon, keeng o the Amorites, sayin,

22 Lat me gang throu yer laund: we winna gang intae field or wine-yaird, or tak the watter o the springs; we will gang by the hie-gate till we hae gaen past the boonds o yer laund.

23 An Sihon wadna lat Israel reenge throu his laund; but gat aw his fowk thegither an gaen oot agin Israel intae the wilderness, sae faur's Jahaz, tae mak war on Israel.

24 But Israel owercome him an taen aw his laund frae the Arnon tae the Jabbok, sae faur's the kintra o the bairns o Ammon, for the kintra o the bairns o Ammon wis strangly airmed.

25 An Israel taen aw thair touns, bidin in Heshbon an aw the touns an clachans o the Amorites.

26 For Heshbon wis the toun o Sihon, keeng o the Amorites, that haed made war agin an earlier keeng o Moab an taen frae him aw his laund sae faur's the Arnon.

27 Sae the makkers o wicelike sayins says, Come tae Heshbon, biggin up the toun o Sihon an makkin it strang:

28 For a fire haes gaen oot o Heshbon, a flame frae the toun o Sihon: for the ruinage o Ar in Moab, an the lairds o the heich places o the Arnon.

29 Wae's yours, O Moab! Ruinage is yer weird, O fowk o Chemosh: his sons haes flichtit, an his dochters is preesoners, in the haunds o Sihon, keeng o the Amorites.

30 Thay ar woundit wi oor arraes; ruinage haes come upo Heshbon, e'en tae Dibon; an we hae made the laund waste the lenth o Nophah, streekin oot tae Medeba.

31 Sae Israel stelt thair tents in the laund o the Amorites.

32 An Moses sent men hidlins tae Jazer, an thay taen its touns, drivin oot the Amorites leevin thare.

33 Syne, turnin, thay gaen up by the wey o Bashan; an Og, keeng o Bashan, gaen oot agin thaim wi aw his fowk tae the fecht at Edrei.

34 An the Laird said tae Moses, Binna fleyed at him: for A hae gien him up intae yer haunds wi aw his fowk an his laund; dae tae him as ye did tae Sihon, keeng o the Amorites, at Heshbon.

35 Sae thay owercome him an his sons an his fowk, drivin thaim aw oot: an thay taen his laund for thair heirskip.

Chaipter 22

Syne the bairns o Israel, traivelin on, stelt thair tents in the howe o Moab, on the ither side o Jordan at Jericho.

2 Nou Balak, the son o Zippor, seen whit Israel haed duin tae the Amorites.

3 An in Moab the war great fear o the people, acause thair nummers wis that muckle: an the feelin o Moab wis soor agin the bairns o Israel.

4 Syne Moab said tae the sponsal men o Midian, It's clear that this muckle fowk will be the ruinage o awthing roond us, makkin a mealtith o us as the owse dis o the gress o the field. At that time Balak, the son o Zippor, wis keeng o Moab.

5 Sae he sent men tae Balaam, son o Beor, at Pethor by the watter in the laund o the bairns o his fowk, sayin tae him, See, a people haes come oot o Egypt, happin aw the face o the yird, an thay hae stelt thair tents forenent me:

6 Come nou, in repone tae ma prayer, an pit a ban on thir fowk, for thay owermatch me: an syne A can be strang eneuch tae supplant thaim an send thaim oot the laund: for it's clear that guid comes tae him that haes yer sainin, but him that ye pit yer ban on is tint.

7 Sae the sponsal men o Moab an Midian gaen awa, takkin in thair haunds rewairds for the spaeman; an thay come tae Balaam an said tae him whit Balak haed telt thaim tae say.

8 An he said tae thaim, Bide here the nicht, an A will gie ye a repone efter hearin whit the Laird says; sae the heidsmen o Moab bade thare wi Balaam that nicht.

9 An God come tae Balaam an said, Wha's thir men wi ye?

10 An Balaam said tae God, Balak, the son o Zippor, keeng o Moab, haes sent me thaim, sayin,

11 See, the people that haes come oot o Egypt is happin aw the yird: nou, pit a ban on thir fowk for me, till A'm able for makkin war on thaim, drivin thaim oot the laund.

12 An God said tae Balaam, Ye arna tae gang wi thaim, or pit a ban on thir fowk, for thay hae ma sainin.

13 In the forenuin Balaam gat up an said tae the heidsmen o Balak, Gang back tae yer laund, for the Laird winna lat me gang wi ye.

14 Sae the heidsmen o Moab gaen back tae Balak an said, Balaam winna come wi us.

15 Sae Balak sent mair heidsmen, mair in nummer an o heicher raing nor the ithers.

16 An thay come tae Balaam an said, Balak, son o Zippor, says, Lat nocht haud ye frae comin tae me:

17 For A will gie ye a place o unco great honour, an whitiver ye say tae me A will dae; sae come, in repone tae ma prayer, an pit a ban on thir fowk.

18 But Balaam, in repone; said tae the servands o Balak, E'en gin Balak gien me his hoose fou o siller an gowd, it wadna be possible for me tae dae ocht mair or less nor the orders o the Laird ma God.

19 Sae bide here this nicht, till A ken whit mair the Laird haes tae say tae me.

20 An that nicht God come tae Balaam an said tae him, Gin thir men haes come for ye, gang wi thaim: but dae nocht but whit A say tae ye.

21 Sae in the forenuin Balaam gat up an, makkin his cuddy ready, gaen wi the heidsmen o Moab.

22 But God wis muived tae wraith acause he gaen: an the angel o the Laird stuid in the gate for tae tae haud him frae his ettle. Nou he wis seatit on his cuddy, an his twa servands wis wi him.

23 An the cuddy seen the angel o the Laird waitin in the gate wi his swuird in his haund; an, turnin frae the gate, the cuddy gaen intae the field; an Balaam gien the cuddy blaws for tae git her back ontae the gate.

24 Syne the angel o the Laird taen up his poseetion in a nairae loanin throu the wine-yairds, wi a dyke on this side an on that.

25 An the cuddy seen the angel o the Laird, an gaen nearhaund the waw, brouslin Balaam's fit agin the waw; an he gien her mair blaws.

26 Syne the angel o the Laird gaen faurder, stappin in a nairae steid whaur the war nae room for turnin tae the richt or tae the left.

27 An the cuddy seen the angel o the Laird an gaen doun on the yird unner Balaam; an, fou o wraith, Balaam gien her haurd blaws wi his steek.

28 Syne the Laird gien the cuddy the pouer o speak, an, appenin her mou, she said tae Balaam, Whit hae A duin tae ye that ye hae gien me blaws thir three times?

29 An Balaam said tae the cuddy, Ye hae gart me seem daftlike: gin A juist haen a swuird in ma haund, A wad pit ye tae deith.

30 An the cuddy said tae Balaam, Am A no yer cuddy that ye hae gaen aw yer life upo till this day? An hae A iver duin this tae ye afore? An he said, Nae.

31 Syne the Laird gart Balaam's een appen, an he seen the angel o the Laird in the wey wi his swuird in his haund: an he cuist hissel doun on the yird.

32 An the angel o the Laird said tae him, Whit for hae ye gien yer cuddy blaws thir three times? See, A hae come oot agin ye tae haud ye back, acause yer ettle disna please me.

33 An the cuddy seen me, turnin tae ae side frae me three times: gin she haedna gaen tae ae side, A wad certes hae pit ye tae deith an held her sauf.

34 An Balaam said tae the angel o the Laird, A hae duin wrang, for A didna see that ye war in the wey agin me: but nou, gin it's ill in yer een, A will gang back again.

35 An the angel o the Laird said tae Balaam, Gang wi the men; but say nocht but whit A gie ye tae say. Syne Balaam gaen on wi the heidsmen o Balak.

36 Nou Balak, hearin that Balaam haed come, gaen tae the heid toun o Moab, on the mairch o the Arnon, in the faurdest pairt o the laund, for the ettle o gaitherin him.

37 An Balak said tae Balaam, Did A no send tae ye, beseekin ye wi aw ma hert tae come tae me? Whit for did ye no come? Can A no gie ye a place o honour?

38 Syne Balaam said tae Balak, Nou A hae come tae ye; but hae A pouer tae say ocht? Nocht but whit God pits intae ma mou can A say.

39 An Balaam gaen wi Balak tae Kiriath-huzoth.

40 An Balak made offerins o owsen an sheep, an sent tae Balaam an the heidsmen wi him.

41 An in the forenuin Balak taen Balaam up tae the heich places o Baal, an frae thare he can see the ooter leemits o the people.

Chaipter 23

An Balaam said tae Balak, Mak me here seiven altars an git ready seiven owsen an seiven tuips.

Nummers 22:23 An the cuddy seen the angel o the Laird waitin in the gate wi his swuird in his haund; an, turnin frae the gate, the cuddy gaen intae the field; an Balaam gien the cuddy blaws for tae git her back ontae the gate.

2 An Balak did as Balaam haed said; an Balak an Balaam made an offerin on ilk altar o an owse an a tuip.

3 Syne Balaam said tae Balak, Tak yer place by yer brunt offerin, an A will gang an see gin the Laird comes tae me: an A will gie ye wird o whitiver he says tae me. An he gaen tae an appen steid on a knowe.

4 An God come tae Balaam, an Balaam said tae him, A hae redd seiven altars, offerin an owse an a tuip on ilk altar.

5 An the Laird pit wirds in Balaam's mou an said, Gang back tae Balak, an this is whit ye'r tae say.

6 Sae he gaen back tae him whaur he wis waitin by his brunt offerin wi aw the heidsmen o Moab.

7 An in the wirds the Laird haed gien him he said, Frae Aram Balak haes sent for me, the keeng o Moab frae the muntains o the East: come, pit bans on Jaucob for me an be wraith wi Israel.

8 Whit wey can A pit bans on him that isna bannit by God? Whit wey can A be wraith wi him that the Laird isna wraith wi?

9 Frae the tap o the craigs A see him, leukin doun on him frae the knowes: it is a people made separate, no tae be rackont amang the nations.

10 Wha's able for takkin the meisur o the stour o Jaucob or the nummer o the thoosands o Israel? Lat ma deith be the deith o the richtous an ma weird like his!

11 Syne Balak said tae Balaam, Whit hae ye duin tae me? A sent for ye sae that ma ill-willers coud be bannit, an see, ye hae gien thaim a sainin.

12 An in repone he said, Am A no ordert tae say nocht but whit the Laird pits intae ma mou?

13 An Balak said tae him, Come wi me nou intae anither airt that ye winna can see thaim aw frae, but the ootskirts o thaim thair lane; an ye will send bans on thaim frae thare.

14 Sae he taen him intae the kintra o Zophim tae the tap o Pisgah, an thare thay made seiven altars, offerin an owse an a tuip on ilk altar.

15 Syne he said tae Balak, Tak yer place here by yer brunt offerin while A gang ower thare tae the Laird.

16 An the Laird come tae Balaam, an pit wirds in his mou an said, Gang back tae Balak, an this is whit ye'r tae say.

17 Sae he come tae him whaur he wis waitin by his brunt offerin wi the heidsmen o Moab by his side. An Balak said tae him, Whit haes the Laird said?

18 An in the wirds the Laird haed gien him he said, Up! Balak, an tak tent; gie tent tae me, O son o Zippor:

19 God isna a man tae say whit is fause; or the son o man, that his ettle can be cheenged: whit he haes said, will he no dae? An will he no gie ootcome tae the wirds o his mou?

20 See, A hae haen orders tae gie a sainin: an he haes gien a sainin that A hae nae pouer tae tak awa.

21 He haes seen nae ill in Jaucob or wrangdaein in Israel: the Laird his God is wi him, an the gled cry o a keeng is amang thaim.

22 It is God that haes taen thaim oot o Egypt; his horns is like thaim o the muntain owse.

23 Nae ill pouer haes ootcome agin Jaucob, nae glamourie agin Israel; at the richt time it will be said o Jaucob an Israel, See whit God haes duin!

24 See, Israel comes up like a she-lion, liftin hissel up like a lion: he winna rest till he haes made a mealtith o thaim that he's owercome, drinkin the bluid o thaim that he's pit tae deith.

25 Syne Balak said tae Balaam, Gin ye winna pit a ban on thaim, still an on dinna sain thaim.

26 But Balaam in repone said tae Balak, Did A no say tae ye, A can but dae whit the Laird says?

27 Syne Balak said tae Balaam, Come nou, A will tak ye tae anither airt; mebbe God will lat ye pit a ban on thaim frae thare.

28 Sae Balak taen Balaam tae the tap o Peor, leukin doun ower the wilderness.

29 An Balaam said tae Balak, Mak me seiven altars here an git seiven owsen an seiven tuips ready for me.

30 An Balak did as Balaam said, offerin an owse an a tuip on ilk altar.

Chaipter 24

Nou whan Balaam seen that it wis the Laird's pleisur tae gie his sainin tae Israel, he didna, as at ither times, uise glamourie, but, turnin his face tae the wilderness,

2 An liftin up his een, he seen Israel thare, wi thair tents in the order o thair clans: an the speerit o God come on him.

3 An muived by the speerit, he said, Thir is the wirds o Balaam, son o Beor, the wirds o the man that's een is appen:

4 He says, that's lugs is appen tae the wirds o God, that haes seen the veesion o the Ruler o aw, fawin doun, but haein his een appen:

5 Hou bonny is yer tents, O Jaucob, yer hooses, O Israel!

6 Thay ar raxt oot like glens, like gairdens by the watterside, like flouerin trees sawn by the Laird, like cedar-trees by the watters.

7 Peoples will be in fear afore his strenth, his airm will be on great nations: his keeng will be heicher nor Agag, an his kinrick made great in honour.

8 It is God that haes taen him oot o Egypt; his horns is like thaim o the muntain owse; the nations warrin agin him will be his meat, thair banes will be broke, thay will be woundit wi his arraes.

9 He taen his sleep streekit oot like a lion, an like a she-lion: wha will his rest be broke by? Lat a sainin be on awbody that sains ye, an a ban on awbody that ye ar bannit by.

10 Syne Balak wis fou o wraith agin Balaam, an, wraith-like waffin his haunds, he said tae Balaam, A sent for ye sae that ma unfreends coud be bannit, but nou, see, three times ye hae gien thaim a sainin.

11 Gang back swith tae whaur ye come frae: it wis ma ettle tae gie ye a place o honour, but nou the Laird haes held ye back frae honour.

12 Syne Balaam said tae Balak, Did A no say tae the men ye sent tae me,

13 E'en gin Balak gien me his hoose fou o siller an gowd, it wadna be possible for me tae gang agin the orders

251

o the Laird, daein guid or ill at the inklin o ma mynd; whitiver the Laird says A will say?

14 Sae nou A will gang back tae ma fowk: but first lat me shaw ye whit thir fowk will dae tae yer fowk in days tae come.

15 Syne he gaen on wi his tale an said, Thir is the wirds o Balaam, the son o Beor, the wirds o him that's een is appen:

16 He says, that's lug is appen tae the wirds o God, that kens the Maist Heich, that haes seen the veesion o the Ruler o aw, fawin doun an haein his een appen:

17 A see him, but no nou: leukin on him, but no nearhaund: a starn will come oot o Jaucob, an a staff o authority oot o Israel, sendin ruinage tae the faurdest leemits o Moab an on the heid o aw the sons o Sheth.

18 Edom will be his heirskip, an he will pit an end tae the last o the people o Seir.

19 An Israel will gang on in strenth, an Jaucob will rule ower his ill-willers.

20 Syne, turnin his een tae Amalek, he gaen on wi his story an said, Amalek wis the first o the nations, but his pairt will be ruinage for aye.

21 An, leukin on the Kenites, he gaen on wi his story an said, Strang is yer dwallin, an yer hidlin steid is sauf in the craig.

22 But aye the Kenites will be wastit, till Asshur taks ye awa preesoner.

23 Syne he gaen on wi his story an said, But wha can haud his life whan God dis this?

24 But ships will come frae the airt o Kittim, trauchlin Asshur an trauchlin Eber, an like the ithers thair weird will be ruinage.

25 Syne Balaam gat up an gaen back tae his place: an Balak gaen awa.

Chaipter 25

Nou whan Israel bade in Shittim the people come tae be fause tae the Laird, daein ill wi the dochters o Moab:

2 For thay sent for the people tae be praisent at the offerins made tae thair gods; an the people taen pairt in thair mealtiths an honourt thair gods.

3 Sae Israel haen relations wi the weemen o Moab in honour o the Baal o Peor: an the Laird wis muived tae wraith agin Israel.

4 Syne the Laird said tae Moses, Tak aw the heidsmen o the people, hingin thaim in the sun afore the Laird, sae that the wraith o the Laird can be turnt frae Israel.

5 Sae Moses said tae the juidges o Israel, Lat awbody pit tae deith thaim o his men as haes been wi the weemen o Moab in honour o the Baal o Peor.

6 Syne ane o the bairns o Israel come tae his brithers, takkin wi him a wumman o Midian, afore the een o Moses an aw the gaitherin o the people, while thay war greetin at the slap o the Trystin-tent.

7 An Phinehas, the son o Eleazar, the son o Aaron the priest, seein it, gat up frae amang the people an taen a spear in his haund,

8 An gaen efter the man o Israel intae the tent, drivin the spear throu the pair o thaim, throu the man o Israel an throu the kyte o the wumman. Sae the disease wis stappit amang the bairns o Israel.

9 But twinty-fower thoosand o thaim haed come tae thair deith by the disease.

10 An the Laird said tae Moses,

11 Throu Phinehas, an acause o his passion for ma honour, ma wraith haes been turnt awa frae the bairns o Israel, sae that A haena sent ruinage on thaim aw in ma wraith.

12 Sae say tae thaim that A will mak wi him a greement o peace:

13 An by this greement, him an his sons efter him haes the richt tae be priests for aye; acause, by his care for the honour o his God, he dichtit awa the sin o the bairns o Israel.

14 Nou the man o Israel that wis pit tae deith wi the wumman o Midian wis Zimri, the son o Salu, a heid o ane o the faimilies o the Simeonites.

15 An the wumman o Midian that wis pit tae deith wis Cozbi, the dochter o Zur; he wis the heid o a faimily in Midian.

16 Syne the Laird said tae Moses,

17 Tak up airms agin the Midianites an supplant thaim;

18 For thay'r a danger tae ye wi thair fause weys, causin sin come upo ye in the quaisten o Peor, an acause o Cozbi, thair sister, the dochter o the heid o Midian, that wis pit tae deith at the time o the disease that come upo ye acause o Peor.

Chaipter 26

Nou efter the disease wis past an by, the Laird said tae Moses an Eleazar, the son o Aaron the priest,

2 Lat aw the bairns o Israel be rackont, by the names o thair faithers' faimilies, aw thaim o twenty year auld an abuin that can gang tae war in Israel.

3 Sae Moses an Eleazar the priest gien thaim the order in the howe o Moab by Jordan at Jericho, sayin,

4 Lat awbody o twenty year auld an abuin be rackont, as the Laird haes gien orders tae Moses an the bairns o Israel as haes come oot o Egypt.

5 Reuben, the first son o Israel: the sons o Reuben by thair faimilies: o Hanoch, the faimily o the Hanochites: o Pallu, the faimily o the Palluites:

6 O Hezron, the faimily o the Hezronites: o Carmi, the faimily o the Carmites.

7 Thir is the faimilies o the Reubenites: thair nummer wis fowerty-three thoosand, seiven hunder an thirty.

8 An the sons o Pallu, Eliab,

9 An the sons o Eliab: Nemuel an Dathan an Abiram. Thir is the same Dathan an Abiram wi a steid in the gaitherin o the people, as thegither wi Korah raised a dirdum agin Moses an Aaron an agin the Laird:

10 An thay gaen doun intae the appen mou o the yird, thegither wi Korah, whan deith owertaen him an aw his baund; at the time whan twa hunder an fifty men wis brunt in the fire, an thay come tae be a sign.

11 But deith didna owertak the sons o Korah.

12 The sons o Simeon by thair faimilies: o Nemuel, the faimily o the Nemuelites: o Jamin, the faimily o the Jaminites: o Jachin, the faimily o the Jachinites:

13 O Zerah, the faimily o the Zerahites: o Shaul, the faimily o the Shaulites.

14 Thir is the faimilies o the Simeonites, twinty-twa thoosand, twa hunder.

15 The sons o Gad by thair faimilies: o Zephon, the faimily o the Zephonites: o Haggi, the faimily o the Haggites: o Shuni, the faimily o the Shunites:

16 O Ozni, the faimily o the Oznites: o Eri, the faimily o the Erites:

17 O Arod, the faimily o the Arodites: o Areli, the faimily o the Arelites.

18 Thir is the faimilies o the sons o Gad as thay war nummert, fowerty thoosand, five hunder.

19 The sons o Judah, Er an Onan: an Er an Onan haed come tae thair deith in the laund o Canaan.

20 An the sons o Judah by thair faimilies wis: o Shelah, the faimily o the Shelahites: o Perez, the faimily o the Perezites: o Zerah, the faimily o the Zerahites.

21 An the sons o Perez wis: o Hezron, the faimily o the Hezronites: o Hamul, the faimily o the Hamulites.

22 Thir is the faimilies o Judah as thay war nummert, seiventy-sax thoosand, five hunder.

23 The sons o Issachar by thair faimilies: o Tola, the faimily o the Tolaites: o Puvah, the faimily o the Punites:

24 O Jashub, the faimily o the Jashubites: o Shimron, the faimily o the Shimronites.

25 Thir is the faimilies o Issachar, as thay war nummert, saxty-fower thoosand, three hunder.

26 The sons o Zebulun by thair faimilies: o Sered, the faimily o the Seredites:

o Elon, the faimily o the Elonites: o Jahleel, the faimily o the Jahleelites.

27 Thir is the faimilies o the Zebulunites as thay war nummert, saxty thoosand, five hunder.

28 The sons o Joseph by thair faimilies: Manasseh an Ephraim.

29 The sons o Manasseh: o Machir, the faimily o the Machirites: an Machir wis the faither o Gilead: o Gilead, the faimily o the Gileadites.

30 Thir is the sons o Gilead: o Iezer, the faimily o the Iezerites: o Helek, the faimily o the Helekites:

31 An o Asriel, the faimily o the Asrielites: an o Shechem, the faimily o the Shechemites:

32 An o Shemida, the faimily o the Shemidaites: an o Hepher, the faimily o the Hepherites.

33 An Zelophehad, the son o Hepher, haen nae sons, juist dochters, an the names o the dochters o Zelophehad wis Mahlah, an Noah, Hoglah, Milcah, an Tirzah.

34 Thir is the faimilies o Manasseh; an thaim that wis nummert o thaim wis fifty-twa thoosand, seiven hunder.

35 Thir is the sons o Ephraim by thair faimilies: o Shuthelah, the faimily o the Shuthelahites: o Becher, the faimily o the Becherites: o Tahan, the faimily o the Tahanites.

36 An thir is the sons o Shuthelah: o Eran, the faimily o the Eranites:

37 Thir is the faimilies o Ephraim as thay war nummert, thirty-twa thoosand, five hunder. Thir is the sons o Joseph by thair faimilies.

38 The sons o Benjamin by thair faimilies: o Bela, the faimily o the

Belaites: o Ashbel, the faimily o the
Ashbelites: o Ahiram, the faimily o the
Ahiramites:

39 O Shephupham, the faimily o the
Shuphamites: an o Hupham, the faimily
o the Huphamites.

40 An the sons o Bela wis Ard an
Naaman: o Ard, the faimily o the
Ardites: o Naaman, the faimily o the
Naamites.

41 Thir is the sons o Benjamin by thair
faimilies: an thaim that wis nummert
o thaim wis fowerty-five thoosand, sax
hunder.

42 Thir is the sons o Dan by thair
faimilies: o Shuham, the faimily o the
Shuhamites. Thir is the faimilies o Dan
by thair faimilies.

43 Aw the faimilies o the Shuhamites,
as thay war nummert, wis saxty-fower
thoosand, fower hunder.

44 The sons o Asher by thair faimilies:
o Imnah, the faimily o the Imnites:
o Ishvi, the faimily o the Ishvites: o
Beriah, the faimily o the Beriites.

45 O the sons o Beriah: o Heber, the
faimily o the Heberites: o Malchiel, the
faimily o the Malchielites:

46 An the name o the dochter o Asher
wis Serah.

47 Thir is the faimilies o the sons o
Asher as thay war nummert, fifty-three
thoosand, fower hunder.

48 The sons o Naphtali by thair faimilies:
o Jahzeel, the faimily o the Jahzeelites: o
Guni, the faimily o the Gunites:

49 O Jezer, the faimily o the Jezerites: o
Shillem, the faimily o the Shillemites.

50 Thir is the faimilies o Naphtali
by thair faimilies: an thaim that wis

nummert o thaim wis fowerty-five
thoosand, fower hunder.

51 Thaim that wis nummert o the
bairns o Israel wis sax hunder an ane
thoosand, seiven hunder an thirty.

52 An the Laird said tae Moses,

53 Lat thare be a portionin o the laund
amang thir, for thair heirskip, conform
tae the nummer names.

54 Tae thae faimilies as is mair in
nummer, gie a greater heirskip; tae
thaim that's less in nummer, a smawer
pairt: tae ilkane lat the heirskip be
gien conform tae the nummer in his
faimily.

55 But lat the dailin o the laund be
made by the juidgment o the Laird: by
the names o the clans o thair faithers lat
thair heirskip be gien thaim.

56 As it's ordert by the juidgment o the
Laird, lat distreebution be made atween
thaim that's mair in nummer an thaim
that's less.

57 Thir wis thaim o the Levites
nummert by thair faimilies:
o Gershon, the faimily o the
Gershonites: o Kohath, the faimily o
the Kohathites: o Merari, the faimily
o the Merarites.

58 Thir is the faimilies o Levi: the
faimily o the Libnites, the faimily o the
Hebronites, the faimily o the Mahlites,
the faimily o the Mushites, the faimily
o the Korahites. An Kohath wis the
faither o Amram.

59 Amram's guidwife wis Jochebed, the
dochter o Levi, that he haen in Egypt:
by Amram she haen Moses an Aaron an
thair sister Miriam.

60 Aaron's sons wis Nadab an Abihu,
Eleazar an Ithamar.

61 Deith owertaen Nadab an Abihu whan thay made an offerin o fremmit fire afore the Laird.

62 O thir, twenty-three thoosand males, frae ae month auld an abuin, wis nummert: thay warna nummert wi the lave o the bairns o Israel, for thay haen nae heirskip amang the bairns o Israel.

63 Aw thir wis nummert by Moses an Eleazar the priest whan the bairns o Israel wis nummert in the howe o Moab by the Jordan at Jericho.

64 But amang aw thir wisna ane o thaim nummert by Moses an Aaron the priest whan the bairns o Israel wis nummert in the wilderness o Sinai.

65 For the Laird haed said o thaim, Deith will certes owertak thaim in the wilderness. An o thaim aw, juist Caleb, the son o Jephunneh, an Joshua, the son o Nun, wis aye tae the fore.

Chaipter 27

S yne the dochters o Zelophehad, the son o Hepher, the son o Gilead, the son o Machir, the son o Manasseh, o the faimilies o Manasseh, the son o Joseph, come forrit: thair names is Mahlah, Noah, an Hoglah, an Milcah, an Tirzah.

2 Thay come afore Moses an Eleazar the priest an the heidsmen an awbody at the slap o the Trystin-tent an said,

3 Deith owertaen oor faither in the wilderness; he wisna amang thaim that wis baundit thegither wi Korah agin the Laird; but deith fund him in his sin; an he haen nae sons.

4 Whit for is the name o oor faither tae be taen awa frae amang his faimily,

acause he haen nae son? Gie us a heirskip amang oor faither's brithers.

5 Sae Moses pit thair cause afore the Laird.

6 An the Laird said tae Moses,

7 Whit the dochters o Zelophehad says is richt: certes ye'r tae gie thaim a heirskip amang thair faither's brithers: an lat the guids an gear as wad hae been thair faither's gang tae thaim.

8 An say tae the bairns o Israel, Gin a man haes nae son at the oor o his deith, lat his heirskip gang tae his dochter.

9 An gin he haes nae dochter, than gie his heirskip tae his brithers.

10 An gin he haes nae brithers, than gie his heirskip tae his faither's brithers.

11 An gin his faither haes nae brithers, than gie't tae his nearest relation in the faimily, as his heirskip: this is tae be a juidgment made by law for the bairns o Israel, as the Laird gien orders tae Moses.

12 An the Laird said tae Moses, Sclim up intae this knowe o Abarim sae that ye can see the laund that A hae gien tae the bairns o Israel.

13 An whan ye hae seen't, ye will be yirdit wi yer fowk, as yer brither Aaron wis:

14 Acause in the wilderness o Zin, whan fowk wis wraith, yersel an him gaen agin ma wird an didna haud ma name haly afore thair een, at the watters. (Thir is the watters o Meribah in Kadesh in the wilderness o Zin.),

15 Syne Moses said tae the Laird,

16 Lat the Laird, the God o the speerits o aw flesh, pit a man at the heid o thir fowk,

17 Tae gang oot an come in afore thaim an be thair guide; sae that the people o the Laird isna like sheep 'ithoot a hird.

18 An the Laird said tae Moses, Tak Joshua, the son o Nun, a man that the speerit is in, an pit yer haund on him;

19 An tak him afore Eleazar the priest an aw the gaitherin o the people, an gie him his orders afore thair een.

20 An honour him, sae that aw the bairns o Israel is unner his authority.

21 He will tak his place afore Eleazar the priest, sae that he gits airtins frae the Laird for him, wi the Urim: at his wird thay will gang oot, an at his wird thay will come in, him an aw the bairns o Israel.

22 Sae Moses did as the Laird said: he taen Joshua an pit him afore Eleazar the priest an the gaitherin o the people:

23 An he pit his haunds on him an gien him his orders, as the Laird haed said by Moses.

Chaipter 28

An the Laird said tae Moses,

2 Gie orders tae the bairns o Israel an say tae thaim, Lat it be yer care tae gie me ma offerins at thair raiglar times, the meat o the offerins made by fire tae me for a sweet waff.

3 Say tae thaim, This is the offerin made by fire that ye'r tae gie tae the Laird; tuip-laums o the first year 'ithoot ony merk, twa ilka day as a raiglar brunt offerin.

4 Lat ane be offert in the forenuin, an the tither at forenicht;

5 An the tent pairt o an ephah o the best meal for a meal offerin kirnt wi the fowert pairt o a hin o clear ile.

6 It is a raiglar brunt offerin, as it wis ordert in Munt Sinai for a sweet waff,

an offerin made by fire tae the Laird.

7 An for its drink offerin tak the fowert pairt o a hin for ae laum: in the sanctuar lat the wine be tuimed for a drink offerin for the Laird.

8 Lat the ither laum be offert at forenicht; like the meal offerin o the forenuin an its drink offerin, lat it be offert as an offerin made by fire for a sweet waff tae the Laird.

9 An on the Saubath day, twa tuip-laums o the first year, 'ithoot ony merk, an twa tent pairts o the best meal for a meal offerin kirnt wi ile, an its drink offerin:

10 This is the brunt offerin for ilka Saubath day, forby the raiglar brunt offerin, an its drink offerin.

11 An on the first day o ilka month ye'r tae gie a brunt offerin tae the Laird; twa owsen, ae tuip, an seiven tuip-laums o the first year, 'ithoot ony merk;

12 An three tent pairts o the best meal for a meal offerin kirnt wi ile, for ilk owse; an twa tent pairts o the best meal for a meal offerin kirnt wi ile, for the ae sheep;

13 An a sindry tent pairt o the best meal mixtur-maxturt wi ile for a meal offerin for ilka laum; for a brunt offerin o a sweet waff, an offerin made by fire tae the Laird.

14 An thair drink offerins is tae be hauf a hin o wine for an owse, an the third pairt o a hin for a tuip, an the fowert pairt o a hin for a laum: this is the brunt offerin for ilka month throu aw the months o the year.

15 An ae he-gait for a sin offerin tae the Laird; it's tae be offert forby the raiglar brunt offerin an its drink offerin.

16 An in the first month, on the fowerteent day o the month, is the Laird's Passower.

17 On the fifteent day o this month the'r tae be a meal; for a sennicht lat yer meat be unleavent bannocks.

18 On the first day the'r tae be a haly gaitherin: ye can dae nae kin o field wark:

19 An ye'r tae gie an offerin made by fire, a brunt offerin tae the Laird; twa owsen, ae tuip, an seiven tuip-laums o the first year, 'ithoot ony merk:

20 An thair meal offerin, the best meal mixtur-maxturt wi ile: lat three tent pairts o an ephah be offert for an owse an twa tent pairts for a tuip;

21 An a sindry tent pairt for ilkane o the seiven laums;

22 An ae he-gait for a sin offerin for tae remit yer sin.

23 Thir is tae be offert forby the forenuin brunt offerin, that's a raiglar brunt offerin at aw times.

24 In this wey, ilka day for a sennicht, gie the meat o the offerin made by fire, a sweet waff tae the Laird: it's tae be offert forby the raiglar brunt offerin, an its drink offerin.

25 Syne on the seivent day the'll be a haly gaitherin; ye can dae nae field wark.

26 An at the time o the first fruits, whan ye gie an offerin o new meal tae the Laird at yer meal o weeks, the'r tae be a haly gaitherin: ye can dae nae field wark:

27 An gie a brunt offerin for a sweet waff tae the Laird; twa owsen, ae tuip, an seiven tuip-laums o the first year;

28 An thair meal offerin, the best meal mixtur-maxturt wi ile, three tent pairts for an owse, twa tent pairts for a tuip,

29 An a sindry tent pairt for ilkane o the seiven laums;

30 An ae he-gait for tae remit yer sin.

31 Thir is forby the raiglar brunt offerin an its meal offerin; mynd that thay'r 'ithoot ony merk, an lat thaim be offert wi thair drink offerins.

Chaipter 29

In the seivent month, on the first day o the month, lat thare be a haly gaitherin; on it ye can dae nae field wark; lat the day be merkit by the blawin o horns;

2 An gie tae the Laird a brunt offerin for a sweet waff; ae owse, ae tuip, seiven tuip-laums o the first year, 'ithoot ony merk on thaim:

3 An thair meal offerin, the best meal mixtur-maxturt wi ile, three tent pairts for an owse, twa tent pairts for a tuip,

4 An a sindry tent pairt for ilkane o the seiven laums;

5 An ae he-gait for a sin offerin for tae remit yer sin:

6 Forby the brunt offerin o the new muin, an its meal offerin, an the raiglar brunt offerin an its meal offerin, an thair drink offerins, as thay ar ordert for a sweet waff, an offerin made by fire tae the Laird.

7 An on the tent day o this seivent month the'll be a haly gaitherin; haud yersels frae pleisur, an dae nae kin o wark;

8 An gie tae the Laird a brunt offerin for a sweet waff; ae owse, ae tuip, seiven tuip-laums o the first year: juist thaim 'ithoot ony merk on thaim can be uised:

9 An thair meal offerin, the best meal mixtur-maxturt wi ile, three tent pairts for an owse, twa tent pairts for a tuip,

10 A sindry tent pairt for ilkane o the seiven laums;

11 Ae he-gait for a sin offerin; forby the offerin for takkin awa yer sin, an the raiglar brunt offerin an its meal offerin, an thair drink offerins.

12 An on the fifteent day o the seivent month lat thare be a haly gaitherin; dae nae field wark, an haud a feast tae the Laird for a sennicht;

13 An gie a brunt offerin, an offerin made by fire o a sweet waff tae the Laird, thirteen owsen, twa tuips, fowerteen tuip-laums o the first year, aw 'ithoot ony merk on thaim;

14 An thair meal offerin, the best meal mixtur-maxturt wi ile, three tent pairts for ilkane o the thirteen owsen, twa tent pairts for ilka tuip,

15 An a sindry tent pairt for ilkane o the fowerteen laums;

16 An ae he-gait for a sin offerin; forby the raiglar brunt offerin, an its meal offerin, an its drink offerin.

17 On the seicont day o the meal gie an offerin o twal owsen, twa tuips, fowerteen tuip-laums o the first year, 'ithoot ony merk on thaim;

18 An thair meal offerin an thair drink offerins for the owsen an the sheep an the laums, conform tae thair nummer, as it's ordert:

19 An ae he-gait for a sin offerin forby the raiglar brunt offerin, an its meal offerin, an thair drink offerins.

20 An on the third day elieven owsen, twa tuips, fowerteen tuip-laums o the first year, 'ithoot ony merk;

21 An thair meal offerin an drink offerins for the owsen, for the tuips, an for the laums, conform tae thair nummer, as it's ordert:

22 An ae he-gait for a sin offerin; forby the raiglar brunt offerin, an its meal offerin, an its drink offerin.

23 An on the fowert day ten owsen, twa tuips, fowerteen tuip-laums o the first year, 'ithoot ony merk:

24 An thair meal offerin an thair drink offerins for the owsen, for the tuips, an for the laums, conform tae thair nummer, as it's ordert.

25 An ae he-gait for a sin offerin; forby the raiglar brunt offerin, an its meal offerin, an its drink offerin.

26 An on the fift day nine owsen, twa tuips, fowerteen tuip-laums o the first year, 'ithoot ony merk:

27 An thair meal offerin an thair drink offerins for the owsen, for the tuips, an for the laums, conform tae thair nummer, as it's ordert:

28 An ae he-gait for a sin offerin; forby the raiglar brunt offerin, an its meal offerin, an its drink offerin.

29 An on the saxt day aicht owsen, twa tuips, fowerteen tuip-laums o the first year, 'ithoot ony merk:

30 An thair meal offerin an thair drink offerins for the owsen, for the tuips, an for the laums, conform tae thair nummer, as it's ordert:

31 An ae he-gait for a sin offerin; forby the raiglar brunt offerin, its meal offerin, an its drink offerins.

32 An on the seivent day seiven owsen, twa tuips, fowerteen tuip-laums o the first year, 'ithoot ony merk:

33 An thair meal offerin an thair drink offerins for the owsen, for the tuips, an for the laums, conform tae thair nummer, as it's ordert:

34 An ae he-gait for a sin offerin; forby the raiglar brunt offerin, its meal offerin, an its drink offerin.

35 On the aicht day lat thare be a haly gaitherin: ye can dae nae field wark;

36 An gie a brunt offerin, an offerin made by fire o a sweet waff tae the Laird: ae owse, ae tuip, seiven tuiplaums o the first year, 'ithoot ony merk:

37 Wi the meal offerin an the drink offerins for the owse, the tuips, an the laums, conform tae thair nummer, as it's ordert:

38 An ae he-gait for a sin offerin; forby the raiglar brunt offerin, an its meal offerin, an its drink offerin.

39 Thir is the offerins ye'r tae gie tae the Laird at yer raiglar mealtiths, forby the offerins for an aith, an the free offerins ye gie, for yer brunt offerins an yer drink offerins an yer peace offerins.

40 Sae Moses gien the bairns o Israel aw thir airtins as the Laird haed gien him orders.

Chaipter 30

An Moses said tae the heidsmen o the clans o the bairns o Israel, This is the order o the Laird.

2 Whan a man sweirs an aith tae the Laird, or gies a hecht haein the force o an aith, lat him na gang back frae his wird, but lat him dae whitiver he haes said he will dae.

3 Gin a wumman, bein young an in the waird o her faither, sweirs an aith tae the Laird or gies a hecht;

4 Gin her faither, hearin o her aith or the unnertakkin she haes gien, says nocht tae her, than aw her aiths an ilk unnertakkin she haes gien will hae force.

5 But gin her faither, hearin o't, gars her tak her wird again, than the aiths or the unnertakkins she haes gien will hae nae force; an she will hae forgieness frae the Laird, acause her aith wis broke by her faither.

6 An gin she's mairit on a guidman at the time whan she is unner an aith or an unnertakkin gien 'ithoot thocht;

7 Gin her guidman, hearin o't, says nocht tae her at the time, than the aiths she made an the unnertakkins she gien will hae force.

8 But gin her guidman, hearin o't, gars her tak it back, than the aith she made an the unnertakkin she gien 'ithoot thocht will hae nae force or ootcome, an she will hae the Laird's forgieness.

9 But an aith made by a weedae or ane that's mairit on her guidman nae mair, an ilk unnertakkin she haes gien, will hae force.

10 Gin she swuir an aith while she wis unner the owerins o her guidman,

11 An her guidman, hearin o't, said nocht tae her an didna pit a stap tae't, than aw her aiths an ilk unnertakkin she gien will hae force.

12 But gin her guidman, on hearin o't, made thaim 'ithoot force or ootcome, than whitiver she haes said aboot her aiths or her unnertakkin haes nae force: her guidman haes made thaim 'ithoot ootcome, an she

will hae the Laird's forgieness.

13 Ilk aith, an ilk unnertakkin that she gies tae haud hersel frae pleisur, can be upheld or broke by her guidman.

14 But gin the days gangs on, an her guidman says nocht whitiver tae her, than he is giein the uphaud o his authority tae her aiths an unnertakkins, acause at the time o hearin thaim he said nocht tae her.

15 But gin at some time efter hearin o thaim, he maks thaim 'ithoot force, than he is sponsal for her wrangdaein.

16 Thir is the laws the Laird gien Moses anent a man an his guidwife, or a faither an a young dochter that's unner his authority.

Chaipter 31

Syne the Laird said tae Moses,

2 Gie the Midianites punishment for the wrang thay did tae the bairns o Israel: an efter that ye will gang tae rest wi yer fowk.

3 Sae Moses said tae the people, Lat men frae amang ye be airmed for war tae effect agin Midian the Laird's punishment on thaim.

4 Frae ilka clan o Israel send a thoosand tae the war.

5 Sae frae the thoosands o Israel a thoosand wis taen frae ilka clan, twal thoosand men airmed for war.

6 An Moses sent thaim oot tae war, a thoosand frae ilka clan, an wi thaim Phinehas, the son o Eleazar the priest, takkin in his haunds the veshels o the sanctuar an the horns for soondin the note o war.

7 An thay made war on Midian, as the Laird gien orders tae Moses; an thay pit tae deith ilka male.

8 Thay pit the keengs o Midian tae deith wi the lave, Evi an Rekem an Zur an Hur an Reba, the five keengs o Midian: an Balaam, the son o Beor, thay pit tae deith by the swuird.

9 The weemen o Midian wi thair wee anes the bairns o Israel taen preesoner; an aw thair kye an hirsels an aw thair guids an gear thay taen for thairsels;

10 An, efter birnin aw thair touns an aw thair tent-rings,

11 Thay gaen awa wi the guids an gear thay haed taen, man an beast.

12 An the preesoners an the guids an gear an awthing thay haed taen, thay taen tae Moses an Eleazar the priest an the people o Israel, tae the tent-ring in the howe o Moab by the Jordan at Jericho.

13 Syne Moses an Eleazar the priest an the heidsmen o the people gaen oot tae thaim afore thay haed come intae the tent-ring.

14 An Moses wis wraith wi the heidsmen o the airmy, the caiptains o thoosands an the caiptains o hunders as haed come back frae the war.

15 An Moses said tae thaim, Whit for hae ye held aw the weemen sauf?

16 It wis thir as, muived by Balaam, wis the cause o Israel's sin agin the Laird in the quaisten o Peor, that disease come upo the people o the Laird acause o.

17 Sae nou pit ilka male bairn tae deith, an ilka wumman that's been wi a man.

18 But aw the lassies as haesna been wi men ye can keep for yersels.

19 Ye yersels will hae tae bide in the tent-ring for a sennicht, onybody amang ye that haes pit onybody tae deith or comes nearhaund a deid corp; an on the third day an on the seivent day mak yersels an yer preesoners clean.

20 An ilka bittie claes, an ocht made o laither or gaits' hair or wid, ye'r tae mak clean.

21 Syne Eleazar the priest said tae the men o war that haed been tae the fecht, This is the rule o the law that the Laird haes gien tae Moses:

22 But gowd an siller an bress an airn an white airn an leid,

23 An ocht that can be het is tae gang throu the fire an be made clean; but forby that it's tae be pit in the watter o cleanin: an ocht that canna gang throu the fire is tae be pit in the watter.

24 An on the seivent day, efter washin yer claes, ye will be clean, an syne ye can come intae the tent-ring.

25 An the Laird said tae Moses,

26 Git an accoont o awthing that wis taen in the war, o man an beast, yersel an Eleazar the priest an the heids o faimilies o the people:

27 An lat it be divid intae twa pairts, ane for the men o war that gaen oot tae the fecht, an ane for awbody:

28 An frae the men o war that gaen oot lat thare be offert tae the Laird ane oot o ilka five hunder, frae the bodies, an frae the owsen an cuddies an sheep:

29 Tak this frae thair pairt an gie't tae Eleazar the priest as an offerin tae be liftit up tae the Laird.

30 An frae the pairt gien tae the bairns o Israel, tak ane oot o ilka fifty, frae the bodies, an frae the owsen an cuddies

an sheep, an gie't tae the Levites wi the care o the Hoose o the Laird.

31 Sae Eleazar an Moses did as the Laird haed gien orders tae Moses.

32 Nou the beasts taen, forby whit the fechtin men taen for thairsels, wis sax hunder an seiventy-five thoosand sheep,

33 An seiventy-twa thoosand owsen,

34 An saxty-ane thoosand cuddies;

35 An thirty-twa thoosand bodies, that is, weemen as haed niver been wi a man.

36 An the hauf gien as thair pairt tae the men as gaen tae the war wis three hunder an thirty-seiven thoosand, five hunder sheep,

37 That the Laird's pairt o wis sax hunder an seiventy-five.

38 The nummer owsen wis thirty-sax thoosand, that the Laird's pairt o wis seiventy-twa;

39 The nummer cuddies wis thirty thoosand, five hunder, that the Laird's pairt o wis saxty-ane.

40 An the nummer bodies wis saxteen thoosand, that the Laird's pairt o wis thirty-twa bodies.

41 An Moses gien the Laird's pairt, liftit up as an offerin tae Eleazar the priest, as the Laird haed gien orders tae Moses.

42 An frae the hauf gien tae the bairns o Israel, that Moses haed held sinder frae that gien tae the fechtin men,

43 (Nou the people's hauf wis three hunder an thirty-seiven thoosand, five hunder sheep,

44 An thirty-sax thoosand owsen,

45 An thirty thoosand, five hunder cuddies,

46 An saxteen thoosand bodies;),

47 E'en frae the bairns o Israel's hauf, Moses taen ane oot o ilka fifty, men an beasts, an gien thaim tae the Levites wi the care o the Hoose o the Laird; as the Laird gien orders tae Moses.

48 Syne the men in authority ower the thoosands o the airmy, the caiptains o thoosands an caiptains o hunders, come tae Moses,

49 An said tae him, Yer servands haes taen tent tae the nummer o aw the fechtin men unner oor orders, an ilkane is praisent;

50 An we hae here an offerin for the Laird frae whit ilka man taen in the war, variorums o gowd, leg cheens an airm-rings, rings, lug-rings, an carkets for tae mak oor sauls free frae sin afore the Laird.

51 Sae Moses an Eleazar the priest taen the gowd frae thaim, e'en aw the wrocht variorums.

52 An the gowd that the caiptains o thoosands an caiptains o hunders gien as an offerin tae be heezed afore the Laird come tae saxteen thoosand, seiven hunder an fifty shekels.

53 (For ilka man o the airmy haed taen guids an gear for hissel in the war.),

54 Syne Moses an Eleazar the priest taen the gowd gien by the caiptains o thoosands an caiptains o hunders an taen it intae the Trystin-tent tae be a sign in myndin o the bairns o Israel afore the Laird.

Chaipter 32

Nou the bairns o Reuben an the bairns o Gad haen an unco nummer kye: an whan thay seen that the laund o Jazer an the laund o Gilead wis a guid airt for kye;

2 The bairns o Gad an the bairns o Reuben come an said tae Moses an tae Eleazar the priest an tae the heidsmen o the gaitherin,

3 Ataroth, an Dibon, an Jazer, an Nimrah, an Heshbon, an Elealeh, an Sebam, an Nebo, an Beon,

4 The laund that the Laird gien intae the haunds o the bairns o Israel, is a laund for kye, an yer servands haes kye.

5 An thay said, Wi yer will, lat this laund be gien yer servands as thair heirskip: dinna tak us ower Jordan.

6 An Moses said tae the bairns o Gad an the bairns o Reuben, Is yer brithers tae gang tae the war while ye bide here?

7 Whit for wad ye tak frae the bairns o Israel the wiss tae gang ower intae the laund that the Laird haes gien thaim?

8 Sae did yer faithers, whan A sent thaim frae Kadesh-barnea tae see the laund.

9 For whan thay gaen up tae the glen o Eshcol an seen the laund, thay taen frae the bairns o Israel the desire tae gang intae the laund that the Laird haed gien thaim.

10 An at that time the Laird wis muived tae wraith, an swuir an aith, sayin,

11 Truelins, no ane o the men o twinty year auld an abuin as come oot o Egypt will see the laund that A gien by aith tae Aubraham, Isaac, an Jaucob; acause thay haena been richt tae me wi aw thair hert;

12 But juist Caleb, the son o Jephunneh the Kenizzite, an Joshua, the son o Nun: acause thay hae been richt tae the Laird.

13 Syne the Laird wis wraith wi Israel, an he made thaim wanderers in the wilderness for fowerty year till aw that generation that haed duin ill in the een o the Laird wis deid.

14 An nou ye hae come tae tak the steid o yer faithers, anither generation o sinners, eikin the wraith o the Laird agin Israel.

15 For gin ye'r turnt awa frae him, he will send thaim wanderin again in the wilderness; an ye will cause the ruinage o aw thir fowk.

16 Syne thay come tae him an said, We will mak reeves for oor kye here, an touns for oor wee anes;

17 But we oorsels will be ready airmed tae gang afore the bairns o Israel till we hae taen thaim tae thair steid: but oor wee anes will be sauf in the wawed touns agin the people o the laund.

18 We winna come back tae oor hooses till ilkane o the bairns o Israel haes come intae his heirskip.

19 For we winna hae oor heirskip wi thaim on the ither side o Jordan an forrit; acause oor heirskip haes come tae us on this side o Jordan tae the east.

20 Syne Moses said tae thaim, Gin ye will dae this, airmin yersels tae gang afore the Laird tae the war,

21 Ilk airmed man o ye gaun athort Jordan afore the Laird till he haes owercome an sent in flicht his unfreends,

22 An the laund is unner the rule o the Laird: syne efter that ye can come back, haein duin nae wrang tae the Laird an tae Israel; an this laund will be yours for yer heirskip afore the Laird.

23 But gin ye dinna dae this, than ye ar sinners agin the Laird; an ye can be siccar that yer sin will hae its rewaird.

24 Sae set tae wark biggin yer touns for yer wee anes, an faulds for yer sheep; an dae as ye hae said.

25 An the bairns o Gad an the bairns o Reuben said tae Moses, Yer servands will dae as ma laird says.

26 Oor wee anes, oor guidwifes, an oor hirsels an aw oor kye will be thare in the touns o Gilead;

27 But yer servands will gang ower, ilka man airmed for war, afore the Laird tae the fecht, as ma laird says.

28 Sae Moses gien orders aboot thaim tae Eleazar the priest an tae Joshua, the son o Nun, an tae the heids o faimilies o the clans o the bairns o Israel.

29 An Moses said tae thaim, Gin the bairns o Gad an the bairns o Reuben gangs wi ye ower Jordan, ilka man airmed for the fecht afore the Laird, an aw the laund is gien intae yer haunds, than lat thaim hae the laund o Gilead for a heirskip:

30 But gin thay dinna gang ower wi ye airmed, thay will hae tae tak thair heirskip wi ye in the laund o Canaan.

31 Syne the bairns o Gad an the bairns o Reuben said, As the Laird haes said tae yer servands, sae we will dae.

32 We will gang ower airmed afore the Laird intae the laund o Canaan, an ye will gie us oor heirskip on this side o Jordan.

33 Sae Moses gien thaim, e'en tae the bairns o Gad an the bairns o Reuben an tae the sept o Manasseh, the son o Joseph, the kinrick o Sihon, keeng o the Amorites an Og, keeng o Bashan,

aw the laund wi its touns an the kintra roond thaim.

34 An the bairns o Gad wis the biggers o Dibon an Ataroth an Aroer;

35 An Atroth-shophan an Jazer an Jogbehah;

36 An Beth-nimrah an Beth-haran: wawed touns an steekit-in faulds for sheep.

37 An the bairns o Reuben wis the biggers o Heshbon an Elealeh an Kiriathaim;

38 An Nebo an Baal-meon, (thair names bein cheenged,) an Sibmah: an thay gien ither names tae the touns thay made.

39 An the bairns o Machir, the son o Manasseh, gaen tae Gilead an taen it, drivin oot the Amorites leevin thare.

40 An Moses gien Gilead tae Machir, the son o Manasseh; an he dwalt thare.

41 An Jair, the son o Manasseh, gaen an taen the touns o Gilead, namin thaim Havvoth-Jair.

42 An Nobah gaen an taen Kenath an its smaw touns, namin it Nobah, efter hissel.

Chaipter 33

Thir is the gates o the bairns o Israel, whan thay gaen oot the laund o Egypt in thair airmies, unner the airtin o Moses an Aaron.

2 An the stages o thair gate on thair wey oot wis pit doun in writin by Moses at the order o the Laird: thir is the stages o thair gate an the wey thay gaen.

3 On the fifteent day o the first month thay gaen oot frae Rameses; the day efter the Passover the bairns o Israel

gaen oot by the pouer o the Laird afore the een o aw the Egyptians,

4 While the Egyptians wis yirdin the corps o thair sons the Laird haed sent ruinage on: an thair gods haed been deemed by him.

5 Sae the bairns o Israel gaen frae Rameses an stelt thair tents in Succoth.

6 An thay gaen on frae Succoth an stelt thair tents in Etham on the mairch o the wilderness.

7 An frae Etham, turnin back tae Pi-hahiroth that's afore Baal-zephon, thay stelt thair tents afore Migdol.

8 An, traivelin on frae afore Hahiroth, thay gaen throu the sea intae the wilderness: thay gaen three days' gate throu the wilderness o Etham an stelt thair tents in Marah.

9 An frae Marah thay gaen on tae Elim: an in Elim the war twal walls an seiventy paum-trees; an thay stelt thair tents thare.

10 An thay gaen on frae Elim an stelt thair tents by the Reid Sea.

11 Syne frae the Reid Sea thay gaen on an stelt thair tents in the wilderness o Sin.

12 An thay gaen on frae the wilderness o Sin an stelt thair tents in Dophkah.

13 An thay gaen on frae Dophkah an stelt thair tents in Alush.

14 An thay gaen on frae Alush an stelt thair tents in Rephidim, whaur the war nae drinkin watter for the people.

15 An thay gaen on frae Rephidim an stelt thair tents in the wilderness o Sinai.

16 An thay gaen on frae the wilderness o Sinai an stelt thair tents in Kibroth-hattaavah.

17 An thay gaen on frae Kibroth-hattaavah an stelt thair tents in Hazeroth.

18 An thay gaen on frae Hazeroth an stelt thair tents in Rithmah.

19 An thay gaen on frae Rithmah an stelt thair tents in Rimmon-perez.

20 An thay gaen on frae Rimmon-perez an stelt thair tents in Libnah.

21 An thay gaen on frae Libnah an stelt thair tents in Rissah.

22 An thay gaen on frae Rissah an stelt thair tents in Kehelathah.

23 An thay gaen on frae Kehelathah an stelt thair tents in Munt Shepher.

24 An thay gaen on frae Munt Shepher an stelt thair tents in Haradah.

25 An thay gaen on frae Haradah an stelt thair tents in Makheloth.

26 An thay gaen on frae Makheloth an stelt thair tents in Tahath.

27 An thay gaen on frae Tahath an stelt thair tents in Terah.

28 An thay gaen on frae Terah an stelt thair tents in Mithkah.

29 An thay gaen on frae Mithkah an stelt thair tents in Hashmonah.

30 An thay gaen on frae Hashmonah an stelt thair tents in Moseroth.

31 An thay gaen on frae Moseroth an stelt thair tents in Bene-jaakan.

32 An thay gaen on frae Bene-jaakan an stelt thair tents in Hor-haggidgad.

33 An thay gaen on frae Hor-haggidgad an stelt thair tents in Jotbathah.

34 An thay gaen on frae Jotbathah an stelt thair tents in Abronah.

35 An thay gaen on frae Abronah an stelt thair tents in Ezion-geber.

36 An thay gaen on frae Ezion-geber an stelt thair tents in the wilderness o Zin (that's Kadesh).

37 An thay gaen on frae Kadesh an stelt thair tents in Munt Hor, on the mairch o the laund o Edom.

38 An Aaron the priest gaen up intae the knowe at the order o the Laird an dee'd thare, in the fowertiet year efter the bairns o Israel haed come oot the laund o Egypt, in the fift month, on the first day o the month.

39 Aaron wis a hunder an twinty-three year auld at the oor o his deith in Munt Hor.

40 An newins o the comin o the bairns o Israel won tae the keeng o Arad, the Canaanite, that bade in the sooth in the laund o Canaan.

41 An frae Munt Hor thay gaen on an stelt thair tents in Zalmonah.

42 An thay gaen on frae Zalmonah an stelt thair tents in Punon.

43 An thay gaen on frae Punon an stelt thair tents in Oboth.

44 An thay gaen on frae Oboth an stelt thair tents in Iye-abarim at the mairch o Moab.

45 An thay gaen on frae Iyim an stelt thair tents in Dibon-gad.

46 An frae Dibon-gad thay gaen on an stelt thair tents in Almon-diblathaim.

47 An frae Almon-diblathaim thay gaen on an stelt thair tents in the muntains o Abarim, afore Nebo.

48 An thay gaen on frae the muntains o Abarim an stelt thair tents in the howe o Moab by Jordan at Jericho;

49 Plantin thair tents by Jordanside frae Beth-jeshimoth sae faur's Abel-shittim in the howe o Moab.

50 An in the howe o Moab by Jordan at Jericho, the Laird said tae Moses,

51 Say tae the bairns o Israel, Whan ye gang ower the River Jordan intae the laund o Canaan,

52 See that awbody in the laund is herriet oot frae afore ye, an pit tae ruinage aw thair picturt stanes, an aw thair metal eemages, an aw thair heich places:

53 An tak the laund for yersels, for yer dwallin place: for tae ye A hae gien the laund as yer heirskip.

54 An ye will tak up yer heirskip in the laund by the juidgment o the Laird tae ilka faimily its pairt; the bigger the faimily, the bigger its heirskip, an the smawer the faimily, the smawer will be its heirskip; whauriver the juidgment o the Laird gies tae ony man his pairt, that will be his; dail will be made tae ye by yer faithers' clans.

55 But gin ye'r slaw in herryin the people oot the laund, than thaim that's aye thare will be like preen-pynts in yer een an like thorns in yer sides, trauchlin ye in the laund whaur ye bide.

56 An it will come aboot that as it wis ma ettle tae dae tae thaim, sae A will dae tae ye.

Chaipter 34

An the Laird said tae Moses,

2 Gie orders tae the bairns o Israel an say tae thaim, Whan ye come intae the laund o Canaan; (this is the laund that's tae be yer heirskip, the laund o Canaan 'ithin thir leemits,),

3 Syne yer sooth airt will be frae the wilderness o Zin aside Edom, an yer leemit on the sooth will be frae the east end o the Saut Sea,

4 An roond tae the sooth o the brae o Akrabbim, an on tae Zin: an its airt will be sooth o Kadesh-barnea, an it will gang sae faur's Hazar-addar an on tae Azmon:

5 An frae Azmon it will gang roond tae the glen o Egypt sae faur's the sea.

6 An for yer leemit on the wast ye will hae the Great Sea an its foreland: this will be yer leemit on the wast.

7 An yer leemit on the north will be the line frae the Great Sea tae Munt Hor:

8 An frae Munt Hor the mairch will gang in the airt o Hamath; the faurdest pynt o't will be at Zedad:

9 An the leemit will gang on tae Ziphron, wi its faurdest pynt at Hazar-enan: this will be yer leemit on the north.

10 An on the east, yer leemit will be merkit frae Hazar-enan tae Shepham,

11 Gaun doun frae Shepham tae Riblah on the east side o Ain, an on sae faur's the east side o the sea o Chinnereth:

12 An sae doun tae Jordan, winnin tae the Saut Sea: aw the laund 'ithin thir leemits will be yours.

13 An Moses gien orders tae the bairns o Israel sayin, This is the laund that's tae be yer heirskip, by the juidgment o the Laird, that by the Laird's order is tae be gien tae the nine clans an the sept:

14 For the clan o the bairns o Reuben, by thair faithers' faimilies, an the clan o the bairns o Gad, by thair faithers' faimilies, an the sept o Manasseh, haes been gien thair heirskip:

15 The twa clans an the sept haes been gien thair heirskip on the ither side o

Jordan at Jericho, on the east leukin tae the dawin.

16 An the Laird said tae Moses,

17 Thir is the names o the men as is tae dail the laund amang ye: Eleazar the priest an Joshua, the son o Nun.

18 An ye'r tae tak ae heidsman frae ilka clan tae dail the laund.

19 An thir is the names o the men: o the clan o Judah, Caleb, the son o Jephunneh.

20 An o the clan o the bairns o Simeon, Shemuel, the son o Ammihud.

21 O the clan o Benjamin, Elidad, the son o Chislon.

22 An o the clan o the bairns o Dan, a heid, Bukki, the son o Jogli.

23 O the bairns o Joseph: o the clan o the bairns o Manasseh, a heid, Hanniel, the son o Ephod:

24 An o the clan o the bairns o Ephraim, a heid, Kemuel, the son o Shiphtan.

25 An o the clan o the bairns o Zebulun, a heid, Elizaphan, the son o Parnach.

26 An o the clan o the bairns o Issachar, a heid, Paltiel, the son o Azzan.

27 An o the clan o the bairns o Asher, a heid, Ahihud, the son o Shelomi.

28 An o the clan o the bairns o Naphtali, a heid, Pedahel, the son o Ammihud.

29 Thir is thaim that the Laird ordert tae divide the heirskip amang the bairns o Israel in the laund o Canaan.

Chaipter 35

An the Laird said tae Moses in the howe o Moab by Jordan at Jericho,

2 Gie orders tae the bairns o Israel tae gie tae the Levites, frae the heirskip that's thairs, touns for thairsels, wi laund on the ootlands o the touns.

3 Thir touns is tae be thair dwallins, wi laund roond thaim for thair kye an thair meat an aw thair beasts,

4 Streekin frae the waw o the touns the lenth o a thoosand cubits aw aboot.

5 The meisur o this weygate o laund is tae be twa thoosand cubits ootby the toun on the east, an twa thoosand cubits on the sooth an on the wast an on the north, the toun bein in the mids. This room will be the ootskirts o thair touns.

6 An the touns ye gie the Levites is tae be the sax girths the takker o life can flicht tae; an forby that ye'r tae gie thaim fowerty-twa touns.

7 Fowerty-aicht touns is tae be gien tae the Levites, aw wi laund roond thaim.

8 An thir touns is tae be gien ootby the heirskip o the bairns o Israel, takkin the greater nummer frae thaim that haes a fair feck, an a smawer nummer frae thaim that haesna: awbody, in the meisur o his heirskip, is tae gie o his guids an gear tae the Levites.

9 An the Laird said tae Moses,

10 Say tae the bairns o Israel, whan ye hae gaen ower Jordan intae the laund o Canaan;

11 Than lat a wheen touns be merkit as girths onybody that taks the life o anither in a mistak can flicht tae.

12 In thir touns ye can be sauf frae him that haes the richt o punishment; sae that deith disna owertak the takker o life till he haes been deemed by the gaitherin o the people.

13 Sax o the touns ye gie will be sic girths;

14 Three on the ither side o Jordan an three in the laund o Canaan tae be girths for flicht.

15 For the bairns o Israel an for the fremmit body bidin amang thaim, thir sax touns is tae be girths, whaur onybody causin the deith o anither in a mistak can flicht.

16 But gin a man gies anither man a blaw wi an airn tuil, causin his deith, he is a takker o life an is shuir tae be pit tae deith.

17 Or gin he gies him a blaw wi a stane in his haund, causin his deith, he is a takker o life an is shuir tae be pit tae deith.

18 Or gin he gien him blaws wi a luim o wid in his haunds, causin his deith, he is a takker o life an is shuir tae be pit tae deith.

19 Him that's richt it is tae gie punishment for bluid, can hissel pit tae deith the takker o life whan he comes breest tae breest wi him.

20 Gin in his ill will he pit a swuird throu him, or waitin hidlin on him sent a spear or stane at him, causin his deith;

21 Or in ill will gien him blaws wi his haund, causin deith; him that gien the deith-blaw is tae be pit tae deith; he is a takker o life: him that's richt it is tae gie punishment for bluid can pit tae deith the takker o life whan he comes breest tae breest wi him.

22 But gin a man haes gien a wound tae anither wi a suddentie an no in ill will, or 'ithoot design haes sent something agin him,

23 Or haes gien him a blaw wi a stane, 'ithoot seein him, sae causin his deith, tho he haen nocht agin him an nae desire tae dae him ill:

24 Than lat the gaitherin o the people be juidge atween the man sponsal for the deith an him that haes the richt o punishment for bluid, actin by thir rules:

25 An lat the people haud the man sponsal for the deith sauf frae the haunds o him that haes the richt o punishment for bluid, an send him back tae his sauf toun whaur he haed flichtit: thare lat him be till the deith o the heich priest that wis merkit wi the haly ile.

26 But gin iver he gangs ootby the waws o the sauf toun whaur he haed flichtit,

27 An the gier o punishment, gaitherin him ootby the waws o the toun, pits him tae deith, he winna be sponsal for his bluid:

28 Acause he haed been ordert tae bide 'ithin the sauf toun till the deith o the heich priest: but efter the deith o the heich priest the takker o life can come back tae the steid o his heirskip.

29 Thir rules is tae airt ye in deemin throu aw yer generations whauriver ye bide.

30 Onybody causin the deith o anither is hissel tae be pit tae deith on the wird o witnesses: but the wird o an ae witness isna eneuch.

31 Mairatower, nae cost can be gien for the life o ane that's taen life an that's richt rewaird is deith: he is shuir tae be pit tae deith.

32 An nae cost can be offert for ane that's flichtit tae a sauf toun, for the ettle o lattin him come back tae his place afore the deith o the heich priest.

33 Sae dinna mak the laund whaur ye bide unhaly: for bluid maks the laund unhaly: an the'r nae wey o makkin the laund free frae the bluid that haes come on't but by the deith o him that wis the cause o't.

34 Dinna fyle the laund whaur ye bide an that ma Hoose is in: for A the Laird is praisent amang the bairns o Israel.

Chaipter 36

Nou the heids o the faimilies o the bairns o Gilead, the son o Machir, the son o Manasseh, o the faimilies o the sons o Joseph, come tae Moses, the heidsmen an the heids o faimilies o the bairns o Israel bein praisent,

2 An said, The Laird gien orders tae ma laird tae mak dailin o the laund as thair heirskip tae the bairns o Israel: an ma laird wis ordert by the Laird tae gie the heirskip o Zelophehad, oor brither tae his dochters.

3 Nou gin thay git mairit on ony o the sons o ither clans o the bairns o Israel, than thair guids an gear will be taen awa frae the heirskip o oor faithers an come tae be pairt o the heirskip o the clan that thay git mairit intae: an thair tochar will be taen awa frae the heirskip o oor clan.

4 An at the time o the Jubilee o the bairns o Israel, thair guids an gear will be jynt tae the heirskip o the clan that thay'r pairt o an will be taen awa frae the heirskip o the clan o oor faithers.

5 Sae by the airtin o the Laird, Moses gien orders tae the bairns o Israel, sayin, Whit the clan o the sons o Joseph haes said is richt.

6 This is the order o the Laird aboot the dochters o Zelophehad: The Laird says, Lat thaim tak as thair guidmen whaiver's maist pleasin tae thaim, as lang's thay'r amang the faimily o thair faither's clan.

7 An sae nae guids an gear will be haundit frae clan tae clan amang the bairns o Israel; but ilkane o the bairns o Israel will haud the heirskip o his faither's clan.

8 An ilka dochter awnin guids an gear in ony clan o the bairns o Israel is tae be mairit on ane o the faimily o her faither's clan, sae that ilka man o the bairns o Israel can haud the heirskip o his faithers.

9 An nae guids an gear will be haundit frae ae clan tae anither, but ilka clan o the bairns o Israel will haud its heirskip.

10 Sae the dochters o Zelophehad did as the Laird gien orders tae Moses:

11 For Mahlah, Tirzah, an Hoglah, an Milcah, an Noah, the dochters o Zelophehad, taen as thair guidmen the sons o thair faither's brithers:

12 An wis mairit intae the faimilies o the sons o Manasseh, the son o Joseph, an thair guids an gear wis held in the clan o thair faither's faimily.

13 Thir is the laws an the orders the Laird gien tae the bairns o Israel by Moses, in the howe o Moab by Jordan at Jericho.

DEUTERONOMY

Chaipter 1

Thir is the wirds Moses said tae aw Israel on the faur side o Jordan, in the wilderness in the Arabah forenent Suph, atween Paran on the ae side, an Tophel, Laban, Hazeroth, an Dizahab on the tither.

2 It is elieven days' gate frae Horeb by the wey o Munt Seir tae Kadesh-barnea.

3 Nou in the fowertiet year, on the first day o the elievent month, Moses gien tae the bairns o Israel aw the orders the Laird haed gien him for thaim;

4 Efter he haed owercome Sihon, keeng o the Amorites, rulin in Heshbon, an Og, keeng o Bashan, rulin in Ashtaroth, at Edrei:

5 On the faur side o Jordan in the laund o Moab, Moses gien the people this law, sayin,

6 The Laird oor God said tae us in Horeb, Ye hae been lang eneuch in this muntain:

7 Mak a muive nou, an gang on yer wey intae the knowe kintra o the Amorites an the airts nearhaund it, in the Arabah an the knowe kintra an in the lawlands an in the sooth an on the strand, aw the laund o the Canaanites, an Lebanon, sae faur's the muckle watter, the Euphrates.

8 See, aw the laund is afore ye: gang in an tak for yersels the laund that the Laird gien by an aith tae yer faithers, Aubraham, Isaac, an Jaucob, an tae thair strynd efter thaim.

9 At that time A said tae ye, A canna tak tent tae ye ma lane;

10 The Laird yer God haes gien ye eikin, an nou ye ar like the starns o heiven in nummer.

11 Lat the Laird, the God o yer faithers, mak ye a thoosand times mair in nummer nor ye ar, an gie ye his sainin as he haes said!

12 Whit wey is't possible for me ma lane tae be sponsal for ye an tak on the wecht o aw yer tribbles an yer argiments?

13 Tak for yersels men wicelike, faur-seein, an respectit amang ye, frae yer clans, an A will mak thaim rulers ower ye.

14 An ye answert an said tae me, It is guid for us tae dae as ye say.

15 Sae A taen the heidsmen o yer clans, wicelike men an respectit, an made thaim rulers ower ye, caiptains o thoosands an caiptains o hunders an caiptains o fifties an caiptains o tens, an owersmen o yer clans.

16 An at that time A gien orders tae yer juidges, sayin, Lat aw quaistens atween yer brithers come afore ye for hearin, an pronunce even juidgments atween a man an his brither or ane frae anither nation that's wi him.

271

17 In deemin, dinna lat a man's poseetion cairy ony wecht wi ye; gie equal hearin tae smaw an great; binna fleyed at ony man, for it's God that's juidge: an ony cause that ye canna gie a juidgment in ye'r tae pit afore me, an A will gie't a hearin.

18 An at that time A gien ye aw the orders ye war tae dae.

19 Syne we gaen on frae Horeb, throu aw that muckle an ill-kyndit waste that ye seen, on oor wey tae the knowe kintra o the Amorites, as the Laird gien us orders; an we come tae Kadesh-barnea.

20 An A said tae ye, Ye hae come tae the knowe kintra o the Amorites, that the Laird oor God is giein us.

21 See nou, the Laird yer God haes pit the laund intae yer haunds: gang up an tak it, as the Laird, the God o yer faithers, haes said tae ye; binna fleyed or trauchelt.

22 An ye come nearhaund me, ilkane o ye, an said, Lat us send men afore us tae gang throu the laund wi care an gie us an accoont o the wey we'r tae gang an the touns we will come tae.

23 An whit ye said seemed guid tae me, an A taen twal men frae amang ye, ane frae ilka clan;

24 An thay gaen up intae the knowe kintra an come tae the glen o Eshcol, an seen whit thare wis.

25 An, takkin in thair haunds some o the fruit o the laund, thay come doun again tae us, an gien us thair accoont, sayin, It is a guid laund that the Laird oor God is giein us.

26 But, gaun agin the order o the Laird yer God, ye wadna gang up:

27 An ye made a wraith dirdum in yer tents an said, In his ill will for us the Laird haes taen us oot the laund o Egypt tae gie us up intae the haunds o the Amorites for oor ruinage.

28 Whaur ar we gaun up? Oor brithers haes made oor herts fushionless wi fear by sayin, The people is bigger an langer nor we ar, an the touns is muckle an wawed up tae heiven; an mair nor this, we hae seen the sons o the Anakim thare.

29 Syne A said tae ye, Binna fleyed at thaim.

30 The Laird yer God that gangs afore ye will fecht for ye an dae sic ferlies as he did for ye in Egypt afore yer een;

31 An in the wilderness, whaur ye hae seen whit wey the Laird upheld ye, as a man dis his son, in aw yer traivelin till ye come tae this place.

32 But for aw this, ye haen nae faith in the Laird yer God,

33 That gangs afore ye on yer wey, leukin for a steid whaur ye can stell yer tents, in fire by nicht, lichtin up the wey ye'r tae gang, an in a clud by day.

34 An the Laird, hearin yer wirds, wis wraith an said wi an aith,

35 Truelins, no ane o this ill generation will see that guid laund that A said A wad gie yer faithers,

36 But juist Caleb, the son o Jephunneh, he will see't; an tae him an his bairns A will gie the laund that his feet haes gaen ower, acause he haes been richt tae the Laird wi aw his hert.

37 An, forby that, the Laird wis wraith wi me acause o ye, sayin, Ye yersel winna gang intae't:

38 Joshua, the son o Nun, yer servand, he will gang intae the laund: say tae him

that he's tae be strang, for he will be Israel's guide intae thair heirskip.

39 An yer wee anes, as ye said wad come intae fremmit haunds, yer bairns, as nou disna ken guid or ill, thay will gang intae that laund, an tae thaim A will gie't, an it will be thairs.

40 But, as for ye, gang back, traivelin intae the wilderness by the wey o the Reid Sea.

41 Syne ye said tae me, We hae duin ill agin the Laird, we will gang up tae the onding, as the Laird oor God haes gien us orders. An, airmin yersels ilkane, ye redd tae gang up 'ithoot care intae the knowe kintra.

42 An the Laird said tae me, Say tae thaim, Dinna gang up tae the fecht; for A'm no amang ye, an ye will be owercome by yer unfreends.

43 This A said tae ye, but ye gien nae tent an gaen agin the orders o the Laird, an in yer pride gaen up intae the knowe kintra.

44 An the Amorites in the knowe kintra come oot agin ye an pit ye tae flicht, breingin efter ye like bees, an owercome ye in Seir, drivin ye e'en sae faur's Hormah.

45 An ye come back, greetin afore the Laird; but the Laird gien nae tent tae yer cries an didna tak tent tae ye.

46 Sae ye war held waitin in Kadesh for a lang time.

Chaipter 2

Syne we gaen back, traivelin intae the wilderness by the wey tae the Reid Sea, as the Laird haed said tae me: an we war a lang time gaun roond Munt Seir.

2 An the Laird said tae me,

3 Ye hae been traivelin roond this muntain lang eneuch: nou gang tae the north;

4 An gie the people orders, sayin, Ye'r aboot tae gang throu the laund o yer brithers, the bairns o Esau, as bides in Seir; an thay will be feart at ye; sae tak care whit ye dae:

5 Dinna mell wi thaim, for A winna gie ye ony o thair laund, no e'en room eneuch for a man's fit: acause A hae gien Munt Seir tae Esau for his heirskip.

6 Ye can git meat for yer wants frae thaim for siller, an watter for drinkin.

7 For the sainin o the Laird yer God haes been on ye in aw the darg o yer haunds: he kens yer wanderins throu this great waste: thir fowerty year the Laird yer God haes been wi ye, an ye hae been in need o nocht.

8 Sae we gaen on past oor brithers, the bairns o Esau, bidin in Seir, by the gate throu the Arabah, frae Elath an Ezion-geber. An, turnin, we gaen by the gate throu the wilderness o Moab.

9 An the Laird said tae me, Mak nae onding on Moab an dinna gang tae war wi thaim, for A winna gie ye ony o his laund: acause A hae gien Ar tae the bairns o Lot for thair heirskip.

10 (In the bygaen the Emim bade thare; a muckle fowk, like in nummers tae the Anakim an as lang;

11 Thay ar nummert amang the Rephaim, like the Anakim; but ar cried Emim by the Moabites.

12 An the Horites in earlier times bade in Seir, but the bairns o Esau taen thair steid; thay sent ruinage on thaim an taen thair laund for thairsels, as Israel did tae the laund o his heirskip that the Laird gien thaim.),

13 Up nou, an gang ower the Zered burn. Sae we gaen ower the Zered burn.

14 Thirty-aicht year haed gaen by frae we come awa frae Kadesh-barnea till we gaen ower the Zered burn; by that time aw the generation o the men o war amang us wis deid, as the Laird haed said.

15 For the haund o the Laird wis agin thaim, wirkin thair ruinage, till aw wis deid.

16 Sae whan deith haed owertaen aw the men o war amang the people,

17 The wird o the Laird come tae me, sayin,

18 Ye'r aboot tae gang by Ar, the leemit o the kintra o Moab;

19 An whan ye come forenent the laund o the bairns o Ammon, gie thaim nae cause o tribble an dinna mak war on thaim, for A winna gie ye ony o the laund o the bairns o Ammon for yer heirskip: acause A hae gien it tae the bairns o Lot.

20 (That laund is said tae hae been a laund o the Rephaim, for Rephaim haed bade thare in earlier times, but thay war cried Zamzummim by the Ammonites;

21 Thay war a muckle fowk, as lang's the Anakim, an as mony's thaim in nummer; but the Laird sent ruinage on thaim, an the bairns o Ammon taen thair steid, bidin in thair laund;

22 As he did for the bairns o Esau bidin in Seir whan he sent ruinage on the Horites afore thaim, an thay taen thair laund whaur thay bide tae this day:

23 An the Avvim, bidin in the smaw touns sae faur's Gaza, dee'd by the haunds o the Caphtorim as come oot frae Caphtor an taen thair laund.),

24 Up nou, an gang on yer gate, crossin ower the glen o the Arnon: see, A hae gien intae yer haunds Sihon, the Amorite, keeng o Heshbon, an aw his laund: gang forrit tae mak it yours, an mak war on him,

25 Frae nou on A will pit the fear o ye in aw peoples unner heiven, as, hearin o ye, will shak wi fear an dule o hert acause o ye.

26 Syne frae the wilderness o Kedemoth A sent forspeakers tae Sihon, keeng o Heshbon, wi wirds o peace, sayin,

27 Lat me gang throu yer laund: A will haud tae the hie-gate, no turnin tae the richt or tae the left;

28 Lat me hae meat, at a cost, for ma wants, an watter for drinkin: but lat me gang throu afit;

29 As the bairns o Esau did for me in Seir an the Moabites in Ar; till A hae gaen ower Jordan intae the laund that the Laird oor God is giein us.

30 But Sihon, keeng o Heshbon, wadna lat us gang throu; for the Laird yer God made his speerit haurd an his hert strang, sae that he coud gie him up intae yer haunds as at this day.

31 An the Laird said tae me, See, frae nou on A hae gien Sihon an his laund intae yer haunds: gang forrit nou tae tak his laund an mak it yours.

32 Syne Sihon come oot agin us wi aw his fowk tae mak an onding on us at Jahaz.

33 An the Laird oor God gien him intae oor haunds; an we owercome him an his sons an aw his fowk.

34 At that time we taen aw his touns an gien thaim ower tae evendoun ruinage thegither wi men, weemen, an bairns; we haen nae mercy on ony:

35 The kye thair lane we taen for oorsels, wi the guids an gear frae the touns we haed taen.

36 Frae Aroer on the brae o the glen o the Arnon an frae the toun in the glen sae faur's Gilead, nae toun wis strang eneuch tae haud us oot; the Laird oor God gien thaim aw intae oor haunds:

37 But ye didna gang nearhaund the laund o the bairns o Ammon, that is, aw the side o the River Jabbok or the touns o the knowe kintra, whauriver the Laird oor God haed said we warna tae gang.

Chaipter 3

S yne, turnin, we taen the gate tae Bashan: an Og, keeng o Bashan, come oot agin us wi aw his fowk an set on us at Edrei.

2 An the Laird said tae me, Binna fleyed at him: for A hae gien him an aw his fowk an his laund intae yer haunds; dae tae him as ye did tae Sihon, keeng o the Amorites, that ruled in Heshbon.

3 Sae the Laird oor God gien up Og, keeng o Bashan, an aw his fowk intae oor haunds; an we owercome him awthegither sae that aw his fowk come tae thair end in the fecht.

4 At that time we taen aw his touns; the warna ae toun o the saxty touns, aw the kintra o Argob, the kinrick o Og in Bashan, that we didna tak.

5 Aw thir touns haen heich waws roond thaim wi doors an locks; an forby that we taen an unco nummer unwawed touns.

6 An we pit thaim tae the ban, ilka toun thegither wi men, weemen, an bairns.

7 But we taen for oorsels aw the kye an the huirdit walth o the touns.

8 At that time we taen thair laund frae the twa keengs o the Amorites on the faur side o Jordan, frae the glen o the Arnon tae Munt Hermon;

9 (By the Sidonians, Hermon is cried Sirion, an by the Amorites Shenir;),

10 Aw the touns o the laich an aw Gilead an Bashan sae faur's Salecah an Edrei, touns o the kinrick o Og in Bashan.

11 (For Og, keeng o Bashan, wis the last o aw the Rephaim; his bed wis made o airn; is't no in Rabbah, in the laund o the bairns o Ammon? It wis nine cubits lang an fower cubits braid, meisurt by the common cubit.),

12 An this laund that we taen at that time, frae Aroer by the glen o the Arnon, an hauf the braes o Gilead wi its touns, A gien tae the Reubenites an the Gadites.

13 The lave o Gilead an aw Bashan, the kinrick o Og, aw the laund o Argob, thegither wi Bashan, A gien tae the sept o Manasseh. (This laund is cried the laund o the Rephaim.

14 Jair, the son o Manasseh, taen aw the laund o Argob, sae faur's the kintra o the Geshurites an the Maacathites, namin it, Bashan, Havvoth-Jair efter hissel, as it is tae this day.),

15 An Gilead A gien tae Machir.

16 An the laund frae Gilead tae the glen o the Arnon, wi the mids o the glen as a leemit, sae faur's the River Jabbok that's the leemit o the kintra o the bairns o Ammon, A gien tae the Reubenites an the Gadites;

17 As weel's the Arabah, wi the River Jordan as thair leemit, frae Chinnereth tae the Saut Sea, in ablo the braes o Pisgah tae the east.

18 At that time A gien ye orders, sayin, The Laird haes gien ye this laund for yer heirskip: aw the men o war is tae gang ower airmed afore yer brithers, the bairns o Israel.

19 But yer guidwifes an yer wee anes an yer beasts (for it's clear that ye hae fouth o kye) can gang on bidin in the touns A hae gien ye;

20 Till the Laird haes gien rest tae yer brithers as tae ye, an till thay hae taen for thairsels the laund that the Laird yer God is giein thaim on the ither side o Jordan: syne ye can gang back, ilka man o ye tae the heirskip that A hae gien ye.

21 An A gien orders tae Joshua at that time, sayin, Yer een haes seen whit the Laird yer God haes duin tae thir twa keengs: sae will the Laird dae tae aw the kinricks ye come intae.

22 Binna fleyed at thaim, for the Laird yer God will fecht for ye.

23 An at that time A besocht the Laird, sayin,

24 O Laird God, ye hae nou for the first time lat yer servand see yer great pouer an the strenth o yer haund; for whit god ar the in heiven or on the yird able for sic great warks an sic acts o pouer?

25 Lat me gang ower, O Laird, an see the guid laund on the ither side o Jordan, an that bonny hieland kintra, e'en Lebanon.

26 But the Laird wis wraith wi me acause o ye an wadna tak tent tae ma prayer; an the Laird said tae me, Lat it be eneuch, say nae mair aboot this.

27 Sclim up tae the tap o Pisgah, an, turnin yer een tae the wast an the north, an tae the sooth an the east, see the laund wi yer een: for ye arna tae gang ower the River Jordan.

28 But gie ma orders tae Joshua, comfortin him an makkin him strang; for he's tae gang ower the River Jordan at the heid o thir fowk, an he will gie thaim this laund that ye will see for thair heirskip.

29 Sae we waitit in the glen forenent Beth-peor.

Chaipter 4

An nou tak tent, O Israel, tae the laws an the juidgments A'm learin ye, an dae thaim; sae that life is yours, an ye can gang in an tak for yersels the laund that the Laird, the God o yer faithers, is giein ye.

2 Mak nae addeetion tae the orders A gie ye, an tak nocht frae thaim, but haud the orders o the Laird yer God A gie ye.

3 Yer een haes seen whit the Laird did acause o Baal-peor: for ruinage come frae the Laird on aw thaim amang ye that gaen efter Baal-peor.

4 But ye that held faith wi the Laird is leevin, ilkane o ye, the day.

5 A hae been learin ye laws an juidgments, as A wis ordert tae dae by the Laird ma God, sae that ye coud haud thaim in the laund ye'r gaun tae tak for yer heirskip.

6 Sae haud thir laws an dae thaim; for sae will yer wit an mense be clear in the een o the peoples, as, hearin aw thir

laws, will say, Truelins, this great nation is a wicelike an faur-seein fowk.

7 For whit great nation haes a god sae nearhaund thaim as the Laird oor God is, whaniver we turn tae him in prayer?

8 An whit great nation haes laws an juidgments sae richt as aw this law that A pit afore ye the day?

9 Juist tak care, an wauk on yer saul, for fear that the things yer een haes seen gangs frae yer myndin an frae yer hert aw the days o yer life; but lat the knawledge o thaim be gien tae yer bairns an yer bairns' bairns;

10 That day whan ye waitit afore the Laird yer God in Horeb, an the Laird said tae me, Gar awbody forgaither, sae that, hearin ma wirds, thay can gang in fear o me aw the days o thair life on the yird an gie this lear tae thair bairns.

11 An ye come nearhaund, waitin at the fit o the muntain; an flames o fire gaen up frae the knowe tae the hert o heiven, wi mirk cluds, an aw wis black as nicht.

12 An the vyce o the Laird come tae ye frae the fire: the soond o his wirds come tae yer lugs but ye seen nae form; the war nocht but a vyce.

13 An he gien ye his greement wi ye, the ten rules ye war tae haud, as he pit in writin on the twa stanes o the law.

14 An the Laird gien me orders at that time tae shaw ye thir laws an juidgments, sae that ye coud dae thaim in the laund that ye'r gaun tae, an that's tae be yer heirskip.

15 Sae wauk on yersels wi care; for ye seen nae form o ony kin on the day whan the vyce o the Laird come tae ye in Horeb frae the mids o the fire:

16 Sae that ye canna turn tae ill weys an big yersels an eemage in the form o ony leevin thing, man-body or wumman-body,

17 Or ony beast o the yird, or weengit bird o the lift,

18 Or ocht that crowls on the yird, or ony fish in the watter unner the yird.

19 An whan yer een is liftit up tae heiven, an ye see the sun an the muin an the starns, aw the airmy o heiven, dinna lat yersels be muived tae wirship thaim, or come tae be the servands o whit the Laird haes gien equal-aqual tae aw peoples unner heiven.

20 But the Laird haes taen ye oot the lowin fire, oot o Egypt tae be tae him the people o his heirskip, as ye ar the day.

21 An the Laird wis wraith wi me acause o ye an swuir an aith that A wisna tae gang ower the River Jordan intae the guid laund that the Laird is giein ye for yer heirskip:

22 But deith is tae come tae me in this laund, A canna gang ower the River Jordan: but ye will gang ower an tak that guid laund for yer heirskip.

23 Mynd that ye dinna lat the greement o the Laird yer God, that he haes made wi ye, gang oot yer mynd, or big yersels eemages o ony kin, agin the orders the Laird yer God haes gien ye.

24 For the Laird yer God is an aw-birnin fire, an he winna lat the honour that's his be gien tae ony ither.

25 Gin, whan ye hae haen bairns an bairns' bairns, an hae bade a lang time in the laund, ye turn tae ill weys, an mak an eemage o ony kin, an dae ill in the een o the Laird yer God, muivin him tae wraith:

26 Lat heiven an yird be ma witnesses agin ye the day, that ruinage will swith owertak ye, flemin ye frae that laund that ye'r gaun ower Jordan tae tak; yer days winna be lang in that laund, but ye will come tae an end awthegither.

27 An the Laird will send ye wanderin amang the peoples; juist a smaw baund o ye will be held frae deith amang the nations whaur the Laird will send ye.

28 Thare ye will be the servands o gods, made by men's haunds, o wid an stane, haein nae pouer o seein or hearin or takkin meat or smellin.

29 But gin in thae launds ye turn again tae the Laird yer God, seekin him wi aw yer hert an saul, he winna haud hissel frae ye.

30 Whan ye'r in tribble, an aw thir things haes come upo ye, gin, in the futur, ye turn again tae the Laird yer God, an tak tent tae his vyce:

31 Acause the Laird yer God is a God o mercy, he winna tak awa his help frae ye or lat ruinage owertak ye, or be fause tae the greement that he made by an aith wi yer faithers.

32 Gie thocht nou tae the days as is past an by, afore yer time, frae the day whan God first gien life tae man on the yird, an, sairchin frae ae end o heiven tae the tither, see gin sicna muckle thing as this haes aye been, or gin ocht like it's been talked o in story.

33 Haes ony fowk iver gaen on leevin efter hearin the vyce o God frae the mids o the fire as ye did?

34 Haes God iver afore taen a nation for hissel frae oot o anither nation, by punishments an signs an ferlies, by war an by a strang haund an an ootraxt airm an great acts o wunner an fear, as the Laird yer God did for ye in Egypt, afore yer verra een?

35 Aw this he lat ye see, sae that ye coud be siccar that the Laird is God an the'r nae ither.

36 Oot o heiven itsel his vyce come tae ye, learin ye; an on the yird he lat ye see his muckle fire; an his wirds come tae yer lugs frae the mids o the fire.

37 An acause o his luve for yer faithers, he taen thair strynd an made it his, an he hissel, praisent amang ye, taen ye oot o Egypt by his great pouer;

38 Drivin oot afore ye nations greater an stranger nor yersels tae tak ye intae thair laund an gie't ye for yer heirskip, as at this day.

39 Sae the day be siccar, an haud the knawledge deep in yer herts, that the Laird is God, in heiven abuin an here on the yird; the'r nae ither God.

40 Than haud his laws an his orders A gie ye the day, sae that it is weel for ye an for yer bairns efter ye, an that yer lifes is lang in the laund that the Laird yer God is giein ye for aye.

41 Syne Moses caused three touns merk oot on the faur side o Jordan leukin tae the east;

42 As onybody causin the deith o his neebour in a mistak an no throu ill will coud flicht tae; sae that in ane o thir touns he coud be held frae deith:

43 The names o the touns wis Bezer in the wilderness, in the laich, for the Reubenites; an Ramoth in Gilead for the Gadites; an Golan in Bashan for Manasseh.

44 This is the law that Moses pit afore the bairns o Israel:

45 Thir is the rules an the laws an the juidgments Moses gien tae the bairns o Israel efter thay come oot o Egypt;

46 On the faur side o Jordan, in the glen forenent Beth-peor, in the laund o Sihon, keeng o the Amorites, that ruled in Heshbon, that Moses an the bairns o Israel owercome efter thay haed come oot o Egypt:

47 An thay taen his laund for a heirskip, an the laund o Og, keeng o Bashan, the twa keengs o the Amorites, that's launds wis on the ither side o Jordan tae the east;

48 Frae Aroer on the brae o the glen o the Arnon sae faur's Munt Sion, that's Hermon,

49 An aw the Arabah on the faur side o Jordan tae the east, sae faur's the sea o the Arabah in ablo the braes o Pisgah.

Chaipter 5

An Moses sent for aw Israel an said tae thaim, Tak tent, O Israel, tae the laws an the juidgments A gie ye the day, an gie tent tae thaim sae that ye can haud an dae thaim.

2 The Laird oor God made a greement wi us in Horeb.

3 The Laird didna mak this greement wi oor faithers but wi us, as is aw leevin an praisent here the day.

4 The wird o the Laird come tae ye breest tae breest on the muntain, frae the mids o the fire,

5 (A wis atween the Laird an yersels at that time tae shaw ye the wird o the Laird: acause, throu fear o the fire, ye didna sclim up the muntain;) sayin,

6 A am the Laird yer God, that taen ye oot the laund o Egypt, oot the preeson hoose.

7 Ye'r tae hae nae ither gods but me.

8 Ye maunna big yersels an eemage in the form o ocht in heiven or on the yird or in the watters unner the yird:

9 Ye maunna gang doun on yer faces afore thaim or wirship thaim: for A, the Laird yer God, is a God that winna gie his honour tae anither; an A will punish the bairns for the wrangdaein o thair faithers tae the third an fowert generation o ma ill-willers;

10 An A will hae mercy throu a thoosand generations on thaim that luves me an hauds ma laws.

11 Ye arna tae uise the name o the Laird yer God for an ill ettle; whaiver taks the Laird's name on his lips for an ill ettle will be deemed a sinner by the Laird.

12 Haud the Saubath day as a haly day, as ye hae been ordert by the Laird yer God.

13 On sax days dae aw yer wark:

14 But the seivent day is a Saubath tae the Laird yer God; on that day dae nae wark, yersel or yer son or yer dochter, or yer man servand or yer wumman servand, or yer owse or yer cuddy or ony o yer kye, or the ootlin that bides amang ye; sae that yer man servand an yer wumman servand can rest as weel's yersels.

15 An mynd that ye war a servand in the laund o Egypt, an that the Laird yer God taen ye oot that laund by his strang haund an his ootraxt airm: for this raison the Laird haes gien ye orders tae haud the Saubath day.

16 Honour yer faither an yer mither, as ye hae been ordert by the Laird yer God; sae that yer life is lang an aw's weel for ye in the laund that the Laird yer God is giein ye.

17 Dinna pit onybody tae deith 'ithoot cause.

18 Dinna be fause tae the guidman or guidwife.

19 Dinna tak the guids an gear o anither.

20 Dinna gie fause witness agin yer neebour;

21 Or lat yer ee turn tae yer neebour's guidwife, or his hoose or his field or his man servand or his wumman servand or his owse or his cuddy or ocht that's yer neebour's.

22 Thir wirds the Laird said tae aw o ye thegither on the muntain, frae the mids o the fire, oot the clud an the mirk, wi a dunnerin vyce: an he said nae mair; he pit thaim in writin on the twa stanes o the law an gien me thaim.

23 An, efter hearin the vyce that come oot the mirk while the knowe wis birnin wi fire, aw the heidsmen o yer clans an yer heidsmen come tae me,

24 An said, The Laird haes lat us see his glore an his pouer, an his vyce haes come tae us frae the fire: the day we hae seen that a man can gang on leevin e'en efter hearin the vyce o God.

25 Whit for, than, is deith tae be oor weird? For gin the vyce o the Laird oor God comes tae us ony mair, deith will owertak us, an we will be brunt up in this muckle fire.

26 For whit man ar the in aw the yird, that, hearin the vyce o the leevin God as we hae, frae the mids o the fire, haes been held frae deith?

27 Gang ye nearhaund: an efter hearin awthing that the Laird oor God haes tae say, gie us an accoont o aw he haes said tae ye, an we will tak tent an dae't.

28 Syne the Laird, hearin yer wirds tae me, said tae me, The wirds thir fowk haes said tae ye haes come tae ma lugs: whit thay hae said is weel said.

29 Gin thay juist haen sicna hert in thaim at aw times, sae that thay coud gang in fear o me an haud ma commaunds an that it coud be weel for thaim an for thair bairns for aye!

30 Nou say tae thaim, Gang back tae yer tents.

31 But, as for ye, bide here by me, an A will gie ye aw the orders an the laws an the juidgments ye'r tae mak clear tae thaim, sae that thay can dae thaim in the laund that A'm giein thaim for thair heirskip.

32 Tak care, than tae dae whitiver the Laird yer God haes gien ye orders tae dae; lat thare be nae turnin awa tae the richt haund or tae the left.

33 Gang on walkin in the wey ordert for ye by the Laird yer God, sae that life is yours, an it is weel for ye, an yer days is lang in the laund o yer heirskip.

Chaipter 6

Nou thir is the orders an the laws an the juidgments the Laird yer God gien me for yer lear, sae that ye coud dae thaim in the laund o yer heirskip that ye'r gaun tae:

2 Sae that, leevin in the fear o the Laird yer God, ye haud aw his laws an his orders A gie ye: yersel an yer son an yer son's son, aw the days o yer life; an sae that yer life is lang.

3 Sae tak tent, O Israel, an mynd an dae this; sae that it is weel for ye, an ye is unco eikit, as the Laird the God o yer faithers haes gien ye his wird, in a laund fleetin wi milk an hinny.

4 Tak tent, O Israel: the Laird oor God is ae Laird:

5 An the Laird yer God is tae be luved wi aw yer hert an wi aw yer saul an wi aw yer strenth.

6 Haud thir wirds A say tae ye this day deep in yer herts;

7 Learin thaim tae yer bairns wi ilka care, talkin o thaim whan ye'r at rest in yer hoose or walkin by the wey, whan ye gang tae yer bed an whan ye git up.

8 Lat thaim be set as a taiken on yer haund, an merkit on yer brou;

9 Hae thaim lettert on the stoups o yer hooses an ower the yetts o yer touns.

10 An whan the Laird yer God haes taen ye intae the laund that he gien his aith tae yer faithers, tae Aubraham, tae Isaac, an tae Jaucob, that he wad gie ye; wi muckle an bonny touns no o yer biggin;

11 An hooses fou o guid things no huirdit by ye, an walls ye didna howk, an wine-yairds an olive-trees no o yer plantin; an ye hae taen meat an is fou;

12 Than mynd that ye haud yer herts richt tae the Laird, that taen ye oot the laund o Egypt, oot the preeson hoose.

13 Lat the fear o the Laird yer God be in yer herts, an be his servands, takkin yer aiths by his name.

14 Dinna gang efter ither gods, the gods o the peoples roond aboot ye;

15 For the Laird yer God that's wi ye is a God that winna lat his honour be gien tae anither; or the wraith o the Laird will birn agin ye, causin yer ruinage frae the face o the yird.

16 Dinna sey the Laird yer God as ye did in Massah.

17 Haud wi care the orders o the Laird yer God, an his rules an his laws he haes gien ye;

18 An dae whit's richtous an guid in the een o the Laird yer God, sae that it is weel for ye, an ye can gang in an tak for yer heirskip that guid laund that the Laird hecht by an aith tae gie yer faithers,

19 Sendin oot frae afore ye yer unfreends.

20 An whan yer son says tae ye in time tae come, Whit's the raison for thir rules an laws an juidgments the Laird oor God haes gien ye?

21 Syne ye will say tae yer son, We war servands unner Pharaoh's yoke in Egypt; an the Laird taen us oot o Egypt wi a strang haund:

22 An the Laird did great signs an ferlies agin Egypt, an agin Pharaoh an aw his hoose, afore oor een:

23 An he taen us oot frae that steid, airtin us here tae gie us this laund, as he said in his aith tae oor faithers.

24 An the Laird ordert us tae haud aw thir laws, in the fear o the Laird oor God, sae that it coud be weel for us for aye, an that he coud haud us frae deith, as he haes duin tae this day.

25 An it will be oor richtousness gin we mynd an haud aw this order afore the Laird oor God as he haes gien it us.

Chaipter 7

Whan the Laird yer God taks ye intae the laund whaur ye'r gaun, that's tae be yer heirskip, an haes sent oot the nations afore ye, the Hittites an the Girgashites an the Amorites an the Canaanites an the Perizzites an the Hivites an the Jebusites, seiven nations greater an stranger nor ye;

2 An whan the Laird haes gien thaim up intae yer haunds, an ye hae owercome thaim, gie thaim up tae evendoun ruinage: mak nae greement wi thaim, an hae nae mercy on thaim:

3 Dinna tak guidwifes or guidmen frae amang thaim; dinna gie yer dochters tae thair sons, or tak thair dochters for yer sons.

4 For throu thaim yer sons will be turnt frae me tae the wirship o ither gods: an the Laird will be muived tae wraith agin ye an send ruinage on ye swith.

5 But this is whit ye'r tae dae tae thaim: thair altars is tae be dingit doun an thair stoups broke, an thair haly trees cuttit doun an thair eemages brunt wi fire.

6 For ye'r a haly people tae the Laird yer God: merkit by the Laird yer God tae be his byordinar fowk oot aw the nations on the face o the yird.

7 The Laird didna gie ye his luve or tak ye for hissel acause ye war mair in nummer nor ony ither fowk; for ye war the smawest o the nations:

8 But acause o his luve for ye, an for tae haud his aith tae yer faithers, the Laird taen ye oot wi the strenth o his haund, makkin ye free frae the preeson hoose an frae the haund o Pharaoh, keeng o Egypt.

9 Be siccar, than, that the Laird yer God is God; that's faith an mercy is uncheengin, that hauds his wird throu a thoosand generations tae thaim that luves him an hauds his laws;

10 Rewairdin his ill-willers tae thair face wi ruinage; he will hae nae mercy on his ill-willer, but will gie him appen punishment.

11 Sae haud the orders an the laws an the juidgments A gie ye the day an dae thaim.

12 An it will be that, gin ye gie tent tae thir juidgments an haud an dae thaim, than the Laird will haud his greement wi ye an his mercy, as he said in his aith tae yer faithers.

13 An he will gie ye his luve, sainin ye an eikin ye: he will send his sainin on the affspring o yer bouk an the fruit o yer laund, yer corn an yer wine an yer ile, the affspring o yer kye an the young o yer hirsel, in the laund that in his aith tae yer faithers he hecht tae gie ye.

14 Ye will hae mair sainins nor ony ither fowk: nae man- or wumman-body amang ye or amang yer kye will be 'ithoot affspring.

15 An the Laird will tak awa frae ye aw disease, an winna pit on ye ony o the ill diseases o Egypt ye hae seen, but will pit thaim on yer ill-willers.

16 An ye'r tae send ruinage on aw the peoples the Laird yer God gies intae yer haunds; hae nae peety on thaim, an dinna wirship thair gods; for that will be a cause o sin tae ye.

17 Gin ye say in yer herts, Thir nations is mair in nummer nor we ar: whit wey ar we tae tak thair laund frae thaim?

18 Binna fleyed at thaim, but haud weel in mynd whit the Laird yer God did tae Pharaoh an tae aw Egypt;

19 The sair punishments yer een seen, an the signs an the ferlies an the strang haund an the ootraxt airm the Laird yer God taen ye oot by: sae will the Laird yer God dae tae aw the peoples as causes yer fears.

20 An the Laird will send a bumbee amang thaim, till aw the lave that haes held thairsels sauf frae ye in hidlin steids haes been flemit.

21 Binna fleyed at thaim: for the Laird yer God is wi ye, a great God sair tae be feart.

22 The Laird yer God will send oot the nations afore ye bit for bit; thay arna tae be ruitit oot swith, for fear that the beasts o the field is eikit ower muckle agin ye.

23 But the Laird yer God will gie thaim up intae yer haunds, owerpouerin thaim till thair ruinage is evendoun.

24 He will gie thair keengs intae yer haunds, an ye will pit thair names oot o exeestence unner heiven; the'r no ane o thaim that winna gie wey afore ye, till thair ruinage is evendoun.

25 The eemages o thair gods is tae be brunt wi fire: hae nae desire for the gowd an siller on thaim, an dinna tak it for yersels, for it will be a danger tae ye: it is a thing scunnerin tae the Laird yer God:

26 An ye maunna tak a scunnerin thing ben yer hoose, an sae come tae be bannit wi its ban: but haud yersels frae't, turnin frae't wi fear an ill will, for it's a bannit thing.

Chaipter 8

Mynd an haud aw the orders A gie ye the day, sae that ye can hae life an be eikit an gang in an tak as a heirskip the laund that the Laird, in his aith tae yer faithers, hecht tae gie ye.

2 An mynd the wey that the Laird yer God haes taen ye throu the wilderness thir fowerty year, sae that he coud lay law yer pride an sey ye tae see whit wis in yer hert an gin ye wad haud his orders or no.

3 An he laid law yer pride an lat ye be 'ithoot meat an gien ye manna for yer meat, a thing new tae ye, that yer faithers niver seen; sae that he coud mak it clear tae ye that breid isna man's ae want, but his life is in ilka wird that comes oot the mou o the Laird.

4 Throu aw thir fowerty year yer claes didna git auld or yer feet come tae be trauchelt.

5 Mynd this thocht, that, as a son is instruct by his faither, sae ye hae been instruct by the Laird yer God.

6 Syne haud the orders o the Laird yer God, fearin him an walkin in his weys.

7 For the Laird yer God is airtin ye intae a guid laund, a laund o walls, o funtains, an deep streams fleetin oot frae the glens an the knowes;

8 A laund o corn an vines an feg-trees an bonny fruits; a laund o ile-giein olive-trees an hinny;

9 Whaur the'll be breid for ye in fou meisur, an ye will be in need o nocht; a laund whaur the verra stanes is airn an that's knowes ye can git copper frae.

10 An ye will hae meat eneuch an be fou, ruisin the Laird yer God for the guid laund he haes gien ye.

11 Than mynd that ye arna turnt awa frae the Laird yer God an frae haudin

his orders an juidgments an laws A gie ye this day:

12 An whan ye hae taen meat an ar fou, an hae biggit bonny hooses for yersels an bide in thaim;

13 An whan yer hirds an yer hirsels haes eikit, an yer huirds o siller an gowd, an ye hae walth o ilka kin;

14 Mynd that yer herts isna liftit up in pride, giein nae thocht tae the Laird yer God that taen ye oot the laund o Egypt, oot the preeson hoose;

15 That wis yer guide throu that muckle an ill-kyndit waste, whaur the war pushion snakes an scorpions an a drouthy laund 'ithoot watter; that gart watter come oot the haurd stane for ye;

16 That gien ye manna for yer meat in the wilderness, a meat that yer faithers haed niver seen; sae that yer pride coud be broke an yer herts seyed for yer guid at the hinderend;

17 Say na than, in yer herts, Ma pouer an the strenth o ma haunds haes gat me this walth.

18 But mynd the Laird yer God: for it's him that gies ye the pouer tae git walth, sae that he can gie ootcome tae the greement that he made by his aith wi yer faithers, as at this day.

19 An it is siccar that, gin at ony time ye turn awa frae the Laird yer God an gang efter ither gods tae be thair servands an tae wirship thaim, ruinage will owertak ye.

20 Like the nations the Laird is sneddin aff afore ye, sae ye will be flemit; acause ye wadna tak tent tae the vyce o the Laird yer God.

Chaipter 9

Tak tent, O Israel: the day ye'r tae gang ower the River Jordan for tae tak the heirskip o nations greater an stranger nor yersels, an touns o muckle size wi waws as heich's heiven;

2 A people muckle an lang, the sons o the Anakim, as ye ken an as it's been said o, Aw is gart yield afore the sons o Anak.

3 Be siccar, than, the day that it's the Laird yer God gangs ower afore ye like an aw-birnin fire; he will send ruinage on thaim, brouslin thaim afore ye; an ye will send thaim flichtin, pittin an end tae thaim swith, as the Laird haes said.

4 An efter the Laird haes sent thaim flichtin frae afore ye, say na in yer hert, Acause o ma richtousness the Laird haes gien me this laund; whan it's acause o thair ill-daein that the Laird caws thir nations oot afore ye.

5 No for yer richtousness or acause yer herts is aefauld ar ye gaun in tae tak thair laund; but acause o the ill-daein o thir nations the Laird yer God caws thaim oot frae afore ye, an tae gie ootcome tae his aith tae yer faithers, Aubraham, Isaac, an Jaucob.

6 Be siccar, than, that the Laird yer God isna giein ye this guid laund as a rewaird for yer richtousness; for ye'r a thrawn fowk.

7 Haud weel in mynd whit wey ye made the Laird yer God wraith in the wilderness; frae the day whan ye gaen oot o Egypt till ye come tae this place, ye hae gaen agin the orders o the Laird.

8 Again in Horeb ye made the Laird wraith, an in his wraith he wad hae pit an end tae ye.

9 Whan A haed gaen up intae the knowe tae be gien the stanes the greement wis graven on that the Laird made wi ye, A wis on the knowe for fowerty days an fowerty nichts 'ithoot takkin meat or drinkin watter.

10 An the Laird gien me the twa stanes wi writin on thaim duin by the finger o God: on thaim wis graven aw the wirds the Laird said tae ye on the knowe frae the mids o the fire, on the day o the muckle gaitherin.

11 Syne at the end o fowerty days an fowerty nichts the Laird gien me thae stanes, the stanes o the greement.

12 An the Laird said tae me, Up nou, an gang doun swith frae this place; for the people ye hae taen oot o Egypt haes gien thairsels ower tae ill; thay hae swith turnt frae the wey that A telt thaim tae gang in; thay hae wrocht thairsels a metal eemage.

13 An syne the Laird said tae me, A hae seen that thir fowk's thrawn:

14 Lat me send ruinage on thaim till thair verra name is flemit; an A will mak o ye a nation greater an stranger nor thaim.

15 Sae, turnin roond, A come doun frae the muntain, an the knowe wis birnin wi fire; an the twa stanes o the greement wis in ma haunds.

16 An A seen that ye haed duin ill agin the Laird an haed wrocht for yersels a metal eemage o a cauf: ye haed swith been turnt frae the wey that the Laird haed gien ye orders tae gang in.

17 An A lat the stanes gang frae ma haunds, an thay war broke afore yer een.

18 An A gaen doun on ma face afore the Laird, as in the beginnin, for fowerty days an fowerty nichts, 'ithoot takkin meat or drinkin watter, acause o aw yer sin, in daein ill in the een o the Laird an muivin him tae wraith.

19 For A wis sair fleggit acause o the wraith o the Laird that wis birnin agin ye, wi yer ruinage in sicht. But again the Laird's lug wis appen tae ma prayer.

20 An the Laird, in his wraith, wad hae pit Aaron tae deith: an A prayed for Aaron at the same time.

21 An A taen yer sin, the eemage that ye haed made, an pit it in the fire an caused it haimer an brousle unco smaw till it wis but stour: an the stour A cowpit in the burn fleetin doun frae the muntain.

22 Again at Taberah an at Massah an at Kibroth-hattaavah ye made the Laird wraith.

23 An whan the Laird sent ye frae Kadesh-barnea, sayin, Gang up an tak the laund that A hae gien ye; ye gaen agin the orders o the Laird yer God an haen nae faith in him an wadna tak tent tae his vyce.

24 Frae the day whan A first kent ye, ye hae gaen agin the wird o the Laird.

25 Sae A gaen doun on ma face in prayer afore the Laird for fowerty days an fowerty nichts as A did at first; acause the Laird haed said that he wad pit an end tae ye.

26 An A prayed tae the Laird an said, O Laird God, dinna send ruinage on yer fowk an yer heirskip, as, by yer great pouer, ye hae gien salvation tae, as ye hae taen oot o Egypt by the strenth o yer haund.

27 Mynd yer servands, Aubraham, Isaac, an Jaucob, no leukin at the haurd

hert o thir fowk, or thair ill-daein an thair sin:

28 Or it's said in the laund that ye hae taen thaim frae, Acause the Laird coudna tak thaim intae the laund that he said he wad gie thaim, an acause o his ill will for thaim, he haes taen thaim oot for tae pit thaim tae deith in the wilderness.

29 But thay ar aye still yer fowk an yer heirskip, as ye taen oot by yer great pouer an yer ootraxt airm.

Chaipter 10

A t that time the Laird said tae me, Mak twa ither stanes, cuttit like the first twa, an come up tae me on the muntain, an mak an airk o wid.

2 An A will write on the stanes the wirds on the first stanes broke by ye, an ye'r tae pit thaim intae the airk.

3 Sae A made an airk o haurd wid, an haen twa stanes cuttit like the ithers, an gaen up the knowe wi the stanes in ma haunds.

4 An he pit on the stanes, as in the first writin, the ten rules the Laird gien ye on the knowe frae the fire on the day o the muckle gaitherin: an the Laird gien the stanes tae me.

5 An, turnin roond, A come doun frae the knowe an pit the stanes in the airk that A haed made; an thare thay ar as the Laird gien me orders.

6 (An the bairns o Israel gaen on frae Beeroth Bene-jaakan tae Moserah: thare deith fund Aaron, an he wis pit tae rest in the yird; an Eleazar, his son, taen his place as priest.

7 Frae thare thay gaen on tae Gudgodah, an frae Gudgodah tae Jotbathah, a laund o burns.

8 At that time the Laird caused the clan o Levi merk oot tae tak up the airk o the Laird's greement, tae be afore the Laird, an tae dae his darg an tae gie a sainin in his name tae this day.

9 For this raison Levi haes nae pairt or heirskip for hissel amang his brithers: the Laird is his heirskip, as the Laird yer God said tae him.),

10 An A wis in the knowe, as at the first time, for fowerty days an fowerty nichts; an again the lugs o the Laird wis appen tae ma prayer, an he didna send ruinage on ye.

11 Syne the Laird said tae me, Git up an gang on yer gate afore the people, sae that thay can gang in an tak the laund that A said in ma aith tae thair faithers A wad gie thaim.

12 An nou, Israel, whit wad the Laird yer God hae ye dae, but gang in fear o the Laird yer God, walkin in aw his weys an luvin him an daein his pleisur wi aw yer hert an saul,

13 Daein the orders o the Laird an haudin his laws A gie ye this day for yer guid?

14 The Laird yer God is ruler o heiven, o the heiven o heivens, an o the yird wi awthing in't.

15 But the Laird delitit in yer faithers an luved thaim, merkin oot for hissel thair strynd efter thaim, e'en yersels, frae aw peoples, as at this day.

16 Lat yer circumceesion be o the hert, an pit awa yer pride.

17 For the Laird yer God is God o gods an Laird o lairds, the great God, strang in pouer an sair tae be feart, that haes nae respect for ony man's poseetion an taks nae rewairds:

18 Deemin even in the cause o the weedae an the faitherless bairn, an giein meat an claes in his mercy tae the ootlin.

19 Sae be couthy tae the ootlin that bides amang ye, for ye yersels bade in a fremmit kintra in the laund o Egypt.

20 Lat the fear o the Laird yer God be afore ye, wirship him an be richt tae him at aw times, takkin yer aiths in his name.

21 He is yer God, the God o yer ruise, yer God that's duin for ye aw thir warks o pouer yer een haes seen.

22 Yer faithers gaen doun intae Egypt wi seiventy bodies; an nou the Laird yer God haes made ye like the starns o heiven in nummer.

Chaipter 11

S ae luve the Laird yer God, an wirship him, an haud his laws an his juidgments an his orders at aw times.

2 An be siccar in yer mynds this day; for thir wirds isna said tae yer bairns, as haes haen nae experience o the trainin o the Laird yer God, an as haesna seen his great pouer or his strang haund an his ootraxt airm,

3 Or his signs an ferlies he did in Egypt tae Pharaoh, keeng o Egypt, an aw his laund;

4 An whit he did tae the airmy o Egypt, tae thair horse an thair chairiots; whit wey he gart the watters o the Reid Sea owergae thaim whan thay gaen efter ye, an whit wey the Laird pit an end tae thaim e'en tae this day;

5 An whit he did for ye in the wilderness, till ye come tae this place;

6 An whit he did tae Dathan an Abiram, the sons o Eliab, the son o Reuben; whan thay gaen doun intae the appen mou o the yird, wi thair faimilies an thair tents an ilka leevin thing that wis thairs, afore the een o aw Israel:

7 But yer een haes seen aw the great warks o the Laird as he haes duin.

8 Sae haud aw the orders A gie ye the day, sae that ye can be strang, an gang in an tak the laund that's tae be yer heirskip;

9 An that yer days is lang in the laund that the Laird gien by an aith tae yer faithers an tae thair strynd efter thaim, a laund fleetin wi milk an hinny.

10 For the laund whaur ye'r gaun isna like the laund o Egypt that ye hae come frae, whaur ye sawed yer seeds, watterin thaim wi yer fit, like a plantit gairden:

11 But the laund whaur ye'r gaun is a laund o knowes an glens, drinkin in the rain o heiven:

12 A laund cared for by the Laird yer God: the een o the Laird yer God is on't at aw times frae ae end o the year tae the tither.

13 An it will be that, gin ye truelins taks tent tae the orders A pit afore ye this day, luvin the Laird yer God an wirshippin him wi aw yer hert an saul,

14 Syne A will send rain on yer laund at the richt time, the early rains an the late rains, sae that ye can ingaither yer corn an yer wine an yer ile.

15 An A will gie gress in yer fields for yer kye, sae that ye can hae meat in fou meisur.

16 But mynd that yer herts isna turnt tae fause weys sae that ye come tae be servands an wirshippers o ither gods;

17 For gin ye dae thon, the wraith o the Laird will birn agin ye, an the heiven will be steekit sae that the'r nae rain, an the laund will beir nae fruit; an in a gey wee while ye will be flemit frae the guid laund that the Laird is giein ye.

18 Sae haud thir wirds deep in yer hert an in yer saul, an hae thaim bund on yer haund for a sign an merkit on yer brou;

19 Learin thaim tae yer bairns, an talkin o thaim whan ye'r at rest in yer hoose or walkin by the wey, whan ye gang tae yer bed an whan ye git up:

20 Writin thaim on the stoups o yer hooses an ower the yetts o yer touns:

21 Sae that yer days, an the days o yer bairns, is lang in the laund that the Laird in his aith tae yer faithers said he wad gie thaim, like the days o the aye-bidin heivens.

22 For gin ye mynd an haud aw the orders A gie ye, an tae dae thaim; luvin the Laird yer God an walkin in aw his weys an bein richt tae him:

23 Syne the Laird will send thir nations flichtin afore ye, an ye will tak the launds o nations greater an stranger nor yersels.

24 Ilka steid whaur ye pit yer fit will be yours: frae the wilderness an Lebanon, frae the watter, the Euphrates Watter sae faur's the Great Sea will be the boonds o yer laund.

25 Aw fowk will gie wey afore ye: for the Laird yer God will pit the fear o ye on aw the laund that ye gang throu, as he haes said.

26 The day A pit afore ye a sainin an a ban:

27 The sainin gin ye tak tent tae the orders o the Laird yer God, that A gie ye this day:

28 An the ban gin ye dinna tak tent tae the orders o the Laird yer God, but lat yersels be turnt frae the wey that A hae pit afore ye this day, an gang efter ither gods as isna yours.

29 An whan the Laird yer God haes taen ye intae the laund o yer heirskip, ye'r tae sain Munt Gerizim an ban Munt Ebal.

30 Ar thay no on the ither side o Jordan, leukin wast, in the laund o the Canaanites bidin in the Arabah, forenent Gilgal, by the haly tree o Moreh?

31 For ye'r aboot tae gang ower the River Jordan tae tak the heirskip that the Laird yer God is giein ye, an it will be yer dwallin place.

32 An ye'r tae mynd an haud aw the laws an the juidgments A pit afore ye the day.

Chaipter 12

Thir is the laws an the juidgments ye'r tae haud wi care in the laund that the Laird, the God o yer faithers, haes gien ye tae be yer heirskip aw the days o yer life on the yird.

2 Ye'r tae gie up tae the ban aw thae airts whaur the nations ye drive oot gien wirship tae thair gods, on the heich muntains an the knowes an unner ilka green tree:

3 Thair altars an thair pillars is tae be broke doun, an thair haly trees brunt wi fire, an the eemages o thair gods cuttit doun; ye'r tae tak awa thair names oot that airt.

4 Dinna dae the like tae the Laird yer God.

5 But lat yer herts turn tae the airt that will be merkit by the Laird yer God, amang yer clans tae pit his name thare;

6 An thare ye'r tae tak yer brunt offerins an ither offerins, an the tent pairt o yer guids an gear, an the offerins tae be liftit up tae the Laird, an the offerins o yer aiths, an thaim that ye gie freely tae yer hert's gree, an the first births amang yer hirds an yer hirsels;

7 Thare ye an aw yer faimilies is tae mak a mealtith afore the Laird yer God, wi joy in awthing that ye pit yer haund tae, acause the Laird haes gien ye his sainin.

8 Ye arna tae dae things than in the wey that we nou dae thaim here, ilka man as it seems richt tae him:

9 For ye haena come tae the rest an the heirskip that the Laird yer God is giein ye.

10 But whan ye hae gaen ower Jordan an bide in the laund that the Laird yer God is giein ye as yer heirskip, an whan he haes gien ye rest frae aw thaim on ilka side fechtin agin ye, an ye bide thare sauf;

11 Syne the'll be an airt merkit by the Laird yer God as the restin steid for his name, an thare ye will tak aw the things A gie ye orders tae tak: yer brunt offerins an ither offerins, an the tent pairt o yer guids an gear, an the offerins tae be liftit up, an the offerins o yer aiths ye sweir tae the Laird;

12 An ye will be gled afore the Laird yer God, yersel an yer sons an yer dochters, an yer men servands an yer weemen servands, an the Levite that's

wi ye in yer hoose, acause he haes nae pairt or heirskip amang ye.

13 Mynd that ye dinna mak yer brunt offerins in ony airt ye see:

14 But in the airt merkit by the Laird in ane o yer clans, thare lat yer brunt offerins be offert, an thare dae whit A hae gien ye orders tae dae.

15 Ye can pit tae deith beasts, the like o the gazelle or the rae, for yer meat in ony o yer touns, at the desire o yer saul, conform tae the sainin o the Laird yer God that he haes gien ye: the unclean an the clean can tak o't.

16 But ye maunna tak the bluid for meat, it's tae be tuimed on the yird like watter.

17 In yer touns ye arna tae tak as meat the tent pairt o yer corn, or yer wine or yer ile, or the first births o yer hirds or yer hirsels, or ocht offert unner an aith, or freely offert tae the Laird, or gien as a heave offerin;

18 But thay will be yer meat afore the Laird yer God in the steid o his wale, whaur ye can mak a mealtith o thaim, wi yer son an yer dochter, an yer man servand an yer wumman servand, an the Levite that bides amang ye: an ye will hae joy afore the Laird yer God in awthing that ye pit yer haund tae.

19 See that ye dinna gie up carin for the Levite as lang's ye bide in yer laund.

20 Whan the Laird yer God maks braid the leemit o yer laund, as he haes said, an ye say, A will tak flesh for ma meat, acause ye desire it; syne ye can tak whitiver flesh ye desire.

21 Gin the steid merkit by the Laird yer God as the restin steid for his name is hyne awa frae ye, than tak frae yer

hirds an frae yer hirsels the Laird haes gien ye, as A hae said, an hae a mealtith o't in the touns whaur ye bide.

22 It will be yer meat, like the gazelle an the rae; the unclean an the clean can tak o't.

23 But see that ye dinna tak the bluid for meat; for the bluid is the life; an ye maunna uise the life as meat wi the flesh.

24 Dinna tak it for meat, but lat it be tuimed on the yird like watter.

25 Dinna tak it for meat; sae that it is weel for ye an for yer bairns efter ye, while ye dae whit's richt in the een o the Laird.

26 But the haly things ye hae, an the offerins o yer aiths, ye'r tae tak tae the steid that will be merkit by the Laird:

27 Offerin the flesh an the bluid o yer brunt offerins on the altar o the Laird yer God; an the bluid o yer offerins is tae be tuimed on the altar o the Laird yer God, an the flesh will be yer meat.

28 Tak note o aw thir orders A'm giein ye, an gie tent tae thaim, sae that it is weel for yersels an for yer bairns efter ye for aye, while ye dae whit is guid an richt in the een o the Laird yer God.

29 Whan the people o the laund whaur ye'r gaun haes been flemit afore ye by the Laird yer God, an ye hae taen thair laund an bides in't;

30 Efter thair ruinage mynd that ye dinna gang in thair weys, an that ye dinna gie thocht tae thaim, sayin, Whit wey did thir nations wirship thair gods? A will dae as thay did.

31 Dinna dae the like tae the Laird yer God: for awthing that's scunnerin tae the Laird an ill-willed by him thay hae duin in honour o thair gods: e'en birnin thair sons an dochters in the fire tae thair gods.

32 Ye'r tae haud wi care aw the wirds A gie ye, makkin nae addeetion tae thaim an takkin nocht frae thaim.

Chaipter 13

G in iver ye hae amang ye a spaeman or a dreamer o dreams, an he gies ye a sign or a wunner,

2 An the sign or the wunner happens, an he says tae ye, Lat us gang efter ither gods, as is fremmit tae ye, an wirship thaim;

3 Than gie nae tent tae the wirds o that spaeman or that dreamer o dreams: for the Laird yer God is seyin ye tae see gin aw the luve o yer hert an saul is gien him.

4 But haud on in the weys o the Laird yer God, fearin him an haudin his orders an hearin his vyce, wirshippin him an bein richt tae him.

5 An that spaeman or that dreamer o dreams is tae be pit tae deith; for his wirds wis said wi the ettle o turnin ye awa frae the Laird yer God, that taen ye oot the laund o Egypt an free'd ye frae the preeson hoose; an o proggin ye frae the wey that the Laird yer God haes ordert ye tae gang. Sae ye'r tae pit awa the ill frae amang ye.

6 Gin yer brither, the son o yer mither, or yer son or yer dochter or the guidwife o yer hert, or the freend that's as dear tae ye as yer life, wirkin on ye hidlins says tae ye, Lat us gang an wirship ither gods, fremmit tae yersel an yer faithers;

7 Gods o the peoples roond aboot ye, nearhaund or faur, frae ae end o the yird tae the tither;

8 Dinna be airtit by him or gie tent tae him; hae nae peety on him or mercy, an gie him nae kiver;

9 But pit him tae deith 'ithoot quaisten; lat yer haund be the first raxt oot agin him tae pit him tae deith, an syne the haunds o awbody.

10 Lat him be staned till he's deid; acause it wis his ettle tae mak ye fause tae the Laird yer God, that taen ye oot the laund o Egypt, oot the preeson hoose.

11 An aw Israel, hearin o't, will be sair fleggit, an naebody will again dae sic ill as this amang ye.

12 An gin wird comes tae ye, in ane o the touns the Laird yer God is giein ye for yer dwallin place,

13 That wanwirths haes gaen furth frae amang ye, turnin the residenters o thair toun frae the richt wey an sayin, Lat us gang an wirship ither gods, as ye ken nocht o;

14 Than lat a fou sairch be made, an lat quaistens be pit wi care; an gin it's richt an siccar that sicna scunnerin thing haes been duin amang ye;

15 Than tak up airms agin the residenters o that toun an gie't up tae the ban, wi aw its kye an awthing in't.

16 An tak aw the guids an gear intae the mids o its diamant, birnin the toun an aw its guids an gear wi fire as an offerin tae the Laird yer God; it's tae be a waste for aye; the'r tae be nae mair biggin thare.

17 Haud na ae thing o whit is bannit for yersels: sae the Laird is turnt awa frae the heat o his wraith, an hae mercy on ye, an gie ye eikin as he said in his aith tae yer faithers:

18 As lang's ye tak tent tae the vyce o the Laird yer God, an haud aw his orders A gie ye the day, an dae whit's richt in the een o the Laird yer God.

Chaipter 14

Ye ar the bairns o the Laird yer God: ye arna tae mak cuts on yer bouks or tak the hair aff yer brous in honour o the deid;

2 For ye'r a haly people tae the Laird yer God, an the Laird haes taen ye tae be his byordinar fowk oot aw the nations on the face o the yird.

3 Nae scunnerin thing can be yer meat.

4 Thir is the beasts ye can hae for meat: the owse, the sheep, an the gait;

5 The hairt, the gazelle, an the rae, the muntain gait an the pygarg an the antelope an the muntain sheep.

6 Ony beast that haes a cliftin in the horn o its fit an that chowes the cuid can be uised for meat.

7 But e'en amang thir, the'r some as canna be uised for meat: the like o the caumel, the baud an the kinnen, as is unclean tae ye, acause, tho thair meat comes back, the horn o thair feet isna cloven in twa.

8 An the gryce is unclean tae ye, acause, tho it haes a cliftin in the horn o its fit, it disna chowe the cuid; thair flesh canna be uised for meat or thair deid corps titcht by ye.

9 An o the things leevin in the watters, ye can tak thaim that haes weengs for soumin wi an skins formed o scales.

10 But ony 'ithoot skin plates or weengs for soumin, ye canna tak; thay ar unclean for ye.

11 Aw clean birds can be uised for meat.

12 But thir birds ye canna tak: the earn an the ossifrage an the fish-hawk;

13 The faucon an the gled, an birds o that kin;

14 Ilka corbie, an aw birds o that kin;

15 An the ostrich an the houlet an the sea gled an birds o that kin;

16 The wee houlet an the muckle houlet an the stank-hen;

17 An the pelican an the vultur an the scarf;

18 The stork an the hern an birds o that kin, an the teuchit an the baukie-bird.

19 Ilka weengit thing that crowls on the yird is unclean tae ye an canna be uised as meat.

20 But aw clean birds ye can tak.

21 Ye canna hae as meat ocht that haes come tae a naitral deith; the fremmit body bidin wi ye can tak it for meat, or ye can sell it tae ane o anither nation; for ye'r a haly people tae the Laird yer God. The young gait isna tae be keukit in its mither's milk.

22 Pit tae ae side a tent o aw the eikins o yer seed, brocht furth year for year.

23 An mak a mealtith afore the Laird yer God, in the steid that's tae be merkit, whaur his name will be for aye, o the tent pairt o yer corn an yer wine an yer ile, an the first births o yer hirds an yer hirsels; sae that ye can hae the fear o the Laird yer God in yer herts at aw times.

24 An gin the wey is that lang that ye arna able for takkin thir things tae the steid merkit by the Laird yer God for his name, whan he haes gien ye his sainin, acause it is hyne awa frae ye;

25 Than lat thir things be excheenged for siller, an, takkin the siller in yer haund, gang tae the steid merkit by the Laird yer God for hissel;

26 An wi the siller git whitiver ye desire, owsen or sheep or wine or strang drink, whitiver yer saul's desire can be: an mak a mealtith thare afore the Laird yer God, an be gled, ye an aw yer hoose;

27 An gie a thocht tae the Levite that bides amang ye, for he haes nae pairt or heirskip in the laund.

28 At the end o ilka three year tak a tent pairt o aw yer eikin for that year, an pit it in huird 'ithin yer waws:

29 An the Levite, acause he haes nae pairt or heirskip in the laund, an the ootlin, an the faitherless bairn, an the weedae, as bides amang ye, will come an eat an hae eneuch; an sae the sainin o the Laird yer God will be on ye in awthing ye dae.

Chaipter 15

At the end o ilka seiven year the'r tae be a general forgieness o dett.

2 This is whit wey it's tae be duin: ilka creeditor is tae gie up his richt tae whitiver he haes lat his neebour hae; he isna tae mak his neebour, his kintraman, gie't back; acause a general forgieness haes been ordert by the Laird.

3 A man o anither nation can be forced tae pey his dett, but gin yer brither haes ocht o yours, lat it gang;

4 But the'll be nae puir amang ye; for the Laird will certes gie ye his sainin in the laund that the Laird yer God is giein ye for yer heirskip;

5 Gin ye juist tak tent tae the vyce o the Laird yer God an tak care tae haud aw thir orders A gie ye the day.

6 For the Laird yer God will gie ye his sainin as he haes said: ye will lat ither nations hae the uiss o yer siller, but ye winna uise thairs; ye will be rulers ower a wheen nations, but thay winna be yer rulers.

7 Gin in ony o yer touns in the laund that the Laird yer God is giein ye the'r a puir man, ane o yer kintramen, dinna lat yer hert be haurd or yer haund steekit tae him;

8 But lat yer luif be appen tae gie him the uiss o whitiver he's in need o.

9 An see that the'r nae ill thocht in yer hert, muivin ye tae say tae yersel, The seivent year, the year o forgieness is nearhaund; an sae leukin cauld-like on yer puir kintraman ye gie him nocht; an he will mak a dirdum tae the Laird agin ye, an it will be deemed as sin in ye.

10 But it's richt for ye tae gie him, 'ithoot dule o hert: for acause o this, the sainin o the Laird yer God will be on aw yer wark an on awthing that ye pit yer haund tae.

11 For thare will niver be a time whan the'r nae puir in the laund; an sae A gie wird tae ye, Lat yer luif be appen tae yer kintramen, tae thaim that's puir an in need in yer laund.

12 Gin ane o yer kintramen, a Hebrew man or wumman, comes tae be yer servand for siller an wirks for ye sax year, in the seivent year lat him gang free.

13 An whan ye set him free, dinna lat him gang awa wi nocht in his haunds:

14 But gie him freely frae yer hirsel an frae yer corn an yer wine: ye'r tae gie him in the meisur o the walth that the Laird yer God haes gien ye.

15 An mynd that ye yersel wis a servand in the laund o Egypt, an the Laird yer God free'd ye: sae A gie ye this order the day.

16 But gin he says tae ye, A hae nae desire tae forleet ye; acause yersel an yer faimily is dear tae him, an he is blythe wi ye;

17 Than tak an awl, drivin it throu his lug intae the door, an he will be yer servand for aye. An ye can dae the same for yer servand lass.

18 Lat it na seem haurd tae ye that ye hae tae demit him; for he haes wrocht for ye for sax year, that's twice the raiglar time for a servand: an the sainin o the Laird yer God will be on ye in awthing ye dae.

19 Aw the first males born in yer hird an yer hirsel is tae be haly tae the Laird yer God: the first birth o yer owse isna tae be uised for wark, the oo o yer first laum isna tae be sned.

20 But year for year ye an aw yer hoose is tae tak a mealtith o't afore the Laird, in the steid o his wale.

21 But gin it haes ony merk on't, gin it's blind or haes skaithed shanks, or gin the'r ocht wrang wi't, it canna be offert tae the Laird yer God.

22 It can be uised for meat in yer hooses: the unclean an the clean can tak o't, as o the gazelle an the rae.

23 Juist dinna tak its bluid for meat, but lat it be tuimed on the yird like watter.

Chaipter 16

T ak tent tae the month o Abib an haud the Passower tae the Laird yer God: for in the month o Abib the Laird yer God taen ye oot o Egypt by nicht.

2 The Passower offerin, frae yer hirsel or yer hird, is tae be gien tae the Laird yer God in the steid merkit by him as the dwallin o his name.

3 Tak nae leavent breid wi't; for a sennicht lat yer meat be unleavent breid, that is, the breid o sorrae; for ye come oot the laund o Egypt swith: sae the myndin o that day, whan ye come oot the laund o Egypt, will be wi ye aw yer life.

4 For a sennicht lat nae leaven be uised throu aw yer laund; an nocht o the flesh that's pit tae deith in the forenicht o the first day is tae be held throu the nicht till forenuin.

5 The Passower offerin isna tae be pit tae deith in ony o the touns the Laird yer God gies ye:

6 But in the steid merkit by the Laird yer God as the dwallin o his name, thare ye'r tae pit the Passower tae deith in the forenicht, at dayset, at that time o the year whan ye come oot o Egypt.

7 It's tae be keukit an taen as meat in the steid merkit by the Laird: an in the forenuin ye'r tae gang back tae yer tents.

8 For sax days lat yer meat be unleavent breid; an on the seivent day the'r tae be a haly gaitherin tae the Laird yer God; nae wark is tae be duin.

9 Lat seiven weeks be rackont frae the first day whan the corn is hairstit.

10 Syne haud the feast o weeks tae the Laird yer God wi an offerin freely gien him frae the walth he haes gien ye:

11 Syne ye'r tae be gled afore the Laird yer God, yersel an yer son an yer dochter, yer man servand an yer wumman servand, an the Levite that's wi ye, an the ootlin, an the bairn 'ithoot a faither, an the weedae, as bides amang ye, in the steid merkit by the Laird yer God as a dwallin for his name.

12 An ye will mynd that ye war a servand in the laund o Egypt: an ye will mynd an haud aw thir laws.

13 Ye'r tae haud the feast o tents for a sennicht efter ye hae ingaithert aw yer corn an made yer wine:

14 Ye'r tae haud the meal wi fainness, yersel an yer son an yer dochter, yer man servand an yer wumman servand, an the Levite, an the ootlin, an the bairn 'ithoot a faither, an the weedae, as bides amang ye.

15 Haud the meal tae the Laird yer God for a sennicht, in the steid merkit by the Laird: acause the sainin o the Laird yer God will be on aw the produce o yer laund an aw the darg o yer haunds, an ye will hae nocht but pleisance.

16 Three times in the year lat aw yer menfowk come afore the Laird yer God in the steid named by him; at the feast o unleavent breid, the feast o weeks, an the feast o tents: an thay arna tae come afore the Laird wi nocht in thair haunds;

17 Ilka man is tae gie as he's able, in the meisur o the sainin that the Laird yer God haes gien ye.

18 Ye'r tae mak juidges an owersmen in aw yer touns the Laird yer God gies ye, for ilka clan: an thay'r tae be richtous men, deemin the people in richtousness.

19 Ye arna tae be muived in yer deemin by a man's poseetion, ye arna tae tak rewairds; for rewairds maks the een o the wicelike man blind, an the juidgments o the richtous fause.

20 Lat richtousness airt ye, sae that ye can hae life an tak for yer heirskip the laund that the Laird yer God is giein ye.

21 Lat nae haly tree o ony kin be plantit by the altar o the Laird yer God that ye will mak.

22 Ye arna tae stell stane pillars, for thay'r ill-willed by the Laird yer God.

Chaipter 17

Nae owse or sheep that haes a merk on't or is skaithed in ony wey can be offert tae the Laird yer God: for that's scunnerin tae the Laird yer God.

2 Gin the'r ony man or wumman amang ye, in ony o the touns the Laird yer God gies ye, that dis ill in the een o the Laird yer God, sinnin agin his greement,

3 By becomin a servand o ither gods an wirshippin thaim or the sun or the muin or aw the starns o heiven agin ma commaunds;

4 Gin wird o this comes tae yer lugs, than lat this be leukit intae wi care, an gin the'r nae dout that it's richt, an sic ill haes been duin in Israel;

5 Syne ye'r tae tak the man or wumman that's duin the ill tae the diamant o yer toun, an thay'r tae be staned till thay ar deid.

6 On the wird o twa-three witnesses, a man can be gien the punishment o deith; but he isna tae be pit tae deith on the wird o an ae witness.

7 The haunds o the witnesses will be the first tae pit him tae deith, an efter thaim the haunds o awbody. Sae ye'r tae pit awa the ill frae amang ye.

8 Gin ye canna gie a juidgment anent wha's sponsal for a deith, or wha's richt in a cause, or wha gien the first blaw in a fecht, an the'r a diveesion o conceit aboot it in yer toun: than gang tae the steid merkit by the Laird yer God;

9 An come afore the priests, the Levites, or afore him that's juidge at the time: an thay will git yokit wi the quaisten an gie ye a juidgment:

10 An ye'r tae be airtit by the juidgment thay gie in the steid named by the Laird, an dae whitiver thay say:

11 Actin in greement wi thair lear an the juidgment thay gie: no turnin tae ae side or the tither frae the wird thay hae gien ye.

12 An ony man that, in his pride, winna tak tent tae the priest that's steid is thare afore the Laird yer God, or tae the juidge, is tae be pit tae deith: ye'r tae pit awa the ill frae Israel.

13 An awbody, hearin o't, will be sair fleggit an pit awa thair pride.

14 Whan ye hae come intae the laund that the Laird yer God is giein ye, an hae taen it for a heirskip an bide in't, gin it's yer wiss tae hae a keeng ower ye, like the ither nations roond aboot ye;

15 Than see that ye tak as yer keeng the man named by the Laird yer God: lat yer keeng be ane o yer kintramen, no a man o anither nation that isna ane o yersels.

16 An he isna tae gaither thegither a muckle airmy o horse for hissel or gar the people gang back tae Egypt tae git horse for him: acause the Laird haes said, Ye will niver again gang back that wey.

17 An he isna tae hae an unco nummer guidwifes, for fear that his hert is turnt awa; or great walth o siller an gowd.

18 An whan he haes taen his place on the seat o his kinrick, he's tae write in a beuk a copy o this law, frae whit the priests, the Levites, haes in thair care:

19 An it's tae be wi him for his readin aw the days o his life, sae that he's leart in the fear o the Laird his God tae haud an dae aw the wirds o this lear an thir laws:

20 Sae that his hert isna liftit up ower his kintramen, an he isna turnt awa frae the orders tae ae side or the tither: but that his life an the lifes o his bairns is lang in his kinrick in Israel.

Chaipter 18

The priests, the Levites, that is, aw the clan o Levi, will hae nae pairt or heirskip wi Israel: thair meat an thair heirskip will be the offerins o the Laird made by fire.

2 An thay will hae nae heirskip amang thair kintramen: the Laird is thair heirskip, as he haes said tae thaim.

3 An this is tae be the priests' richt: thaim that maks an offerin o a sheep or an owse is tae gie tae the priest the tap pairt o the shank an the twa sides o the heid an the kyte.

4 An forby that ye'r tae gie him the first o yer corn an wine an ile, an the first oo sned frae yer sheep.

5 For he, an his sons efter him for aye, haes been merkit by the Laird yer God frae aw yer clans tae perform the office o priests in the name o the Laird.

6 An gin a Levite, muived by strang desire, comes frae ony toun in aw Israel whaur he bides tae the steid merkit by the Laird;

7 Than he will perform the office o a priest in the name o the Laird his God, wi aw his brithers the Levites thare afore the Laird.

8 His meat will be the same as thairs, forby whit haes come tae him as the cost o his guids an gear.

9 Whan ye hae come intae the laund that the Laird yer God is giein ye, dinna tak as yer exemplar the scunnerin weys o thae nations.

10 Lat thare no be seen amang ye onybody that gars his son or his dochter gang throu the fire, or onybody uisin glamourie, or a makker o fremmit soonds, or a spaeman, or ony wunner-wirker,

11 Or onybody uisin sleekit virr on fowk, or speirin at a speerit, or haein hidlin knawledge, or gaun tae the deid for airtins.

12 For thaim that dis sic things is scunnerin tae the Laird; an acause o thir scunnerin things the Laird yer God caws thaim oot afore ye.

13 Ye'r tae be aefauld in hert afore the Laird yer God.

14 For thir nations, that's laund ye'r takkin, gies tent tae reders o signs an tae thaim uisin glamourie: but the Laird yer God winna lat ye dae thon.

15 The Laird yer God will gie ye a spaeman frae amang yer fowk, like me; ye will tak tent tae him;

16 In repone tae the seekin ye made tae the Laird yer God in Horeb on the day

o the muckle gaitherin, whan ye said, Latna the vyce o the Laird ma God come tae ma lugs again, an lat me na see this muckle fire ony mair, or deith will owertak me.

17 Syne the Laird said tae me, Whit thay hae said is weel said.

18 A will gie thaim a spaeman frae amang thaim, like yersel, an A will pit ma wirds in his mou, an he will say tae thaim whitiver A gie him orders tae say.

19 An whaiver disna tak tent tae ma wirds as he will say in ma name will be sponsal tae me.

20 But the spaeman that taks it on hissel tae say wirds in ma name as A haena gien him orders tae say, or that says ocht in the name o ither gods, will dee.

21 An gin ye say in yer herts, Whit wey ar we tae be siccar that the wird disna come frae the Laird?

22 Whan a spaeman speaks in the name o the Laird, gin whit he says disna happen, an his wirds disna come richt, than his wird isna the wird o the Laird: the wirds o the spaeman wis said in the pride o his hert, an ye'r tae hae nae fear o him.

Chaipter 19

Whan the nations that's laund the Laird yer God is giein ye haes been flemit by him, an ye hae taen thair steid an bide in thair touns an in thair hooses;

2 Ye'r tae cause three touns merk oot in the laund that the Laird yer God is giein ye for yer heirskip.

3 Ye'r tae mak ready a wey an see that the laund that the Laird yer God is giein ye for yer heirskip is merkit intae three pairts, as ony takker o life can flicht tae.

4 This is tae be the rule for onybody that gangs in flicht thare, efter causin the deith o his neebour in a mistak an no throu ill will;

5 As an exemplar, gin a man gangs intae the wids wi his neebour for the ettle o cuttin doun trees, an whan he taks his aix tae gie a blaw tae the tree, the heid o the aix comes aff, an, fawin ontae his neebour, gies him a wound causin his deith; than the man can flicht tae ane o thir touns an be sauf:

6 For gin no, him that haes the richt o punishment can gang rinnin efter the takker o life in the heat o his wraith, an owertak him acause the wey is lang, an gie him a deith-blaw; tho it isna richt for him tae be pit tae deith acause he wisna muived by ill will.

7 An sae A'm orderin ye tae see that three touns is merkit for this ettle.

8 An gin the Laird yer God maks braid the boonds o yer laund, as he said in his aith tae yer faithers, an gies ye aw the laund that he hecht tae gie yer faithers;

9 Gin ye haud an dae aw thir orders A gie ye the day, luvin the Laird yer God an walkin aye in his weys; than lat three mair touns, forby thir three, be merkit for ye:

10 Sae that in aw yer laund that the Laird yer God is giein ye for yer heirskip nae man can be wrangously pit tae deith that ye will be sponsal for.

11 But gin ony man haes ill will for his neebour an, waitin on him hidlins, sets on him an gies him a blaw causin his deith, an syne gangs in flicht tae ane o thir touns;

12 The sponsal men o his toun is tae send an tak him, an gie him up tae the body that haes the richt o punishment tae be pit tae deith.

13 Hae nae peety on him, sae that Israel is clear frae the ill-daein o pittin a man tae deith 'ithoot cause, an it will be weel for ye.

14 Yer neebour's mairch stane, that wis pit in its steid by the men o bygaen times, isna tae be muived or taen awa in the laund o yer heirskip that the Laird yer God is giein ye.

15 An ae witness canna mak a statement agin a man anent ony sin or wrangdaein that he haes duin: on the wird o twa-three witnesses a quaisten is tae be deemed.

16 Gin a fause witness maks a statement agin a man, sayin that he haes duin wrang,

17 Syne the twa men the argiment haes happent atween is tae come afore the Laird, afore the priests an juidges than in pouer;

18 An the juidges will hae the quaisten leukit intae wi care: an gin the witness is seen tae be fause an tae hae made a fause statement agin his brither,

19 Than dae tae him whit it wis his ettle tae dae tae his brither: an sae pit awa the ill frae amang ye.

20 An the lave o the people, hearin o't, will be sair fleggit, an niver again dae sic ill amang ye.

21 Hae nae peety; lat life be gien for life, ee for ee, tuith for tuith, haund for haund, fit for fit.

Chaipter 20

W han ye gang oot tae war agin ither nations, an come breest tae breest wi horse an chairiots an airmies mair in nummer nor yersels, binna fleyed at thaim: for the Laird yer God is wi ye, that taen ye up oot the laund o Egypt.

2 An whan ye'r on the pynt o dingin, lat the priest come forrit an say tae the people,

3 Tak tent, O Israel: the day ye'r gaun forrit tae the fecht; lat yer hert be strang; dinna lat unmaunt fear owercome ye acause o yer unfreends;

4 For the Laird yer God gangs wi ye, fechtin for ye tae sauf ye frae yer unfreends.

5 An lat the owersmen say tae the people, Gin the'r ony man that haes made for hissel a new hoose an haesna gaen intae't, lat him gang back tae his hoose, sae that, in the event o his deith in the fecht, anither disna tak his hoose for hissel.

6 Or gin ony man haes made a wine-yaird 'ithoot takkin the first fruits o't, lat him gang back tae his hoose, sae that, in the event o his deith in the fecht, anither isna the first tae uise the fruit.

7 Or gin ony man is new mairit an haesna taen his guidwife tae him, lat him gang back tae his hoose, sae that, in the event o his deith in the fecht, anither man canna tak her.

8 An lat the owersmen gang on tae say tae the people, Gin the'r ony man that's hert is fushionless wi fear, lat him gang back tae his hoose afore he maks the herts o his kintramen fushionless.

9 Syne, efter sayin thir wirds tae the people, lat the owersmen pit caiptains ower the airmy.

10 Whan ye come tae a toun, afore dingin it, mak an offer o peace.

11 An gin it gies ye back a repone o peace, appenin its doors tae ye, than awbody in't can be set tae wark as yer servands.

12 Gin, houaniver, it winna mak peace wi ye, but war, than lat it be shut in on aw sides:

13 An whan the Laird yer God haes gien it intae yer haunds, lat ilka male in't be pit tae deith 'ithoot mercy.

14 But the weemen an the bairns an the kye an awthing in the toun an aw its walth ye can tak for yersels: the walth o yer ill-willers, that the Laird yer God haes gien ye, will be yer meat.

15 Sae ye'r tae dae tae aw the touns hyne awa, as isna the touns o thir nations.

16 But in the touns o thir peoples that's laund the Laird yer God is giein ye for yer heirskip, lat nae leevin thing be held frae deith:

17 Gie thaim up tae the ban; the Hittite, the Amorite, the Canaanite, the Perizzite, the Hivite, an the Jebusite, as the Laird yer God haes gien ye orders:

18 Sae that ye dinna tak thaim as yer exemplar an dae aw the scunnerin things thay dae in the wirship o thair gods, sae sinnin agin the Laird yer God.

19 Gin in war a toun is shut in by yer airmies for a lang time, dinna lat its trees be cuttit doun an connacht; for thair fruit will be yer meat; is the trees o the kintra men for ye tae tak up airms agin thaim?

20 Nae trees but thaim that ye'r siccar isna uised for meat can be cuttit doun an pit tae ruinage: an ye'r tae mak weir-waws agin the toun till it's taen.

Chaipter 21

Gin, in the laund that the Laird yer God is giein ye, ye come upo the corp o a man in the appen kintra, an ye haena a notion wha's pit him tae deith:

2 Than yer sponsal men an yer juidges is tae come oot an gie orders for the lenth frae the corp tae the touns roond aboot it tae be meisurt;

3 An whitiver toun is neist the corp, the sponsal men o that toun is tae tak frae the hird a young cou that haes niver been uised for wark or pit unner the yoke;

4 An thay'r tae tak the cou intae a glen whaur the'r fleetin watter, an that isna ploued or sawn, an thare the craig o the cou is tae be broke:

5 Syne the priests, the sons o Levi, is tae come nearhaund; for thay hae been merkit by the Laird yer God tae be his servands an tae gie a sainin in the name o the Laird; an by thair juidgment ilk argiment an ilka blaw is tae be deemed:

6 An aw the sponsal men o that toun that's neist the deid man, washin thair haunds ower the cou that's craig wis broke in the glen,

7 Will say, This deith isna the darg o oor haunds, an oor een haesna seen it.

8 Hae mercy, O Laird, on yer fowk Israel that ye hae set free, an tak awa frae yer fowk the ill-daein o a deith 'ithoot cause. Syne thay will nae mair be sponsal for the man's deith.

9 Sae ye will tak awa the ill-daein o a deith 'ithoot cause frae amang ye, whan ye dae whit's richt in the een o the Laird.

10 Whan ye gang oot tae war agin ither nations, an the Laird yer God gies

thaim up intae yer haunds, an ye tak thaim as preesoners;

11 Gin amang the preesoners ye see a bonny wumman, an it's yer wiss tae mak her yer guidwife;

12 Than tak her back tae yer hoose; an lat her hair an her nails be sned;

13 An lat her tak aff the buskin that she wis made preesoner in an gang on bidin in yer hoose an greetin for her faither an mither for a fou month: an efter that ye can gang ben tae her an be her guidman, an she will be yer guidwife.

14 But gin ye dinna delite in her, ye'r tae lat her gang whauriver she will; ye maunna tak siller for her like she wis yer guids an gear, for ye hae uised her for yer pleisur.

15 Gin a man haes twa guidwifes, ane muckle luved an the tither ill-willed, an the pair o thaim haes haen bairns tae him; an gin the first son is the bairn o the ill-willed guidwife:

16 Than whan he gies his guids an gear tae his sons for thair heirskip, he isna tae pit the son o his luved ane in the steid o the first son, the son o the ill-willed guidwife:

17 But he's tae gie his first son his birthricht, an twice as muckle a pairt o his guids an gear: for he is the first fruits o his strenth an the richt o the first son is his.

18 Gin a man haes a son that's cauld-hertit an no maunt, that gies nae tent tae the vyce o his faither an mither an winna be ruled by thaim, tho thay punish him:

19 Than lat his faither an mither tak him tae the sponsal men o the toun, tae the diamant;

20 An say tae thaim, This son o oors is cauld-hertit an no maunt, he winna gie tent tae us; he gies hissel up tae pleisur an strang drink.

21 Syne he's tae be staned tae deith by aw the men o the toun: sae ye'r tae pit awa the ill frae amang ye; an aw Israel, hearin o't, will be sair fleggit.

22 Gin a man dis an ill thing that the punishment for is deith, an he's pit tae deith by hingin him frae a tree;

23 Dinna lat his corp be on the tree aw nicht, but pit it tae rest in the yird the same day; for the man that drees hingin is bannit by God; sae dinna fyle the laund that the Laird yer God is giein ye for yer heirskip.

Chaipter 22

Gin ye see yer brither's owse or his sheep wanderin, dinna gang by 'ithoot helpin, but tak thaim back tae yer brither.

2 Gin thair awner isna nearhaund, or gin ye arna siccar wha he is, than tak the beast tae yer hoose an haud it till its awner comes in sairch o't, an syne ye'r tae gie't back tae him.

3 Dae the same wi his cuddy or his robe or ocht that haes gaen frae yer brither's haudin an that ye hae come upo: dinna haud it tae yersel.

4 Gin ye see yer brither's owse or his cuddy fawin doun on the gate, dinna gang by 'ithoot giein him a haund liftin it up again.

5 It isna richt for a wumman tae be buskit in man's claes, or for a man tae pit on a wumman's robe: whaiver dis sic things is scunnerin tae the Laird yer God.

6 Gin by chance ye see a nest that a bird haes made for itsel in a tree or on the yird, wi gorblins or eggs, an the hen seatit on the gorblins or on the eggs, dinna tak the mither bird wi the young:

7 See that ye lat the mither bird gang, but the gorblins ye can tak; sae't will be weel for ye, an yer life will be lang.

8 Gin ye'r biggin a hoose, mak a ravel for the ruif, sae that the bluid o ony man fawin frae't winna come on yer hoose.

9 Dinna hae yer wine-yaird sawn wi twa kin o seed: or the hale o't coud come tae be a loss, the seed ye hae pit in as weel's the ingrowth.

10 Dinna dae yer plouin wi an owse an a cuddy yokit thegither.

11 Dinna hae claes made o twa kin o threid, oo an lint thegither.

12 On the fower bords o yer robe, that yer bouk's happit wi, pit variorums o twistit threids.

13 Gin ony man taks a guidwife an, haein cleekit wi her, haes nae delite in her,

14 An says ill things aboot her an gies her an ill name, sayin, A taen this wumman, an whan A gaen ben tae her it wis clear tae me that she wisna a maid:

15 Than lat the lassie's faither an mither pit afore the sponsal men o the toun, in the diamant, signs that the lassie wis a maid:

16 An lat the lassie's faither say tae the sponsal men, A gien ma dochter tae this man for his guidwife, but he haes nae luve for her;

17 An nou he haes shamed her, sayin that she isna a maid; but here is the sign that she is a maid. Syne thay'r tae pit her claes afore the sponsal men o the toun.

18 Syne the sponsal men o the toun is tae gie the man his punishment;

19 Thay will tak frae him a hunder shekels o siller, that's tae be gien tae the faither o the lassie, acause he haes gien an ill name tae a maid o Israel: she will gang on bein his guidwife, he can niver pit her awa aw his life.

20 But gin whit he haes said is richt, an she's seen tae be no a maid,

21 Than thay'r tae gar the lassie come tae the door o her faither's hoose, an she will be staned tae deith by the men o the toun, acause she haes duin ill an pit shame on Israel, by actin as a limmer in her faither's hoose: sae ye'r tae pit awa ill frae amang ye.

22 Gin a man is taen in the act o gaun ben tae a mairit wumman, the pair o thaim, the man as weel's the wumman, is tae be pit tae deith: sae ye'r tae pit awa the ill frae Israel.

23 Gin a young maid haes gien her wird tae be mairit on a man, an anither man, gaitherin her in the toun, lifts a leg ower her;

24 Than ye'r tae tak the pair o thaim tae the yetts o the toun an cause thaim stane tae deith; the young maid, acause she gien nae cry for help, tho't wis in the toun, an the man, acause he haes shamed his neebour's guidwife: sae ye'r tae pit awa ill frae amang ye.

25 But gin the man, gaitherin sicna maid in the appen kintra, taks her by force, than the man his lane is tae be pit tae deith;

26 Nocht is tae be duin tae the maid, acause the'r nae cause o deith in her:

it is the same like a man set on his neebour an pit him tae deith:

27 For he come upo her in the appen kintra, an the war naebody tae come tae the help o the maid in repone tae her cry.

28 Gin a man sees a young maid that haesna gien her wird tae be mairit on onybody, an he taks her by force an lifts a leg ower her, an findin is made o't;

29 Than the man will hae tae gie the maid's faither fifty shekels o siller an mak her his guidwife, acause he haes shamed her; he can niver pit her awa aw his life.

30 A man maunna tak his faither's guidwife or lift a leg ower a wumman that's his faither's.

Chaipter 23

Nae man that's doun-aboots haes been woundit or sned aff can come intae the gaitherin o the Laird's fowk.

2 Ane that's faither an mither isna mairit canna come intae the gaitherin o the Laird's fowk, or ony o his faimily tae the tent generation.

3 Nae Ammonite or Moabite or ony o thair fowk tae the tent generation can come intae the gaitherin o the Laird's fowk:

4 Acause thay gien ye nae breid or watter on yer wey, whan ye come oot o Egypt: an thay gat Balaam, the son o Peor, frae Pethor in Aram-naharaim tae pit bans on ye.

5 But the Laird yer God wadna tak tent tae Balaam, but lat the ban be cheenged intae a sainin tae ye, acause o his luve for ye.

6 Dae nocht for thair peace or weelbein for aye.

7 But hae nae ill will for an Edomite, acause he is yer brither, or for an Egyptian, for ye bade in his laund.

8 Thair bairns in the third generation can come intae the gaitherin o the Laird's fowk.

9 Whan ye gang oot tae war an pit yer tents in poseetion, haud frae ilk ill thing.

10 Gin ony man amang ye comes tae be unclean throu ocht that haes happent in the nicht, he's tae gang oot frae the tent-ring an bide ootby it:

11 But whan forenicht comes nearhaund, lat him tak a bath: an efter dayset he can come back tae the tents.

12 Lat thare be a steid ootby the tent-ring that ye can gang tae;

13 An hae amang yer airms a shuil; an whan ye hae been tae that steid, lat whit comes frae ye be happit ower wi yird:

14 For the Laird yer God walks amang yer tents tae haud ye sauf an tae gie up intae yer haunds thaim that fechts agin ye; than lat yer tents be haly, sae that he sees nae unclean thing amang ye, an isna turnt awa frae ye.

15 Dinna gie back tae his maister a servand that haes flichtit frae him an comes tae ye:

16 Lat him gang on bidin amang ye in whitiver steid is maist pleasin tae him: dinna be haurd on him.

17 Nae dochter o Israel is tae lat hersel be uised as a limmer for a fremmit god, an nae son o Israel is tae gie hissel tae a man.

18 Dinna tak ben the hoose o the Laird yer God, as an offerin for an aith, the cost o a limmer or the siller gien tae ane uised for hochmagandie in the wirship o the gods: for thir twa things is scunnerin tae the Laird yer God.

19 Dinna tak interest frae an Israelite on ocht, siller or meat or ony ither guids an gear, that ye lat him hae:

20 Frae men o ither nations ye can tak interest, but no frae an Israelite: sae that the sainin o the Laird yer God is on awthing that ye pit yer haund tae, in the laund that ye'r aboot tae tak as yer heirskip.

21 Whan ye sweir an aith tae the Laird, dinna be slaw tae gie ootcome tae't: for 'ithoot dout the Laird yer God will mak ye sponsal, an will pit it tae yer accoont as sin.

22 But gin ye tak nae aith, the'll be nae sin.

23 Whitiver yer lips haes said, see that ye dae't; for ye gien yer wird freely tae the Laird yer God.

24 Whan ye gang intae yer neebour's wine-yaird, ye can tak o his grapes at yer pleisur, but ye maunna tak thaim awa in yer veshel.

25 Whan ye gang intae yer neebour's field, ye can tak the ickers o corn wi yer haund; but ye maunna pit yer blad tae his corn.

Chaipter 24

Gin a man taks a guidwife, an efter thay'r mairit she's unpleasin tae him acause o some ill quality in her, lat him gie her a sedule an send her awa frae his hoose.

2 An whan she haes gaen awa frae him, she can come tae be anither man's guidwife.

3 An gin the seicont guidman haes nae luve for her an, giein her a sedule, sends her awa; or gin deith finds the seicont guidman that she wis mairit on;

4 Her first guidman, that haed sent her awa, canna tak her back efter she's been guidwife tae anither; for that's scunnerin tae the Laird: an ye arna tae be a cause o sin in the laund that the Laird yer God is giein ye for yer heirskip.

5 A new-mairit man winna hae tae gang furth wi the airmy or tak on ony haundlin, but can be free for ae year, bidin in his hoose for the easement o his guidwife.

6 Naebody's tae tak, on accoont o a dett, the stanes corn is grund wi: for in daein that he taks a man's leevin.

7 Gin a man taks by force ane o his kintramen, the bairns o Israel, uisin him as his guids an gear or gittin siller for him, that thief is tae be pit tae deith: sae ye'r tae pit awa ill frae amang ye.

8 Anent the lipper's disease, mynd an haud an dae ilka detail o the lear o the priests, the Levites: as A telt thaim, sae ye'r tae dae.

9 Mynd whit the Laird yer God did tae Miriam on the wey, whan ye come oot o Egypt.

10 Gin ye lat yer brither hae the uiss o ocht that's yours, dinna gang ben his hoose an tak ocht o his as a taiken o his dett;

11 But bide ootby till he comes oot an gies it ye.

12 Gin he's a puir man, dinna haud his guids an gear aw nicht;

13 But be siccar tae gie't back tae him whan the sun sets, sae that he can hae his claes for sleepin in an will gie ye his

sainin: an this will be pit tae yer accoont as richtousness afore the Laird yer God.

14 Dinna be haurd on a servand that's puir an in need, gin he's ane o yer kintramen or a man frae anither nation bidin wi ye in yer laund.

15 Gie him his peyment day for day, no haudin it back ower nicht; for he is puir an his leevin lippens on't; an gin his cry agin ye comes tae the lugs o the Laird, it will be deemed as sin in ye.

16 Faithers isna tae be pit tae deith for thair bairns or bairns for thair faithers: ilka man is tae be pit tae deith for the sin that he hissel haes duin.

17 Be even in deemin the cause o the ootlin an him that haes nae faither; dinna tak a weedae's duds on accoont o a dett:

18 But mynd that ye war a servand in the laund o Egypt, an the Laird yer God free'd ye: for this is whit for A bid ye dae this.

19 Whan ye git in the corn frae yer field, gin some o the corn haes been drappit by chance in the field, dinna gang back an git it, but lat it lee thare for the man frae a fremmit laund, the bairn 'ithoot a faither, an the weedae: sae that the sainin o the Laird yer God can be on aw the darg o yer haunds.

20 Whan ye'r shakkin the fruit frae yer olive-trees, dinna gang ower the brainches a seicont time: lat some hing thare for the man frae a fremmit laund, the bairn 'ithoot a faither, an the weedae.

21 Whan ye'r pouin the grapes frae yer vines, dinna tak up thaim that's been drappit; lat thaim be for the man frae a fremmit laund, the bairn 'ithoot a faither, an the weedae.

22 Mynd that ye war a servand in the laund o Egypt: for this is whit for A bid ye dae this.

Chaipter 25

Gin the'r an argiment atween men, an thay gang tae law wi ither, lat the juidges gie thair juidgment for the richtous, an agin the wrangdaer.

2 An gin the wrangdaer is tae dree punishment by whippin, the juidge will gie orders for him tae gang doun on his face an be whippit afore him, the nummer o the blaws bein conform tae his ill-daein.

3 He can be gien fowerty blaws, nae mair; for gin mair is gien, yer brither is shamed afore ye.

4 Dinna haud the owse frae takkin the corn whan he's grindin it.

5 Gin brithers bides thegither, an ane o thaim, at his deith, haes nae son, the guidwife o the deid man isna tae be mairit ootby the faimily tae anither man: lat her guidman's brither gang ben tae her an mak her his guidwife, daein as it's richt for a guidbrither tae dae.

6 Syne the first chiel she haes will tak the richts o the brither that's deid, sae that his name disna come tae an end in Israel.

7 But gin the man says he winna tak his brither's guidwife, than lat the guidwife gang tae the sponsal men o the toun an say, Ma guidman's brither winna haud his brither's name tae the fore in Israel; he winna dae whit it's richt for a guidman's brither tae dae.

8 Than the sponsal men o the toun will send for the man, an collogue wi him: an gin he aye says, A winna tak her;

9 Than his brither's guidwife is tae

come tae him, afore the sponsal men o the toun, an tak his shae aff his fit, an pit shame on him an say, Sae lat it be duin tae the man that winna tak care o his brither's name.

10 An his faimily will be named in Israel, The hoose o him that's shae's been taen aff.

11 Gin twa men's fechtin, an the guidwife o ane o thaim, comin tae the help o her guidman, taks the tither by the doun-aboots;

12 Her haund is tae be sned aff; hae nae peety on her.

13 Dinna hae in yer bag different wechts, a muckle an a smaw;

14 Or in yer hoose different meisurs, a muckle an a smaw.

15 But hae a richt wecht an a richt meisur: sae that yer life is lang in the laund that the Laird yer God is giein ye.

16 For thaim that dis sic things, an aw that's weys isna richtous, is scunnerin tae the Laird yer God.

17 Mynd whit Amalek did tae ye on yer wey frae Egypt;

18 Whit wey, gaitherin ye on the wey, he set on ye whan ye war forfochten an 'ithoot strenth, sneddin aff aw the fushionless anes at the end o yer line; an the fear o God wisna in him.

19 Sae whan the Laird yer God haes gien ye rest frae yer unfreends on ilka side, in the laund that the Laird yer God is giein ye for yer heirskip, see tae't that the myndin o Amalek is sned aff frae the yird; haud this in mynd.

Chaipter 26

Nou whan ye hae come intae the laund that the Laird is giein ye for yer heirskip, an ye hae made it yours an bide in't;

2 Ye'r tae tak a pairt o the first fruits o the yird, as ye git frae the laund that the Laird yer God is giein ye, an pit it in a creel, an gang tae the steid merkit by the Laird yer God, as the dwallin o his name.

3 An ye'r tae come tae him that's priest at that time an say tae him, A beir witness the day afore the Laird yer God that A hae come intae the laund that the Laird swuir an aith tae oor faithers tae gie us.

4 Syne the priest will tak the creel frae yer haund an pit it doun forenent the altar o the Laird yer God.

5 An thir is the wirds ye will say afore the Laird yer God: Ma faither wis a wanderin Aramaean, an he gaen doun wi a wee curn o fowk intae Egypt; thare he come tae be a great an strang nation:

6 An the Egyptians wis ill-kyndit tae us, brouslin us unner a haurd yoke:

7 An oor cry gaen up tae the Laird, the God o oor faithers, an the Laird's lug wis appen tae the vyce o oor cry, an his een taen tent tae oor dule an the brouslin wecht o oor wark:

8 An the Laird taen us oot o Egypt wi a strang haund an an ootraxt airm, wi warks o pouer an signs an ferlies:

9 An he haes been oor guide tae this place, an haes gien us this laund, a laund fleetin wi milk an hinny.

10 Sae nou, A hae come here wi the first o the fruits o the yird ye, O Laird, haes gien me. Syne ye will pit it doun afore the Laird yer God an wirship him:

11 An ye will hae joy in ilka guid thing that the Laird yer God haes gien yersel an yer faimily; an the Levite an the man frae a fremmit laund that's wi ye will tak pairt in yer joy.

12 Whan ye hae taen oot a tent o aw yer crap in the third year, that's the year whan this haes tae be duin, gie't tae the Levite, an the man frae a fremmit laund, an the bairn 'ithoot a faither, an the weedae, sae that thay can hae meat in yer touns an be fou;

13 An say afore the Laird yer God, A hae taen aw the haly things oot ma hoose an hae gien thaim tae the Levite, an the man frae a fremmit laund, an him that haes nae faither, an the weedae, as ye hae gien me orders: A hae myndit aw yer orders; in nocht hae A gaen agin thaim:

14 Nae pairt o thir things haes been uised for meat in a time o greetin, or pit awa whan A wis unclean, or gien for the deid: A hae taen tent tae the vyce o the Laird ma God, an hae duin aw ye hae gien me orders tae dae.

15 Sae, leukin doun frae yer sanctuar in heiven, send yer sainin on yer fowk Israel an on the laund that ye hae gien us, as ye said in yer aith tae oor faithers, a laund fleetin wi milk an hinny.

16 The day the Laird yer God gies ye orders tae haud aw thir laws an juidgments: sae, than, haud an dae thaim wi aw yer hert an saul.

17 The day ye hae gien witness that the Laird is yer God, an that ye will gang in his weys an haud his laws an his orders an his juidgments an tak tent tae his vyce:

18 An the Laird haes made it clear this day that ye ar a byordinar fowk tae him, as he gien ye his wird; an that ye'r tae haud aw his orders;

19 An that he will mak ye heich ower aw the nations he haes made, in ruise, in name, an in honour, an that ye'r tae be a haly people tae the Laird yer God as he haes said.

Chaipter 27

S yne Moses an the sponsal men o Israel gien the people thir orders: Haud aw the orders A hae gien ye this day;

2 An on the day whan ye gang ower the River Jordan intae the laund that the Laird yer God is giein ye, pit up muckle stanes, coatin thaim wi lime,

3 An writin on thaim aw the wirds o this law, efter ye hae gaen ower; sae that ye can tak the heirskip that the Laird yer God is giein ye, a laund fleetin wi milk an hinny, as the Laird, the God o yer faithers, haes said.

4 An whan ye hae gaen ower Jordan, ye'r tae pit up thir stanes, as A hae said tae ye the day, in Munt Ebal, an hae thaim coatit wi lime.

5 Thare ye'r tae big an altar tae the Laird yer God, o stanes nae airn tuil haes been uised on.

6 Ye'r tae mak the altar o the Laird yer God o undresst stanes; offerin on it brunt offerins tae the Laird yer God:

7 An ye'r tae mak yer peace offerins, gilravagin thare wi fainness afore the Laird yer God.

8 An pit on the stanes aw the wirds o this law, writin thaim unco clear.

9 Syne Moses an the priests, the Levites, said tae aw Israel, Be quate an tak tent, O Israel; the day ye hae come tae be the people o the Laird yer God.

10 For this cause ye'r tae tak tent tae the vyce o the Laird yer God an dae his orders an his laws A gie ye this day.

11 That same day Moses said tae the people,

12 Thir is tae tak thair places on Munt Gerizim for sainin the people whan ye hae gaen ower Jordan: Simeon an Levi an Judah an Issachar an Joseph an Benjamin;

13 An thir is tae be on Munt Ebal for the ban: Reuben, Gad, an Asher, an Zebulun, Dan, an Naphtali.

14 Syne the Levites is tae say in a lood vyce tae aw the men o Israel,

15 Bannit is the man that maks ony eemage o wid or stane or metal, scunnerin tae the Laird, the darg o man's haunds, an pits it up hidlins. An lat awbody say, Sae be't.

16 Bannit is him that disna honour his faither or mither. An lat awbody say, Sae be't.

17 Bannit is him that taks his neebour's mairch stane frae its steid. An lat awbody say, Sae be't.

18 Bannit is him that the blind is turnt frae the wey by. An lat awbody say, Sae be't.

19 Bannit is him that gies a wrang juidgment in the cause o a man frae a fremmit laund, or ane 'ithoot a faither, or a weedae. An lat awbody say, Sae be't.

20 Bannit is him that lifts a leg ower his faither's guidwife, for he haes shamed his faither. An lat awbody say, Sae be't.

21 Bannit is him that mells wi ony kin o beast. An lat awbody say, Sae be't.

22 Bannit is him that lifts a leg ower his sister, the dochter o his faither or his mither. An lat awbody say, Sae be't.

23 Bannit is him that lifts a leg ower his guidmither. An lat awbody say, Sae be't.

24 Bannit is him that taks his neebour's life hidlins. An lat awbody say, Sae be't.

25 Bannit is him that for a rewaird pits tae deith ane that's duin nae wrang. An lat awbody say, Sae be't.

26 Bannit is him that disna tak this law tae hert tae dae't. An lat awbody say, Sae be't.

Chaipter 28

Nou gin ye tak tent tae the vyce o the Laird yer God, an haud wi care aw thir orders A hae gien ye the day, than the Laird yer God will set ye heich ower aw the nations o the yird:

2 An aw thir sainins will come on ye an owertak ye, gin yer lugs is appen tae the vyce o the Laird yer God.

3 A sainin will be on ye in the toun, an a sainin in the field.

4 A sainin will be on the fruit o yer bouk, an on the fruit o yer laund, on the fruit o yer kye, the affspring o yer hird, an the young o yer hirsel.

5 A sainin will be on yer creel an on yer breid backet.

6 A sainin will be on ye comin in an gaun oot.

7 By the pouer o the Laird, thaim that taks airms agin ye will be owercome afore ye: thay will come oot agin ye ae wey an will flicht frae ye seiven weys.

8 The Laird will send his sainin on yer thesauries an on awthing that ye pit yer haund tae: his sainin will be on ye in the laund that the Laird yer God is giein ye.

9 The Laird will haud ye as a people haly tae hissel, as he haes said tae ye in his aith, gin ye haud the orders o the Laird yer God an gang on walkin in his weys.

10 An aw the peoples o the yird will see that the name o the Laird is on ye, an thay will gang in fear o ye.

11 An the Laird will mak ye growthy in ilka guid thing, in the fruit o yer bouk, an the fruit o yer kye, an the fruit o yer fields, in the laund that the Laird, in his aith tae yer faithers, said he wad gie ye.

12 Appenin his thesaury in heiven, the Laird will send rain on yer laund at the richt time, sainin aw the darg o yer haunds: ither nations will uise yer walth, an ye will hae nae need o thairs.

13 The Laird will mak ye the heid an no the tail; an ye will aye hae the heichest steid, gin ye tak tent tae the orders o the Laird yer God A gie ye the day, tae haud an tae dae thaim;

14 No turnin awa frae ony o the orders A gie ye the day tae the richt haund or tae the left, or gaun efter ony ither gods tae wirship thaim.

15 But gin ye dinna tak tent tae the vyce o the Laird yer God an mynd an dae aw his orders an his laws A gie ye the day, than aw thir bans will come upo ye an owertak ye:

16 Ye will be bannit in the toun an bannit in the field.

17 A ban will be on yer creel an on yer breid backet.

18 A ban will be on the fruit o yer bouk, an on the fruit o yer laund, on the affspring o yer kye, an the young o yer hirsel.

19 Whan ye come ben ye will be bannit, an bannit whan ye gang but.

20 The Laird will send on ye bannin an tribble an punishment in awthing that ye pit yer haund tae, till suddent ruinage owertaks ye; acause o yer ill weys ye hae been fause tae me in.

21 The Laird will send disease efter disease on ye, till ye hae been sned aff by deith frae the laund that ye'r gaun tae.

22 The Laird will send wastin disease, an birnin pyne, an lowin heat agin ye, haudin back the rain till yer laund is waste an deid; sae't will be till yer ruinage is evendoun.

23 An the heiven ower yer heids will be bress, an the yird unner ye haurd as airn.

24 The Laird will mak the rain o yer laund pouder an stour, sendin it doun on ye frae heiven till yer ruinage is evendoun.

25 The Laird will lat ye be owercome by yer ill-willers: ye will gang oot agin thaim ae wey, an ye will flicht afore thaim seiven weys: ye will cause fear amang aw the kinricks o the yird.

26 Yer corps will be flesh for aw the birds o the lift an the beasts o the yird; the'll be naebody tae send thaim awa.

27 The Laird will send on ye the disease o Egypt an ither kins o sotters nocht will mak weel.

28 He will mak yer mynds diseased, an yer een blind, an yer herts wastit wi fear:

29 Ye will gang feelin yer wey whan the sun is heich, like a blind man that aw's mirk for, an nocht will gang weel for ye: ye will be brouselt an made puir for aye, an ye will hae nae sauviour.

30 Ye will tak a guidwife, but anither man will tak her: the hoose that yer haunds haes biggit will niver be yer dwallin: ye will mak a wine-yaird an niver reap the fruit o't.

31 Yer owse will be pit tae deith afore yer een, but its flesh winna be yer meat: yer cuddy will be taen awa fiercelins afore yer face, an winna be gien back tae ye: yer sheep will be gien yer ill-willers, an the'll be nae sauviour for ye.

32 Yer sons an yer dochters will be gien tae anither fowk, an yer een will be wastit awa wi leukin an greetin for thaim the lee-lang day: an ye will hae nae pouer tae dae ocht.

33 The fruit o yer laund an aw the darg o yer haunds will be meat for a nation fremmit tae yersel an yer faithers; ye will juist be brouselt doun an held unner for aye:

34 Sae that the things yer een haes tae see will send ye oot yer mynds.

35 The Laird will send a sotter, dingin yer knees an yer shanks, birstin oot frae yer feet tae the tap o yer heid, sae that nocht will mak ye weel.

36 An yersels an the keeng that ye hae pit ower ye the Laird will tak awa tae a nation fremmit tae yersel an yer faithers; thare ye will be servands tae ither gods o wid an stane.

37 An ye will come tae be a wunner an a name o shame amang aw the nations whaur the Laird will tak ye.

38 Ye will tak a fouth o seed oot intae the field an no git muckle in; for the locust will git it.

39 Ye will set vines an tak care o thaim, but ye will git nae wine or grapes frae thaim; for thay will be meat for wirms.

40 Yer laund will be fou o olive-trees, but the'll be nae ile for the easement o yer bouk; for yer olive-tree will beir nae fruit.

41 Ye will hae sons an dochters, but thay winna be yours; for thay will gang awa preesoners intae a fremmit laund.

42 Aw yer trees an the fruit o yer laund will be the locust's.

43 The man frae a fremmit laund that bides amang ye will be liftit up heicher an heicher ower ye while ye gang doun lawer an lawer.

44 He will lat ye hae his walth at interest an will hae nae need o yours: he will be the heid an yersels the tail.

45 An aw thir bans will come efter ye an owertak ye, till yer ruinage is evendoun; acause ye didna tak tent tae the vyce o the Laird yer God, or haud his laws an his orders he gien ye:

46 Thir things will come upo ye an yer strynd tae be a sign an a wunner for aye;

47 Acause ye didna honour the Laird yer God, wirshippin him blythe, wi fainness in yer herts on accoont o aw yer walth o guid things;

48 For this cause ye will come tae be servands tae thaim that the Laird yer God will send agin ye, 'ithoot meat an drink an claes, an in need o aw things: an he will pit a yoke o airn on yer hause till he haes pit an end tae ye.

49 The Laird will send a nation agin ye frae the faurdest ends o the yird, comin wi the flicht o an earn; a nation that's leid is fremmit tae ye;

50 A haurd-faced nation, that will hae nae respect for the auld or mercy for the young:

51 He will tak the fruit o yer kye an yer laund till deith pits an end tae ye: he

will lat ye hae nocht o yer corn or wine or ile or ony o the affspring o yer kye or the young o yer hirsel, till he haes made yer ruinage evendoun.

52 Yer touns will be shut in by his airmies, till yer heich waws ye pit yer faith in, haes come doun: his airmies will be roond yer touns, throu aw yer laund that the Laird yer God haes gien ye.

53 An yer meat will be the fruit o yer bouk, the flesh o the sons an dochters as the Laird yer God haes gien ye; acause o yer sair want an the ill-kyndit grip o yer ill-willers.

54 That man amang ye that's saft an uised tae easement will be haurd an ill-kyndit tae his brither an his dear guidwife, an tae thaim o his bairns as is aye tae the fore;

55 An winna gie tae ony o thaim the flesh o his bairns, as will be his meat acause he haes nae ither; in the ill-kyndit grip o yer ill-willers on aw yer touns.

56 The maist saft an delicate o yer weemen, that wadna as muckle's pit her fit on the yird, sae delicate is she, will be cauld-hertit tae her guidman an her son an her dochter;

57 An tae her babby new born an the bairns o her wame; for, haein nae ither meat, she will mak a mealtith o thaim hidlins, acause o her sair want an the ill-kyndit grip o yer ill-willers on aw yer touns.

58 Gin ye winna mynd an dae aw the wirds o this law, recordit in this beuk, honourin that name o glore an fear, THE LAIRD YER GOD;

59 Than the Laird yer God will mak yer punishment an the punishment o

yer strynd a thing tae be wunnert at; sair punishments an ill-kyndit diseases streekin on throu lang years.

60 He will send on ye again aw the diseases o Egypt as wis a cause o fear tae ye, an thay will tak ye in thair grip.

61 An aw the diseases an the pynes no recordit in the beuk o this law the Laird will send on ye till yer ruinage is evendoun.

62 An ye will come tae be an unco smaw baund, tho yer nummers wis like the starns o heiven; acause ye didna tak tent tae the vyce o the Laird yer God.

63 An as the Laird taen delite in daein ye guid an eikin ye, sae the Laird will tak pleisur in flemin ye an causin yer ruinage, an ye will be upruitit frae the laund that ye'r aboot tae tak as yer heirskip.

64 An the Laird will send ye reengin amang aw peoples, frae ae end o the yird tae the tither: thare ye will be servands tae ither gods, o wid an stane, gods yersels an yer faithers didna ken.

65 An e'en amang thir nations the'll be nae peace for ye an nae rest for yer feet: but the Laird will gie ye thare a shakkin hert an wastin een an tire o saul:

66 Yer verra life will hing in dout afore ye, an day an nicht will be mirk wi fear, an nocht in life will be siccar:

67 In the forenuin ye will say, Gin it wis juist forenicht! An at forenicht ye will say, Gin forenuin wad juist come! Acause o the fear in yer herts an the things yer een will see.

68 An the Laird will tak ye back tae Egypt again in ships, by the wey that A said tae ye, Ye will niver see't again: thare ye will offer yersels as men

servands an weemen servands tae yer ill-
willers for siller, an nae man will tak ye.

Chaipter 29

T hir is the wirds o the greement
that Moses wis ordert by the Laird
tae mak wi the bairns o Israel in the
laund o Moab, forby the greement that
he made wi thaim in Horeb.

2 An Moses said in the hearin o aw
Israel, Ye hae seen aw the Laird did
afore yer een in the laund o Egypt tae
Pharaoh an tae aw his servands an aw
his laund;

3 The haurd tests yer een seen, an the
signs an ferlies:

4 But e'en tae this day the Laird haesna
gien ye a mynd appen tae knawledge, or
seein een or hearin lugs.

5 For fowerty year A hae been yer
guide throu the wilderness: yer claes
haesna worn thin on yer backs, or yer
shuin on yer feet.

6 Ye hae haen nae breid or wine or
strang drink: sae that ye coud see that A
am the Laird yer God.

7 Whan ye come tae this place, Sihon,
keeng o Heshbon, an Og, keeng o
Bashan, come oot tae mak war agin us,
an we owercome thaim:

8 An we taen thair laund an gien it tae
the Reubenites an the Gadites an the
sept o Manasseh, for thair heirskip.

9 Sae haud the wirds o this greement
an dae thaim, sae that it is weel for ye in
awthing ye dae.

10 Ye hae come here the day, aw o ye,
afore the Laird yer God; the heidsmen
o yer clans, the owersmen, an thaim in
authority ower ye, wi aw the men o Israel,

11 An yer wee anes, yer guidwifes,
an the men o ither launds wi ye in yer
tents, doun tae the wid-cutter an the
servand that gits watter for ye:

12 Wi the ettle o takkin pairt in the
greement o the Laird yer God an his
aith that he maks wi ye the day:

13 An sae that he can mak ye his fowk
the day, an be yer God, as he haes said
tae ye, an as he swuir an aith tae yer
faithers, Aubraham, Isaac, an Jaucob.

14 An no wi yersels yer lane dae A mak
this greement an this aith;

15 But wi awbody here wi us the day
afore the Laird oor God, as weel's wi
thaim that isna here:

16 (For ye mynd whit wey we bade
in the laund o Egypt; an whit wey we
come throu aw the nations on yer wey;

17 An ye hae seen thair scunnerin
daeins, an the eemages o wid an stane
an siller an gowd amang thaim:),

18 Sae that the arna amang ye ony man
or wumman or faimily or clan that's
hert is turnt awa frae the Laird oor
God the day tae gang efter ither gods
an wirship thaim; or ony ruit amang ye
that's fruit is pushion an soor sorrae;

19 Gin sicna man, hearin the wirds o
this aith, taks easement in the thocht
that he will hae peace e'en gin he
gangs on in the pride o his hert, takkin
whitiver inlat can gie him:

20 The Laird will hae nae mercy on
him, but the wraith o the Laird will
birn agin that man, an aw the bans
recordit in this beuk will be waitin on
him, an the Laird will tak awa his name
awthegither frae the yird.

21 He will be merkit by the Laird, frae
aw the clans o Israel, for an ill weird,

311

conform tae aw the bans o the greement recordit in this beuk o the law.

22 An futur generations, yer bairns comin efter ye, an traivelers frae faur kintras, will say, whan thay see the punishments o that laund an the diseases the Laird haes sent on't;

23 An that aw the laund is a saut an reekin waste, no plantit or beirin fruit or cled wi gress, but wastit like Sodom an Gomorrah, Admah an Zeboiim, as the Laird sent ruinage on in the heat o his wraith:

24 Truelins aw the nations will say, Whit for haes the Laird duin thon tae this laund? Whit's the raison for this muckle an birnin wraith?

25 Syne men will say, Acause thay gien up the greement o the Laird, the God o thair faithers, that he made wi thaim whan he taen thaim oot the laund o Egypt:

26 An thay gaen efter ither gods an gien thaim wirship, gods fremmit tae thaim, an as he haedna gien thaim:

27 An sae the wraith o the Laird wis muived agin this laund tae send on't aw the ban recordit in this beuk:

28 Ruitin thaim oot o thair laund in the heat o his wraith an ire an drivin thaim oot intae anither laund, as at this day.

29 The hidlin things is the Laird oor God's: but the things made clear is oors an oor bairns' for aye, till we dae aw the wirds o this law.

Chaipter 30

Nou whan aw thir things haes come upo ye, the sainin an the ban A hae pit afore ye, gin the thocht o thaim comes back tae yer mynds whan ye bide amang the nations whaur the Laird yer God haes sent ye,

2 An yer herts turns again tae the Laird yer God, an ye tak tent tae his wird that A gie ye the day, yersels an yer bairns, wi aw yer hert an saul:

3 Than the Laird will hae peety on ye, cheengin yer weird, an takkin ye back again frae amang aw the nations whaur ye hae been forced tae gang.

4 E'en gin thaim that's been herriet oot bides in the faurdest pairt o heiven, the Laird yer God will gang in sairch o ye an tak ye back;

5 Pittin ye again in the laund o yer faithers as yer heirskip; an he will dae ye guid, eikin ye till ye'r mair in nummer nor yer faithers wis.

6 An the Laird yer God will gie yersel an yer strynd a circumceesion o the hert, sae that, luvin him wi aw yer hert an saul, ye hae life.

7 An the Laird yer God will pit aw thir bans on yer unfreends, an on yer ill-willers as pits an ill-kyndit yoke on ye.

8 An ye will again tak tent tae the vyce o the Laird, an dae aw his orders A hae gien ye the day.

9 An the Laird yer God will mak ye growthy in aw guid things, sainin the darg o yer haunds, an the fruit o yer bouk, an the fruit o yer kye, an the fruit o yer laund: for the Laird will hae pleisance in ye, as he haen in yer faithers:

10 Gin ye tak tent tae the vyce o the Laird yer God, haudin his orders an his laws as recordit in this beuk o the law an turnin tae the Laird yer God wi aw yer hert an saul.

11 For thir orders A hae gien ye the day isna fremmit or hidlin an isna hyne awa.

12 Thay arna in heiven for ye tae say, Wha will gang up tae heiven for us an lat us ken thaim till we dae thaim?

13 An thay arna athort the sea for ye tae say, Wha will gang ower the sea for us an gie us newins o thaim till we dae thaim?

14 But the wird is unco nearhaund ye, in yer mou an in yer hert, sae that ye can dae't.

15 See, A hae pit afore ye the day, life an guid, an deith an ill;

16 In giein ye orders the day tae luve the Laird yer God tae gang in his weys an haud his laws an his orders an his juidgments, sae that ye can hae life an be eikit, an that the sainin o the Laird yer God is wi ye in the laund whaur ye'r gaun, the laund o yer heirskip.

17 But gin yer hert is turnt awa, an yer lug steekit, an ye gang efter thaim that wad mak ye servands an wirshippers o ither gods:

18 A beir witness agin ye this day that ruinage will certes be yer weird, an yer days will be made cutty in the laund whaur ye'r gaun, the laund o yer heirskip on the ither side o Jordan.

19 Lat heiven an yird be ma witnesses agin ye this day that A hae pit afore ye life an deith, a sainin an a ban: sae tak life for yersels an for yer strynd:

20 In luvin the Laird yer God, hearin his vyce an bein richt tae him: for he is yer life an by him yer days will be lang: sae that ye can gang on bidin in the laund that the Laird gien by an aith tae yer faithers, Aubraham, Isaac an Jaucob.

Chaipter 31

Sae Moses said aw thir things tae Israel. 2 Syne he said tae thaim, A'm nou a hunder an twinty year auld; A'm no able ony mair for gaun oot an comin in: an the Laird haes said tae me, Ye arna tae gang ower the River Jordan.

3 The Laird yer God, he will gang ower afore ye; he will send ruinage on aw thae nations, an ye will tak thair laund as yer heirskip: an Joshua will gang ower at yer heid as the Laird haes said.

4 The Laird will dae tae thaim as he did tae Sihon an tae Og, the keengs o the Amorites, an tae thair laund, that he pit tae ruinage.

5 The Laird will gie thaim up intae yer haunds, an ye'r tae dae tae thaim as A hae gien ye orders.

6 Be strang an tak hert, an binna fleyed at thaim: for it's the Laird yer God that's gaun wi ye; he winna tak awa his help frae ye.

7 Syne Moses sent for Joshua, an afore the een o aw Israel said tae him, Be strang an tak hert: for ye'r tae gang wi thir fowk intae the laund that the Laird, in his aith tae thair faithers, haes gien thaim; by yer help thay will tak it for thair heirskip.

8 It's the Laird gangs afore ye; he will be wi ye, he winna tak awa his help frae ye or gie ye up: sae binna fleyed.

9 Syne Moses pit aw this law in writin an gien it tae the priests, the sons o Levi, as taks up the airk o the Laird's greement, an tae aw the sponsal men o Israel.

10 An Moses said tae thaim, At the end o ilka seiven year, at the time fixed for the endin o detts, at the feast o tents,

313

11 Whan aw Israel haes come afore the Laird yer God in the steid named by him, lat a readin be gien o this law in the hearin o aw Israel.

12 Gar awbody forgaither, men an weemen an bairns, an onybody frae anither kintra that's wi ye, sae that, hearin, thay can come tae be wicelike in the fear o the Laird yer God, an mynd an dae aw the wirds o this law;

13 An sae that yer bairns, as it's new tae, can tak tent an be instruct in the fear o the Laird yer God while ye bide in the laund that ye'r gaun ower Jordan tae tak for yer heirskip.

14 At that time the Laird said tae Moses, The day o yer deith is nearhaund: send for Joshua, an come tae the Trystin-tent till A gie him his orders. Sae Moses an Joshua gaen tae the Trystin-tent.

15 An the Laird wis seen in the Tent in a pillar o clud restin by the slap o the Tent.

16 An the Laird said tae Moses, Nou ye'r gaun tae rest wi yer faithers; an thir fowk will be fause tae me, unitin thairsels tae the fremmit gods o the laund whaur thay'r gaun; thay will be turnt awa frae me an winna haud the greement A hae made wi thaim.

17 In that day ma wraith will be muived agin thaim, an A will be turnt awa frae thaim, happin ma face frae thaim, an ruinage will owertak thaim, an unnummert ills an tribbles will come upo thaim; sae that in that day thay will say, Haesna thir ills come on us acause oor God isna wi us?

18 Truelins, ma face will be turnt awa frae thaim in that day, acause o aw the ill thay hae duin in gaun efter ither gods.

19 Mak than this sang for yersels, learin it tae the bairns o Israel: pit it in thair mous, sae that this sang is a witness for me agin the bairns o Israel.

20 For whan A hae brocht thaim intae the laund named in ma aith tae thair faithers, a laund fleetin wi milk an hinny, an thay hae made thairsels fou o meat an is girthie, than thay will turn tae ither gods an will wirship thaim, nae mair honourin me or haudin ma greement.

21 Syne whan ills an tribbles 'ithoot nummer haes owertaen thaim, this sang will be a witness tae thaim, for the wirds o't will be clear in the myndin o thair bairns: for A see the thochts muivin in thair herts e'en nou, afore A hae brocht thaim intae the laund o ma aith.

22 Sae that same day Moses made this sang, learin it tae the bairns o Israel.

23 Syne he gien orders tae Joshua, the son o Nun, sayin tae him, Be strang an tak hert: for ye'r tae gang at the heid o the bairns o Israel intae the laund that A swuir an aith tae gie thaim; an A will be wi ye.

24 Nou, efter writin aw the wirds o this law in a beuk till the record o thaim wis hale,

25 Moses said tae the Levites sponsal for takkin up the airk o the Laird's greement,

26 Tak this beuk o the law an pit it by the airk o the Laird's greement, sae that it can be a witness agin ye.

27 For A ken yer haurd an unmaunt herts: e'en nou, while A'm aye tae the fore, ye winna be ruled by the Laird; hou muckle less efter ma deith?

28 Gaither thegither afore me thaim that's in authority in yer clans, an yer

owersmen, till A say thir things in thair hearin an mak heiven an yird ma witnesses agin thaim.

29 For A'm siccar that efter ma deith ye will gie yersels up tae sin, wanderin frae the wey that A hae gien ye; an ill will owertak ye at the hinderend, acause ye will dae ill in the een o the Laird, muivin him tae wraith by the darg o yer haunds.

30 Syne, in the hearin o aw the gaitherin o Israel, Moses said the wirds o this sang tae the end.

Chaipter 32

Tak tent, O heivens, tae ma vyce; lat the yird tak tent tae the wirds o ma mou:

2 Ma lear is dreepin like rain, comin doun like weet on the fields; like rain on the breirdin gress an shouers on the gairden plants:

3 For A will honour the name o the Laird: lat oor God be namely.

4 He is the Fundament, hale is his darg; for aw his weys is richtousness: a God 'ithoot ill that hauds faith, richt an upricht is he.

5 Thay hae come tae be fause, thay arna his bairns, the merk o sin is on thaim; thay ar an ill an cauld-hertit generation.

6 Is this yer repone tae the Laird, O daftlike fowk an menseless? Is he no yer faither that haes gien ye life? He haes made ye an gien ye yer place.

7 Mynd the days o the bygaen, gie thocht tae the years o generations gaen by: gang tae yer faither, an he will mak it clear tae ye; tae the auld men, an thay will tell ye the story.

8 Whan the Maist Heich gien the nations thair heirskip, sinderin intae curns the bairns o men, he caused the leemits o the peoples merk oot, haudin in mynd the nummer o the bairns o Israel.

9 For the Laird's walth is his fowk; Jaucob is the laund o his heirskip.

10 He come tae him in the wilderness, in the unpopulate waste o saund: pittin his airms roond him an carin for him, he held him as the licht o his ee.

11 As an earn learin her young tae flee, wi her weengs ootraxt ower thaim, taks thaim up on her strang feathers:

12 Sae the Laird his lane wis his guide; nae ither god wis wi him.

13 He pit him on the heich places o the yird, his meat wis the eikins o the field; hinny he gien him oot the stane an ile oot the haurd stane;

14 Butter frae his kye an milk frae his sheep, wi the fat o laums an sheep o Bashan, an gaits, an the hert o the corn; an for yer drink, wine frae the bluid o the grape.

15 But Jeshurun come tae be fat an wadna be maunt: ye hae come tae be girthie, ye ar thick an fou o meat: syne he wis untrue tae the God that made him, giein nae honour tae the Fundament o his salvation.

16 The honour that wis his thay gien tae fremmit gods; by thair scunnerin weys he wis muived tae wraith.

17 Thay made offerins tae ill speerits as wisna God, tae gods fremmit tae thaim, as haed new come up, no feart by yer faithers.

18 Ye hae nae thocht for the Fundament, yer faither, ye hae nae myndin o the God that gien ye birth.

19 An the Laird seen wi scunner the ill-daein o his sons an dochters.

20 An he said, Ma face will be happit frae thaim, A will see whit thair end will be: for thay'r an unmaunt generation, bairns 'ithoot faith.

21 Thay hae gien ma honour tae whit isna God, muivin me tae wraith wi thair fause wirship: A will gie thair honour tae thaim that isna a fowk, muivin thaim tae wraith by a daftlike nation,

22 For ma wraith is a lowin fire, birnin tae the deep pairts o hell, birnin up the yird wi her eikin, an firin the deep ruits o the knowes.

23 A will send a rain o tribbles on thaim, ma arraes will be shouert on thaim.

24 Thay will be wastit frae want o meat, an owercome by birnin heat an soor ruinage; an the teeth o beasts A will send on thaim, wi the pushion o the wirms o the stour.

25 Ootby thay will be sned aff by the swuird, an in the inner rooms by fear; deith will tak the young man an the maid, the babby at the breest an the lyart man.

26 A said A wad send thaim wanderin hyne awa, A wad gar aw myndin o thaim gang frae the mynds o men:

27 But for the fear that thair ill-willers, upliftit in thair pride, coud say, Oor haund is strang, the Laird haesna duin aw this.

28 For thay'r a nation 'ithoot wit; the'r nae mense in thaim.

29 Gin thay war juist wicelike, gin this wis juist clear tae thaim, an thay wad gie thocht tae thair futur!

30 Whit wey coud ane owercome a thoosand an twa send ten thoosand flichtin gin thair fundament haedna lat thaim gang, gin the Laird haedna gien thaim up?

31 For thair fundament isna like oor Fundament, e'en oor ill-willers thairsels bein juidges.

32 For thair vine is the vine o Sodom, frae the fields o Gomorrah: thair grapes is the grapes o ill, an the berries is soor:

33 Thair wine is the pushion o draigons, the ill-kyndit pushion o serpents.

34 Isna this amang ma saicret, held sauf in ma thesaury?

35 Punishment is mines an rewaird, at the time o the slidderin o thair feet: for the day o thair dounfaw is nearhaund, suddent will be thair weird.

36 For the Laird will juidge his fowk, he will tak peety on his servands; whan he sees that thair pouer haes gaen, the'r naebody, free or unfree.

37 An he will say, Whaur is thair gods, the fundament that thay pit thair faith in?

38 Wha taen the fat o thair offerins, an the wine o thair drink offerin? Lat thaim nou come tae yer help, lat thaim be yer salvation.

39 See nou, A masel is he; the'r nae ither god but me: gier o deith an life, woundin an makkin weel: an naebody haes pouer tae free ye frae ma haund.

40 For liftin up ma haund tae heiven A say, By ma unendin life,

41 Gin A mak shairp ma sheenin swuird, an ma haund is ootraxt for deemin, A will punish ma unfreends, an gie ma ill-willers thair richt rewaird.

42 A will mak ma arraes reid wi bluid, ma swuird will gilravage on flesh, wi the bluid o the deid an the preesoners, wi the heids o ma ill-willers' heidsmen.

43 Be gled, O ye his fowk, ower the nations; for he will tak peyment for the bluid o his servands an will punish his ill-willers an tak awa the sin o his laund for his fowk.

44 Sae Moses said aw the wirds o this sang in the hearin o the people, him an Hoshea, the son o Nun.

45 An, efter sayin aw this tae the people,

46 Moses said tae thaim, Lat the wirds A hae said tae ye the day gang deep intae yer herts, an gie wird tae yer bairns tae dae ilka wird o this law.

47 An this is nae smaw thing for ye, but it is yer life, an throu this ye can mak yer days lang in the laund that ye'r gaun ower Jordan tae tak for yer heirskip.

48 That same day the Laird said tae Moses,

49 Sclim up this knowe o Abarim tae Munt Nebo in the laund o Moab forenent Jericho; thare ye can see the laund o Canaan that A'm giein tae the bairns o Israel for thair heirskip:

50 An lat deith come tae ye on the knowe whaur ye'r gaun, an be yirdit wi yer fowk; as deith fund Aaron, yer brither, on Munt Hor, whaur he wis yirdit wi his fowk:

51 Acause o yer sin agin me afore the bairns o Israel at the watters o Meribah Kadesh in the wilderness o Zin; acause ye didna haud ma name haly amang the bairns o Israel.

52 Sae ye will see the laund afore ye, but ye winna gang intae the laund that A'm giein tae the bairns o Israel.

Chaipter 33

Nou this is the sainin that Moses, the man o God, gien tae the bairns o Israel afore his deith.

2 He said, The Laird come frae Sinai, dawin on thaim frae Seir; sheenin oot frae Munt Paran, comin wi ten thoosand haly anes: frae his richt haund gaen flames o fire.

3 He luves the peoples. Aw his haly anes is at his haund; thay gang at his feet; thay braithe in his wirds.

4 Moses gien us a law, a heirskip for the people o Jaucob.

5 An the war a keeng in Jeshurun, whan the heidsmen o the people an the clans o Israel come thegither.

6 Lat life, no deith, be Reuben's, latna the nummer o his men be smaw.

7 An this is the sainin o Judah: he said, Tak tent, O Laird, tae the vyce o Judah an mak him ane wi his fowk: lat yer haunds tak up his cause an be his help agin thaim that sets tae him.

8 An o Levi he said, Gie yer Thummim tae Levi, an lat the Urim be wi yer luved ane, that ye seyed at Massah, that ye war wraith wi at the watters o Meribah;

9 That said o his faither, Wha's he? An o his mither, A haena seen her; he held hissel sindert frae his brithers an didna ken his bairns: for thay hae taen tent tae yer wird an held yer greement.

10 Thay will be the dominies o yer juidgments tae Jaucob an yer law tae Israel: the birnin o perfumes afore ye will be thair richt, an the orderin o brunt offerins on yer altar.

11 Lat yer sainin, O Laird, be on his substance, lat the darg o his haunds please ye: lat thaim that taks up airms agin him an thaim that haes ill will for him be woundit throu the hert, niver tae be liftit up again.

12 An o Benjamin he said, Benjamin is the luved ane o the Laird, he will be held sauf at aw times; he will be happit by the Maist Heich, restin atween his airms.

13 An o Joseph he said, Lat the sainin o the Laird be on his laund; for the guid things o heiven abuin an the deep watters fleetin unner the yird,

14 An the guid things o the fruits o the sun, an the guid things o the growthe o the muins,

15 An the heid things o the auldest muntains, an the guid things o the aye-bidin knowes,

16 The guid things o the yird an aw its walth, the guid pleisur o him that wis seen in the birnin tree: lat thaim come on the heid o Joseph, on the heid o him that wis prince amang his brithers.

17 He is a cauf, glore is his; his horns is the horns o the muntain owse, that aw peoples will be woundit wi, e'en tae the ends o the yird: thay ar the ten thoosands o Ephraim an the thoosands o Manasseh.

18 An o Zebulun he said, Be gled, Zebulun, in yer gaun oot; an, Issachar, in yer tents.

19 Thay will send oot the wird for the people tae come tae the knowe, takkin thare the offerins o richtousness: for the huird o the seas will be thairs, an the hidlin walth o the saund.

20 O Gad he said, A sainin be on him that maks braid the leemits o Gad: he taks his rest like a lion, takkin for hissel the airm an the croun o the heid.

21 He held for hissel the first pairt, for his wis the ruler's richt: he come wi the heidsmen o the peoples an implementit the richtousness o the Laird an his juidgments for Israel.

22 An o Dan he said, Dan is a young lion, springin oot frae Bashan.

23 An o Naphtali he said, O Naphtali, made gled wi grace an fou o the sainin o the Laird: wast an the sooth will be his.

24 An o Asher he said, Lat Asher hae the sainin o bairns; lat him please his brithers, an lat his fit be weet wi ile.

25 Yer shuin will be airn an bress; an as yer days, sae will yer strenth be.

26 Nae ither is like the God o Jeshurun, comin on the heivens tae yer help, an lattin his glore be seen in the heivens.

27 The God o yer faithers is yer bield, an unner ye is his aye-bidin airms: drivin oot the forces o yer ill-willers frae afore ye, he said, Lat ruinage owertak thaim.

28 An Israel leeves in peace, the funtain o Jaucob his lane, in a laund o corn an wine, wi the weet dreepin frae the heivens.

29 Blythe ar ye, O Israel: wha's like ye, a people that's sauviour is the Laird, that's help is yer kiver, that's swuird is yer strenth! Yer unfreends will pit thairsels unner yer rule, an yer feet will be plantit on thair heich places.

Chaipter 34

An Moses gaen up frae the laichs o Moab tae Munt Nebo tae the tap o Pisgah that's forenent Jericho. An the Laird lat him see aw the laund, the laund o Gilead sae faur's Dan;

2 An aw Naphtali an the laund o
Ephraim an Manasseh, an aw the laund
o Judah, sae faur's the Great Sea o the
wast;

3 An the sooth, an the ring o the glen o
Jericho, the toun o paum-trees, sae faur's
Zoar.

4 An the Laird said tae him, This
is the laund that A swuir an aith tae
Aubraham, Isaac an Jaucob aboot, sayin,
A will gie't tae yer strynd: nou A hae lat
ye see it wi yer een, but ye winna gang
in thare.

5 Sae deith fund Moses, the servand o
the Laird, thare in the laund o Moab, as
the Laird haed said.

6 An the Laird yirdit him in the glen
in the laund o Moab forenent Beth-
peor: but nae man kens his lear tae this
day.

7 An Moses at his deith wis a hunder
an twinty year auld: his ee haedna come
tae be cluddit, or his virr fushionless.

8 For thirty days the bairns o Israel grat
for Moses in the laichs o Moab, till the
days o greetin an sorrae for Moses wis
throu.

9 An Joshua, the son o Nun, wis fou o
the speerit o wit; for Moses haed pit his
haunds on him: an the bairns o Israel
taen tent tae him an did as the Laird
haed gien orders tae Moses.

10 Thare haes niver been anither
spaeman in Israel the like o Moses, that
the Laird kent breest tae breest;

11 In aw the signs an ferlies the Laird
sent him tae dae in the laund o Egypt
tae Pharaoh an tae aw his servands an
aw his laund;

12 An in aw the acts o pouer an fear
Moses did afore the een o aw Israel.